Edward Luttwak
Turbo-Kapitalismus – Gewinner und Verlierer
der Globalisierung

Aus dem amerikanischen Englisch von Anja Hansen-Schmidt
und Heike Schlatterer

Edward Luttwak

Turbo-Kapitalismus

Gewinner und Verlierer
der Globalisierung

Europa Verlag
Hamburg · Wien

Die Deutsche Bibliothek – CIP-Einheitsaufnahme

Luttwak, Edward:
Turbo-Kapitalismus : Gewinner und Verlierer der Globalisierung /
Edward Luttwak. Aus dem amerikan. Englisch von Anja Hansen-Schmidt und
Heike Schlatterer. – Hamburg ; Wien : Europa-Verl., 1999
Einheitssacht.: Turbo-Capitalism ‹dt.›
ISBN 3-203-79549-3

Originalausgabe:
Turbo-Capitalism – Winners & Losers in the Global Economy
Weidenfeld & Nicolson, London
© Edward Luttwak, 1998

Lektorat: Edgar Bracht

Umschlaggestaltung: Wustmann und Ziegenfeuter, Dortmund

© Europa Verlag GmbH, Hamburg / Wien 1999
Druck und Bindung: Wiener Verlag, Himberg bei Wien
Printed in Austria
ISBN 3-203-79549-3

Inhaltsverzeichnis

Vorwort 11

1 Gewinner und Verlierer 21
DER TURBO-KAPITALISMUS EROBERT DIE WELT 26
EIN ZWEIFACHES VIVAT AUF BÖSE ANWÄLTE 31
NOCH EINMAL EIN ZWEIFACHES VIVAT
AUF GIERIGE ANWÄLTE 39
WARUM AMERIKANISCHE GEWINNER IHRE ERFOLGE
NICHT GENIESSEN KÖNNEN 47
WARUM AMERIKANISCHE VERLIERER
IHR SCHICKSAL HINNEHMEN 53
DIE GEFAHREN DER UNVOLLSTÄNDIGEN KOPIE 59

2 Was ist Turbo-Kapitalismus? 63
DREI FORMEN DES KONTROLLIERTEN KAPITALISMUS 66
THEORIE UND PRAXIS 71
DER RÜCKZUG DES STAATES 79
VON DER TRADITION ZUM VERTRAG 84
DER SIEGESZUG DES COMPUTERS 91
ANPASSUNG UND FRUSTRATION 94
GELD UND LIEBE 101

3 Erfolge und Mißerfolge der Weltwirtschaft 105
STEIGENDER ABSATZ UND UNSICHERE
ARBEITSPLÄTZE 109
»OUTSOURCING« BIS NACH CHINA 117
DIE FIRMA WIRD AUFS SPIEL GESETZT 121
EINE NEUE FORM DER PROHIBITION 127
INTOLERANTES RECHT, UNGERECHTE TOLERANZ 133

4 Die Microsoft-Illusion 139
  ALTE UND NEUE TITANEN 140
  VIEL KAPITAL, WENIG ARBEITSPLÄTZE 146
  DIE RÜCKKEHR DER DIENSTBOTEN 151

5 Die Rückkehr der Armut 159
  DER MYTHOS DER UNTERSCHICHT 163
  DIE URSACHE DER SINKENDEN LÖHNE 165
  DIE RATIO DER KRIMINALITÄT 170

6 Das Zeitalter der Arbeitslosigkeit 174
  DER WELTWEITE NACHFRAGE-TECHNOLOGIE-ZYKLUS ... 175
  DER LANGFRISTIG WELTWEITE
  NACHFRAGE-TECHNOLOGIE-ZYKLUS 177
  WACHSTUM OHNE ARBEITSPLÄTZE 184
  FÜNF EINFACHE MASSNAHMEN ZUM ABBAU
  DER ARBEITSLOSIGKEIT 187
  JAPAN: VOLLBESCHÄFTIGUNG ALS ZIEL 195

7 Theorie und Praxis der Geo-Ökonomie 210
  GEO-ÖKONOMIE ODER KRIEGSFÜHRUNG
  MIT ANDEREN MITTELN 212
  EINE NEUE ROLLE FÜR ELITEBÜROKRATEN 220
  IST DIE GEO-ÖKONOMIE NEU? 227
  EINE WELT RIVALISIERENDER WIRTSCHAFTSBLÖCKE? ... 236

8 Die Debatte über die Industriepolitik 249
  DIE BÜROKRATISCHE FALLE 253
  EINE POLITIK, VON DER NIEMAND ETWAS WEISS 261

9 Der Turbo-Kapitalismus in Rußland 264
  EINE GANGSTER-WIRTSCHAFT? 267
  NÜTZLICHE VERBRECHEN 272
  WIRD RUSSLAND JEMALS WIRTSCHAFTLICH AUFBLÜHEN? . 283
  GLOBALISIERUNG UND INFORMATIONSDEFIZIT 291

10 Die Ideologie des Freihandels 294
   DIE SÜNDE DER SCHUTZZOLLPOLITIK 299

11 Die Religion des Geldes 303
   DAS ZEITALTER DES ZENTRALBANKIERS 310
   DER MARSCH IN RICHTUNG EURO 318
   IST DER EURO EINE EXTREM HARTE WÄHRUNG? 323

12 Einkaufen als Therapie 331
   EIN HEILMITTEL GEGEN EINSAMKEIT 336
   FAST FOOD FÜR DIE SEELE 338
   EINKAUFEN UND AUSSENHANDELSDEFIZIT 343

13 Das große Dilemma 348
   DYNAMIK UND UNSICHERHEIT 355
   DIE ZERSTÖRUNG DER GLAUBWÜRDIGKEIT 362
   GRENZENLOSES WACHSTUM 374
   DAS GROSSE DILEMMA 382

Anhang 385
   DIE GLOBALE AUSBREITUNG DES
   TURBO-KAPITALISMUS 385
   TABELLEN: AUSGEWÄHLTE LÄNDER 1985 UND 1998 399
   DEFINITIONEN UND QUELLEN FÜR DEN ANHANG 430
   ANMERKUNGEN 433
   LITERATURVERZEICHNIS 439
   REGISTER 441

DANKSAGUNG

Ich möchte mich für die Unterstützung meines früheren wissenschaftlichen Assistenten David Leishman bedanken, der zur Zeit promoviert und als Dozent der Agrarökonomie tätig ist. Für Unterstützung in jeglicher Form danke ich ferner allen meinen Kollegen am Center for Strategic and International Studies in Washington, D.C., dem einzigen Institut, dem ich angehöre. Unter der Leitung von David M. Abshire ist das Center so groß geworden, und so viele Kollegen haben mir auf die eine oder andere Weise geholfen, daß eine individuelle Namensnennung zu weit führen würde.

Vorwort

Als Sohn eines einfallsreichen kapitalistischen Fabrikanten und als Unternehmer bin ich zwar von den Vorteilen des Kapitalismus überzeugt, denke aber auch, daß dieses System ein gewisses Maß an Kontrolle benötigt.

Mit Ausnahme der Atombombe ist der Kapitalismus die erfolgreichste Erfindung der Menschheit. Er hat sich mittlerweile fast auf der ganzen Welt ausgebreitet und verkörpert damit den rastlosen europäischen Drang zu entdecken, zu erschaffen und zu erobern. Traditionelle Wirtschaftssysteme, die auf unveränderlichen Prinzipien beruhen, oder die kommunistische Planwirtschaft mit Bürokraten an der Spitze oder geschlossene Wirtschaftskreise, die Herrscher oder Magnaten lenken, wurden alle beiseite gefegt und überlebten nur in abgelegenen Gegenden. Nichts kommt der einzigartigen Fähigkeit des Kapitalismus gleich, die simple Gier des Menschen in eine unendlich vielfältige produktive Energie zu verwandeln. Keine noch so zielgerichtete Kommandowirtschaft kann Leistungen und Innovationen so erfolgreich fördern wie der gnadenlose Wettbewerb um Profit und Reichtum, den der Kapitalismus entfesselt. Kein Programm kann so harmonisch Aufgaben koordinieren und Güter verteilen wie die völlig spontan funktionierenden kapitalistischen Märkte, die dazu keinerlei Programm oder Regelwerk benötigen.

Festgelegte Arbeitsabläufe oder planwirtschaftliche Ziele werden durch die sich ständig verändernde wettbewerbsorientierte Produktion von Gütern und Dienstleistungen ersetzt und der Tauschhandel durch Geldgeschäfte zwischen Menschen verdrängt, die sich häufig vollkommen fremd sind. So verändert der Kapitalismus traditionelle, planwirtschaftliche oder patrimoniale Wirtschaftssysteme, die er usurpiert hat. Dieser unvermeidliche Wandel erstreckt sich auch auf andere Gebiete, auf Politik und das Regieren, auf private Gewohnheiten und das persönliche Geschmacksempfinden, auf das Familienleben und, nicht zu vergessen, auf das Erscheinungsbild von Städten und Landschaften.

Obwohl der Kapitalismus in Rußland noch in den Kinderschuhen steckt und auf großen Widerstand stößt, konnte er selbst dem monumentalen und düsteren Moskau der Sowjetära durch neue Bürohochhäuser mit glänzender Fassade, durch unzählige neue Geschäfte, Cafés und Bars, die die einst dunklen und tristen Straßen erhellen, ein neues Gesicht geben. Nicht ganz so offensichtlich sind die Veränderungen im Berufsleben. Ehemalige Verkäufer sind nun Ladeninhaber oder sogar international tätige Kaufleute. Regierungsbeamte, Parteifunktionäre, Mitglieder der Geheimpolizei, Wissenschaftler und andere ehemalige Staatsbedienstete sind nach einem kurzen Zwischenspiel als Schieber, Schmuggler und/oder Gangster mittlerweile Bankiers, Kaufleute, Manager oder Milliardäre. Der Umbruch hat die Mentalität der Menschen, ihre Vorlieben und Abneigungen und ihre politischen Ansichten innerhalb weniger Jahre oft radikalen Änderungen unterzogen.

Auch im grünen Hochland von Guatemala hat eine zögerliche ländliche Version des Kapitalismus die Maya-Dörfer verändert. Dort gibt es jetzt Läden und Ladenbesitzer, deren Aussehen sich von dem der anderen Mayas unterscheidet, die immer noch von dem leben, was ihr Land hergibt. Die winzigen Familienparzellen, die man früher nach alter Väter Sitte aufteilte, wechseln in zunehmendem Maße den Besitzer. Dadurch können manche Dorfbewohner ihren Besitz vergrößern, während andere ihr Land verlieren. Früher war es eine Ehre für den Bauern, der erfolgreicher war oder mehr Glück gehabt hatte, den Hungernden Lebensmittel zu geben oder vorzustrecken; heutzutage verkauft er seinen Überschuß gegen harte Münze. Dadurch wird er natürlich angespornt, härter zu arbeiten und mehr anzubauen, allerdings hat er auch nicht ganz so viele dankbare Freunde. Früher waren alle je nach dem Ernteergebnis in vorübergehendem Elend oder geringem Überfluß vereint, und ihre Hütten aus Flechtwerk und Lehm sahen alle gleich aus. Heute signalisieren Betonmauern und Wellblechdächer, daß einige deutlich mehr besitzen als andere.

Eine wirtschaftliche Kraft wie der Kapitalismus kann, wenn überhaupt, nur von dem Gegengewicht der politischen Gewalt kontrolliert werden. Aber ich bin nicht der Ansicht, daß der im Entstehen begriffene Kapitalismus wie zum Beispiel in Rußland oder Guatemala überhaupt kontrolliert werden sollte. Wenn man unbedingt eingreifen will, dann ist seine Verbreitung zu fördern. Für die relativ armen Russen und die sehr armen Mayas und all die anderen, denen der Kapitalismus zu einer menschenwürdigen Existenz verhelfen kann, gibt es keine andere praktikable Lösung. Anders verhält es sich allerdings mit dem größtenteils unpersönlichen Unternehmens- und Finanzkapitalismus der reicheren Länder. Dort sollten nicht alle anderen Ziele – sozialer, politischer und sogar kultureller Art – einer geringen Produktivitätssteigerung und einem etwas größeren Reichtum geopfert werden, vor allem nicht, wenn der Reichtum so ungleich verteilt ist.

Natürlich sind die Ziele der entwickelteren Formen des Kapitalismus unserer Tage nicht schlecht oder böse. Das Streben nach Profit und Expansion ist ein für jede Spielart des Kapitalismus angemessener Charakterzug. Doch einige Methoden, die sich im Lauf der Zeit eingebürgert haben, sind ganz und gar nicht in Ordnung. Anstatt Arbeiter und Angestellte in den vorzeitigen Ruhestand zu schicken, greift man lieber zum Mittel der Massenentlassungen, obwohl diese nur geringfügig weniger kosten und häufig sogar teurer werden. Aber Massenentlassungen treiben den Aktienwert in die Höhe, und sei es nur für einen Tag, der den Managern schnelle Gewinne bringt. Fabriken, die vielleicht ganze Gemeinden ernährt haben, werden aus demselben Grund ohne Vorwarnung geschlossen, oft bemühte man sich zuvor nicht einmal um Sanierungskonzepte. Ein schneller Gewinn tritt an die Stelle größerer langfristiger Erträge, weil Manager ungeduldig zum nächsten höheren Posten in der Firma drängen und Unternehmen nicht mehr auf längere Zeit in einer Hand bleiben, sondern häufig den Besitzer wechseln.

Dabei wird das Leben der Menschen, ihrer Familien und Gemeinden, ja ganzer Regionen verändert und manchmal auch zerstört. Statistiken zeigen, daß Arbeitslose mehr als ihre Arbeit verloren haben, oft verkürzt sich ihr Leben durch die Belastung und die Demütigung, manchmal verlieren sie ihre Ehepartner und ihre hypothekenbelasteten Häuser oder Wohnungen. Selbst in Ländern mit positiver Konjunktur gibt es Geisterstädte und ausgestorbene Viertel, die ihre Haupteinnahmequelle eingebüßt haben. Bedrohte Arbeitsplätze sind, auch wenn sie wirklich gutbezahlt sind, qualitativ nicht mit sicheren Jobs zu vergleichen, in denen man Karriere machen kann. Sie sichern den unmittelbaren Bedarf, doch man kann sein Leben nicht darauf aufbauen.

Aus Angst vor harten Strafen würden heutzutage nur wenige Unternehmen eine Verschmutzung der Umwelt riskieren. Aber viele schädigen die Menschen und werden dafür mitnichten bestraft. Natürlich stimmt es, daß Unternehmen nur ihren Aktionären verantwortlich sind – aber es ist auch verantwortungslos, sich immer mit den vielbeschworenen »Interessen der Anteilsinhaber« herauszureden. Unternehmen sind keine moralischen Wesen. Sie existieren, um Profit zu erwirtschaften, und so soll es auch sein. Aufgabe der Regierungen ist es oder sollte es sein, den Kapitalismus im Interesse ihrer Bürger zu kontrollieren. Es ist oder sollte die höchste Priorität der Regierungen sein, die Veränderungen, die der Kapitalismus mit sich bringt, in erträglichen Grenzen zu halten, ohne seine schöpferische Energie zu schwächen.

Während meines Studiums an der London School of Economics Anfang der sechziger Jahre und noch fast zwanzig Jahre später gab es das umgekehrte Problem: Der privatwirtschaftliche Kapitalismus wurde zu stark gelenkt. Die wettbewerbsbedingte Förderung des Wachstums und einer ständigen Erneuerung sowie die unübertroffene Fähigkeit des Kapitalismus, neuen Reichtum für potentiell alle Bürger zu schaffen, wurden fast überall in der angeblich kapitalistischen Welt behindert. In vielen Ländern wurde der privatwirtschaftliche Kapitalismus von den wichtigsten Industriezweigen ausgeschlossen. In kommunistischen Ländern von Ost-Berlin bis an die Küste Chinas war der Kapitalismus in allen Bereichen obsolet.

Vor allem in Frankreich, Italien und Spanien, aber auch in Großbritannien und anderen westeuropäischen Ländern sowie in Australien, Neuseeland, Südafrika und einem Großteil der nichtkommunistischen Länder des asiatischen Raums wurde der Kapitalismus massiv behindert oder vollständig unterbunden. Viele industrielle Sektoren, die von grundlegender Bedeutung oder strategisch wichtig waren oder die man etwas poetischer »Kommandohöhen« nannte, wurden von Unternehmen in Staatsbesitz dominiert. Manche dieser Firmen, die von Beamten oder noch schlimmer von Managern geleitet wurden, die aus politischen Gründen ernannt worden waren, besaßen sogar eine Monopolstellung. Dazu zählten die Eisen- und Stahlindustrie, der Bergbau, die Flugzeugindustrie und ein großer Teil der Rüstungsindustrie. In fast allen oben erwähnten Ländern waren auch die Stromversorgung, die Telekommunikation, der Eisenbahn- und Flugverkehr, der öffentliche Nahverkehr und in Amerika auch das überregionale Busnetz in öffentlicher – nationaler, regionaler oder kommunaler – Hand. In einigen Ländern wurde der kapitalistische Wettbewerb zusätzlich noch von zahlreichen weiteren Branchen ferngehalten, beispielsweise vom Schiffsbau, von der chemischen Industrie, den Handelsbanken und sogar von der Speiseeisproduktion.

In den USA befanden sich nur wenige Unternehmen in staatlicher Hand, doch der Staat regulierte viel – und sehr genau. Staatliche, bundesstaatliche und kommunale Kommissionen, Ausschüsse und Behörden setzten die Preise und Tarife für jede Dienstleistung und jedes Produkt bis auf den letzten Cent fest. Für Monopolanbieter wie Ma Bell, die einzige große Telefongesellschaft des Landes, gab es keinen Wettbewerb. In zahlreichen anderen Branchen war die Konkurrenz stark reglementiert, angefangen bei Fluggesellschaften und anderen Transportunternehmen für den Verkehr zwischen den einzelnen Bundesstaaten über Spar- und Darlehenskassen bis zur Erdgasförderung, den Ölpipeline-Verbindungen und der Erdgasverteilung an die Industrie und die privaten Verbraucher. Die Preise für jedes Gasfeld, jeden Transport, jeden Ort, jede Verbraucherklasse waren festgelegt. Zählt man noch die Aufsicht des Pentagons über die Rüstungsindustrie und die Kontrolle des Landwirtschaftsministeriums über die Nahrungsmittelindustrie hinzu, zeigt sich, daß die Amerikaner den privatwirtschaftlichen Kapitalismus lieber in Worten feierten als ihn tatsächlich uneingeschränkt zu praktizieren.

Die strenge Kontrolle durch die Regulierungsbehörden sollte die Industrie und die Beschäftigung stabil halten. In Europa und in anderen Regionen der Welt verfolgte man dieses Ziel über das Mittel der Verstaatlichung. In Japan und schließlich auch in Korea und anderen ostasiatischen Ländern hatte man noch eine weitere Methode zur Kontrolle des Kapitalismus entwickelt. Dort wurde die Industrie nicht stabil gehalten, sondern Wachstum wurde schnellstmöglich erzwungen und von staatlicher Seite dirigistisch geplant. Bei diesem »Entwicklungskapitalismus« befanden sich die Unternehmen zwar in Privatbesitz, wurden aber von mächtigen Wirtschaftsministerien subventioniert, unterstützt und *sehr* stark gelenkt.

Jedes Land, das in gewissen Bereichen eine freie marktwirtschaftliche Entwicklung zuließ, entwickelte seine eigene Version des gelenkten Kapitalismus. Mit der Zeit verstärkte sich die Tendenz zu Unternehmen in Staatsbesitz, zur Marktregulierung und zur zielgerichteten staatlichen Lenkung. Größere Firmen, manchmal auch ganze Industriezweige, die in Schwierigkeiten geraten waren, nahm der Staat zur Sicherung der Arbeitsplätze unter seine Fittiche, wodurch sich die Zahl der Unternehmen in staatlicher Hand erhöhte. Die jahrelange Subventionierung maroder Staatsbetriebe wurde zum Normalfall. Regulierungsbehörden und Verwaltung neigen ganz allgemein dazu, es mit der Regulierung und ihren Aufgaben zu genau zu nehmen, wenn man ihnen dies durchgehen läßt. Dies war in der Vergangenheit oft der Fall. Die einzige gegenläufige Entwicklung stellte die allmähliche Aufhebung der internationalen Handels- und Devisenbeschränkungen dar.

Ende der siebziger Jahre wurde der Kapitalismus daher in zunehmendem Maße zu stark gelenkt. Allzu viele Unternehmen, die sich zwar noch in Privatbesitz befanden, aber von Managern geleitet wurden, die dem politischen Establishment sehr nahestanden, wurden bürokratischer. Eine solche Entwicklung verhindert eine kreative Erneuerung und ist selbst der gewöhnlichen harten Arbeit abträglich. Aber in den meisten Ländern stand der gelenkte Kapitalismus zu der Zeit kurz vor dem Fall oder war nahe daran, den Höhepunkt der Regulierung zu überschreiten und in den Niedergang umzukippen.

Der gelenkte Kapitalismus war insgesamt gesehen kein Fehlschlag. Ganz im Gegenteil, er war sogar ungeheuer erfolgreich. Vom Ende des Zweiten Weltkriegs an bis zur Mitte der siebziger Jahre verzeichneten die Volkswirtschaften der USA und der westeuropäischen Länder jahrelang ein rapides Wachstum und bescherten erst relativ wenigen, doch schließlich fast allen Wohlstand. Die japanische Wirtschaft wuchs sogar noch schneller, allerdings wurde der Lebensstandard der Japaner zunächst zugunsten eines noch stärkeren Wachstums eingeschränkt. Dennoch machte auch dort wie in vielen europäischen Ländern jahrhundertelange Armut einem zunehmenden Wohlstand Platz.

Ende der siebziger Jahre kehrte sich die Tendenz, den Kapitalismus zu lenken, abrupt um. Beim Abbau des amerikanischen Regulierungssystems spielten der Zeitgeist sowie ideologische Gründe eine wichtige Rolle. Der Einfluß finanzkräftiger Interessensverbände, deren Mitglieder von einer Deregulierung profitieren wollten, war vielleicht von noch größerer Bedeutung. Man debattierte über die Folgen der Deregulierung für verschiedene Industriebranchen, allerdings nicht immer besonders eingehend. Bei jeder Privatisierung konnte eine Produktivitätssteigerung nachgewiesen werden, und das erschien ausreichend. Es gab keine ernsthafte öffentliche Diskussion in den Vereinigten Staaten, ob eine Deregulierung überhaupt sozial erstrebenswert sei, und man unternahm auch keinen Versuch, die Auswirkungen der verschiedenen getrennten Deregulierungsmaßnahmen auf die amerikanische Gesellschaft abzuschätzen.

Auch in Europa nahm der Besitz der öffentlichen Hand unter dem Einfluß bestimmter politischer Strömungen und eines gewandelten Zeitgeistes immer mehr ab, und auch dort warteten Experten mit der plausibel wirkenden Erklärung auf, daß die Produktivität in einer freien Marktwirtschaft zunehmen würde. Doch in vielen Fällen wurde die Entwicklung dadurch forciert, daß man dem jahrzehntelangen Schuldenwachstum und der Inflation ein Ende machen wollte. Regierungen, die die Staatsverschuldung in die Höhe trieben und Geld im Überfluß druckten, konnten immer noch mehr Geld leihen oder drucken, um die Verluste der maroden staatlichen Unternehmen abzudecken. Doch sobald die Deflationspolitik zur Norm wurde, brauchte man reales Geld – jede Subvention bedeutete, andere Staatsausgaben zu kürzen, darunter auch jene, die Wählerstimmen brachten.

Jedes Land begann Branche für Branche mit der Demontage des gelenkten Kapitalismus auf seine eigene Weise, in seinem eigenen Tempo und aus eigenen Beweggründen. Wenn ein international wettbewerbsfähiger Industriezweig in den USA oder in einem anderen Land dereguliert wurde, konnte er aufgrund seiner Produktivitätssteigerung Preise unterbieten oder die Qualität seiner Produkte verbessern und gab so das Tempo der Deregulierung für den gleichen Industriezweig in anderen Ländern vor. Daher konnte kein Land die Entwicklung aufhalten und innerhalb seiner eigenen Grenzen eine eigenständige Version des gelenkten Kapitalismus aufrechterhalten, ohne daß seine Volkswirtschaft einen zunehmend hohen Preis dafür zahlen mußte. Frankreich versuchte es und mußte dafür bezahlen. Japan versuchte es und zahlt derzeit trotz der herausragenden Leistungsfähigkeit einiger Exportindustrien, die nie oder nur wenig gelenkt wurden, sehr viel.

Natürlich gab es kein gemeinsames Forum, auf dem eine breitangelegte internationale Debatte über die sozialen, politischen und sogar kulturellen Folgen des Abbaus des gelenkten Kapitalismus hätte geführt werden können. Noch weniger konnte es eine gemeinsame internationale Bewertung der Auswirkungen für jedes Land und alle Länder zusammen geben. Die wirtschaftliche Leistungsfähigkeit würde natürlich steigen. Aber wie verhielt es sich mit den negativen gesellschaftlichen Folgewirkungen? Auch wenn von ihnen nicht die Rede ist, sind sie durchaus vorhanden. Sie reichen von regionaler Verarmung in wenigen Fällen bis zu einem fast allumfassenden gesellschaftlichen Niedergang, dem Auseinanderbrechen von Familien und dem Anstieg der Kriminalität. Die entsprechenden Fragen wurden nie gestellt. Die schrittweise Privatisierung und Deregulierung und Globalisierung wurde einfach beschlossen und damit die ungelenkte Gewalt des heutigen Turbo-Kapitalismus entfesselt.

In diesem Buch werde ich einige dieser Fragen stellen, die nie erörtert wurden.

Juni 1998   *Edward Luttwak*
                                              Chevy Chase, Maryland

1

Gewinner und Verlierer

Angesichts einer hohen Arbeitslosigkeit und eines drohenden langfristigen wirtschaftlichen Niedergangs wird der Welt die amerikanische Wirtschaft mit ihren neuen Methoden als leuchtendes Beispiel vorgehalten. Neu sind diese Methoden sicher. Erst Ende der siebziger Jahre entstand in den USA der Turbo-Kapitalismus, der seinem Namen alle Ehre macht. Gesetze zur Wettbewerbsbeschränkung und Regulierung, die noch aus den dreißiger Jahren stammten, wurden abgeschafft, technische Neuerungen, die nun möglich waren, hielten Einzug, alles, was privatisiert werden konnte, wurde privatisiert, und die wichtigsten Beschränkungen wurden beseitigt.

Die Auswirkungen auf den einzelnen Amerikaner waren spektakulär. Zehntausende mit den Finanzen jonglierende Unternehmer und Geschäftsführer, Hunderttausende wagemutiger Investoren oder Anleger, die einfach nur Glück hatten, wurden Multimillionäre, Milliardäre oder sogar Multimilliardäre. Da viele Leute gern glauben, der Grund für großen Reichtum sei ein hoher persönlicher Einsatz, werden die Computerpioniere, angefangen bei Bill Gates mit seiner Firma Microsoft bis zu gewöhnlichen Software-Millionären, immer wieder als typische Beispiele für die neuen Superreichen angeführt. Aber viele wurden auch in den nun deregulierten Industrien, etwa mit Erdgas oder Handelsbanken, reich, indem sie einfach nach Aufhebung der Beschränkungen das nahmen, was sich ihnen bot. Andere verdienten ihr Geld in den herkömmlichen Branchen sogar noch leichter, indem sie von steigenden Aktienkursen profitierten.

21

Große Leistungen werden belohnt, doch wenn man eine Auswahl an verwöhnten Firmendirektoren betrachtet, muß man annehmen, daß sich auch Mittelmäßigkeit bezahlt macht. Lawrence Coss, Vorstandsmitglied von Green Tree Financial, erschien 1997 gleich in zwei verschiedenen Ranglisten amerikanischer Manager im Magazin *Business Week:* einmal als der bestverdienende Manager des Jahres 1996 – er verdiente 102.449.000 Dollar im Jahr oder 280.682 Dollar am Tag einschließlich Wochenenden und Ferien – und dann noch als der Manager, dessen Unternehmensführung den Aktionären den geringsten Wertzuwachs bescherte.[1]

Ungefähr sechzig Millionen weniger risikofreudige Amerikaner, die einmal gut für ihre Routinetätigkeiten in gewerkschaftlich organisierten Betrieben und Verwaltungen bezahlt wurden, müssen heute jeden Tag Rationalisierungsmaßnahmen befürchten und mit noch billigeren Arbeitskräften im Ausland konkurrieren. Zur Erhaltung ihrer permanent gefährdeten Arbeitsplätze mußten sie und ihre Gewerkschaften stagnierende oder sogar sinkende Löhne und schrumpfende Zusatzleistungen akzeptieren. Im Januar 1997 sorgte sich Alan Greenspan, der Chef der U.S. Federal Reserve Bank, der amerikanischen Zentralbank, angesichts einer Arbeitslosenrate von weniger als fünf Prozent mitten in einer Phase der Hochkonjunktur und einer sich ankündigenden Arbeitskraftverknappung, daß diese stillschweigende Vereinbarung (sichere Arbeitsplätze für eine niedrige Inflationsrate) enden und höhere Löhne nach sich ziehen würde – für Amerikas offiziellen Streiter gegen die Inflation kein wünschenswertes Ziel, sondern eine schreckliche Aussicht. Seine Ängste waren unbegründet. Die Lohn- und Zusatzzahlungen waren 1995, in diesem Jahr erholte sich die amerikanische Wirtschaft, nur um 2,7 Prozent gestiegen – weniger als die Inflation – und damit eigentlich gesunken. Im Boomjahr 1996 stiegen sie um 2,9 Prozent und lagen selbst auf dem Höhepunkt des Aufschwungs 1997 mit 3 Prozent nur geringfügig über der Inflationsrate.[2]

Einige der 60 Millionen weniger glücklichen Amerikaner verloren ihren Arbeitsplatz in der Industrie oder im Verwaltungsbereich der Unternehmen oder fanden erst gar keinen. Ihnen blieben nur schlechtbezahlte Jobs im Dienstleistungsbereich wie zum Beispiel im Verkauf, im Gaststättenwesen, im Objektschutz oder bei der Gebäudereinigung. Damit reklamieren sie die traditionellen Beschäftigungen der Unterschicht für sich. Die Arbeitslosen der Unterschicht stellen nach der letzten Zählung wiederum einen Großteil der 1,8 Millionen Gefängnisinsassen.[5] Weitere 3,7 Millionen waren gegen Kaution frei und warteten auf ihr Verfahren oder waren auf Bewährung frei. Damit stellen die 5,5 Millionen Kriminellen 2,8 Prozent der erwachsenen Bevölkerung der USA, also einen doppelt so hohen Anteil wie 1980, als der Turbo-Kapitalismus noch in den Kinderschuhen steckte.

Der Zusammenhang zwischen dem Turbo-Kapitalismus und der Verbrechensstatistik ergibt sich aus den technischen und strukturellen Veränderungen, denen viele Arbeitsplätze in der Industrie zum Opfer gefallen sind. Früher fanden auch ungelernte Arbeiter eine Stelle. Man mußte nur genug Energie und Motivation aufbringen und zur Fabrik an der nächsten Straßenecke gehen, schon war man für sein ganzes Leben für eine Tätigkeit in der Wirtschaft rekrutiert. Danach genügte pure Ausdauer, um den Job und das Ansehen zu behalten. Aber die Wirtschaft hat sich verändert, nahgelegene Arbeitsplätze wurden in Vororte verlagert, in Gebiete ohne gewerkschaftliche Organisation oder ganz ins Ausland. Andere Arbeitsplätze sind einfach verschwunden, und viele Menschen in den Innenstädten haben es nicht geschafft, sich in hochqualifizierte Kosmopoliten zu verwandeln. Nicht jeder findet unter den Angeboten des Turbo-Kapitalismus, wie zum Beispiel dem Devisenhandel an der Wall Street oder in der City von London, in der Softwareentwicklung in Silicon Valley oder im französischen Sophia Antipolis oder in anderen gutbezahlten Berufen seine Nische. Wer den Absprung in die schöne neue

Arbeitswelt verpaßt hat, lebt am Rand der Gesellschaft und der Legalität, sei es nun in den amerikanischen Innenstädten, in rostigen Wohnmobilen in der Provinz oder in heruntergekommenen Vierteln in Glasgow oder Liverpool. 50 Millionen Amerikaner dagegen leben mit ihren Kindern in wachsendem Wohlstand. Dieser Wohlstand ist offensichtlich, er zeigt sich überall in Amerika: in den geräumigen Häusern in unzähligen Vororten, in den zahlreichen Luxusfahrzeugen und Freizeitjachten, in palastartigen Einkaufszentren und überfüllten Ferienorten. Viele können sich diesen hohen Lebensstandard leisten, weil sie in spezialisierten Berufen oder im mittleren Management viel verdienen, andere sind selbständig und üben von zu Hause Beratertätigkeiten aus oder führen ihr eigenes Unternehmen. Viele Amerikaner leben jedoch über ihre Verhältnisse, weil man so leicht »Verbraucher«-Kredite bekommt. Als dieses Buch verfaßt wurde, betrug die private Verschuldung aller Amerikaner zusammen 5 Billionen Dollar (5000 Milliarden Dollar), also fast 90 Prozent des jährlichen Volkseinkommens der Amerikaner. Vielleicht fühlen sich die Leute, die weiter unten auf der Einkommensskala stehen, durch die Atmosphäre des Turbo-Kapitalismus mit ihren Privatjets und Designervillen ermutigt, viel mehr Geld auszugeben als sie verdienen. Jedenfalls hat der Konsum einen ungewöhnlich hohen Anteil am Einkommen, wohingegen sich die Rücklagen auf einem Tiefstand befinden: Nur vier Prozent des Einkommens werden gespart.

Der Turbo-Kapitalismus hat sich auf das Einkommen der Durchschnittsbürger kaum ausgewirkt. Das Einkommen einer Familie aus der *mittleren* Einkommensklasse stieg in den 19 Jahren nach der Deregulierung, also zwischen 1977 und 1995, nur um 5 Prozent. Das ist zum einen darauf zurückzuführen, daß die eigentlichen Großverdiener einen größeren Anteil am Gesamteinkommen erhalten, und zum anderen darauf, daß es heutzutage wesentlich mehr Einpersonenhaushalte gibt. Diese langsame Zunahme, die nur etwas mehr als ein Viertelprozent pro Jahr ausmacht, reichte offensichtlich nicht aus, um das gesteigerte Konsumbedürfnis zu befriedigen. Das Ergebnis ist eine hohe persönliche Verschuldung, die sicher irgendwann einmal eine Rezession auslösen wird.

Reichere Amerikaner beziehen aus Guthaben und Wertpapieren Billionen Dollar an Zinsen. Da aber das Sparguthaben aller Amerikaner insgesamt so niedrig ist, beläuft sich die Nettoauslandsverschuldung der USA schon bald auf eine Billion Dollar, was dem Wirtschaftswachstum des Landes über mehrere Jahre hinweg entspricht. Ausländer besitzen Staatsanleihen im Wert von Hunderten von Milliarden Dollar – dabei werden die Dollarnoten, die auf der ganzen Welt in Umlauf sind, gar nicht mitgezählt –, doch zugleich ist die amerikanische Wirtschaft vor allem im industriellen Sektor für Investoren ungewöhnlich attraktiv: Wo sonst gibt es gleichzeitig einen sehr kapitalkräftigen Markt und billige Arbeitskräfte? Mercedes und BMW lassen ihre Autos in den USA von Arbeitern herstellen, die knapp halb so viel verdienen wie ihre deutschen Kollegen, dennoch könnten beide Automobilhersteller ihre gesamte amerikanische Produktion allein in Kalifornien und in ein paar anderen Bundesstaaten verkaufen.

Angehörige der amerikanischen Elite sind überaus zufrieden, daß ausländische Firmen in den USA investieren, und sind selbst bestrebt, ihrerseits im Ausland zu investieren, um von den höheren Zinsen und Dividenden zu profitieren. Zudem sind sie aus Glaubensgründen jenseits aller eigennützigen Überlegungen völlig davon überzeugt, daß alle Handelsbeschränkungen aufgehoben werden sollten. Sie billigen daher nicht nur die Globalisierung, sondern schätzen sie als ihre einzige gemeinsame Ideologie, die fast schon einer Religion gleichkommt. Alle Präsidenten der letzten Jahre haben sich treu an diese Prioritäten gehalten und die Proteste der Amerikaner ignoriert, die nicht zur Elite zählen und durch Importe geschädigt werden. Die amerikanische Regierung übte weltweit auf andere Regierungen Druck aus, alle Handels- und

Investitionsbeschränkungen so schnell wie möglich zu beseitigen. Sie trat auch unnachgiebig für jegliche Form der Privatisierung und Deregulierung ein, ohne die der Freihandel nur reine Theorie sein kann, und leistete so wissentlich oder unwissentlich der Ausbreitung des Turbo-Kapitalismus Vorschub.

DER TURBO-KAPITALISMUS EROBERT DIE WELT

Der Turbo-Kapitalismus greift auch außerhalb der USA immer weiter um sich. Dafür gibt es verschiedene Gründe: Die eigentlich uramerikanische Vorstellung, daß alles, was Leistung bringt, auch automatisch erstrebenswert ist, trägt zur Verbreitung des Turbo-Kapitalismus ebenso bei wie die Vorstellung, daß Staaten als Stütze der Wirtschaft dienen sollen und nicht umgekehrt. Die berechtigte Angst greift um sich, daß Widerstand gegen den Turbo-Kapitalismus einen langanhaltenden wirtschaftlichen Niedergang nach sich ziehen könnte. Außerdem treten lokale Interessenten, die unbedingt vom Strukturwandel profitieren wollen, energisch für ihn ein. Es ist also kein Wunder, daß der Turbo-Kapitalismus Europa im Sturm nimmt. In Großbritannien ist er bereits fest etabliert, Margaret Thatcher hält ihn sogar für ihre eigene Erfindung. Von Deutschland bis nach Griechenland, von Mitteleuropa bis nach Moskau und darüber hinaus – überall befindet sich der Turbo-Kapitalismus auf dem Vormarsch. Er fegt die Überreste der in Mißkredit geratenen statischen Wirtschaftssysteme Lateinamerikas beiseite und dringt in die asiatischen Schwellenländer vor. Nur in Frankreich und in Japan versucht man noch, die herkömmliche ökonomische Ordnung mit sicheren Arbeitsplätzen und hohen Löhnen zu verteidigen. Aber mit jedem Tag bröckelt in beiden Ländern der Widerstand ab.

Überall schafft der Turbo-Kapitalismus neuen Reichtum. Er baut auf den Ressourcen auf, die durch die vom Wettbewerb ausgelöste Verdrängung unrentabler Methoden und Firmen aus dem Markt freigesetzt werden. Ganze Industriezweige, die zuvor in staatlicher Hand waren, die subventioniert wurden oder durch Beschränkungen und Zölle geschützt waren, sind so ausgelöscht worden. Dabei werden natürlich auch sogenannte sichere Arbeitsplätze vernichtet, die Arbeitnehmer stehen auf der Straße, während sich die Architekten und Nutznießer dieses Umbruchs in einem nie gekannten Tempo und Ausmaß bereichern.

Nur Bill Gates kann sich zu jedem Geburtstag einen neuen Flugzeugträger leisten. Doch in allen Ländern, die den Veränderungen des Turbo-Kapitalismus unterworfen wurden, von Großbritannien bis Argentinien, von Finnland bis Neuseeland, leben jetzt neue Milliardäre oder zumindest Multimillionäre, und ebenso gibt es dort mittlerweile neue Arme: Arbeitslose, Teilzeitbeschäftigte oder Menschen ohne qualifizierte Ausbildung, die zu schlechteren Bezügen wiedereingestellt werden. Früher waren sie in verschwenderisch mit dem Geld umgehenden staatlichen Unternehmen und Versorgungsbetrieben beschäftigt, die jetzt privatisiert sind, oder sie arbeiten in einer überbesetzten Verwaltung, die jetzt drastisch abgebaut wird, oder in wenig leistungsfähigen Privatunternehmen. Diese Betriebe haben den Abbau der Wettbewerbsbeschränkungen im Inland und die Aufhebung der Außenhandelsschranken nicht überstanden, die sie einst vor der nationalen und internationalen Konkurrenz schützten. In Städten wie Buenos Aires, in denen es früher bescheidenen Wohlstand gab, leben mittlerweile Hunderttausende der neuen Armen, man findet sie aber auch in Helsinki und in Auckland (Neuseeland) oder in den strukturschwächeren Regionen Großbritanniens.

Argentinien ist ein Paradebeispiel für die neuen turbo-kapitalistischen Länder. Der ursprüngliche Reichtum des Landes, der auf dem Export von Weizen und Rindfleisch beruhte, nahm vor wenigen Jahren stetig ab und verkehrte sich in eine langfristige Armut, die durch einen Ausbau des öffentlichen Dienstes verdeckt und mit dem Drucken neuer Banknoten finanziert wurde. Heute bieten sich der Jugend dieses Landes viele neue Möglichkeiten in immer zahlreicheren jungen Unternehmen und in modernen Technologieberufen. Wenn alles gut läuft und keine politischen Unruhen diese sehr schmerzhafte Übergangsphase unterbrechen, werden sich der argentinischen Jugend sogar noch viel mehr Möglichkeiten bieten. Aber nicht nur eine verlorene Generation nicht vermittelbarer Arbeitsloser mittleren Alters zahlt die Zeche für den Weg durch die Wüste ins Gelobte Land des Turbo-Kapitalismus. Wie in den USA und in Großbritannien müssen auch jene, die ihre Arbeit behalten oder eine neue Stelle finden, stark veränderte Löhne in Kauf nehmen: stagnierende oder geringere Löhne für Routinetätigkeiten; konstante, steigende oder sogar explosionsartig steigende Löhne, sofern man über Kenntnisse oder Fähigkeiten verfügt, die kein Computer und keine Maschine ersetzen können und die gerade in Argentinien oder auf der ganzen Welt gefragt sind.

Arbeiter und Büroangestellte erhielten in Argentinien einst relativ gute Löhne, die die mächtigen Gewerkschaften unabhängig von der eigentlichen Produktivität sicherstellten. Heute bekommen sie weniger, manchmal deutlich weniger ausgezahlt. Der Turbo-Kapitalismus vernichtet Privilegien nicht nur der gewerkschaftlich organisierten Arbeiter, sondern aller Bevölkerungsschichten. Ladenbesitzer besaßen früher ihr eigenes kleines Monopol im Ort, heute werden sie en masse von billigeren Supermärkten und Ladenketten verdrängt. Viele Branchen und Berufe, die früher durch schwer erhältliche Lizenzen und Genehmigungen oder Beziehungen geschützt waren, mußten sich dem Wettbewerb öffnen, was oftmals zu Lohnsenkungen führte. Selbst die Angestellten gutgehender Investmentbanken in Buenos Aires verdienen viel weniger als früher, denn ihre einst gesicherte Position in der abgeschotteten Welt der Privatfinanz ist mittlerweile dem internationalen Wettbewerb unterworfen – oft gehören sie nun zu einer ausländischen Bank oder einer Anlageberatungsfirma, die die alten Standes-, Rassen- oder Familienprivilegien ignoriert.

Argentinien ist auch insofern ein typisches Beispiel für Fluch und Segen des neuen Kapitalismus, da die gesamtwirtschaftliche Entwicklung in der Bevölkerung bisher wesentlich mehr Verlierer als Gewinner kennt. Auch Verlierer besitzen in demokratischen Ländern, zu denen Argentinien heute zählt, das Wahlrecht. Wenn die meisten Verlierer nicht gleichzeitig auch Eltern wären, die verständlicherweise hoffen, daß ihre Kinder eines Tages zu den Gewinnern zählen werden, würde der Vormarsch des Turbo-Kapitalismus schon bald bei Wahlen aufgehalten oder sogar wieder rückgängig gemacht werden. In Frankreich war es 1997 schon soweit. Der Wahlkampf zur französischen Nationalversammlung drehte sich ungewöhnlich stark um Inhalte und nicht um moralapostelhafte Positionen zur Abtreibung oder zur Drogenpolitik, und es wurden auch keine Anschuldigungen zu sexuellen Eskapaden der Kandidaten erhoben. Statt dessen entwickelte er sich zu einem Intensivkurs über die derzeitigen brutalen wirtschaftlichen Verhältnisse. Als klar wurde, daß die Demontage der vom Staat kontrollierten französischen Wirtschaft zwar eines Tages einmal von großem Nutzen sein, zunächst aber viele Jahre lang mehr Verlierer als Gewinner hervorbringen würde, erkannten zahlreiche Wähler, daß sie zu den Verlierern gehören würden, und verhalfen den Sozialisten zum Sieg. Zur ersten Handlung der neuen Regierung gehörte tatsächlich der Stopp der anstehenden Privatisierung mehrerer staatlicher Unternehmen. Bei den Wahlen 1996 in Japan war die Sachlage nicht ganz so klar. Auch dort erteilten die Wähler den Vertretern einer forcierten Deregulierung eine Absage und gaben statt dessen der vorsichtigeren Liberaldemokratischen Partei ihre Stimme. Deren Parteiführung trat zwar ebenfalls hartnäckig für Deregulierung ein, aber ihr wohlbekannter Gehorsam gegenüber der japanischen Bürokratie ließ hoffen, daß sie so wenig wie möglich unternehmen würde, ihre Wahlversprechen umzusetzen, und wenn, dann in sehr langsamem Tempo.

Nicht daß die meisten Wähler in Frankreich und Japan die Vorteile des Turbo-Kapitalismus nicht zu schätzen wüßten. Auch sie wollen, daß sich ihre Länder eines Tages dem Wettbewerb stellen. Genauso wie der junge und lebenslustige Augustinus um Keuschheit betete, sehnen sie sich nach der unerbittlichen wirtschaftlichen Disziplin des Turbo-Kapitalismus – nur nicht ganz so schnell.

Alle aufstrebenden Kräfte stoßen auf Widerstand, der Turbo-Kapitalismus bildet da keine Ausnahme. Die USA dominieren schon auf so vielen anderen Gebieten, ob dies nun Jugendmoden sind oder die Politik, und nun bringen sie der Welt auch noch den von allen Beschränkungen befreiten Kapitalismus. Einerseits mutet dies vertrauenerweckend an, löst aber andererseits tiefverwurzelte Ressentiments aus. In Europa und in Asien beobachten manche traditionsverbundene Menschen die Amerikanisierung ihrer Länder und oft auch der eigenen Kinder mit Mißfallen. Von ähnlichen Gefühlen werden die letzten übriggebliebenen Linken in Lateinamerika beherrscht. Ironischerweise werden die heftigsten Reaktionen auf den Turbo-Kapitalismus jedoch nicht durch die unkritische Übernahme amerikanischer Methoden hervorgerufen, sondern durch eine gefährlich unvollständige Kopie dieser Methoden. Auf der ganzen Welt übernehmen Länder die neue Wirtschaftsform, ohne gleichzeitig zwei wichtige Gegengewichte zu schaffen, die in den USA die Wucht des Turbo-Kapitalismus ausgleichen und die meisten Amerikaner seine Strenge und seine nicht zu übersehende Ungleichheit ertragen lassen.

EIN ZWEIFACHES VIVAT AUF BÖSE ANWÄLTE

Das amerikanische Rechtssystem bildet mit all seinen Vorteilen und seinen berüchtigten Besonderheiten ein starkes Gegengewicht zum Turbo-Kapitalismus. Ein Vorteil liegt darin begründet, daß es für den Durchschnittsamerikaner und selbst für Arme sehr leicht ist, mit einer Schadensersatzklage vor Gericht zu ziehen. Der Reichtum vieler Amerikaner beruht auf einer erfolgreichen Klage. Ein weiterer Vorteil ist, daß die Regierung aktiv über die Einhaltung der Gesetze wacht, die das Geschäftsgebaren der Unternehmer im Interesse der Öffentlichkeit Einschränkungen unterwerfen. Natürlich gibt es nur wenige solcher Gesetze in einem Land, in dem das freie Unternehmertum so sehr geschätzt wird. Aber diese wenigen Gesetze werden oft mit Nachdruck durchgesetzt.

Der freie Markt weist eine natürliche Tendenz zu Restriktionen auf, weil die erfolgreichsten Unternehmen so groß werden, daß sie fast schon Monopole bilden. Der Turbo-Kapitalismus beschleunigt natürlich diesen Prozeß. Dagegen gibt es in den USA die weltweit strengsten Anti-Trust-Gesetze (Anti-Monopol-Gesetze), auf deren Einhaltung entschlossen geachtet wird.

Wenn Microsoft in Großbritannien so erfolgreich geworden wäre und das Land durch Exporte reich gemacht hätte, ohne dafür Rohstoffe einführen zu müssen, hätte man das Unternehmen als Kronjuwel behandelt und es vor Gegnern in Schutz genommen, anstatt ihm mit Anti-Trust-Untersuchungen zuzusetzen. Bill Gates wäre Lord Gates of Windows geworden und hätte einen Sitz im englischen Oberhaus erhalten.

In Frankreich wäre Microsoft zur nationalen Institution erhoben worden, deren Produkte von französischen Handelsattachés weltweit angepriesen würden. Jeder Wunsch würde dem Unternehmen von besorgten Beamten und aufmerksamen Ministern erfüllt werden. Wahrscheinlich hätte das französische Erziehungsministerium eine spezielle Fachhochschule ins Leben gerufen, die Softwareexperten nach den Wünschen von Microsoft ausbilden würde.

In Italien wäre Microsoft von einer dankbaren Regierung bei jeder Gelegenheit subventioniert und protegiert worden und würde in den Genuß einer Vorzugsbehandlung kommen. Bill Gates hätte ihm nahestehende Parteien großzügig unterstützt und wäre als Senator auf Lebenszeit eine angesehene Persönlichkeit.

Wäre Microsoft ein japanisches Unternehmen, so wäre es zum einzig wahren »auserwählten Instrument« ernannt worden, das sein Land auf dem Weltmarkt mit Softwarepaketen vertritt, so wie Fujitsu es mit Großrechnern macht. Microsoft würde auf Wunsch günstige Finanzierungskredite erhalten, und Marketinganalysen des weltweiten Netzes japanischer Außenhandelskammern würden ihm ebenso zur Verfügung gestellt werden wie es in der Forschung in den Genuß einer Unterstützung durch staatlich finanzierte Labors in ganz Japan käme. Natürlich wäre das Unternehmen vor jeglichen Anti-Monopol-Maßnahmen geschützt.

In den USA dagegen wurde Microsoft zur Zielscheibe der Anti-Trust-Abteilung des Justizministeriums. Die Prozesse werden von den fähigsten jungen Anwälten geführt, die eine Zeitlang für den Staat arbeiten, bevor sie zu den besten Kanzleien wechseln, die sich auf die Verteidigung von Unternehmen spezialisiert haben – gegen Klagen der Anti-Trust-Abteilung des Justizministeriums. Microsoft mußte sich wie IBM, das einst die Großrechnerbranche beherrschte, vor Gericht immer wieder neuer Vorwürfe der Monopolbildung erwehren. Zuerst mußte Microsoft 1994 eine Einverständniserklärung unterzeichnen, in der das Unternehmen auf einige seiner berühmten manipulativen Marketingpraktiken verzichtete, um ein Verfahren zu vermeiden. Dazu zählte der Verkauf von Anwendungssoftware (zur Textverarbeitung usw.) im Paket mit Microsofts allgegenwärtigem Betriebssystem MS-DOS, später Windows, noch später Windows 95 (ein passender Name, schließlich hielt Windows 95 Prozent des Weltmarkts) zum Sonderpreis. Auf diese Weise sollten die Konkurrenten in den Ruin getrieben werden, denn diese mußten ihre eigene Software separat und zu einem bestimmten Preis verkaufen. Dann forderte das Justizministerium im Oktober 1997 einen Bundesrichter auf, Microsoft mit einer Strafe von einer Million Dollar pro Tag zu belegen, sollte das Unternehmen weiterhin seinen Internetbrowser Explorer im Paket mit der neuesten Version von Windows 95 verkaufen. Microsoft versuchte damit, Netscape mit seinem einzeln verkauften Suchsystem Navigator aus dem Markt zu verdrängen. Im Dezember 1997 kam das Bundesgericht der Anordnung nach. Microsoft, zu dieser Zeit der Traumkunde mehrerer Anwaltskanzleien, legte natürlich Berufung ein und setzte gleichzeitig die Vorbereitungen für die Einführung von Windows 98 fort. Im Juni 1998 war auch ein Bundesberufungsgericht ausfindig gemacht, das zugunsten von Microsoft das Verbot gegen Softwarepakete aufhob und damit den Aktienwert von Microsoft auf über 100 Dollar steigerte. Doch zu diesem Zeitpunkt hatten das Justizministerium und die Generalstaatsanwälte von zwanzig Bundesstaaten eine großangelegte Klage gegen Microsoft wegen Verstoßes gegen das Anti-Trust-Gesetz erhoben. Die Verhandlung wurde auf Anfang September 1998 festgesetzt. Unter anderem sucht das Justizministerium eine neue Handhabe, mit der Microsoft untersagt werden soll, weiter darauf zu bestehen, daß Computerhersteller ihre Geräte so einstellen, daß als erste Darstellung auf dem Bildschirm die Windows »Desktop«-Einstellung zu sehen ist.

Zweifellos tut Microsoft viel für die amerikanische Wirtschaft, doch das beeindruckt das Justizministerium überhaupt nicht. Angeblich beruht jede Anti-Trust-Klage auf spezifischen Verstößen, und die Anwälte der Regierung fordern vorschriftsmäßig die entsprechenden Strafen oder Verbote. Aber in Wirklichkeit duldet die amerikanische Vorstellung von Demokratie einfach keine allzu ausgeprägte Machtkonzentration, wie auch immer diese zustande gekommen sein mag. Als General Motors noch florierte und große finanzielle Reserven aufwies, hätte es eine Art Microsoft der Automobilindustrie werden können, indem es die Preise so lang so tief gesenkt hätte, daß Ford, Chrysler und Studebaker aus dem Markt gedrängt worden wären. Klugerweise verzichtete man bei General Motors darauf, denn dem großen Triumph auf dem Markt wäre schon bald eine weitaus größere Niederlage vor Gericht gefolgt. Die Anwälte der Regierung, die sich mit Verstößen gegen das Anti-Trust-Gesetz beschäftigen, hätten auf ein Monopol von General Motors reagiert und vor Gericht die Aufspaltung des Unternehmens in mehrere Firmen mit verschiedenen Eigentümern gefordert – und ihre Aussichten auf Erfolg wären sehr gut gewesen. So hatte alles zu Beginn unseres Jahrhunderts angefangen, als Rockefellers marktbeherrschende Standard Oil Company per Gerichtsbeschluß in verschiedene Unternehmen aufgeteilt werden mußte, die seitdem miteinander konkurrieren.

Viele Länder verfügen über Anti-Monopol-Gesetze und setzen sie nicht durch. Genauso viele haben Beschränkungen für das Bankenwesen und den Aktienmarkt, doch keine Aufsichts- und Regulierungsbehörden, die derartige Einschränkungen durchsetzen können oder wollen. Eine besonders dramatische Folge dieser Kluft zwischen Theorie und Praxis zeigte sich beim Bankencrash 1997 in Asien.

Ob der Turbo-Kapitalismus das Wirtschaftswachstum nun ansteigen läßt oder nicht, mag dahingestellt sein, aber seine drei Antriebskräfte beschleunigen auf jeden Fall das Wachstum der Finanzen. Obwohl die Privatisierung eines Tages Großartiges leisten soll, ändert sie nichts an den Ausgangsbedingungen, wie zum Beispiel an den Gebäuden, der Ausrüstung, der Technik oder der Arbeitskraft. Dennoch macht die Privatisierung sofort zahlreiche finanzielle Transaktionen erforderlich, Vermögenswerte werden in Anteile und Aktien umgewandelt und dann verkauft, Bankkredite werden beantragt und gestellt, Projektfinanzierungen aufgetrieben und so weiter. Die Deregulierung soll den Wettbewerb fördern, um den Einsatz von Material und menschlichen Ressourcen effektiver zu gestalten. Sie selbst steigert diese Ressourcen aber nicht sofort. Andererseits ist die Wahrscheinlichkeit, daß ein Unternehmen auf kompliziertere Finanzierungen wie den Derivate-Handel zurückgreift, bei Unternehmen größer, die von Einschränkungen frei sind. Bei bestimmten Formen der Globalisierung wird eine Produktion nur in ein anderes Land verlagert und nicht gesteigert. Dennoch erfordert die Globalisierung automatisch immer den Austausch ausländischer Währungen und vielleicht auch Terminkontrakte zum Schutz vor Devisenkursänderungen und eventuell noch kompliziertere Swapgeschäfte*.

Daraus folgt, daß durch den Turbo-Kapitalismus das Bankwesen und die Börse schneller wachsen als die »eigentliche Wirtschaft«, also Landwirtschaft, Industrieproduktion und Einzelhandel. Unternehmen, die bisher noch nie Aktien und Anteile herausgegeben haben, gehen nun an die Börse; neue Börsen werden eröffnet oder alte vergrößert, es gibt immer mehr Börsenmakler, Banken werden erweitert und neue gegründet, Anlageberatungsfirmen, Devisenhändler und Warenbörsen schießen wie Pilze aus dem Boden. Daraus folgt auch, daß zur Durchsetzung der Gesetze wesentlich mehr getan werden muß. Zum Schutz der Aktionäre müssen Firmen gezwungen werden, ungünstige Aspekte in ihren Investmentprospekten aufzuführen, außerdem dürfen sich Angestellte nicht auf Kosten der Aktionäre bereichern. Zu ihrem eigenen Schutz muß man Banken zwingen, bei der Kreditvergabe ein bestimmtes Sicherheitslimit einzuhalten. Zudem müssen die Kreditinstitute sicherstellen, daß sie die tatsächliche finanzielle

---

* Der Begriff Swapgeschäfte bezeichnet den Verkauf einer Währung per Kasse und gleichzeitiger Verkauf (Rückkauf) per Termin. (Anmerkung des Übersetzers)

35

Situation ihrer potentiellen Kreditnehmer und auch deren frühere Schulden kennen. Zum Schutz der Öffentlichkeit muß untersagt werden, daß Börsenmakler den Markt manipulieren, auf Kosten ihrer Kunden spekulieren oder bestimmten Kunden eine Vorzugsbehandlung angedeihen lassen. Und so setzt sich das fort, neue Gesetze und Vorschriften werden dringend gebraucht. Zu deren Überwachung sind zahlreiche, entsprechend ausgebildete Aufsichts- und Regulierungsbeamte nötig, die ihre Arbeit gern und gut machen und sich auch durch Bestechungsversuche nicht davon abbringen lassen. Allerdings reicht auch das nicht aus. Wenn kleine Beamte gegen Firmendirektoren mit weitreichenden Beziehungen, Großindustrielle, Bankiers, reiche Börsenmakler und Finanziers antreten sollen, brauchen sie die aktive politische Unterstützung ihrer Regierung.

Indonesien, Südkorea, Malaysia und Thailand sind sehr unterschiedliche Länder. Auch ihre Probleme im Jahr 1997 unterschieden sich sehr voneinander. Allen vier Ländern gemeinsam aber war, daß sie ein sehr schnelles Wirtschaftswachstum und ein noch schnelleres finanzielles Wachstum erlebt hatten, ohne währenddessen den nötigen Verwaltungsapparat aufgebaut zu haben, der Unternehmen davon abhielt, Gläubiger und Aktionäre hinters Licht zu führen, Banken vor einer leichtsinnigen Kreditvergabe und einer genauso leichtfertigen Kreditnahme bewahrte und für Fairneß an der Börse sorgte. Der politische Wille, solche Vorschriften und Gesetze durchzusetzen, war nicht einmal im Ansatz vorhanden. Ganz im Gegenteil, in allen vier Ländern waren die Regierung und einzelne Politiker und deren Familien tief in dubiose Machenschaften verstrickt: in das sprunghafte Ansteigen der Bankkredite an bevorzugte Unternehmen und Personen, ohne daß im geringsten gewährleistet war, daß diese die Kredite zurückzahlen konnten; in das sprunghafte Ansteigen des Spekulierens mit Immobilien und Aktien, was durch eine unkluge und planlose Kreditvergabe seitens der Banken noch unterstützt wurde; und in das sprunghafte Ansteigen der Schulden von Unternehmen und Banken bei ausländischen Investoren und Banken.

Um alles noch viel schlimmer zu machen, hatten die einheimischen Banken ihr Geld zu kurzfristigen Krediten geliehen (diese sind günstiger), es aber dann zu langfristigen Krediten weiterverliehen. Um für eine ausgeglichene Bilanz zu sorgen, mußten sie ständig neue Kredite aufnehmen, mit denen sie ihre kurzfristigen Schulden zurückzahlten. Auch die großen Unternehmen vor Ort betrieben eine ähnliche Politik. Diese glich einem Mann auf einem Fahrrad, der ständig in die Pedale treten muß, damit er nicht herunterfällt. Langfristige Investitionen in Fabriken, Maschinen und Verwaltungsgebäude wurden über kurzfristige Anleihen finanziert, die ständig erneuert werden mußten. Da das Kapital vor Ort knapp und der Zinssatz sehr hoch, die Zinsen in den USA und Europa dagegen niedrig und in Japan sogar sehr niedrig (ein Prozent pro Jahr) waren, nahmen die Banken und großen Unternehmen der betroffenen Länder Kredite in Dollar, Yen oder D-Mark auf, die sie mit Einnahmen in der Landeswährung finanzieren mußten. Fiel die Landeswährung gegenüber dem Dollar, dem Yen oder der D-Mark, mußte der Mann auf dem Fahrrad viel stärker in die Pedale treten, um die Geschwindigkeit auch bergauf zu halten.

Solange die Meldungen über die wirtschaftliche Entwicklung positiv waren, ging auch alles gut. Die ausländischen Banken waren beruhigt und verlängerten fällige Kredite und erhöhten bereitwillig die Darlehen. Auch die Investoren legten weiterhin ihr Geld an. Tatsächlich baten sie sogar darum, mehr investieren zu dürfen (in allen vier Ländern war der Aufkauf heimischer Anteile durch Ausländer streng reglementiert). Doch dadurch wurde die Last, die der Mann auf dem Fahrrad transportieren mußte, immer schwerer. Als Thailand seine Währung drastisch abwertete, um beim Export weiterhin mit China konkurrieren zu können (das seine Währung bereits viel früher abgewertet hatte), brach alles zusammen. Die Abwertung war das Signal, die Währungen von Indonesien, Malaysia und dann auch von Südkorea abzustoßen und statt dessen harte Währungen zu kaufen. Dadurch sank der Wert dieser Landeswährungen, was zu weiteren Verkäufen und weiteren Abwertungen führte. Für den Fahrradfahrer wurde der Anstieg immer steiler, denn zum Bezahlen der gleichbleibend hohen Schulden in ausländischer Währung wurden nun noch größere Einnahmen in der landeseigenen Währung benötigt. Schon bald zeichnete sich ab, daß viele Unternehmen das nicht schaffen konnten. Ihre Aktienkurse stürzten ab, und daraufhin verkauften viele Anleger ihre Anteile – mit dem Ergebnis, daß die Kurse noch stärker fielen.

In den USA konnten in den achtziger Jahren nicht einmal die beharrlichen Beamten der Securities and Exchange Commission (SEC), des Börsenaufsichtsamtes, und der Federal Reserve Bank, der amerikanischen Zentralbank sowie des Comptroller of the Currency und des Währungskommissars das Spekulationsfieber und den anschließenden Zusammenbruch der Spar- und Darlehenskassen verhindern, die zuviel Geld in Junk Bonds (spekulative Anleihen mit hohem Ausfallrisiko) investiert hatten. Aber sie hielten zumindest die großen Handelsbanken davon ab, sich an den Spekulationen zu beteiligen. Vor allem die SEC kann die meisten Unternehmen und Börsenmakler von größeren Fehlern abhalten. Hätten Indonesien, Südkorea, Malaysia und Thailand ähnliche Einrichtungen, die interveniert hätten, wäre der finanzielle Kollaps von 1997 und damit auch die negativen Auswirkungen auf die Wirtschaft – Bankrotte, Arbeitslosigkeit und Verarmung – zu verhindern gewesen.

Es ist kein Zufall, daß alle vier Länder einen finanziellen Überbau nach amerikanischem Vorbild einführten, ohne gleichzeitig den Unterbau aus Gesetzen, Vorschriften und entsprechenden Maßnahmen zu deren Umsetzung zu übernehmen: Während die Wirtschaft dieser Länder politisiert wurde,

wurde ihre Politik kommerzialisiert. Da hochrangige Politiker
über ihre Familien an Geschäften beteiligt waren und reiche
Geschäftsleute sich in der Politik engagierten, waren kleinen
Beamten die Hände gebunden, massive Verstöße gegen Gesetze, Vorschriften und den gesunden Menschenverstand zu
untersuchen, aufzudecken, zu regeln oder gar strafrechtlich
dagegen vorzugehen.

NOCH EINMAL EIN ZWEIFACHES VIVAT
AUF GIERIGE ANWÄLTE

Die Bekämpfung von Monopolen und von mißbräuchlicher
Verwendung der Finanzstärke ist im Interesse der Öffentlichkeit von grundlegender Bedeutung, aber das Big Business übt
noch mit anderen, durch den Turbo-Kapitalismus verstärkten
Mitteln großen Einfluß aus. Betrogene Verbraucher sind nicht
organisiert, Arbeiter, Angestellte und Zulieferer sind abhängig, schwächere Konkurrenten sind unterlegen. Natürlich verfügen fast alle Länder über ein Zivilrecht, und somit kann
man die Möglichkeit in Anspruch nehmen, vor Gericht zu seinem Recht zu kommen. In den meisten Fällen wird aber aus
der wirtschaftlichen Unterlegenheit eine juristische. Wenn
Verbraucher, die unzufrieden sind oder durch ein defektes
Produkt Schaden genommen haben, oder Angestellte, die
schlecht behandelt wurden, oder Zulieferer, die geradezu
erpreßt werden, oder kleinere Konkurrenten, deren Patent-
rechte verletzt wurden, vor Gericht auf Schadensersatz klagen,
müssen sie gegen das Talent und die zahlreichen Anwälte
führender Rechtsanwaltssozietäten antreten, die sich die
großen Unternehmen leisten können. Wenn der Fall aussichts-
reich ist, müssen sie sich auf endlose Verzögerungen und juristische Kniffe gefaßt machen.

Justitia ist vielleicht blind, kann aber trotzdem Geld kosten. Reiche Angeklagte können einfach warten, bis sich die armen Kläger finanziell verausgabt haben. Das passiert jeden Tag rund um den Globus, und das trifft besonders für die USA zu. Denn dort gibt es die meisten großen Konzerne, außerdem sind die moralischen Skrupel und traditionellen Hemmnisse gering. Wenn amerikanische Unternehmen Massenentlassungen in Erwägung ziehen, stoßen sie, anders als Unternehmen in Europa oder in Japan, nur ganz selten auf öffentliche Mißbilligung. Nur wenige Unternehmen haben starke regionale Wurzeln, und noch weniger von ihnen verhalten sich trotz aller inhaltsleeren Beteuerungen wie echte Mitglieder einer Gemeinschaft.

Das amerikanische Rechtssystem weist jedoch zwei besondere Eigenschaften auf, die erheblich dazu beitragen, das Gleichgewicht wiederherzustellen. Erstens ordnen amerikanische Gerichte im Gegensatz zu der sonst fast überall üblichen Norm, daß der Verlierer auch die Prozeßkosten seines Gegners tragen muß, selten die Übernahme der Verfahrenskosten des Gewinners an und fast nie, wenn der Gewinner vermögend ist. Dadurch wird das Risiko, einen Konzern zu verklagen, dessen Anwaltskosten leicht in die Millionen gehen können, erheblich verringert. Das wiederum ist die Voraussetzung für die zweite Besonderheit des amerikanischen Rechtssystems. Es handelt sich hierbei um eine Praktik, die in den meisten anderen Ländern verboten ist oder als unehrenhaft gilt: Amerikanische Rechtsanwälte arbeiten *routinemäßig* für ein Erfolgshonorar, das heißt, sie bekommen nur für den Fall, daß sie gewinnen, Geld. Bei Schadensersatzklagen beanspruchen sie im Erfolgsfall fünfundzwanzig oder gar vierzig Prozent der Summe für sich, und im Fall einer Niederlage gehen sie leer aus. So kann sich jeder Kläger bei Schadensersatzklagen, die ausreichende Erfolgsaussichten haben, zunächst kostenlos einen Rechtsanwalt, ja selbst hervorragende Kanzleien und alle erforderlichen Gutachter nehmen.

Es mag daher kaum überraschen, daß große Konzerne, die aufgrund der Deregulierung und allein schon wegen ihrer Größe und ihrer Finanzmittel über enorme Macht verfügen, von Privatpersonen mit Klagen überzogen werden. Rechtsanwälte, die das Erfolgshonorar einheimsen wollen, treiben die Klagen energisch voran. Unzufriedene Konsumenten reichen jedes Jahr Tausende von Schadensersatzklagen mit erheblichen Geldforderungen ein. Entlassene, zurückgestufte oder zu Unrecht bei Beförderungen übergangene Angestellte erheben Klage wegen unrechtmäßiger Kündigung, schlechter Behandlung oder sexueller Belästigung. Handelt es sich bei den Klägern um Frauen, Senioren, Behinderte oder um Angehörige von Minderheiten, die zusammengenommen einen bedeutenden Teil der arbeitenden Bevölkerung ausmachen, dann stärken ihnen zahlreiche Anti-Diskriminierungs-Gesetze den Rücken. Konkurrenten, vor allem wenn sie kleiner und nicht ganz so reich sind, klagen genauso eifrig wie Zulieferer und Kunden. Die Gründe dafür sind zahlreich, sie reichen von technisch komplizierten Patentverletzungen bis zu schlichten Vertragsbrüchen. Amerikanische Kleinaktionäre verklagen Geschäftsführer und Aufsichtsräte mit Hilfe spezialisierter Anwälte schon fast automatisch, wenn ihre Wertpapiere abrupt an Wert verlieren, auf Vergehen im Amt, nachlässige Geschäftsführung oder pflichtwidrige Unterlassung.

Versicherungen werden in den USA so häufig von unzufriedenen Kunden verklagt, daß ihre Zukunft zum größten Teil von den Fähigkeiten ihrer Rechtsabteilung abhängt. Verkehrsopfer werden von ihren Rechtsanwälten angewiesen, vor Gericht mit Halskrause oder im Rollstuhl zu erscheinen, um so das Mitleid des Richters zu erwecken. Eindeutige Hinweise auf Trunkenheit oder auf rücksichtsloses Verhalten rücken dann auf Kosten der Automobilhersteller oder der Versicherungen in den Hintergrund. Die Erfolge amerikanischer Anwälte in Produkthaftungsfällen sind legendär, vor allem dann, wenn sie mit einer Witwe und kleinen Kindern, die ihren Vater verloren haben, im Gerichtssaal tränenreich an den Richter appellieren oder, noch besser, mit den weinenden Eltern eines toten Kindes aufwarten können. Hersteller, deren Autos, Flugzeuge, Schiffe, Maschinen, Werkzeuge, Lebensmittel, ja selbst Toilettenschüsseln jeden Tag millionenfach benutzt werden, müssen schon fast regelmäßig dreifache Schadensersatzleistungen für Defekte zahlen. In der Regel hatten staatliche Prüfer an den Produkten nichts auszusetzen, nur die von Rechtsanwälten beauftragten Sachverständigen konnten Mängel feststellen.

Das amerikanische Rechtssystem weist eine weitere Besonderheit auf: Selbst in zivilrechtlichen Fällen fällen Geschworene das Urteil. Das sorgt dafür, daß Rechtsanwälte, die für ihre Klienten den Status des Opfers in Anspruch nehmen können, auch ohne Tränen sehr gut zurechtkommen. Denn bei geschäftlichen Streitfällen geben Geschworene Einzelpersonen den Vorzug gegenüber einem Unternehmen, kleinen Unternehmen gegenüber großen und selbst sehr großen Unternehmen gegenüber noch größeren, besonders wenn sie aus einem anderen Bundesstaat sind. Für texanische Geschworene ist ein Unternehmen mit Sitz in New York genauso fremd wie ein Konzern aus London oder gar Tokio.

Fast *zwei Millionen* Prozesse werden jedes Jahr gegen Unternehmen in amerikanischen Bundesgerichten oder bundesstaatlichen Gerichten angestrengt. Darüber hinaus müssen große und kleine Unternehmen sich auch mit den Klagen kommunaler, bundesstaatlicher und staatlicher Behörden auseinandersetzen, die wegen Verstößen gegen den Umweltschutz, die Betriebssicherheit, den Verbraucherschutz, das Steuerrecht und das Anti-Trust-Gesetz klagen. Diese Prozeßflut beschert einem Teil der 700.000 in den USA niedergelassenen Rechtsanwälte hervorragende Einnahmen. Ein Rechtsanwalt nahm in einem einzigen Fall eine Milliarde Dollar ein, weil Texaco an seinen Klienten eine milliardenschwere Entschädigung zahlen mußte. Die Gesamtsumme an Schadensersatzzahlungen in den USA wurde zuletzt auf 150.000 Millionen Dollar pro Jahr geschätzt, von denen mindestens 25 Prozent in die Taschen der Rechtsanwälte wanderten.

Eine weitere Folge der zahlreichen Prozesse ist, daß das Big Business in seine Schranken verwiesen wird. Jedes Unternehmen ist juristischen Angriffen ausgesetzt, die von den Erfolgsbeteiligungen der Rechtsanwälte zusätzlich angestachelt werden, und dabei ist die Wahrscheinlichkeit eines Untergangs für kleinere Unternehmen natürlich größer. Die großen Konzerne haben, was Macht und Reichtum angeht, nicht zuletzt durch die Öffnung des Weltmarkts am stärksten vom Turbo-Kapitalismus profitiert, daher muß zur Erhaltung des Gleichgewichts gerade ihr Einfluß eingeschränkt werden.

Wenn die Geschäftsführer eines solchen Konzerns versucht sind, Kosten durch die Abschaffung von Sicherheitsvorschriften zu senken, denken sie an Regreßansprüche und verzichten auf diesen Plan. Wenn sie an eigenmächtige Vorgaben für Zulieferer oder Kunden denken, überlegen es sich die Manager angesichts drohender Klagen auf Vertragsbruch noch einmal anders. Wenn sie die Technologie anderer Unternehmen reizt, erinnern sie sich daran, wie die Geschworenen bei der letzten Verhandlung urteilten, in der ein großes Unternehmen der Patentverletzung gegenüber einem innovativen kleinen Unternehmen beschuldigt wurde. Wenn Vorstandsvorsitzende in Gedanken durchspielen, wie sehr sie persönlich von einer kleinen Manipulation der Aktienkurse profitieren könnten, denken sie sogar noch vor Einschreiten der Security and Exchange Commission daran, was ein verlorener Prozeß gegen einen betrogenen Aktionär sie wohl kosten könnte.

Die für ihre Gier berühmten amerikanischen Anwälte, die rücksichtslos die Geschworenen manipulieren und für die die Kläger oft nur Marionetten sind und nicht Klienten, dienen also einem höheren Zweck, denn sie weisen die gierigen Konzerne in die Schranken.

Die Angelegenheit besitzt auch eine persönliche Dimension. Die Vorstandsvorsitzenden der größten amerikanischen Konzerne könnten leicht überzogene Ansprüche entwickeln. Sie sind von ehrerbietigen Mitarbeitern umgeben, reisen vornehm im Privatjet, werden von Politikern hofiert, die auf eine finanzielle Unterstützung ihres Wahlkampfes hoffen, und von Universitätspräsidenten umschmeichelt, die ihnen akademische Ehrentitel antragen, ja selbst die Minister und Staatsoberhäupter anderer Länder bemühen sich um sie, weil sie auf Investitionen hoffen. Ihre Kollegen in Brasilien oder Mexiko, selbst in einigen europäischen Ländern und bis zur Wirtschaftskrise 1997 besonders in Indonesien und Korea sind mit ihrem Gefolge aus Sekretärinnen-Mätressen, unterwürfigen Assistenten und ergebenen Lokalpolitikern quasi Herrscher über das Universum. Natürlich lassen sie sich von lästigen kleinen Gesetzen oder ermüdenden Verfahren kaum davon abbringen, mit Verbrauchern, Zulieferern, kleineren Konkurrenten und der Umwelt so umzuspringen, wie es ihnen beliebt. Amerikanische Konzernchefs müssen aber ständig ihre Rechtsbeistände konsultieren, um herauszufinden, was ihnen das Gesetz erlaubt, und sie müssen die anderen Anwälte fürchten, die sie sofort vor Gericht zerren, selbst wenn die Regierung keinen Anlaß dazu sieht.

Außerdem gibt es noch die Steuergesetze, genauer gesagt, die Durchsetzung der Steuergesetzgebung. Unter den Bedingungen des Turbo-Kapitalismus besitzt man in den USA ein besonderes Faible für die Steuerhinterziehung. Da die meisten *Handels*bestimmungen längst abgeschafft wurden (es gibt noch zahlreiche Umwelt- und andere Bestimmungen) und nur noch selten eine Genehmigung oder eine Lizenz benötigt wird, verfügt das Finanzamt nur über wenig Informationen, auf die es sich stützen kann. Zudem sind die Finanzbeamten beim amerikanischen Steuersystem darauf angewiesen, daß Einkommenssteuern im Gegensatz zur offiziell deklarierten Mehrwertsteuer oder Umsatzsteuer selbst gemeldet werden.

Obwohl Gemeinden, Bundesstaaten und die Behörden der Bundesregierung ihre eigenen Steuern einziehen, gibt es in den USA verglichen mit anderen Ländern nur eine kleine Handvoll unterschiedlicher Steuern. Schon allein dieser Umstand fördert die Steuerhinterziehung. Die Italiener betrachten sich zwar als Meister im Steuerhinterziehen, können aber nicht verhindern noch vermeiden, daß sie hohe Steuern zahlen – im Verhältnis zu ihrem Einkommen gesehen viel mehr als die Amerikaner –, aus dem einfachen Grund, weil es über hundert verschiedene Steuern gibt.

Wenn ein Amerikaner in seiner Steuererklärung bei seinem persönlichen Einkommen weniger angibt und nicht erwischt wird, hat er sein Steuerproblem schon fast gelöst. Für einen Italiener ist eine falsch deklarierte Steuererklärung erst der Anfang. In Italien gibt es eine hohe Mehrwertsteuer. Jeder Kauf muß offiziell nachgewiesen werden, daher muß man für eine Hinterziehung eine ganze Kette von Fälschungen in Gang setzen, die schwierig zu bewerkstelligen und leicht aufzudecken sind. Auch die Vermögenssteuer ist hoch und im Prinzip fast nicht zu umgehen – nicht umsonst definiert das italienische Finanzamt Gebäude als *immobili*. Darüber hinaus gibt es sehr kostspielige Genehmigungen, die jedes Jahr neu beantragt werden und jederzeit nachweisbar sein müssen, zum Beispiel für die Benutzung eines Autos, sowie unzählige geringere Abgaben, etwa für Hunde, Fahrräder und Fernsehgebühren. Und die Liste ist damit noch lange nicht zu Ende.

In den USA braucht man, um die Staatseinnahmen einzutreiben, keine unüberschaubaren Steuern. Nicht daß die Amerikaner besonders ehrlich wären, aber die meisten fürchten das Finanzamt zu sehr, um ernsthaft bei ihren Steuerzahlungen zu betrügen. Wie jede Finanzbehörde der Welt verhängt auch das amerikanische Finanzamt harte Strafen für eine fehlerhafte Buchführung, die zugunsten des Steuerzahlers ausfällt. Doch im Gegensatz zu den meisten anderen Ländern beantragt das amerikanische Finanzamt bei den Bundesgerichten regelmäßig und mit beachtlichem Erfolg Haftstrafen für vorsätzliche Steuerhinterziehung. Nur in wenigen Ländern, unter anderem in Großbritannien, landen verurteilte Steuerbetrüger für viele Jahre hinter Gittern.

Da Amerikaner dank des Turbo-Kapitalismus über ein sehr hohes Einkommen verfügen, aber dennoch nicht das Zahlen von Steuern umgehen können (*Reichtum* wird nicht versteuert), findet zumindest eine gewisse Umverteilung durch die öffentliche Ausgabenpolitik statt. Allerdings sind die amerikanischen Einkommenssteuern heutzutage nicht unbedingt progressiv zu nennen. Im Gegensatz zu den einstigen Spitzensteuersätzen von über 90 Prozent liegt der höchste Satz bei den Bundessteuern bei 38 Prozent, und selbst wenn man die höchsten Bundes- und bundesstaatlichen Steuern addiert, übersteigt der Steuersatz kaum 50 Prozent. Außerdem verteilt die Regierung das Geld nicht großzügig unter den Armen. Statt dessen kommt es älteren Mitbürgern in Form von kostenloser Gesundheitsfürsorge und staatlichen Renten zugute, ganz gleich, ob sie nun reich sind oder völlig mittellos. Aber halten wir fest, daß Steuern entrichtet werden und ein Teil davon umverteilt wird.

Hält der Turbo-Kapitalismus Einzug in Länder, die weniger rigoros gegen Steuersünder vorgehen, können es die frischgebackenen Millionäre und Milliardäre wie die Reichen halten, die seit Generationen Geld haben und fröhlich Steuern hinterziehen. Bestechung kann die steuerliche Veranlagung und die Steuerforderungen oft drastisch absenken. Abgesehen von der Korruption arbeiten manche Steuerbehörden häufig auch ineffizient oder stehen unter politischem Druck. Außerdem wird ihnen die Arbeit zunehmend durch das diskrete Verhalten von Banken bei Transfergeschäften und Guthaben erschwert. Steuersünder ohne gute Beziehungen werden manchmal ertappt, in solchen Fällen reichen Bestechungsgelder und schiere Unfähigkeit nicht aus, um sie zu schützen. Aber selbst dann droht ihnen selten eine Gefängnisstrafe.

Natürlich müssen die Steuersünder eine Strafe zahlen, doch Geldbußen können risikofreudige Menschen selten abschrecken, und gerade dieser Menschenschlag profitiert in der Regel am meisten vom Turbo-Kapitalismus. Daher wird nur ein sehr geringer Teil dieses neuen Reichtums über Steuern und öffentliche Ausgaben umverteilt, der weitaus größere Anteil wird in grenzenlosem Ausmaß angehäuft.

Die eben beschriebenen Möglichkeiten und Eigenschaften tragen in den USA dazu bei, daß zwischen dem kräftig vorwärtsdrängenden Turbo-Kapitalismus und dem bremsenden amerikanischen Rechtssystem eine Art Gleichgewicht herrscht. Dieses Gleichgewicht kommt nicht zustande, wenn sich Monopole ungestört bilden können oder sogar vom Staat geschützt werden, wenn finanzieller Mißbrauch nicht geahndet wird und Verbraucher, Arbeitnehmer, Zulieferer und kleinere Konkurrenten sich dem Big Business ohne die Möglichkeit eines risiko- und kostenfreien Rechtsstreits stellen müssen.

Warum die amerikanischen Gewinner ihren Erfolg nicht genießen können

Ein zweiter Grund, warum die meisten Amerikaner die Ungerechtigkeit des Turbo-Kapitalismus akzeptieren, ist der starke Einfluß calvinistischer Werte. Obwohl der Calvinismus bzw. der aus ihm erwachsene Puritanismus die Religion der Pilgerväter war und seine Glaubenssätze starken Einfluß auf die protestantische Christenheit hatten, glauben in religiöser Hinsicht nur wenige Amerikaner bewußt an die calvinistische Lehre. Dennoch leben sehr viele Amerikaner ungeachtet ihrer Konfession nach calvinistischen Prinzipien, auch wenn sie vielleicht gar nichts über den Calvinismus an sich wissen. Es wurde schon oft untersucht, wie es dazu kam, daß eine fast vergessene Religion eine so mächtige Wirkung im Alltag entfalten konnte. Außer Frage steht dabei die anhaltende Wirkung calvinistischer Werte. Auch wenn der Calvinismus immer wieder von kurzlebigen Stimmungen überdeckt und ständig für tot erklärt wird, genießt er im amerikanischen Alltag latent einen hohen Stellenwert und beeinflußt unmerklich die täglichen Entscheidungen und die grundsätzliche Einstellung der Menschen.

Die Regeln der Lehre Calvins sind einfach und bindend. Regel Nummer eins gilt für die Großverdiener. Regel Nummer zwei gilt für das Heer der Arbeitnehmer mit unterschiedlich großem Wohlstand, die sich aber selber oft für Verlierer halten. Regel Nummer drei gilt für die Nichtcalvinisten unter den Verlierern, das heißt für jene, die Regel Nummer zwei nicht akzeptieren. Dabei handelt es sich normalerweise um die Armen.

Die calvinistische Doktrin, die Regel Nummer eins zugrunde liegt, besagt, daß eigenhändig angehäufter Reichtum keinesfalls, wie Jesus wiederholt erklärt haben soll, Tugendhaftigkeit zuwiderlaufe, sondern ein Zeichen göttlicher Gunst für Auserwählte ist. Diese Doktrin ist schon lange in Vergessenheit geraten, aber ihre Folgen sind nach wie vor zu spüren. Amerikaner neigen immer noch dazu, das Streben nach Reichtum als lobenswert und Erfolg auch als eine *moralische* Leistung zu betrachten, denn er wird durch einen aufopferungsvollen Einsatz beim Geldverdienen und eine entsagungsvolle Zurückhaltung beim Geldausgeben erreicht. Anstatt jene, die nach Reichtum streben, als selbstsüchtige Materialisten zu betrachten, erweist man ihnen im Verhältnis zu der Summe, die sie verdienen, Respekt, solange der Reichtum das Ergebnis ihrer eigenen Anstrengungen ist. Die Gewinner, die ein sagenhaftes Salär beziehen, werden mehr als alle anderen Amerikaner bewundert, sogar stärker als die berühmtesten Kriegshelden. Dwight Eisenhower, der US-Präsident und ehemalige Oberkommandierende der Alliierten Streitkräfte, der die Landung in der Normandie gewagt und die Alliierten schließlich zum Sieg über Deutschland geführt hatte, wurde gewiß allgemein bewundert. Er selbst aber war mit seiner Bewunderung für die reichen Geschäftsleute, denen er zum ersten Mal im Weißen Haus begegnete, ein typisches Beispiel für die Einstellung der Amerikaner: Die Geschäftsleute hatten es allein geschafft, ohne Soldaten, die für sie kämpften.

Die Gewinner werden nicht nur wegen ihrer Leistungen bewundert und respektiert, sondern auch wegen ihres Wissens beziehungsweise des Wissens, das man ihnen zuschreibt. Sie sollen sich häufig zu aktuellen Fragen äußern, auch wenn diese gar nicht in ihren eigentlichen Tätigkeitsbereich fallen. Im Jahr 1997 wurden beispielsweise der führende Software-Hersteller Bill Gates und der bekannte Börsenspekulant George Soros von den amerikanischen Medien immer wieder respektvoll zu den verschiedensten Themen befragt, die vom Zustand des Erziehungswesens bis zur Freigabe von Drogen reichten. Den Interviewern erschien es selbstverständlich, daß die Weisheit der beiden, die sie selbstlos in den Dienst der Allgemeinheit stellen, mit der Höhe ihrer Einkommen korrespondiert. Diese ehrfürchtige Haltung läßt sich direkt auf Regel Nummer eins zurückführen, die über eine moralische Rechtfertigung des Geldverdienens hinausreicht. Großverdiener werden mitnichten wegen ihrer Gier verurteilt, sondern hochgeachtet, Spitzenverdiener umgibt fast schon eine Aura von Heiligkeit.

Die Sache hat allerdings einen Haken: Die Reichen dürfen ihren Reichtum nicht *genießen*. Anstatt sich wie ihre nicht-calvinistischen Schicksalsgenossen in Europa, Lateinamerika oder Südostasien sexuellen und anderen Zerstreuungen hinzugeben, sind sie verpflichtet, weiterhin hart zu arbeiten und noch reicher zu werden. Abgesehen von Stars aus Showbusineß, Spitzensportlern und einigen Exzentrikern halten sich die amerikanischen Spitzenverdiener im arbeitsfähigen Alter in einem erstaunlichen Ausmaß an Regel Nummer eins.

Unter der Rubrik Ruhe und Erholung sind kurze Urlaubsauf-
enthalte, Ausflüge und Parties gestattet, denn sie gewährleisten, daß man noch mehr arbeiten kann, aber das ist auch
schon alles. Die monatelangen Ferien der europäischen Reichen sind völlig unbekannt. Statt ausgelassener Feste an der
freizügigen Côte d'Azur, wo sich auch heute noch die reichen
Europäer im Sommer versammeln, gibt es für reiche Amerikaner meist nur Martha's Vineyard, wo man eifrig über Politik
diskutiert und wenig trinkt, das grimmige Streben nach körperlicher Fitneß in Aspen, Colorado und anderswo, bemühte
Gesellschaftsrituale in Palm Beach in Florida und jede Menge
Golf, Tennis und Skifahren. Selbst beim Spiel gelingt es den
calvinistischen Gewinnern, sich so wenig wie möglich zu vergnügen. Es ist kein Zufall, daß das Essen in ihrem Winter-
domizil in der Karibik fast ungenießbar ist. In den exklusiven
Clubanlagen auf den Bahamas, in denen zu einem »Zimmer«
ein eigener Swimmingpool und zwei Schlafzimmer mit jeweils einem eigenen Bad gehören, wird in eleganten Restaurants mit Blick auf traumhafte Strände Tiefkühlfisch serviert,
der in tranigem Öl frittiert wurde, dazu gibt es Muschelsuppe
aus der Dose und vorgeschnittenen Salat mit einem dickflüssi-
gen Salatdressing, das direkt aus der Flasche serviert wird.
Europäische Gäste würden protestieren und die Flucht ergreifen. Die reichen amerikanischen Gäste essen gehorsam und
ohne Murren.

Die amerikanischen Reichen sind vielleicht keine Puritaner
im klassischen Sinn, die ständig vom Gedanken geplagt werden, daß ein anderer sich irgendwo amüsieren könnte, aber
sie sind puritanisch gegenüber sich selbst. Bei Reisen nach Paris oder Tokio bringen amerikanische Geschäftsleute häufig
ihre Gastgeber in Verlegenheit, weil sie dem exotischen Brauch
huldigen, ihre Ehefrauen mitzubringen. Damit ist die übliche
Form der Entspannung nach einem harten Arbeitstag natürlich
ausgeschlossen. Nur wenige amerikanische Gewinner halten
sich Sekretärinnen als Mätressen oder haben Geliebte als Tro-

phäen, wie es in anderen Ländern zur Festlegung der Rang-
folge üblich ist; sie haben höchstens Ehefrauen als Trophäen,
was nicht dasselbe ist.

Die Verachtung für jede Art von Vergnügen ist selbst im Urlaub so ausgeprägt, daß das Aspen Institute und seine vielen
Nachahmer daraus ein Geschäft gemacht haben: Spitzenverdiener und der Geldadel werden nicht zum Vergnügen
nach Aspen und in ähnliche Einrichtungen eingeladen, sondern um gegen hohe Gebühren oder noch höhere Spenden an
wichtigen »Seminaren« teilzunehmen, in denen man ernsthaft
über die Probleme der Menschheit diskutiert. Man kann sich
natürlich trotzdem noch nebenbei amüsieren, hat aber die
ganze Zeit über das beruhigende Gefühl, daß man eigentlich
nur wegen der Seminare über Umweltverschmutzung, Dro-
genproblematik, Hunger in der Welt, Kriege und ähnlicher
Themen da ist.

Regel Nummer eins hat noch einen größeren Haken, der
ebenfalls auf die längst in Vergessenheit geratene calvinistische
Heilslehre zurückzuführen ist. Da Reichtum als göttliche Belohnung für die Leistung und die Selbstbeschränkung des *einzelnen* angesehen wird, sollte Vermögen nicht an die Kinder
oder Nachkommen vererbt, sondern für »gute Werke« gespen-
det werden. Früher gründeten reiche Amerikaner mit ihrem
Geld Schulen, Universitäten, Krankenhäuser, Waisen- und
Armenhäuser. Heutzutage finanzieren sie Wohltätigkeitsorga-
nisationen mit den unterschiedlichsten Zielsetzungen, von radikalen politischen Anliegen bis zum Schutz der Pflanzenwelt
auf Madagaskar.

Warren Buffett ist ein überaus angesehener Finanzier in den
USA und nach allem, was man hört, der zweitreichste Amerikaner. Offenbar ist er fest dazu entschlossen, seiner Vorbild-
rolle nachzukommen, denn er hat verkündet, daß er seinen
Kindern oder deren Familien kein Geld hinterlassen wird –
er beabsichtigt, alles für wohltätige Zwecke zu spenden. Bill
Gates, Amerikas ausgewiesener Supergewinner und reichster

Bürger, gab bekannt, daß er 95 Prozent seines Vermögens verschenken will. Warren Buffetts Haltung ist extrem – wie es sich für jemanden gehört, der unbedingt ein Vorbild für andere sein will. Tatsächlich enterben nur wenige Amerikaner ihre Kinder. Es gibt aber eindeutige Belege, daß reiche und superreiche Amerikaner bei der Weitergabe ihres Vermögens eine ungewöhnliche Zurückhaltung an den Tag legen: Anstatt das gesamte Geld ihren Kindern zu vererben, verschenken sie lieber einen Großteil davon. Davon legen 40.000 Stiftungen mit einem Gesamtvermögen von ungefähr 225.000 Millionen Dollar Zeugnis ab.

Im Endeffekt rechtfertigt Regel Nummer eins die Anhäufung von Reichtum in moralischer und gesellschaftlicher Hinsicht. Außerdem läßt diese Regel kaum Neid aufkommen, der sich politisch oder mit Gewalt manifestieren könnte. Warum sollten die Armen die Reichen beneiden, wenn letztere ihr Vermögen weder genießen noch vollständig an ihre eigene Familie weitergeben können? Man kann die Reichen höchstens um die Befriedigung beneiden, die sie aus harter Arbeit ziehen, um den moralischen Lohn ihrer Spenden und Stiftungen für wohltätige Zwecke und um ihr gesellschaftliches Prestige. Das ist natürlich immer noch sehr viel, es genügt aber nicht, um Haß und Gewalt, ja nicht einmal um gewöhnlichen politischen Verdruß auszulösen.

WARUM DIE AMERIKANISCHEN VERLIERER
IHR SCHICKSAL HINNEHMEN

Regel Nummer zwei für die Wirtschaftsverlierer beruht auf derselben calvinistischen Doktrin wie Regel Nummer eins, sie ist eigentlich nur deren Umkehrung: Mißerfolg ist nicht die Folge von Pech oder ungerechten Verhältnissen, sondern rührt von der Ungnade Gottes her. Genau wie die Fähigkeit, Reichtum zu erwerben, an Heiligkeit grenzt, kommt das Unvermögen der Sünde nahe, tatsächlich ist es schon sündhaft. Viele Amerikaner, die eigentlich wohlhabend sind, aber nicht die Summen verdienen, die sie selbst als angemessen und richtig empfinden, haben starke Schuldgefühle. In einem Land, in dem man Gewinner so schätzt und bewundert, können die Verlierer nur mühsam ihr Selbstwertgefühl bewahren.

Viele leben in stiller Verzweiflung und stürzen sich auf der Suche nach Abwechslung eifrig auf alles, was sie von ihrem Versagen ablenkt, ob es sich nun um exaltierte Glaubensrichtungen oder um Sportübertragungen im Fernsehen handelt. Andere werden von ihrer Verzweiflung in die Sucht getrieben: Alkohol, Drogen und vor allem Essen, die einzige völlig legale Abhängigkeit und daher weitverbreitet, sollen Trost spenden. Zu Beginn des 20. Jahrhunderts war ein wohlgerundeter Bauch, der die Weste zu sprengen drohte und von einer goldenen Uhrkette elegant betont wurde, das Merkmal des Gewinners. Der amerikanische Präsident William Taft war nur der prominenteste der 150 Kilo wiegenden Schwergewichte, die an der Spitze der amerikanischen Gesellschaft standen. Aber die Mode ändert sich. Zusammen mit dem Rauchen von Zigaretten (Zigarren sind dagegen wieder in Mode) ist die Fettleibigkeit derzeit das häufigste Kennzeichen amerikanischer Verlierer. Amerikaner sind wesentlich dicker als Europäer, von Japanern ganz zu schweigen. Dabei sprechen wir hier von einem Durchschnittswert, der sich aus extremen Abweichungen ergibt. Die amerikanischen Gewinner sind normalerweise schlank, häufig geradezu unnatürlich dünn, was auf strikte Diät und ein übersteigertes Fitneßtraining zurückzuführen ist. Die Armen sind dagegen oft sehr dick. Und dieser Umstand erschwert es ihnen zusätzlich, in einem Land, in dem Korpulenz mit Versagen gleichgesetzt wird, eine einigermaßen gutbezahlte Stelle zu finden. Eine illegale Sucht kann sogar noch gravierendere Folgen haben. Eine geringe Selbstachtung aufgrund eines geringen Einkommens läßt die Betroffenen in einen Teufelskreis geraten. Ihr Verhalten wird von sozialen Einrichtungen als dysfunktional, als nicht angepaßt, bezeichnet, wodurch sich ihr Einkommen noch weiter verringert.

Regel Nummer zwei hat neben den Folgen für das Leben des einzelnen auch erhebliche Auswirkungen auf die Politik. Sie erklärt mehr als alle anderen Faktoren, warum es in den USA nie eine sozialistische Partei von Rang gegeben hat: Die Verlierer suchen die Schuld bei sich und nicht beim System, sie hassen sich selbst, anstatt ihren Haß auf die Gewinner zu projizieren. Die Regel erklärt auch, warum noch nie ein bedeutender Präsidentschaftskandidat die herbe Ungerechtigkeit des Turbo-Kapitalismus in Frage gestellt hat. Das hat zur Folge, daß die Verlierer in einem Land, das im wahrsten Sinne des Wortes den Gewinnern gehört und von Gewinnern für Gewinner regiert wird, keinen politischen Sprecher haben. Den Verlierern wird diese Möglichkeit nicht verwehrt – sie selbst sind so bemüht, sich mit den Gewinnern zu identifizieren, daß sie einem Kandidaten, der sich für sie einsetzt, die Stimme verweigern. Viele Verlierer stimmen für einen Kandidaten der Gewinner. Andere wählen erst gar nicht, was nicht auf Trägheit oder Ignoranz zurückzuführen ist (wie die Gewinner immer behaupten), sondern darauf, daß es keinen Kandidaten gibt, den die Verlierer wählen könnten. Bei den letzten landesweiten Wahlen betrug die Quote der Nichtwähler fast fünfzig Prozent.

Natürlich gibt es unter den Verlierern viele, die nichtcalvinistisch eingestellt sind. Sie sind meistens wirklich arm und bleiben nicht nur hinter ihren eigenen Erwartungen zurück. Für sie gibt es Regel Nummer drei: Wer Regel Nummer zwei nicht akzeptiert und nicht von Schuldgefühlen gelähmt wird, aber nicht über den entsprechenden Bildungsgrad verfügt, um seinem Ärger auf legale Weise Ausdruck zu verschaffen, landet meistens im Gefängnis. Strenge Gesetze, die vieles verbieten, was in anderen Ländern erlaubt oder zumindest toleriert wird, die strenge Ahndung von kriminellen Taten und hohe Haftstrafen über 40, 50 und 60 Jahre oder lebenslänglich ohne Bewährung tragen zur Umsetzung von Regel Nummer drei bei. Nur in der verarmten Russischen Föderation, wo teilweise chaotische Zustände herrschen, sind mehr Einwohner im Gefängnis als in den reichen Vereinigten Staaten mit ihrer guten Verwaltung – bei der letzten Zählung waren es 1,8 Millionen. .Es mag daher nicht überraschen, daß 1998 die Kriminalität in vielen amerikanischen Städten stark rückläufig war, was die unnachgiebige Haltung des New Yorker Bürgermeisters Giuliani und seiner Anhänger in vielen amerikanischen Städten scheinbar rechtfertigt. Das Wunder läßt sich aber auch anders erklären. Daß der Anteil der Jugendlichen an der Bevölkerung aufgrund geburtenschwacher Jahrgänge rückläufig ist, wirkte sich auf die Statistik ebenso aus wie die Verlagerung des Verbrechens in die Vororte, in die zahlreiche potentielle Täter und Opfer gezogen sind. Aber die Zahl der Verbrechen ging vor allem auch deshalb zurück, weil so viele potentielle Straftäter bereits eine Gefängnisstrafe verbüßen.

Aufgrund von Regel Nummer zwei kann weder eine Partei noch ein Präsidentschaftskandidat dem Neid und der Wut der nichtcalvinistischen Verlierer Ausdruck verleihen, die nicht wie die überwiegende Mehrzahl die Schuld für ihre Lage bei sich selbst suchen und ihre Erbitterung nicht gegen sich selbst richten wollen. Die Gebildeten unter diesen Verlierern haben andere Möglichkeiten – sehr viele sind im Lehrberuf auf allen Karrierestufen tätig –, doch die weniger qualifizierten können ihrem Unmut nur auf eine Weise Ausdruck verleihen: mit Verstößen gegen das Gesetz, mit Verbrechen wie Mord, bewaffnetem Raubüberfall, Körperverletzung, Vergewaltigung und dem Rauchen von Haschisch in Pfeifen oder selbstgedrehten Zigaretten. Allein wegen dieses Deliktes, dem Besitz weicher Drogen für den Eigenbedarf, wurden 1995 über 400.000 Menschen verhaftet. Das sind fast 30 Prozent der in Zusammenhang mit Drogen vorgenommenen Verhaftungen, die wiederum 10 Prozent der insgesamt 15,1 Millionen Festnahmen ausmachen (nicht mitgezählt sind die Verkehrsdelikte).[4] Und Drogendelikte ziehen unverhältnismäßig häufig Haftstrafen nach sich. Aktuellen Erhebungen zufolge kamen fast 300.000 Menschen nur wegen Verstoßes gegen das Rauschmittelgesetz ins Gefängnis, viele andere wurden noch wegen zusätzlicher Vergehen zu einer Haftstrafe verurteilt.

Einige wenige waren wegen Schmuggelns großer Mengen harter Drogen im Gefängnis, doch die meisten hatten in kleinem Umfang auf der Straße gedealt oder manchmal sogar nur geringe Mengen Marihuana besessen und bei der Wahl des Gerichtsbezirks Pech gehabt. Da das Rauchen der Blätter, Stengel oder des Harzes der Pflanze *Cannabis sativa* nicht für jedermann ein offensichtliches Verbrechen ist, verfolgen manche Bezirksstaatsanwälte den Besitz von Marihuana besonders eifrig und beantragen Haftstrafen, wenn andere nur Geldstrafen fordern oder erst gar keinen Prozeß anstrengen. Dem Beispiel dieser Staatsanwälte entsprechend widmen sich manche Polizeiwachen dieser Aufgabe mit besonderem Eifer und großem Einfallsreichtum. Sie erpressen beispielsweise Studenten, damit diese ihnen Informationen liefern, während andere nur diejenigen verhaften, die in aller Öffentlichkeit Marihuana rauchen, oder selbst darüber noch hinwegsehen. Bei der Handhabung von Straßenverkäufen verhält es sich nicht anders. Manchmal werden sie als größeres Vergehen geahndet, manchmal fast ignoriert. Die inkonsequente Behandlung und Strafverfolgung ist ein Spiegelbild der willkürlichen Drogenpolitik.

Dennoch haben Reformer, so auch George Soros in seiner Rolle als Wohltäter, unrecht, wenn sie behaupten, der amerikanische »Krieg gegen Drogen« habe sich als Fehlschlag erwiesen. Es stimmt, daß das angestrebte Ziel, die Beseitigung der Sucht, ein Wunschtraum ist, vor allem, wenn man die unzähligen anderen möglichen Suchtformen berücksichtigt, die es auch nach dem Verschwinden aller klassischen Drogen weiterhin geben würde. Es stimmt, daß die kostspieligen Bemühungen vergebens waren, die Einfuhr von Drogen zu verhindern, es sei denn, man will damit einheimische Produkte schützen. Und es stimmt, daß die medienwirksamen »Drogenrazzien« der Drug Enforcement Agency, des FBI und der Polizei im ganzen Land nur den rivalisierenden Lieferanten dienen, so wie auch die Versuche, den Drogenanbau im Ausland zu zerstören, die Produktion lediglich an andere Orte verdrängen. Das alles ist richtig. Aber damit ist die Angelegenheit noch nicht ausgestanden. Die Inhaftierung von 400.000 Verlierern wegen Drogendelikten und mindestens genau so vieler, die wegen Beschaffungskriminalität verurteilt wurden, trägt wesentlich zu den insgesamt 1,8 Millionen Straftätern in den USA bei, die aus dem Verkehr gezogen sind. Die meisten davon sind männlich, jung, ohne qualifizierte Ausbildung, und über ein Drittel von ihnen ist schwarz, gehört also zu dem am wenigsten calvinistisch geprägten Teil der Armen. Wenn Drogen entkriminalisiert würden, wie es George Soros und andere propagieren, mit welcher Begründung könnte man dann die nichtcalvinistischen Verlierer hinter Schloß und Riegel bringen?

Seit ein ungewöhnlich hoher Anteil der potentiell rebellischen männlichen Jugend in den Gefängnissen einsitzt, sinkt die Kriminalitätsrate, was sich wohltuend auf die öffentliche Ordnung auswirkt. In den amerikanischen Innenstädten mit ihrer hohen Konzentration an Verlierern des Turbo-Kapitalismus herrscht bereits ein permanenter Ausnahmezustand, der sie zu einer gefährlichen Gegend für Weiße und für Schwarze aus der Mittelklasse macht. Wenn nicht so viele männliche Jugendliche Haftstrafen verbüßen würden, wären die Slums in den Innenstädten nicht nur Bezirke, die man besser nicht betritt, sondern Stützpunkte für Überfälle der Gangs auf wohlhabendere Stadtviertel und nahegelegene Vororte. Wenn in South Central Los Angeles nicht vor allem Frauen, Kinder und alte Leute leben würden, sondern durchschnittlich proportional auch männliche Jugendliche, wäre bei den Unruhen nach dem Rodney King-Urteil 1992 wahrscheinlich Beverly Hills niedergebrannt worden. Das Alltagsleben in New York, Chicago, Boston, Atlanta und in anderen Großstädten wäre wesentlich gefährlicher, wenn dort nicht die Zusammensetzung der Bevölkerung durch die Inhaftierung der nichtcalvinistischen Verlierer mit hohem Gewaltpotential deutlich verändert worden wäre.

Die drei Regeln bilden eine Einheit, eine Art »calvinistisches System«, bei dem die Gewinner den Neid der anderen durch Selbstbeschränkung mindern. Innerhalb dieses Systems machen sich die meisten Verlierer selbst für ihr Schicksal verantwortlich, und beide Seiten werden Herr ihrer Frustrationen, indem sie eine harte Bestrafung der rebellischen Verlierer fordern. Der US-Bundesstaat Idaho, der mit 83.557 Quadratmeilen deutlich größer ist als England, mit schönen Bergen und saftigen Tälern, die bis an die kanadische Grenze reichen, mit ausgedehnten Ranches und einer blühenden High-Tech-Industrie in den wenigen kleinen Städten hat es bis zur calvinistischen Perfektion gebracht. Von den 1,2 Millionen Einwohnern dieses Bundesstaates sind 95 Prozent Weiße, nur wenige sind arm, und noch weniger fallen dem Staat zur Last, und sei es auch nur deshalb, weil dort die Höchstgrenze für Sozialhilfe unabhängig von der Größe der Familie im Monat 276 Dollar pro Familie beträgt und außerdem auf zwei Jahre im ganzen Leben begrenzt ist. Die braven Einwohner Idahos müssen sich in ihrem unabhängigen, arbeitsamen und gottesfürchtigen Leben vor Kriminalität kaum fürchten, zum einen, weil sie so gute Menschen sind, und zum anderen, weil nur wenige Gesetzesbrecher auf freiem Fuß sind und Unordnung in ihr Leben bringen können. Auf die üblichen Verbrechen stehen hohe Strafen. Im Rahmen einer zunehmend rigiden Gesetzgebung wurde die Entlassung auf Bewährung bei guter Führung abgeschafft, seitdem sitzen Straftäter (von denen 78 Prozent keine Gewalttaten verübten) *im Durchschnitt* 44 Monate im Gefängnis. Manche würden in anderen Bundesstaaten nicht einmal als Kriminelle gelten, aber in Idaho steht auf das Ausstellen ungedeckter Schecks, Trunkenheit am Steuer, Fahren ohne Führerschein und den Besitz kleinster Mengen Rauschgift bereits Gefängnis. Haftanstalten sind teuer, doch während sich die Ausgaben für die Armen 1997 nur auf 15 Millionen Dollar beliefen, fanden sich im Haushalt von Idaho für den Bau eines neuen Gefängnisses – mit dessen Leitung natürlich ein gewinnorientiertes Privatunternehmen beauftragt wurde – immerhin 200 Millionen Dollar.[5]

DIE GEFAHREN DER UNVOLLSTÄNDIGEN KOPIE

Amerikaner sind geborene Missionare und lassen sich auch von ausgeprägter Skepsis nicht beirren. Als Geschöpfe einer Nation, die sich eher über abstrakte Ideen definiert als über Rasse, Religion oder Kultur, treten sie ständig für eine neue Idee ein. Wenn Amerikaner an etwas glauben, selbst wenn sie dies erst seit kurzem tun, wollen sie sofort die ganze Welt von ihrer neuesten Entdeckung überzeugen. In der Vergangenheit waren es verschiedene modische Diäten, demokratische Ideale, das Zigarettenrauchen, während die ganze übrige Welt noch die Pfeife bevorzugte, und heute sind es die strengen Gesetze gegen Raucher. Jedesmal ist dabei nicht nur die kühle intellektuelle Sicherheit von Bedeutung, daß die absolute

Wahrheit nunmehr endlich gefunden wurde, sondern auch der leidenschaftliche Wunsch, daß alle Welt dies gefälligst auch erkennen möge.

Im Augenblick sind Mitglieder der amerikanischen Eliten, allen voran Unternehmensführer und trendbewußte Wirtschaftsexperten, fest davon überzeugt, daß sie die Formel – die *einzige* Formel – für wirtschaftlichen Erfolg gefunden haben, die sich für jedes Land eignet, für arm oder reich, für jeden einzelnen, der gewillt und fähig ist, die Botschaft zu vernehmen, und natürlich für Elite-Amerikaner: Privatisierung + Deregulierung + Globalisierung = Turbo-Kapitalismus = Wohlstand. Geschäftsleute auf der ganzen Welt stimmen dem zu – nur eine kleine Handvoll in einigen Ländern äußern Bedenken. Experten von der Wall Street und ihre Kollegen an den Börsen von London bis Tokio, von Mailand bis Santiago de Chile, selbst in so entlegenen Städten wie Harare, der Hauptstadt von Simbabwe, votieren ebenso wie Millionen reicher oder hoffnungsvoller Anleger enthusiastisch für die neue Formel, ohne die geringsten Bedenken vorzubringen. In zunehmendem Maße akzeptieren auch Politiker fast aller Länder diese simple Formel für wirtschaftlichen Erfolg und sorgen so dafür, daß sie in noch mehr Ländern Anwendung findet. Die Folge war, daß Argentinien, Brasilien, Chile und alle im Alphabet folgenden Länder eine gefährlich instabile Version des amerikanischen Turbo-Kapitalismus übernahmen, gefährlich deshalb, weil die Zusammensetzung nicht ganz vollständig war.

Zunächst fehlt, wie wir bereits gesehen haben, ein entsprechendes Gesetzeswerk – nicht nur Gesetze auf dem Papier –, das es der Regierung und selbst wirtschaftlich Schwachen erlaubt, die großen Unternehmen ein wenig in die Schranken zu weisen. Dieses Gegengewicht war schon immer nützlich, aber mittlerweile ist es unentbehrlich, um die Macht des Geldes auszugleichen, die durch den Turbo-Kapitalismus an Bedeutung zugenommen hat. Natürlich verfügt jedes Land über Gesetze; in einigen Ländern gibt es Beschränkungen für Unternehmen aller Art, für große wie für mittlere oder kleine Betriebe. So existieren beispielsweise lästige Vorschriften für Genehmigungen, Lizenzen und bürokratische Vorgänge. Aber nur wenige Länder verfügen über die entsprechenden Instrumente, Anti-Monopol-Gesetze durchzusetzen, finanziellen Mißbrauch und Betrug durch Banken und durch Börsenmakler zu kontrollieren und Steuern umfassend einzutreiben. Noch weniger bieten sie Verbrauchern, Zulieferern und kleineren Konkurrenten die Möglichkeit, gesetzlich gegen die übermächtigen Konzerne vorzugehen und deren Einfluß einzudämmen. Inzwischen wurden entsprechende Gesetze in einigen Ländern verabschiedet – Gesetze zum Verbraucherschutz nach amerikanischem Vorbild finden weltweit Verbreitung –, andere werden zweifellos noch eingeführt. Doch allein der Wille von Parlamenten reicht nicht aus, um einen Verwaltungsapparat aufzubauen, der die alten und neuen Gesetze auch gegenüber jenen einsetzt, die bestens darauf eingestellt sind, sich dagegen zu wehren.

Ein weiteres Gegengewicht, das die Formel des Turbo-Kapitalismus nicht enthält, ist genauso unverzichtbar, aber noch schwieriger zu übernehmen: die drei calvinistischen Regeln. In einigen Kulturen existieren bereits funktionierende Pendants. In Japan ist beispielsweise die Vorstellung verbreitet, daß »Gewinner« bescheiden bleiben müssen und daß die Arbeit der Verlierer – egal welche Arbeit – denselben Wert hat wie die eines Gewinners. Man muß nur das Benehmen der Gepäckträger am Flughafen von Narita beobachten, um zu erkennen, daß der japanische Mythos von der Gleichwertigkeit jeder Arbeit immer noch lebt. Die gleiche Haltung, nur etwas schwächer ausgeprägt, findet sich auch bei den Chinesen und in ähnlicher Art und Weise auch in anderen asiatischen Kulturen.

Bisher genießen die Gewinner allerdings in zu vielen Ländern, die sich dem Turbo-Kapitalismus geöffnet haben, ihren

Reichtum viel zu selbstgefällig. Außerdem sind sie bestrebt, ihr Vermögen ihren Kindern zu hinterlassen, und bedenken daher höchstens die Kirche mit Spenden. Die Verlierer haben keine Schuldgefühle, sondern sind wütend und verbittert. Keine der beiden Gruppen empfindet die moralische Gewißheit, auf deren Grundlage die Verlierer, die gegen die Regeln verstoßen, bestraft werden können. Die Wirtschaftsbilanz der USA zeigt, daß es wahrscheinlich zwanzig Jahre oder länger dauern wird, bis auch die unteren Bevölkerungsschichten vom neuen Reichtum des Turbo-Kapitalismus profitieren werden. Werden die weniger Begünstigten in Argentinien, Brasilien, Chile und den anderen Ländern so lange warten? Oder wird die unwiderstehliche Macht des Turbo-Kapitalismus auf breiten Widerstand stoßen?

2

Was ist Turbo-Kapitalismus?

D er Turbo-Kapitalismus wird von seinen Anhängern nicht Turbo-Kapitalismus genannt. Sie sprechen einfach von *dem* freien Markt, doch diese Kurzform umfaßt wesentlich mehr als die Freiheit des Kaufens und Verkaufens. Seine Anhänger drängen darauf, daß private Unternehmen von staatlicher Regulierung befreit werden und ohne Kontrolle der Gewerkschaften, unbehindert von sentimentalen Bedenken über das Schicksal der Angestellten oder der Gemeinschaft, unbehindert von Zollschranken oder von Investitionsbeschränkungen agieren und einer möglichst geringen Abgabenlast ausgesetzt sind. Sie bestehen nachdrücklich auf der Privatisierung aller staatlichen Konzerne sowie auf der Umwandlung öffentlicher Einrichtungen in private Unternehmen, die gewinnorientiert arbeiten, ganz gleich, ob es nun Universitäten, botanische Gärten, Gefängnisse, Bibliotheken, Schulen oder Altersheime sind. Sie stellen dagegen eine dynamischere Wirtschaft in Aussicht, die neuen Reichtum bringen wird, schweigen sich aber über die Verteilung des – neuen oder alten – Reichtums aus. Sie reden vom freien Markt, ich aber von turbogetriebenem Kapitalismus oder in Kurzform von Turbo-Kapitalismus. Denn diese Wirtschaftsform unterscheidet sich fundamental von dem streng kontrollierten Kapitalismus, der in der Zeit vom Ende des Zweiten Weltkriegs bis Mitte der achtziger Jahre herrschte und der den USA, Westeuropa, Japan und allen anderen Ländern, die diesem Beispiel folgten, zum ersten Mal allgemeinen Wohlstand bescherte.

Extreme berühren sich, und daher überrascht es nicht, daß der neue Turbo-Kapitalismus viel mit dem Sowjet-Kommunismus gemeinsam hat. Auch dieser hatte für jedes Land auf der Welt nur ein einziges Modell mit immergleichen Regeln anzubieten und ignorierte deren unterschiedliche Gesellschaftsstrukturen, Kulturen und Mentalitäten. Der kontrollierte Kapitalismus wurde dagegen in den Vereinigten Staaten, in Westeuropa und in Japan sehr unterschiedlich gehandhabt, obwohl man sich überall zum Ziel gesetzt hatte, den Wettbewerb einzuschränken und einen Teil des Gewinns zum einen zur Stabilisierung der Industrie und zum anderen zur Unterstützung jener einzusetzen, die eine solche Hilfe benötigten.

In den USA, dem Land der Rechtsanwälte und des »Big Business«, wurde der Wettbewerb für viele Geschäftsfelder – von den Fluggesellschaften bis zu den Erdgasversorgern – per Gesetz streng reguliert, in vielen weiteren Branchen taten die den Markt dominierenden Unternehmen ein übriges. Auf jeden Fall garantierte die stabile Lage sichere, gutbezahlte Arbeitsplätze, allerdings mußten sich Topmanager mit verhältnismäßig dürftigen Gehältern begnügen – damals verdienten nur wenige Spitzenkräfte mehr als dreißigmal soviel wie ein normaler Angestellter, nach heutigem Standard ein ungemein schlechtes Verhältnis.

In Westeuropa mit seiner starken gewerkschaftlichen Tradition bestimmte nach 1945 selbst unter bürgerlichen Regierungen der demokratische Sozialismus die Wirtschaftspolitik. Der Wettbewerb wurde zwar nur für den Einzelhandel, die freien Berufe und einige wenige Branchen wie zum Beispiel die Landwirtschaft eingeschränkt, doch im Prinzip blieben alle Arbeitnehmer vor den Unbilden des Wettbewerbs durch ein rigides Arbeitsrecht bewahrt. Während in der amerikanischen Form des kontrollierten Kapitalismus die Unternehmen voreinander, die Arbeitnehmer dagegen nur indirekt geschützt waren, stand in der Alten Welt das Wohlergehen der Arbeitnehmer im Vordergrund. Die Gewerkschaften wurden gestärkt, Entlassungen erschwert, und die Arbeitgeber mußten zahlreiche Verpflichtungen übernehmen, wie zum Beispiel bezahlten Mutterschaftsurlaub oder garantierte Abfindungszahlungen, die mindestens ein Monatsgehalt pro Jahr der Betriebszugehörigkeit betrugen. Darüber hinaus kamen alle Bürger in den Genuß staatlicher Sozialleistungen, beispielsweise einer kostenlosen oder stark subventionierten medizinischen Versorgung, beitragsfreier Altersrenten für jene, die es verabsäumt hatten, in die Rentenversicherung einzuzahlen, und einer langfristigen Unterstützung im Fall von Arbeitslosigkeit. Die Programme variierten von Land zu Land, sie reichten von großzügigen Leistungen in Deutschland und Schweden, wo selbst heute noch Langzeitarbeitslose genug Geld erhalten, um sich einen ausgedehnten Urlaubsaufenthalt im Ausland zu gönnen, bis zu relativ spartanischen Leistungen in Spanien. Doch im Durchschnitt war ein Europäer sicher besser abgesichert als sein amerikanischer Widerpart, selbst in den sechziger Jahren, als das Pro-Kopf-Einkommen in den USA noch deutlich höher lag.

In Japan setzten Verwaltungsbeamte ihre eigenen Vorstellungen von den Zielen des Landes gegenüber Unternehmensführungen und Verbrauchern durch. Schwache Branchen wurden geschützt und zukunftsträchtige gefördert, außerdem wurden alle Bereiche der japanischen Volkswirtschaft angewiesen, eine Vollbeschäftigung zu garantieren. Daran hat sich auch heute trotz der Debatten über Deregulierung nicht viel geändert.

DREI FORMEN DES KONTROLLIERTEN KAPITALISMUS

Das westeuropäische Modell

Ziel: Schutz der Arbeiter vor den negativen Kräften des Marktes.

Für Arbeitnehmer: Entlassung nur bei erwiesenem Fehlverhalten, Abfindungen mindestens ein Monatslohn pro Jahr der Betriebszugehörigkeit, vier Wochen bezahlter Urlaub, bezahlte Überstunden – alles gesetzlich garantiert (weitere Tarifvereinbarungen durch die Gewerkschaften). Frankreich: 35-Stunden-Woche.

Für Gewerkschaften: Verbot des Streikbrechens mit nicht gewerkschaftlich organisierten Arbeitnehmern; Gewerkschaftszwang erlaubt. In größeren deutschen Unternehmen müssen Arbeitnehmervertreter im Aufsichtsrat sitzen.

Für die Landwirtschaft: Subventionen und Schutz vor Konkurrenz aus dem Ausland. Hilfsprogramme für Landwirte.

Für Einzelhändler: strenge Genehmigungspflicht – Wettbewerb durch neue Geschäfte, vor allem durch Großdiscounter und Supermärkte, soll eingeschränkt werden.

»Strategisch wichtige« Industrien: Schutz vor ausländischer Konkurrenz, da in staatlicher Hand oder Lizenzvergabe durch den Staat; Unterstützung durch direkte Subventionen und Vorzugskäufe.

Umfassende Sozialleistungen für Alte, Behinderte, Alleinerziehende, Langzeitarbeitslose; größtenteils kostenlose Gesundheitsfürsorge für nahezu alle Bürger.

Das japanische Modell

Ziele: Vollbeschäftigung, führende Wirtschaftsmacht.

Für Einzelhändler: Handelsketten und Supermärkte durch Lizenzvergabe streng begrenzt. Verträge über Mengenrabatt verboten. Wettbewerb erfolgt nicht über den Preis, sondern über Qualität.

Für Landwirte und Fischer: hohe Subventionen der Produktion; Schutz vor ausländischer Konkurrenz durch Zölle, Einfuhrbegrenzungen, de facto Importverbote. Unterstützungszahlungen.

Für traditionelle stroh-, holz- und lederverarbeitende Betriebe: Schutz vor billigeren ostasiatischen Importen; »kulturelle« Subventionen vor Ort und konzessionierte Einrichtungen.

Für die High-Tech-Industrie: Forschungs- und Entwicklungsgelder, großzügige staatliche Aufträge, Schutz vor Importen.

Für die verarbeitende Industrie, die aufgrund hoher Energie-/Rohstoffpreise benachteiligt ist: inoffizieller Schutz vor Importen durch Einkäufe bei Mitgliedern der eigenen Großhandelsgruppe.

Für Fluggesellschaften, Eisenbahnen, Busunternehmen, Fährdienste: restriktive Genehmigungspolitik.

Das amerikanische Modell der dreißiger bis siebziger Jahre

Ziel: Schutz bestimmter Sektoren vor »störendem« Wettbewerb.

Zur Verhinderung von Preissenkungen werden Tarife von Luft-, Schienen-, Straßenfracht, von Transporten mit Bussen oder Pipelines per Bundes- oder bundesstaatlichem Gesetz geregelt. Die Telekommunikation unterliegt regulierten Monopolen. Die Preise von Erdgas und Erdöl ab der Förderplattform werden behördlich festgesetzt. Obligatorische Einlagenzinssätze für Handelsbanken und Spar- und Darlehenskassen (Wettbewerbsverbot bei Zinssätzen). Zum Schutz kleiner örtlicher Banken Beschränkung der Banken auf Einzelstaaten.

Agrarerzeugnisse werden subventioniert. Exportsubventionen. Hilfe für kleine Farmer.

In vielen Branchen Oligopole, die Anti-Trust-Beschränkungen unterliegen: »Preisführerschaft« stoppt Preissenkungen.

Nach Ansicht der Anhänger des heutigen Turbo-Kapitalismus mündeten alle drei Versionen in eine schädliche Einmischung des Staates in die Wirtschaftsordnung, was zwangsläufig in mangelnder Produktivität und einem verlangsamten Wirtschaftswachstum resultierte. Aber zu ihrer großen Verwunderung war das Wachstum in den fünfziger, sechziger und siebziger Jahren bei allen drei Modellen größer als heute. Der Mangel an Produktivität kann also gar nicht so hoch gewesen sein, oder sollte es doch der Fall gewesen sein, dann wurde dies durch versteckte Stabilitätsvorteile ausgeglichen. Mit einem sicheren Einkommen können Familien größere Rücklagen bilden, dadurch steht mehr Kapital für Investitionen bereit, außerdem geben die Familien mehr für sich selber aus, investieren also in menschliches Kapital, in ihre Kinder. Der Nachweis der Unproduktivität wettbewerbsunfähiger Methoden läßt sich leicht führen, aber die Folgen, die sich aus stabilen sozialen Verhältnissen für das Wirtschaftswachstum ergeben, sind wesentlich komplexer und setzen sich aus mehreren psychologischen Facetten zusammen, die für Wirtschaftswissenschaftler absolutes Neuland sind.

In den USA akzeptierte man wie in Westeuropa und in Japan ungefragt, daß der Wettbewerb des freien Marktes die beste Wirtschaftsform sei. In allen drei Wirtschaftsräumen hatte man erkannt, daß das Gewinnstreben, das ständige Bemühen um die optimale Ausbeutung natürlicher, menschlicher, finanzieller und geistiger Ressourcen nicht nur Geld bringt, sondern diesen Reichtum praktisch aus dem Nichts erschaffen kann. Während prosperierende Unternehmen den nicht ganz so erfolgreichen die fähigsten Leute, das Kapital und das technische Know-how entziehen, alles Elemente, die sie zum Expandieren benötigen, werden ungenutzte, nur teilweise oder falsch genutzte Ressourcen zur Wertsteigerung jener von der Volkswirtschaft produzierten Leistungen und Güter wiederverwertet. Die »schöpferische Zerstörung« ist dynamisch, oft auch brutal. Sie wird begleitet von Bankrotten und Zusammenbrüchen, die Menschen, Gemeinden und ganze Regionen in den Ruin treiben. Sie ist aber auch der eigentliche Motor des kapitalistischen Wohlstands und die Quelle permanenter Innovation. Unrentable Methoden, Firmen und Branchen halten dem Wettbewerbsdruck nicht stand und werden verdrängt. Dadurch werden Ressourcen freigesetzt, mit denen neue Unternehmen gegründet werden können. Ohne diesen Zyklus würde es kein Wirtschaftswachstum geben, einmal abgesehen von dem kleinen Anteil, der auf einer Zunahme der Arbeitskraft aufgrund des Bevölkerungswachstums, der Einführung neuer Technologien und dem Aufspüren weiterer natürlicher Bodenschätze basiert.

Das ist das Erfolgsgeheimnis des Kapitalismus, das die Spione des KGB nie lüften konnten. Die völlig überbesetzten Fabriken der Sowjetunion mit ihren veralteten Maschinen, die überholte Produkte produzierten, die völlig überbesetzten landwirtschaftlichen Betriebe, auf deren Gelände Traktoren vor sich hinrosteten, weil einfache Reparaturen nicht durchgeführt wurden, und der völlig überbesetzte Dienstleistungssektor mit heruntergekommenen Läden, verfallenen Lagerhäusern, schmuddeligen Cafés und miserablen öffentlichen Verkehrsmitteln zeugten sämtlich von unzulänglichen Investitionen und fehlenden Innovationen, da der Zwang der schöpferischen Zerstörung fehlte.

Natürlich pumpte die Sowjetunion zu Lasten des Wohnungsbaus und der Versorgung mit Konsumgütern enorme Summen in die Infrastruktur und in den Maschinenpark für Industrie und Landwirtschaft. Neben diesen Kapitalanlagen gab es auch zahlreiche technische Neuentwicklungen, die zum Teil durch Spione ins Land kamen, meistens aber von sowjetischen Wissenschaftlern und Ingenieuren entwickelt worden waren. Auf bestimmten Gebieten wie zum Beispiel der Metallurgie waren diese Forscher sogar führend. Andere technische Neuerungen wurden mit ausländischen Devisen, die durch den Export von Öl, Holz, Diamanten und Pelzen erzielt wurden, im Westen gekauft. Um den Technologietransfer voranzutreiben, kauften sowjetische Ministerien im Westen ganze Fabriken auf – von den Fließbändern über Werkzeuge bis zum Detailwissen westlicher Ingenieure.

Die Sowjetunion erfüllte mit ihren reichen Vorkommen an Bodenschätzen und mit einer Bevölkerung mit hohem Bildungsgrad fast alle Voraussetzungen für einen allgemeinen Wohlstand.

Aber ein Faktor fehlte: Es gab keine »schöpferische Zerstörung«, keinen Wettbewerbsdruck, durch den unrentable Fabriken, landwirtschaftliche Betriebe und Geschäfte verdrängt und Arbeit, Kapital und Boden besser eingesetzt worden wären. Eine neue Fabrik, die komplett aus Italien importiert worden war, lieferte in automatisierter Produktion moderne Autos, während alte Fabriken zur gleichen Zeit mit einem zehnmal so hohen Personalaufwand antiquierte Automodelle herstellten. Doch die neue Fabrik konnte nicht expandieren und auf diese Weise die gesamte Autoindustrie erneuern, da die Fabrikleitung nicht einfach Kredite aufnehmen, investieren und mehr Leute einstellen durfte. Alles wurde von den zuständigen Beamten zugeteilt, wobei die alten und neuen Fabriken gleichmäßig berücksichtigt wurden. Ohne den Konkurrenzdruck existierten die alten Autofabriken mit jedem überflüssigen Arbeitsschritt bis in alle Ewigkeit, behielten ihren Anteil an Kapital und Arbeit und erhielten sogar jedes Jahr mehr. Insgesamt wurde auf diese Weise das größte Vorkommen an Bodenschätzen auf der ganzen Welt verschleudert, Kapital, das die Armut der Bevölkerung hätte reduzieren können, wurde verschwendet, und das Können und Wissen der Menschen gingen verloren.

In den USA wußte man um den einzigartigen Wert der zerstörerischen Kraft des Wettbewerbs. Dennoch wurde der Wettbewerb bis in die achtziger Jahre in gewisser Weise eingeschränkt, wie man es auch heute noch in geringem Maße in Europa und weitaus stärker in Japan macht.

Theorie und Praxis

Amerikanische Politiker verkündeten bei ihren Auslandsreisen in der Zeit des Kalten Krieges ständig die zahllosen Vorteile des freien Marktes. Unermüdlich wiederholten sie ihren Glaubensgrundsatz, der Markt würde sich selbst durch das freie Spiel von Angebot und Nachfrage regeln – die »unsichtbare Hand« in der Lehre von Adam Smith. Daher seien alle Versuche einer staatlichen Preisregulierung zum Scheitern verurteilt, denn setze man sie zu hoch an, würden Überschüsse entstehen, bei zu niedrigen Preisen käme es dagegen zu Verknappungen und dem Aufkommen von Schwarzmärkten. Dennoch wurden in den USA bestimmte Branchen reguliert. Bundesbehörden, bundesstaatliche oder kommunale Kommissionen, Ausschüsse, Ämter oder Regierungsstellen, Verwaltungsbeamte, Politiker und ausgewählte Persönlichkeiten setzten in folgenden Branchen Preise, Tarife und andere Gebühren mit überaus sichtbarer Hand fest:

- Flugverkehr
- Speditionsverkehr zwischen den einzelnen Bundesstaaten
- Busverkehr zwischen den einzelnen Bundesstaaten
- Eisenbahnverkehr zwischen den einzelnen Bundesstaaten
- Telekommunikation
- Handelsbanken
- Spar- und Darlehenskassen
- fast 90 Prozent der Landwirtschaft
- Erdgas
- Elektrizitäts-, Gas- und Wasserwerke, Kläranlagen und sonstige Versorgungsbetriebe

Man muß nur die dicken Bände der Protokolle der Texas Railroad Commission betrachten, die aufgrund eines alten Gesetzes von etwa 1936 zur Festsetzung der Erdgaspreise ab Förderplattform (und der Preise für jede Art von Erdölkondensat) berechtigt ist, und schon stößt man auf »faire«, »vernünftige« oder »übliche« Preise, manchmal sogar auf faire, vernünftige *und* übliche Preise, doch nie schlicht auf *Preise*, die durch das Wechselspiel von Angebot und Nachfrage zustande kamen.

Das trifft auch auf alle anderen Behörden, Kommissionen, Ausschüsse und Regierungsstellen zu, die Preise festlegen können. Alle existierten nur aus einem Grund: Sie sollten nicht die Verbraucher vor überhöhten Preisen, sondern die Hersteller vor zu niedrigen Preisen schützen, vor einem mörderischen Preiskampf – also dem Preiskampf des freien Marktes –, durch den erfolgreiche Unternehmen ihren Absatz steigern und eventuell unterlegene Konkurrenten in den Ruin treiben können. Das amerikanische System blockierte mit seinen gebundenen Industriezweigen die »schöpferische Zerstörung«, den eigentlichen Motor des Fortschritts im kapitalistischen System. Doch das geschah für einen guten Zweck: Ganze Branchen blieben erhalten und somit auch die dort Beschäftigten – von den Angestellten der Telefonvermittlung bei Ma Bell bis zu den Farmern, die durch garantierte Mindestpreise pro Scheffel Weizen vor den Unbilden der sprunghaften Warenbörsen geschützt waren – in Lohn und Brot.

Eastern Airlines konnte auf der Strecke New York–Miami durchaus mit der Fluggesellschaft National Airlines um Passagiere konkurrieren, aber nur über einen besseren Flugservice, bessere Mahlzeiten oder ähnliche Angebote – oder zumindest ähnlich lautende Versprechungen –, nicht jedoch mittels niedrigerer Preise. Die Zivilluftfahrtsbehörde, deren Mitarbeiter sich zur Ermittlung eines »gerechten« Preises für alle Routen innerhalb der USA mit abstrusen Kostenrechnungen beschäftigten, hatte für beide Fluggesellschaften dieselben Preise festgesetzt. Da keine Fluggesellschaft der anderen das Geschäft auf der Route New York–Miami verderben konnte, waren Eastern und National im Grunde genommen abgesichert und boten daher auch sichere, gutbezahlte Arbeitsplätze. Wenn ein Flugzeugmechaniker nicht gerade mehrmals heiratete oder anderen kostspieligen Lastern frönte, konnte er sich ein eigenes Haus leisten und die Collegeausbildung von zwei oder drei Kindern finanzieren, also Belastungen schultern, die heute für viele Piloten, ganz zu schweigen von Flugzeugmechanikern, untragbar sind.

Andererseits übten die Vorstandsvorsitzenden von Eastern, National und allen anderen Fluggesellschaften in erster Linie eine Verwaltungstätigkeit aus. Sie erhielten dafür Gehälter in Millionenhöhe, die allerdings bei ihren Nachfolgern nur auf Hohn und Spott treffen würden. Diese Nachfolger sind die Jongleure, die heute im Zeitalter der Wettbewerbsfreiheit Fluggesellschaften leiten, die in ständigem Preiskampf liegen und oft schon nach einer flauen Saison vor dem Bankrott stehen. Jeder verlangt mindestens das hundertfache, wenn nicht sogar das zweihundertfache eines Mechanikergehalts – immerhin läßt sich dieses Niveau nun etwas leichter erreichen, da die Bezahlung für Flugzeugmechaniker seit der Deregulierung vor zwanzig Jahren leicht zurückging. Natürlich waren damals auch die Passagiere benachteiligt, denn sie mußten den festgesetzten Preis bezahlen oder mit Auto, Bus oder der Eisenbahn reisen, da es keine Sonderangebote oder Billiganbieter gab.

Trotz der exakten Preisvorgaben waren Eastern und National immer noch private Unternehmen mit Aktionären, die ihre Anteile verkauft hätten, wenn die Gewinne und Dividenden zu niedrig ausgefallen wären. Inkompetenz hätte auch damals zu einem Bankrott geführt, daher mußten beide Fluggesellschaften einigermaßen rentabel wirtschaften. Sie waren allerdings nicht gezwungen, extreme Kostensenkungsmaßnahmen zu ergreifen, um zu überleben.

Heute ist dies üblich. Nach dem Absturz einer Maschine der Fluggesellschaft Valuejet im Jahr 1996 stellte sich heraus, daß das fast 25 Jahre alte Flugzeug aus zweiter Hand von Turkish Airlines gekauft worden war. Beladung und wichtige Wartungsarbeiten waren an den billigsten Anbieter vergeben worden, und die Crew des Flugzeugs setzte sich aus Mitarbeitern zusammen, die bereit waren, für ein besonders niedriges Gehalt zu arbeiten. Mein Hausmädchen verdient 24.000 Dollar im Jahr, Kopiloten bei Valuejet bekamen 25.000 Dollar pro Jahr. Bevor im Jahr 1978 die Deregulierung in Kraft trat, wären solche Geschäftspraktiken undenkbar, geschweige denn erlaubt gewesen.

Ähnliche Arrangements setzen sich auch in den anderen einst regulierten Branchen durch. Spar- und Darlehenskassen beispielsweise konnten miteinander konkurrieren, aber die Zinssätze für Sparguthaben und Hypotheken waren landesweit festgesetzt. Keine Spar- und Darlehenskasse konnte dadurch expandieren, daß sie Anlegern höhere Zinsen oder Schuldnern niedrigere Hypothekenzinsen offerierte. Einige Spar- und Darlehenskassen wuchsen trotzdem, sie hatten die Verwaltung effizienter gestaltet und so Kosten gesenkt. Durch die Eröffnung neuer Zweigstellen, durch einen besseren Service oder einfach nur durch Werbung konnten sie ihren Kundenstamm erweitern. Vor der Deregulierung in den achtziger Jahren waren die Spar- und Darlehenskassen für ihre 3-5-6-Regel berühmt: 3 Prozent für die Sparer, 5 Prozent für Kreditnehmer und um 6 Uhr abends auf dem Golfplatz.

Für ein großzügiges, aber nicht exorbitantes Gehalt mußten die Manager der Spar- und Darlehenskassen nur das Geld klug verwalten, das ihnen die Sparer anvertraut hatten. Sie mußten keine übertrieben wagemutigen Finanzjongleure sein und sich nicht einmal als besonders begabt in Geldangelegenheiten erweisen. Die treuen Hüter der Hypotheken auf Haus- und Grundbesitz waren allerdings nicht wegen eines Mangels an unternehmerischem Geist untätig, sondern wurden durch strenge Vorschriften von jeder Finanzspekulation abgehalten.

Nach der Deregulierung wurden die Spar- und Darlehenskassen in den achtziger Jahren noch viel berühmter – wegen ihrer spektakulären Pleiten. Sie konnten nach der Aufhebung der Wettbewerbsbeschränkungen Anleger mit höheren Zinsen locken, und eine neue Generation von Managern setzte diese Möglichkeit eifrig in die Tat um und lockte mit drei- bis viermal höheren Zinsen als den mageren drei Prozent aus Regulierungszeiten hohe Spareinlagen an. Selbstverständlich erhöhten sie auch gleich ihr Gehalt samt Zusatzleistungen und verdienten nun nicht mehr zwanzigmal soviel wie ein gewöhnlicher Kassierer, sondern hundert-, zweihundert- oder dreihundertmal soviel. In diesem Stadium mußten sie unbedingt Kreditnehmer finden, die noch höhere Zinsen für Kredite als die ohnehin schon sehr hohen Sparzinssätze zu zahlen bereit waren. Angehende Hausbesitzer konnten solche Zinsen natürlich nicht aufbringen, Immobilienspekulanten, Hotel- und Casinospekulanten dagegen schon, allerdings machten sich einige Schwindler darunter gar nicht erst die Mühe, auch tatsächlich Grundstücke zu erwerben oder Hotels, Casinos und andere Gebäude zu bauen.

Aber selbst skrupellose Spekulanten waren knapp. Daher war es ein glücklicher Umstand, daß sich den eifrigen Managern der Spar- und Darlehenskassen eine ganz einfache Lösung bot: Sie kauften hochrentable Aktien, sogenannte »Hochprozenter« von Drexel und ähnlichen Wall-Street-Emittenden, und ließen sich dabei auch nicht von der gebräuchlicheren Bezeichnung »Junk Bonds« (Schrottverschreibungen) abschrecken. Nicht einmal die offizielle Beschreibung der Aktien als minderwertige Wertpapiere, die keinerlei Bonitätserfordernissen entsprachen, konnte sie von ihrem Vorhaben abbringen. Am Ende überlebten nur die konservativen Spar- und Darlehenskassen, und der Steuerzahler mußte den Sparern bei Hunderten von bankrotten Spar- und Darlehenskassen Hunderte Milliarden Dollar erstatten. Tausende ehrlicher Angestellter wurden arbeitslos. Die meisten Manager der bankrotten Spar- und Darlehenskassen hatten dagegen ihre Gewinne aus besseren Zeiten beiseite schaffen können.

Solange das amerikanische System der regulierten Industriezweige Bestand hatte, praktizierten diejenigen, die am eifrigsten einen Kapitalismus des freien Marktes forderten, in großem Ausmaß das genaue Gegenteil dessen, was sie forderten. Theoretisch unterlagen nur bestimmte Branchen mit einem jeweils eigenen Gesetz der staatlichen Regulierung. Sie allein waren schon recht bedeutsam. Innerhalb der Behörden auf Bundes-, bundesstaatlicher und kommunaler Ebene sicherte die Regulierung jedem vierten Amerikaner seinen Arbeitsplatz. In der Praxis wurden auch andere wichtige Branchen kontrolliert und geleitet, allerdings nicht de jure, sondern de facto, indem eine kleine Gruppe von Unternehmen, manchmal auch nur ein einzelner Riese, eine marktbeherrschende Monopolstellung besaß oder diesen Zustand fast erfüllte. Das Geschäft mit Büromaschinen und Computern befand sich fest in der Hand von IBM; das Geschäft mit Aluminium dominierte Alcoa; die Stahlbranche wurde von US Steel (ein passender Firmenname) beherrscht; Farben und andere chemische Produkte von Dupont; die Flugzeugindustrie von Boeing und Douglas; die Herstellung von Medikamenten von Merck und einer Handvoll anderer Pharmariesen; Waschmittel und Hygieneprodukte, Zigaretten und Konserven jeweils von einigen wenigen Branchenführern; der Automobilsektor, der größte Industriezweig, von General Motors; und Öl, Gas und andere petrochemische Produkte von den fünf Schwestern Exxon, Texaco, Mobil, Chevron und Amoco, die stets am gleichen Strang zogen.

Wenn es in den USA keine strikten Anti-Trust-Gesetze gegeben hätte, die wohl auch mit entsprechender Härte durchgesetzt worden wären, dann hätten diese Branchenriesen ihre marktbeherrschende Stellung zum Nachteil der Verbraucher, kleinerer Konkurrenten und Zulieferer ausnutzen können. Doch so wie die Dinge lagen, wollten sie eine strafrechtliche Verfolgung und die daraus resultierende negative Publicity vermeiden. Daher hielten sie sich an ein ungeschriebenes Gesetz, das im Geschäftsleben das Pendant guter Tischmanieren war: Anstatt illegale Preisabsprachen mit kleineren Konkurrenten zu treffen, *veröffentlichten* sie einfach ihre Preise und verließen sich darauf, daß jeder klug genug war und ihre »Preisführerschaft« respektierte.

In der Automobilindustrie beispielsweise waren Ford und Chrysler theoretisch unabhängig und konnten tun und lassen, was sie wollten. Tatsächlich aber mußten sie ihre Preise an der Politik von General Motors orientieren und verfügten über nur geringen Spielraum. Wenn sie versuchten, vergleichbare Modelle zu höheren Preisen als General Motors zu verkaufen, sanken Absatz und Gewinn, bei einem deutlichen Preisunterschied waren sofort deutliche Einbußen garantiert. Wenn Ford und Chrysler vergleichbare Modelle billiger anboten, reagierte General Motors mit noch tieferen Preisen, was ähnlich verheerende Auswirkungen hatte. Weder Ford noch Chrysler konnten einen Preiskrieg gegen General Motors und dessen finanzielle Reserven gewinnen, mit denen dieses Unternehmen jahrelang enorme Verluste decken konnte. Allerdings konnte General Motors trotz seines Reichtums Ford und Chrysler nicht mit Dumpingpreisen in den Bankrott treiben. Denn dann hätte das Justizministerium General Motors wegen des Verstoßes gegen das Anti-Trust-Gesetz belangt, was wahrscheinlich zur Abtrennung eines oder mehrerer Unternehmenszweige geführt hätte – damals waren Chevrolet, Buick, Oldsmobile und Cadillac im Design und in der Produktion noch größtenteils eigenständig und hätten daher leicht verkauft werden können. Anders ausgedrückt, die Automobilindustrie war ebenso reguliert wie die Erdgasindustrie. Der einzige Unterschied lag darin, daß General Motors die Regulierung in die eigenen Hände genommen und klugerweise von vornherein auf bestimmte Maßnahmen verzichtet hatte.

Nachdem auch die »dominierten« Bereiche und die Luft- und Raumfahrtindustrie sowie die Rüstungsindustrie, die größtenteils vom Verteidigungsministerium kontrolliert wurde, auf die Liste der qua Gesetz regulierten Branchen und Einrichtungen gesetzt worden waren, blieb in den USA nicht mehr viel übrig, das den eigentlichen Kräften des freien Marktes unterworfen war: der Einzelhandel, das Hotel- und Gaststättengewerbe, die Bekleidungs- und Textilindustrie, kleine Firmen in der Maschinenbauindustrie, kleine Labors der Chemie- und Elektronikbranche, der kommunale Nahrungsmittelsektor und einige andere Segmente. Die kleinen Unternehmen in diesen heterogenen Arbeitsfeldern besaßen wenig Kapital, keinerlei Einfluß auf den Markt und eine hohe Konkursquote, die bei einer schlechten Konjunktur noch zunahm. Die meisten Arbeitsplätze in diesen Unternehmen erreichten finanziell gerade den Mindestlohn und boten wenig oder gar keine Zusatzleistungen. Selbst gutdotierte Stellen waren unsicher – kein Unternehmen kann eine Anstellung über seine eigene Existenzzeit hinaus garantieren.

Da kleine Unternehmen in nichtregulierten Branchen enorm wettbewerbsfähig sein müssen, um überhaupt zu überleben, arbeiteten sie effizienter und waren wesentlich innovativer als die großen Unternehmen. Am berühmtesten wurden die Garagenwerkstätten in Silicon Valley, aus denen die komplette Computerindustrie entstand. Weniger bekannt ist ein Beispiel aus der Bekleidungsindustrie. Kleine Unternehmer erfanden das Phänomen der Designerkleidung, das kleine Schneidergeschäfte mit nur einem Ausstellungsraum zu riesigen und weltweit tätigen Unternehmen machte. So konnten kommerziell erfolgreichere kleine Unternehmer die nicht allzu üppigen Saläre der Manager der großen regulierten Unternehmen überbieten, einige zahlen sogar wesentlich mehr. Seit der Deregulierung treffen die weiter oben beschriebenen Bedingungen auf nahezu alle Bereiche der amerikanischen Ökonomie und in zunehmendem Maße auch auf die Weltwirtschaft zu.

DER RÜCKZUG DES STAATES

Es ist eine altbekannte Tatsache, daß der Kapitalismus das weitaus produktivste System ist, das Menschen je ersonnen haben, sofern er sich unbehindert von staatlichem Eigentum, staatlichen Regulierungsmaßnahmen, Kartellen, Monopolen, einflußreichen Gewerkschaften, kulturellen Hemmnissen und verwandtschaftlichen Verpflichtungen entfalten kann. Nur ein paar Hochschullehrer der westlichen Welt bestreiten das noch. Jedem leuchtet auch die schlichte Erkenntnis ein, daß der Kapitalismus zwangsläufig für ein Wirtschaftswachstum sorgt, indem er durch den freien Wettbewerb unrentable Strukturen und Methoden beseitigt, wodurch Platz für effizientere Strukturen und Verfahren geschaffen wird. Ebenfalls bekannt ist, daß ein rapider Strukturwandel Arbeitsleben, Firmen, ganze Branchen und deren Standorte stärker verändert, als es der einzelne verkraften kann. Auch die Auswirkungen auf das Netzwerk aus Freundschaften, Familien, Sippen, Wählergruppen, Stadtvierteln, Dörfern, Städten, Großstädten und sogar ganzen Ländern sind gravierend. Auf diese Tatsache stieß man bereits im 19. Jahrhundert in Deutschland und analysierte sie gründlich, auch wenn die Warnungen über die Folgewirkungen dieses Umbruchs auf die deutsche Gesellschaft und damit auch auf die deutsche Politik ungehört verhallten.

Der Turbo-Kapitalismus unterscheidet sich vom traditionellen Kapitalismus nur graduell, und zwar durch die höhere Geschwindigkeit des Strukturwandels, der von der wirtschaftlichen Wachstumsrate abgekoppelt ist. Der Strukturwandel mit seinen personellen und sozialen Umwälzungen vollzieht sich mittlerweile selbst bei einem Nullwachstum in rasantem Tempo und gewinnt bei steigender Konjunktur noch an Geschwindigkeit. Die Maschinerie arbeitet schnell und löscht althergebrachte Verhaltensweisen und persönliche Beziehungen mitleidlos aus, selbst dann, wenn die Wirtschaft nicht wächst; und sie erreicht die Beschleunigung eines Ferrari, wenn sich die Konjunktur nur mit der Geschwindigkeit einer Dampfwalze entwickelt.

Der offensichtliche Grund für diesen beschleunigten Strukturwandel liegt darin, daß sich der Staat überall aus dem Markt zurückzieht. Staatsbetriebe, Planwirtschaft, Dirigismus und fast alle Instrumente der regulierenden Kontrolle wurden aufgegeben. Damit waren auch die Hindernisse für strukturelle Veränderungen beseitigt. Jedes Mittel, mit dem man die Privatwirtschaft unter staatliche Kuratel stellen kann, wurde zuerst intellektuell diskreditiert und dann in einem Land nach dem anderen von der Politik verworfen, wenn auch nicht von einer breiten Mehrheit, so doch von den herrschenden Eliten. Da jedes dieser Mittel nicht mehr als Lösung, sondern als Problem galt, verfuhr man nicht wie gehabt und einigte sich auf einen Kompromiß, einen mystischen »dritten Weg«, sondern schaffte alle gleich ab. Jedesmal, wenn es soweit kam, erhielt der Wandel Auftrieb und gab dem Turbo-Kapitalismus auf der ganzen Welt einen zusätzlichen Impuls.

Verstaatlichte Betriebe: Nach 1945 galten von Argentinien bis Zaire einschließlich der gesamten kommunistischen Welt Unternehmen und Einrichtungen der Infrastruktur, die in staatlicher oder kommunaler Hand waren, als Garanten für die Wahrung des Allgemeinwohls. Heutzutage wird Verstaatlichung als Garantie für bürokratische Trägheit oder schlichtweg für Müßiggang, technische Rückständigkeit und sogar regelrechten Diebstahl angesehen. Das Heilmittel heißt Privatisierung, entweder durch Direktverkauf an einheimische oder ausländische Unternehmen oder durch den Verkauf von Anteilen – wodurch die alten Bürokraten manchmal ihren Posten in der Unternehmensleitung behalten, aber ein wesentlich höheres Gehalt einstreichen – oder in einigen Fällen durch die Überschreibung von Anteilen an die Mitarbeiter, die diese oft schnell an private Investoren weiterverkaufen. In jedem Fall verfolgt man das Ziel, das Geschäft durch ein energisches Gewinnstreben zu beleben, denn Aktionäre nehmen ihre Interessen aktiv wahr, vor allem wenn es nur einen Eigentümer gibt. Insgesamt wird der finanzielle Überbau, auch der Börsenmarkt, lebendiger.

Zentrale Planwirtschaft: Einst betrachtete man die Planwirtschaft im Verbund mit gezielten Investitionen als sicheren und schnellen Weg zum Wohlstand, heute gilt sie als Methode, mit der man systematisch Geld und Ressourcen vernichten kann. Das liegt daran, daß niemand die Nachfrage nach zwei oder drei Millionen Gütern – vom Kran bis zum Zahnstocher – für das kommende Jahr richtig einzuschätzen versteht. Da kein Planer dies vorauszusehen vermag, es sei denn, der Zufall kommt ihm zu Hilfe, wird bei einigen Waren eine zu hohe Produktion angeordnet, was zur Vergeudung von Ressourcen führt, und bei anderen eine zu niedrige, wodurch die Herstellung anderer Güter behindert wird oder Versorgungsengpässe bei den Endverbrauchern auftreten. Diese wiederum werden dadurch verleitet, die begehrten Güter in staatlichen Lagerhäusern zu stehlen und sie auf dem Schwarzmarkt zu Höchstpreisen zu verkaufen, damit sich der Diebstahl auch lohnt. So werden ehrliche Menschen zu Gesetzesbrechern und sind gezwungen, mit Menschen gemeinsame Sache zu machen, die in jedem System kriminell wären. Die Lösung lautet: Abschaffung der Planwirtschaft. Dadurch werden die Leiter der einzelnen Unternehmen von der Vormundschaft durch die Bürokratie erlöst. Die Unternehmen müssen entweder auf dem Markt bestehen oder zugrunde gehen, und die ganze Wirtschaft kann auf die Nachfrage aus dem In- und Ausland reagieren, ohne Überschüsse oder Engpässe zu produzieren.

Dirigismus: Einst unglaublich erfolgreich in Japan, Korea und Taiwan, in Frankreich zumindest hilfreich, in den sechziger Jahren in Großbritannien ein famoser Mißerfolg. Ob Leitung durch Administration nun ineffektiv oder korrupt oder ineffektiv *und* korrupt war, sie wurde jedenfalls beinahe überall schon vor längerem aufgegeben, selbst in Japan rückt man nun – allmählich – davon ab. Bei dieser abgeschwächten,

etwas flexibleren Form der Planwirtschaft setzen Regierungsbeamte die Produktionsziele in der Industrie fest, damit sich
die Zulieferer auf die künftige Nachfrage einstellen können.
Außerdem setzen sie Prioritäten, damit die Banken den bevorzugten Industriezweigen bereitwilliger Kredite gewähren, und
ernennen bestimmte Unternehmen zu »auserwählten Instrumenten«. Diese werden von der Regierung gestützt, um auf
dem Weltmarkt bestehen zu können. Diese Unterstützung
drückt sich etwa darin aus, daß ausländische Konkurrenten
ferngehalten werden oder daß das auserwählte Instrument auf
dem heimischen Markt hohe Preise verlangen darf, um sich so
Kapital für Investitionen zu verschaffen. Die Lösung lautet,
den Dirigismus teilweise oder ganz abzuschaffen, wodurch die
Flexibilität der gesamten Wirtschaft zunimmt und Handelsschranken abgebaut werden.

Was die staatliche Regulierung betrifft, so geht die Zahl der
Verordnungen in Wirklichkeit gar nicht zurück, selbst wenn
man heutzutage keine Geschwindigkeitsbegrenzungen für
Dampflokomotiven verhängen muß, um bei Kühen Fehlgebur-
ten zu vermeiden. Aber auch aktuellere technische Neuerungen bedürfen oft einer staatlichen Regelung, bei manchen ist
sie sogar notwendig, so zum Beispiel bei der Vergabe von
Telekommunikationsfrequenzen. Doch anders als im Gesund-
heits-, Sicherheits- und Umweltsektor ist das staatliche Eingreifen im *Handel* zurückgegangen und wird auch weiterhin
abnehmen. Dadurch steigt die Leistungsfähigkeit. Einst solide
Unternehmen sind mit den Chancen und Gefahren des Wettbewerbs und des Marktes konfrontiert und vormals sichere
Arbeitsplätze in Gefahr.

Eine andere häufig anzutreffende, aber eigentlich überbe-
wertete Ursache für einen beschleunigten Strukturwandel liegt
in der »Globalisierung« begründet, der hochgepriesenen Vereinigung der Pfützen, Teiche, Seen und Meere dörflicher, pro-
vinzieller, regionaler und nationaler Märkte zu einem einzigen
Wirtschaftsozean. Einst abgeschirmte Märkte sind nun den

Flutwellen des Welthandels ausgesetzt und der unberechenbaren internationalen Finanzwelt mit ihren hin- und herfließenden Kapitalströmen.

Obwohl der international vereinbarte Abbau der Importbeschränkungen im Handel, der Investitionskontrollen und der Beseitigung von Beschränkungen durch restriktive Erteilung von Genehmigungen im Dienstleistungssektor immer große Aufmerksamkeit auf sich zieht und zu Kontroversen führt, muß man noch andere Faktoren erwähnen, die bei der Vereinigung einst getrennter Märkte mitwirken. Dazu zählt das Aufkommen und die rasche geographische Verbreitung einer zuverlässigen, günstigen und schnellen Telekommunikation, die den Aufbau neuer Handelsbeziehungen in materieller wie in psychologischer Hinsicht erleichtert. Man vertraut einem Subunternehmer bei wichtigen Dingen eher, wenn man die zuständigen Manager sofort und zu jeder gewünschten Tages- und Nachtzeit erreichen kann.

Einen weiteren Faktor stellen die immer seltener anfallenden Transportkosten dar, da der materielle Anteil im Handel eine immer geringere Rolle spielt. Frachtkosten, die bei Roheisen oder selbst bei Stahlplatten einen Großteil des Preises ausmachen, sind beim Transport elektronischer Kleinteile, selbst wenn es sich bei dem Transportmittel um ein Flugzeug handelt, zu vernachlässigen. Außerdem ist auch der Transport an sich durch größere Flugzeuge, moderne Containerschiffe, bessere Häfen und mehr Straßen, vor allem durch den Bau von Landstraßen in vielen Gebieten Asiens, Lateinamerikas und nicht zuletzt auch Afrikas, billiger geworden.

Einen weiteren Impuls für die Globalisierung stellt die Verbreitung neuester Technologien zur Herstellung von Exportgütern oder Teilen selbst in einer ansonsten rückständigen ortsgebundenen Wirtschaft dar. Und zuletzt sollte man auch nicht den vielleicht stärksten Grund für die Globalisierung vergessen – die Nivellierung einst sehr unterschiedlicher Konsumgewohnheiten, die sich durch Modetrends und deren Verbreitung in den grenzüberschreitenden Massenmedien und durch Werbung rund um den ganzen Erdball verbreiten.

Die Globalisierung bewirkt, daß ein wettbewerbsfähiges Unternehmen seine Produktion, selbst über die Grenzen des heimischen Marktes hinaus, enorm steigern kann. Dadurch werden die Bodenschätze der Welt effizienter genutzt. Man kann heute mehr produzieren – in vielen Fällen deutlich mehr – als zu jenen Zeiten, in denen eine Volkswirtschaft noch autark war und eher verschwenderisch mit reichlich vorhandenen Ressourcen umging, die in anderen Ländern stark nachgefragt wurden, oder durch hohe Rohstoffpreise vor Ort Einschränkungen erfuhr, die woanders deutlich billiger waren. Andererseits können auch alle Produkte und die daran hängenden Arbeitsplätze jederzeit durch eine billigere Produktion an einem beliebigen Ort der Welt ersetzt werden. Das Leben in der Weltwirtschaft steckt voller Überraschungen und katastrophaler Rückschläge.

Von der Tradition zum Vertrag

Ein weiterer Grund für den beschleunigten Strukturwandel tritt nicht so deutlich in Erscheinung wie die Globalisierung, hat wenig mit Politik oder Technologie zu tun, ist schwer zu erkennen und fast unmöglich zu messen: der Zusammenbruch langjähriger, traditioneller Handelsbeziehungen und ihr Ersatz durch *vertragliche* Bindungen, die stets mit einer gewissen Distanziertheit eingegangen werden. Es handelt sich hierbei um die Einstellung, nicht mehr als ein Geschäft auf einmal abzuschließen und alles nach dem Gesetz von Angebot und Nachfrage zu regeln.

In den USA ist das nichts Neues, in anderen Ländern dagegen schon. Als ich als Kind in Mailand lebte, fuhr man zum

Einkaufen nicht in anonyme Supermärkte oder zum Ladengeschäft einer Handelskette, die man jedesmal eigens wegen
ihres mutmaßlichen Preis-Leistung-Verhältnisses ausgesucht
hatte. Brot wurde beim Bäcker gekauft, Fleisch beim Metzger,
Gemüse und Obst beim Gemüsehändler. Es gab davon jeweils
nur einen in unserer Straße, und so, wie sie unsere einzigen
Lieferanten waren, waren wir und unsere Nachbarn ihre
einzigen potentiellen Kunden. Ladenbesitzer mußten bei Bestellungen nicht raten oder spekulieren, sie konnten die Nachfrage im Rhythmus der Jahreszeiten und Tag für Tag kalku-
lieren. Sie mußten auch nicht auf die Preise der Konkurrenz
achten und die ihren bis auf den letzten Pfennig angleichen.
Die ganzseitigen Anzeigen in Zeitungen, in denen die Artikel
für einen Vergleich beim Einkaufen nacheinander aufgeführt
werden, wären damals sinnlos gewesen. Genausowenig konnten die Ladenbesitzer hoffen, über die engen Grenzen ihres
streng ortsgebundenen Geschäfts hinaus zu expandieren. Sie
konnten auch ihre Waren nicht verkaufen, wenn sie ihre Kunden nicht als Persönlichkeiten behandelten und deren Launen
und besonderen Bedürfnissen entgegenkamen. Zu diesem
Dienst am Kunden gehörte in ärmeren Stadtvierteln auch ein
zinsloser Kredit.

In diesem Zustand waren die Mechanismen von Angebot
und Nachfrage nicht außer Kraft gesetzt: Wenn einer der
Ladenbesitzer übermäßig hohe Preise verlangt hätte, so hätte
man nur in die nächste oder übernächste Straße gehen müssen und bei der Konkurrenz einkaufen können. Doch ebensowenig herrschten rein am Markt orientierte Verhältnisse. Die
Ladenbesitzer und ihre Kunden waren nicht nur Verkäufer
und Käufer, sondern auch Nachbarn, deren Familien sich
kannten und die sich einander verpflichtet fühlten. Kunden
konnten nicht so ohne weiteres in einem anderen Geschäft
einkaufen, selbst wenn sie nicht auf dem Nachhauseweg mit
verräterischen Tüten in der Hand an »ihrem« Laden vorbei-
mußten. Die Ladenbesitzer wiederum konnten zerstreuten

Kunden oder Kindern, die zum Einkaufen geschickt worden waren, nicht absichtlich minderwertige Ware verkaufen, weil sie ihnen oder den Müttern am nächsten Tag, am übernächsten Tag und noch viele Jahre wieder gegenübertreten mußten. Bei ihren eigenen Bedürfnissen, handelte es sich nun um einen Schuster, Schneider oder Zahnarzt, wandten sie sich meist an ihre eigenen Kunden in der Nachbarschaft. Diese auf Gewohnheit basierende Beziehung gibt es auch heute noch überall dort, wohin die typisch amerikanische Kombination aus motorisierten Kunden, anonymen Supermärkten und Handelsketten noch nicht vorgedrungen ist.

Noch bedeutsamer ist aber, daß das damalige Verhältnis zwischen den Ladenbesitzern und Kunden in meiner Mailänder Straße auch heute noch manche Handelsbeziehungen in vielen Teilen der Welt widerspiegelt. Hierfür ist wohl Japan das typischste Beispiel. Firmen sehen sich bei ihren Einkäufen nicht ständig nach dem günstigsten Anbieter um, wie es die Theorie will. Statt dessen haben sie feste Zulieferer, mit denen sie durch ein Geflecht wechselseitiger Verpflichtungen verbunden sind. Für die Zulieferer bedeutet das, daß sie auch in schwierigen Fällen alles daran setzen müssen, den besonderen Bedürfnissen ihrer Kunden zu genügen. Sie passen sich den Standards ihrer Kunden an, akzeptieren deren Produktionsrhythmus, erhöhen auf eigenes Risiko ihre eigene Produktion in Erwartung einer verstärkten Nachfrage und versuchen nie, vorübergehende Engpässe auszunutzen und höhere Preise zu verlangen.

Die Firmen, die sie beliefern, werden ihrerseits nicht sofort den Vertrag kündigen, wenn sie ein besseres Angebot von einem anderen Zulieferer erhalten – oft handelt es sich dabei zwangsläufig um einen ausländischen Anbieter, der außerhalb des Beziehungsgeflechts steht, das heimische Konkurrenten gegenseitig in Schach hält. Anstatt den bisherigen Zulieferer einfach fallenzulassen, informiert man ihn und gibt ihm ausreichend Zeit, sich dem Wettbewerb anzupassen, vielleicht hilft man ihm auch und leiht ihm Maschinen oder gewährt ihm technische Unterstützung. Natürlich wird auch jede Information weitergereicht, die der Konkurrent unvorsichtigerweise preisgegeben hat. Die Firmen wiederum erwarten von ihren eigenen Kunden Treue und verpflichten sich, sie entsprechend zu bedienen, und zwar nicht nur gut, sondern auch loyal.

Von einem Zulieferer zum anderen bis zur Endmontage und den Verpackern reicht das Band der gegenseitigen Verpflichtungen, es schließt den Großhändler ein, der Kredit bekommt und Kredite vergibt, die Zwischenhändler, die selbst noch die geringsten Mengen an die kleinsten Läden mit jeweils einem eigenen treuen, bekannten Kundenstamm liefern. Schriftliche Verträge wären dabei fehl am Platz und sind kaum bekannt, es sei denn, ein ausländischer Partner ist beteiligt. Alles wird persönlich vereinbart, das Wort des anderen reicht, oder es wird einfach nach Gewohnheit geregelt, obwohl es natürlich auch Rechnungen und Quittungen gibt. Wenn aus bestimmten Gründen ein Vertrag aufgesetzt wird – fast immer formlos, denn nur wenige japanische Firmen haben eine eigene Rechtsabteilung oder Rechtsanwälte auf Honorarbasis –, wird seine Einhaltung nur sehr selten und in extremen Fällen vor Gericht oder einer offiziellen Schiedskommission erzwungen. Statt dessen werden geschäftliche Meinungsverschiedenheiten durch gegenseitige Konzessionen beigelegt, im äußersten Fall durch eine inoffizielle Schlichtung angesehener Persönlichkeiten. Diesem Geschäftsgebaren liegt die Auffassung zugrunde, daß Streitigkeiten das gesamte System stören und beide Seiten ungeachtet ihrer Verdienste in Mißkredit bringen.

Die Logik von Angebot und Nachfrage sowie der Wettbewerbsdruck können natürlich auch unter solchen Bedingungen nicht völlig ignoriert oder unterdrückt werden. Aber sie werden deutlich gemildert durch die starke natürliche Abneigung, die gewohnten persönlichen Kundenbeziehungen aufzulösen.

Und dies gilt nicht nur für Handelsbeziehungen. Diese Haltung umfaßt auch die Arbeitnehmer, von denen ein gewisses Maß an Loyalität im Tausch für selbst in den schlimmsten Wirtschaftskrisen sichere Arbeitsplätze erwartet wird, und erstreckt sich weiter hinauf bis zu den Banken und den großen internationalen Handelsgesellschaften.

Jeder hat seinen eigenen Kreis an Firmen, die sich bei Kreditvergaben oder Absatzmöglichkeiten an niemand anderen wenden, gleichzeitig aber nicht nur die üblichen Konditionen oder Leistungen erwarten, sondern auch Unterstützung in guten und schlechten Zeiten und, wenn nötig, Nachsicht bei fälligen Krediten. Auf diese Weise kam es 1997 zur koreanischen Schuldenkrise. Die Namen der Großunternehmen, die in verschiedenen Ländern unterschiedlich heißen – in Japan sind es die *kereitsu*, in Korea *chaebol* –, klingen exotischer als sie sind, denn einige ihrer Praktiken sind auch in Europa bekannt. Es handelt sich um lose Verbände, die jedes Mitglied fest an sich binden, von den Angestellten und Arbeitern am unteren Ende der Skala bis zum Bankvorstand an der Spitze. Die Mitglieder bezeichnen sich bezeichnenderweise nicht als Unternehmensgruppen, sondern als »Familien«.

Inoffizielle Verbände haben schon mehr als einmal die Ausbreitung des Turbo-Kapitalismus hartnäckig behindert. Insbesondere der Import von Waren und Dienstleistungen wird durch die festgefügten langjährigen Beziehungen zwischen Käufern und Verkäufern in der Versorgungskette unterbunden. Großhändler sind in diesem System an einheimische Firmen gebunden und ignorieren die Importe der ausländischen Konkurrenz. Ohne sie kommt man nicht an ihre Händler und Zwischenhändler, die man braucht, um überhaupt sein Produkt in einem Geschäft unterzubringen. Firmen würden sich bei Versicherungen und Bankgeschäften ebenfalls nicht an Außenseiter wenden und wären auch nicht bereit, heimische Güter durch Importe zu ersetzen. Das alles kann den Globalisierungsprozeß nicht unbedingt aufhalten, im Gegenteil, auf diese Weise werden für ehrgeizige Unternehmen Exporte zur einzigen Möglichkeit, sich über die Begrenzungen des heimisches Marktes hinauszuentwickeln, in dem bereits andere Handelsunternehmen dominieren. Doch die Globalisierung verläuft einseitig, da ausländische Güter und Dienstleistungen nicht ins Land gelassen werden. Ihre Folge, der Zwang zu strukturellen Veränderungen, ist so deutlich schwächer.

Ein anderes Hindernis für den Turbo-Kapitalismus zeigt noch größere Wirkung. Ohne freien Markt gibt es keinen Wettbewerb, der den Turbo-Kapitalismus vorantreibt, ohne gefühlsfremde Transaktionen gibt es keinen freien Markt, und ohne *vertragliche* Beziehungen anstatt gewohnheitsmäßigen oder persönlichen Bindungen gibt es auch diese Transaktionen nicht. Da schriftliche Verträge in einer »Familie« nahezu unbekannt sind und die Mitglieder kaum geschäftlichen Kontakt zu Außenstehenden haben, zögert man bei den Handelsunternehmen, sich auf schriftliche Verträge einzulassen. Die juristische Sachkenntnis ist gering, zudem verspürt man wenig Neigung, sich auf vertragliche Anforderungen zu beschränken, wenn man selbst auferlegten Verpflichtungen nachkommt. Noch weniger ist man willens, über die selbst auferlegten Pflichten hinauszugehen, nur weil etwas schriftlich festgehalten wurde. Wenn Außenstehende ungeachtet der Umstände auf die Einhaltung von Verträgen bestehen, reagiert man gewöhnlich mit ungläubigem Ärger, der noch zunimmt, wenn mit einer Klage gedroht wird. Mit wütendem Unverständnis reagiert man, wenn der Außenstehende sich einbildet, daß er andere Geschäfte weiterhin ganz normal abwickeln oder Geschäfte mit einer anderen Abteilung des Unternehmens oder mit einem anderen Unternehmen derselben Unternehmensgruppe tätigen könne, während gleichzeitig der Rechtsstreit vor Gericht ausgetragen wird. In den USA gehört ein solches Verhalten zum normalen Geschäftsgebaren, in Europa und Südamerika ist es sehr selten, in Japan und anderen asiatischen Ländern völlig unbekannt.

Die Vorstellung, daß keine Rechtsanwälte in die Sache hineingezogen werden, mag erfreulich sein, doch dieses Schicksal teilen auch heimische und ausländische Hersteller oder Kunden, die außerhalb des magischen Kreises stehen. Sie können sich weder auf Vertrauen verlassen, da es keine gewachsene Beziehung gibt, noch auf richtige Verträge pochen, die für eine gegenseitige Bindung den nötigen Rahmen abstecken.

Unpersönliche, distanzierte und daher rein geschäftliche Bindungen verkörpern den Geist des Turbo-Kapitalismus. Umgekehrt charakterisiert das Fehlen dieser Eigenschaften den »familiären Kapitalismus«, wie man ihn vielleicht nennen könnte, in Asien und anderswo. Genau wie der Turbo-Kapitalismus unerbittlich den Fortschritt vorantreibt, denn die erforderlichen Beziehungen können nur durch Verträge geregelt werden, widersteht der »familiäre Kapitalismus« aufgrund seiner Organisation jeglicher Form der Veränderung, denn dies würde die Aushöhlung, Verletzung oder den völligen Abbruch bestehender menschlicher Beziehungen bedeuten. Gegenwärtig trägt der rasche Zusammenbruch des familiären Kapitalismus zur weltweiten Ausbreitung des Turbo-Kapitalismus bei. Dieser Vorgang gestaltet sich in Asien besonders dramatisch. Als 1997 die Finanzkrise abrupt den Fluß der Bankenkredite beendete, die Zahlungsaufschübe gewährten, wurden auch unzählige althergebrachte Beziehungen im Handel und in der Industrie zerstört, da Unternehmen und Menschen, Arbeitgeber und Arbeitnehmer innerhalb oder außerhalb des »Familienkreises« um ihr Überleben kämpfen mußten. In Europa und in anderen Regionen der Erde verläuft dieser Prozeß langsamer, doch die Folgen sind die gleichen: Überall wollen Kunden in verschiedenen Geschäften einkaufen, unbeeinträchtigt von irgendwelchen Verpflichtungen gegenüber Händlern, Ladenbesitzern oder Verkäufern. Ebenso ignorieren immer mehr Lieferanten ihre alten Kunden und machen lohnendere Geschäfte mit neuen Abnehmern, außerdem behandeln immer mehr Arbeitgeber ihre Angestellten und Arbeiter im Rahmen der Gesetze nach amerikanischem Vorbild als verfügbares Material. Die Arbeitnehmer reagieren natürlich auf diese Entwicklung, denn auch sie haben eine Wahlmöglichkeit. In den Straßen von Mailand, in denen ich meine Kindheit verbrachte, ist das Geschäft in den noch bestehenden Läden deutlich zurückgegangen. Der Großeinkauf wird mit dem Auto in irgendeinem anonymen Supermarkt erledigt, der gerade die besten Angebote hat – nur noch wenige lassen sich von den mißbilligenden Blicken des Gemüsehändlers oder des Metzgers davon abbringen. Überall ist der familiäre Kapitalismus auf dem Rückzug, und der Turbo-Kapitalismus breitet sich um so schneller aus.

DER SIEGESZUG DES COMPUTERS

Ein scheinbar enger gefaßter, letztlich wichtigerer Grund für den sich beschleunigenden Strukturwandel liegt in der lang erwarteten, oft verschobenen *erheblichen* Leistungssteigerung bei Bürotätigkeiten, die Computer und andere Neuerungen schon lange hätten bringen sollen. In der Industrie konnte die Produktion mit Hilfe von computergesteuerten Maschinen und anderen Arten der Automatisierung im Lauf der Jahre kontinuierlich gesteigert werden – ohne Erfolge wären spätere Investitionen nicht getätigt worden. Eine ähnliche Entwicklung vollzog sich bei routinemäßigen Bürotätigkeiten wie zum Beispiel bei der Gehaltsabrechnung, für die selbst in weniger fortschrittlichen Ländern seit den sechziger Jahren verstärkt Großrechner eingesetzt werden. Im Gegensatz dazu bewirkte die Einführung von Computern im Verwaltungsbereich, der in der modernen Wirtschaft einen Großteil ausmacht, keine vergleichbare Leistungssteigerung. Banken, Versicherungen, Unternehmensverwaltungen aller Art und jeder Größe, Orte also, an denen selbst innerhalb vorgegebener Richtlinien Entscheidungen getroffen werden müssen, statteten ihre Büros zunehmend mit Büromaschinen aus, ohne Personal einzusparen. Was für die Produktion und leichte Bürotätigkeit richtig war, erwies sich in der Verwaltung als falsch, obwohl gerade dort die Gehälter höher und die Einsparungsmöglichkeiten größer sind.

Doch in den achtziger Jahren war es schließlich soweit. Vielleicht lag es nur am Generationenwechsel. Mittlerweile hatten auch ältere Manager gelernt, mit einem Computer und anderen technischen Neuerungen umzugehen, und konnten somit deren Einsatzmöglichkeiten abschätzen. Damit waren Einsparungen, mit anderen Worten Entlassungen, Tür und Tor geöffnet. Zuerst wurden die Mitarbeiter der unteren Unternehmensführung dazu gebracht, sich völlig auf Maschinen zu verlassen, anstatt der Hilfe und der Gesellschaft ihrer Sekretärin zu vertrauen. Dann wurden Computer miteinander vernetzt, so daß die Manager der mittleren Führungsebene die Arbeit ihrer Untergebenen im wahrsten Sinne des Wortes direkt am Bildschirm beaufsichtigen konnten. Damit wurde selbst anspruchsvolle Bürotätigkeit ebenso transparent wie die Fabrikarbeit am Fließband. Ineffiziente Methoden und Gewohnheiten wurden genauso schnell erkannt wie ineffektive Mitarbeiter. Auf diese Weise wurde die Leistung der Büroangestellten gesteigert, gleichzeitig waren aber nun ihre Arbeitsplätze den gleichen Umstrukturierungsmaßnahmen und somit auch Entlassungen unterworfen, die schon lange das Schicksal der Industriearbeiter waren.

Im Laufe der neunziger Jahre kündeten viele berühmte amerikanische Unternehmen trotz des Wirtschaftsbooms in den USA einen Personalabbau im Verwaltungsbereich an. Ihr Vorgehen wurde als »Umstrukturierungsmaßnahmen« oder noch phantasievoller als »Verschlankung« bezeichnet. Und auch sonst schmückte man den Vorgang gern mit den modischen Wortschöpfungen der Unternehmensberater, jenen ein-

gängigen, vielversprechenden, aber vollkommen oberfläch-
lichen Begriffen, die die Autoren der neuesten Bestseller über
effizientes Management kreiert haben. In Vortragsreihen verkünden die Autoren den Managern mit apostelgleicher Überzeugung für teures Geld ihre Ansichten, die diese dann in
firmeneigenen »Workshops« und »Wochenendseminaren« vor
den respektvollen, aber verwunderten Angestellten feierlich
wiederholen.

Aber das alles ist nur schmückendes Beiwerk. Die eigentlichen Kostensenkungen, die sich an der Wall Street in steigenden Aktienkursen niederschlagen – nicht zufällig werden
dabei die Vorstandsvorsitzenden mit Unternehmensanteilen
belohnt, die Massenentlassungen angeordnet haben –, zeigen
sich nicht in den Worthülsen der Unternehmensberater, sondern in einer wahren Flut von Verdrängungsvorgängen. Statt
einer Sekretärin antwortet am Telefon ein Sprachmenü; Briefe
werden nicht mehr von Sekretärinnen, sondern von Textver-
arbeitungsprogrammen, Faxkarten und E-mail erledigt; die
Ablage wird von entsprechenden Softwareprogrammen übernommen; Büroleitern bleibt niemand mehr, den sie beaufsichtigen müssen; Nachwuchskräfte werden durch automated pro-
cessing ersetzt; Abteilungsleiter haben keine Abteilung mehr;
und auch die Manager der mittleren Führungsebene haben
keine Untergebenen mehr. Aus diesem Grund schaffen gut-
gehende Unternehmen keine neuen Stellen im Verwaltungsbereich, während Unternehmen mit stagnierendem Umsatz
solche Stellen abbauen, und Unternehmen mit rückläufiger
Geschäftsentwicklung diese Stellen en masse streichen. Wenn
es sich um kranke Unternehmensriesen wie IBM, GM und
AT&T handelt, betrifft dies Zehntausende von Arbeitsplätzen.

Wirtschaftsexperten haben seit langem die trotz der Zunahme von Computern und anderen Büromaschinen enttäu-
schende Leistungssteigerung im administrativen Überbau der
Wirtschaft der Industrienationen beklagt. Sie waren besonders
irritiert, daß die Bedeutung der produzierenden Industrie ab-

nimmt, deren Produktivität aber weiterhin im Steigen begriffen ist, wodurch die mangelnde Leistung in den Büros die Zahlen für die Wirtschaft insgesamt nach unten korrigierte. Diese Wirtschaftsexperten müssen sich keine Gedanken mehr machen: Die Produktivitätsrate der Büroangestellten steigt endlich rapide und ermöglicht eine Kostenreduzierung, das heißt einen raschen Personalabbau.

ANPASSUNG UND FRUSTRATION

Es mag noch andere Erklärungen für einen beschleunigten Strukturwandel geben. Doch wichtig ist das Ergebnis: Die vom freien Wettbewerb vorangetriebene schöpferische Zerstörung veralteter Kenntnisse, Gewerbe, Firmen und ganzer Branchen erstreckt sich heute nicht mehr über ein oder zwei Generationen, sondern über Jahre, oft nur über sehr wenige Jahre. Der schnelle Wandel vermehrt den Reichtum der Welt, ermöglicht ärmeren Ländern und Regionen den Anschluß an die führenden Industrienationen und bietet einfallsreichen Menschen auf der ganzen Welt eine Chance, überfordert aber gleichzeitig auch auf brutale Art und Weise die Anpassungsfähigkeit des Individuums, der Familien und sonstigen Gemeinschaften.

Wenn die Söhne und Töchter amerikanischer Stahlarbeiter, britischer Bergleute und deutscher Schweißer in den Berufen ihrer Eltern keine Arbeit mehr finden und statt dessen als Software-Entwickler, Lehrer, Rechtsanwälte oder Verkäufer tätig sind, haben nur wenige Grund zur Klage. Viele können ihrem Schicksal dankbar sein. Mit dem üblichen Generationenwechsel wird ein wirtschaftlicher Wandel innerhalb einer Generation normalerweise sehr leicht verkraftet. Doch wenn derselbe Veränderungsprozeß so schnell vor sich geht, daß

Stahlarbeiter, Bergleute oder Schweißer lebenslange Gewohn-heiten aufgeben und sich anspruchsvolle neue Kenntnisse aneignen müssen, um nicht auf Dauer arbeitslos zu sein oder sich mit Niedriglohnjobs für ungelernte Arbeiter abfinden zu müssen, führt das häufig zu Versagen und zu Frustration.

Selbstverständlich ist es hoffnungslos altmodisch, über das Schicksal der Stahlarbeiter, Bergleute und Schweißer zu la-mentieren, die alle Überbleibsel der traditionellen Industrie-arbeiterklasse sind. Weniger leicht lassen sich die Folgen des Turbo-Kapitalismus für die Angestellten im Verwaltungsbe-reich ignorieren. Eine besser ausgebildete Minderheit hat davon profitiert, die schlechter ausgebildete Mehrheit mußte Gehaltskürzungen hinnehmen, und für beide Gruppen ist der Arbeitsplatz stärker denn je zuvor in Gefahr, selbst wenn es genug Stellen gibt. Die *Sicherheit* eines Arbeitsplatzes erfaßt keine Statistik, da es sich immer um ein subjektives Gefühl handelt. Genauso subjektiv ist die Behauptung führender Wirtschaftswissenschaftler, daß der erstaunlich geringe Lohn-druck in den Boomjahren von 1994 bis 1998 in den USA auf die Ängste der Beschäftigten und Gewerkschaften zurückzuführen sei. Sie hätten befürchtet, daß bei steigenden Löhnen Arbeits-plätze ins Ausland verlagert oder einfach abgebaut würden. Die Lohn- und Gehaltsstatistik zeigt allerdings, daß der Groß-teil der Büroangestellten und verwandter Berufe ohne qualifi-zierte Ausbildung in der amerikanischen Wirtschaft schlecht abschneidet.

Anfang der achtziger Jahre beklagten die Gewerkschafts-bosse, daß die amerikanischen Arbeiter und Angestellten aus gutbezahlten Arbeitsplätzen in der Industrie in Niedriglohn-jobs wie zum Beispiel als Verkäufer in Fastfood-Ketten ab-gedrängt würden. Energische Anhänger des freien Marktes brachten sie jedoch zum Schweigen, indem sie auf den rapi-den Stellenzuwachs im Finanzsektor, bei Banken, Versiche-rungen, Finanzierungsgesellschaften und in der Immobilien-branche verwiesen. Damit endete die Debatte – viel zu früh.

Ende 1992 hatten die Gewerkschaftsführer das Klagen längst aufgegeben. Damals waren über 4,9 Millionen Amerikaner als »nicht leitende« Angestellte im Finanzsektor aufgeführt – in gutdotierten Stellungen, wie man annehmen könnte. Tatsächlich betrug ihr Durchschnittsgehalt nur 10,14 Dollar in der Stunde, während gewöhnliche Arbeiter in der Industrie durchschnittlich 10,98 Dollar in der Stunde verdienten. Fünf Jahre später, im Dezember 1997, war der durchschnittliche Stundenlohn eines Industriearbeiters auf 13,62 Dollar gestiegen, sein Kollege im Banken-, Versicherungs- und Finanzwesen hinkte dagegen mit 13,46 Dollar in der Stunde immer noch hinterher.[1] Wenn ein arbeitsloser Industriearbeiter sich also mit den obligatorischen roten Hosenträgern ausstatten und an der Wall Street sein Glück versuchen würde, könnte er schnell herausfinden, daß die Bezahlung dort erstaunlich bescheiden ausfällt.

In einer Zeit, in der immer wieder erklärt wird, daß es überflüssig ist, sich im Zeitalter der »Dienstleistung« Gedanken über die industrielle Fertigung zu machen, werden in der gesamten amerikanischen Wirtschaft die Angestellten im Dienstleistungssektor nachweislich deutlich schlechter bezahlt als ihre Kollegen in der Produktion. Im Einzelhandel, einem Bereich, der von Kaufhäusern bis zum Zeitungskiosk alles umfaßt, verdiente im Dezember 1997 ein gewöhnlicher Angestellter im Durchschnitt 8,50 Dollar in der Stunde, also nur 60 Prozent des Verdienstes seiner Kollegen in der Industrie. Selbst dieses bescheidene Einkommen war infolge einer leichten Erholung noch relativ hoch. Zuvor waren die Reallöhne jahrelang gesunken, und dieser Rückgang wurde von der Inflation verdeckt. Gemessen am Wert des US-Dollars im Jahr 1982 sank der durchschnittliche Stundenlohn eines Angestellten im Verkauf Jahr für Jahr, von 6,20 Dollar 1978 auf 5,07 Dollar 1990. Er stieg erst mit dem wirtschaftlichen Aufschwung wieder ganz langsam – mit dem Tempo eines Gletschers – und erreichte im Dezember 1997 5,21 Dollar.[2]

Im Einzelhandel arbeiten häufig verheiratete Frauen in Teilzeitjobs oder Jugendliche, die noch zur Schule gehen und
nur an Wochenenden oder in den Ferien arbeiten. Das drückt
natürlich die Gehälter. Außerdem erhalten viele Angestellte
eine Provision, die in der Einkommensstatistik nicht unbedingt berücksichtigt wurde. Das ändert jedoch nichts an der
Aussage, daß der Verdienst eines normalen Angestellten im
Dienstleistungssektor zurückging. Im Verkehrswesen und bei
den öffentlichen Versorgungseinrichtungen, etwa den Fluggesellschaften, Eisenbahnen, Busunternehmen, dem öffentlichen
Nahverkehr, Speditionen und Elektrizitätsgesellschaften, gibt
es weder Teilzeitbeschäftigte mit geringen Ansprüchen noch
Provisionen. In diesem Bereich betrug der durchschnittliche
Stundenlohn eines normalen Angestellten, der keine leitende
Position einnahm, im Dezember 1997 15,14 Dollar, also deutlich mehr, nämlich 1,68 Dollar mehr, als der Durchschnittsverdienst in der Industrie, aber deutlich weniger als das Gehalt,
das derselbe Angestellte in den siebziger Jahren inflationsbereinigt erhielt. Auch in diesem Bereich erreichte der Stundenlohn 1978 mit 11,18 Dollar (wieder gemessen am stabilen
Dollarwert von 1982) einen Höchststand (was kein Zufall war,
denn das war der Anfang einer Inflationsperiode). Im Dezember 1997, auf dem Höhepunkt des wirtschaftlichen Aufschwungs, belief er sich dagegen nur noch auf 9,27 Dollar.[3]
Bei den zahlreichen und sehr unterschiedlichen Berufen im
Dienstleistungssektor gibt es eindeutige Spitzenverdiener, wie
zum Beispiel im Filmgeschäft, in der Computerbranche, in der
Datenverarbeitung und im Warentermingeschäft, aber auch
eindeutige Niedriglohnjobs, etwa im Hotel- und Gaststätten-
bereich, bei Wach- und Sicherheitsdiensten u.ä. Aber während
der durchschnittliche Stundenlohn *aller* Angestellten, die nicht
in der Landwirtschaft, nicht für den Staat und nicht in leitenden Positionen arbeiteten, im Dezember 1997 in der ganzen
amerikanischen Wirtschaft 12,51 Dollar betrug, verdienten die
Arbeiter im »güterproduzierenden« Sektor (Bergbau, Bau, ver-

:ende Industrie) im Schnitt 14,18 Dollar in der Stunde.
rs ausgedrückt, im modernen Dienstleistungssektor verdient man schlechter als in der altmodischen Industrie.

Angestellten mit anspruchsvollen Computerkenntnissen
und anderen stark gefragten Qualifikationen erging es besser
als den zahlreichen einfachen Abteilungsleitern. Ihr Niedergang ist definitiv ein struktureller Trend. Da mittlerweile in
jeder Branche »gesundgeschrumpfte« Unternehmen die Ober-
hand haben und die traditionellen normalen Unternehmen
(mit moderaten Dividenden und langsamem, beständigem
Wachstum) nahezu verschwunden sind, verdienen Spitzenmanager wesentlich mehr als früher, Angestellte im mittleren
Management dagegen weniger. Man bittet seinen Chef nicht
um eine Gehaltserhöhung, wenn jeder Unternehmensberater
unentwegt davon spricht, daß der Schlüssel für einen höheren
Gewinn im Senken der Kosten und in der Entlassung von
Angestellten liegt, die nicht persönlich zur »Wertsteigerung«
beitragen, allen voran der teuren Angestellten im mittleren
Management. Angestellte im Vertrieb tragen zur Wertsteigerung bei, Arbeiter in der Produktion tragen ebenfalls zur Wertsteigerung bei, nur Manager leisten keinen Beitrag dazu. Sie
beaufsichtigen die anderen, sie kann man nicht nur durch Maschinen, sondern auch auf andere Weise ersetzen.

Beispielsweise beschäftigten Telefongesellschaften, die nur
Ferngespräche anbieten, früher viele Mitarbeiter, die tele-
fonisch neue Kunden warben. In den meisten Fällen handelte
es sich um keine reinen Neukunden, sondern sie wurden
anderen Gesellschaften abgeworben. Diese Arbeit war nicht
einfach, wer Erfolg haben wollte, mußte sehr motiviert sein.
Aufsichtspersonal sollte sicherstellen, daß die Gespräche nicht
nur der Form halber geführt wurden (die Kunden hörten dann
den Satz: »Dieses Gespräch wird aus Gründen der Qualitätskontrolle aufgezeichnet.«). Dem Aufsichtspersonal überge-
ordnet waren die Abteilungsleiter, die kontrollierten. Bis man
erkannte, daß sich das Motivationsproblem auch auf andere

Weise lösen ließ. Die Verkäufer wurden entlassen und als selbständige Unternehmer unter Vertrag genommen, die für eine Provision arbeiteten. Leitende Angestellte zur Kontrolle wurden nicht mehr benötigt.

In anderen Branchen gibt es andere Formen des sogenannten Outsourcing. Doch das Ergebnis für die betroffenen ehemaligen amerikanischen Manager ist das gleiche: Sie werden entlassen. Ein Großteil der arbeitslosen, nicht mehr ganz jungen leitenden Angestellten überschwemmt den Arbeitsmarkt, denn es ist schwer, eine vergleichbare Stelle zu finden. Einige können ihre Abhängigkeit vom Angestelltendasein überwinden und machen sich selbständig, einige wenige schmückten bereits die Seiten der Wirtschaftsmagazine als Unternehmer-Wunderkinder, die aus der Not der Arbeitslosigkeit geboren wurden. Einige passen sich in einem unspektakulären, aber dennoch schmerzhaften Prozeß den veränderten Bedingungen an und akzeptieren jede mittelmäßige Stelle, die ihnen angeboten wird, zu niedrigeren Bezügen. Anderen ergeht es erheblich schlechter. Dies sind Männer zwischen 50 und 55 Jahren, weiß, mit College-Abschluß, die einst in einer Firma eine gutdotierte Stellung hatten und den amerikanischen Traum verkörperten. Sie leben vielleicht auch jetzt noch in ihrem großzügig eingerichteten Haus in einem Vorort, mit zwei Autos in der Auffahrt, einem oder zwei Kindern, die 20.000 Dollar im Jahr für ihr Studium brauchen (für die Studiengebühr, Unterkunft und Verpflegung) und halten sich mit Erspartem, der zweiten oder dritten Hypothek und spärlichen Einnahmen als selbsternannte »Berater« über Wasser. Diese Männer stellen keine Einzelfälle dar, mittlerweile sind sie ein fester Bestandteil der amerikanischen Gesellschaft.

Noch immer verschicken sie Dutzende von Bewerbungen. Sie nutzen weiterhin ihre Beziehungen, das heißt, sie betteln jeden, den sie kennen, um einen Job an. Sie ziehen immer noch ihre Anzüge an und gehen zu »Geschäftsessen« mit Freunden, die mehr Glück hatten und noch arbeiten, bis auch

99

das langsam in gegenseitiger Verlegenheit langsam im Sande verläuft. Sie fragen immer noch bei Stellenvermittlungen an, obwohl diese selbst in den Jahren des wirtschaftlichen Aufschwungs 1996 und 1997 mit solchen Bewerbern überlastet waren. Aber alle ihre Anstrengungen stehen im Widerspruch zu der Tatsache, daß die amerikanischen Unternehmen seit den achtziger Jahren gerade durch Kosteneinsparungen im Personalbereich ihre Leistungsfähigkeit verbessert haben. Dazu zählte auch die Entlassung der über Fünfzigjährigen, die es nicht bis an die Spitze geschafft hatten, hohe Gehälter beziehen und deren gestiegene Alterserwartung die Krankenversicherungsbeiträge in die Höhe treibt. Die Unternehmen schrumpften sich hauptsächlich durch rücksichtsloses Verhalten gegenüber ihren verwundbarsten Angestellten gesund.

Auch die Statistik belegt die rückläufige Gehaltsentwicklung für die gesamte arbeitende Bevölkerung in der US-Wirtschaft. Das mittlere Einkommen *aller* Männer zwischen 45 und 54 Jahren mit vierjährigem Universitätsstudium oder einer anderen Form höherer Bildung – rund 2 Millionen Amerikanern, von denen mit Ausnahme von 150.000 alle weiß sind – erreichte 1972 mit 55.000 Dollar (auf der Grundlage des Dollarwertes von 1992) den Höchststand, stagnierte bis 1989 und sank dann bis 1992 rapide auf 41.898 Dollar.[4] In diesem Vergleich offenbaren sich zwei stark divergierende turbo-kapitalistische Entwicklungen: eine sensationelle Einkommenssteigerung bei den Spitzenmanagern, die ein Prozent aller leitenden Angestellten stellen, und ein Rückgang bei ihren weniger erfolgreichen Kollegen.

GELD UND LIEBE

Der Rückzug des Staates aus der Wirtschaft, die Globalisierung und die Computerisierung der Bürotätigkeit sind weltweit auf dem Vormarsch, doch diese Prozesse verlaufen sehr ungleichmäßig. Manchmal überstürzen sich die Ereignisse, wie zum Beispiel im Jahr 1989 in Osteuropa, wie 1991 in den früheren Republiken der Sowjetunion oder wie nach der Finanzkrise 1997 in Südostasien und Korea. In der überwiegenden Mehrzahl der Fälle verläuft die Entwicklung, die zur weltweiten Verbreitung des Turbo-Kapitalismus beiträgt, jedoch ganz allmählich. Es ist immer noch ein weiter Weg – selbst in den USA sind die Telefongesellschaften noch nicht vollständig dereguliert. In anderen Ländern hat der Vormarsch erst begonnen. In Südkorea wurde beispielsweise die wirksame Kontrolle der größten Firmen durch Banken, die wiederum von der Regierung kontrolliert wurden – ein System, das zusammen mit protektionistischen Maßnahmen das Vordringen des Turbo-Kapitalismus äußerst wirkungsvoll verhinderte – erst im Jahr 1998 auf Anordnung des Internationalen Währungsfonds abgeschafft, der auf Geheiß der USA und Japans tätig wurde.

Bisher ist die Entwicklung erst in den USA und Großbritannien so weit fortgeschritten, daß man die Auswirkungen des Turbo-Kapitalismus erkennen kann, seien sie nun positive oder negative, erwartete oder unerwartete Folgen. Es ist jedoch vollkommen sicher, daß sich alles das, was wir in den USA und in Großbritannien beobachten, bald in jeder halbwegs modernen Volkswirtschaft in Europa, Asien und Lateinamerika wiederholen kann, denn sie unterliegen alle denselben Impulsen des Wandels.

Eine lang erwartete, geradezu herbeigesehnte Folge ist planmäßig eingetreten: die aufgrund des Wettbewerbs gestiegene Produktivität. In den USA und in Großbritannien bringen große und kleine Unternehmen mehr Güter und

Dienstleistungen mit weniger Arbeitsaufwand, aber auch mit geringerem Raum- und Energieverbrauch auf den Markt. Der höhere Gewinn kommt also durch zwei Faktoren zustande, denn die höheren Einnahmen beruhen auf einem gesteigerten Absatz und auf niedrigeren Produktionskosten. Aufgrund einer zweiten, weder erwarteten noch im geringsten in Betracht gezogenen Konsequenz entstand dennoch keine höhere Arbeitslosigkeit: Jahrelang waren die Reallöhne und -gehälter vieler Arbeitnehmer gesunken. Das war ihnen nur nicht bewußt, weil es aufgrund der Inflation den Anschein hatte, als würde ihr Verdienst konstant bleiben oder gar steigen.

Billige Arbeitskraft ermöglicht wiederum eine Blüte im Dienstleistungssektor, denn bei hohen Lohnkosten sind Dienstleistungen nicht rentabel. Die Unternehmen zögern nicht mit Neueinstellungen, da sie Angestellte jederzeit wieder entlassen können, es gibt, zumindest in den USA, keine Gesetze, Geldstrafen oder hohen Abfindungen, die sie davon abhalten könnten (das versteht man unter einem »flexiblen Arbeitsmarkt«). Während dieses Buch geschrieben wurde, war die Arbeitslosigkeit in Großbritannien deutlich niedriger als in den übrigen westeuropäischen Staaten, in denen die Löhne allgemein höher und die Arbeitsmärkte weniger flexibel sind. In den USA liegt die offizielle Arbeitslosenquote derzeit unter fünf Prozent, ein erfreulich niedriges Niveau in einer Zeit weltweiter Überkapazitäten, hoher Arbeitslosigkeit und einer Deflation.

Eine weitere unerwartete Folge des Turbo-Kapitalismus ist die explosionsartige Steigerung der Einkommen der Spitzenverdiener. Die 5 Prozent an der Spitze erhalten einen wesentlich größeren Anteil am Gesamteinkommen als früher, in letzter Zeit mehr als 25 Prozent. Zusammen mit dem deutlichen Rückgang der Löhne in der unteren Hälfte der Bevölkerungspyramide führt dies zu großen Unterschieden bei der Einkommensverteilung und zu noch größeren Unterschieden bei der Verteilung des Reichtums, da Spitzenverdiener im Verhältnis wesentlich mehr sparen und ihre Ersparnisse gewinnbringender anlegen.

Viele Menschen *empfinden* Ungleichheit als schlecht, doch in den Augen der derzeit maßgeblichen angloamerikanischen Ökonomen stellt Ungleichheit kein Problem dar, sondern ist vielmehr ein Teil der Lösung. Je größer der Unterschied bei den Erträgen ausfällt, um so größer ist auch der Anreiz, je intensiver der Wettbewerb, desto größer der daraus resultierende Wohlstand. Steuersenkungen bei den höchsten Einkommen bieten demnach den schnellsten Weg zur Steigerung des Wettbewerbs und erhöhen so den Wohlstand. Daß sich dabei auch die Ungleichheit erhöht, ist unvermeidlich und daher auch nicht weiter bedauerlich. Die hier angeführten Thesen vermitteln einen deutlichen Eindruck von der intellektuellen Grundlage der in Großbritannien als Thatcherismus bekannten Wirtschaftstheorie.

Ronald Reagans »Angebotswirtschaft« umfaßte noch zahlreiche weitere Maßnahmen. Der Präsident versprach größeren Wohlstand, eine Erhöhung der öffentlichen Ausgaben *und* einen ausgeglichenen Haushalt durch Steuersenkungen. So sollten die Reichen zu noch größerem Reichtum verleitet werden, wodurch letztlich die *steuerpflichtigen* Einkommen so stark ansteigen würden, daß trotz der niedrigeren Steuern höhere Einnahmen erzielt würden. Im Jahr 1998 waren diese Ankündigungen bereits Realität.

Wie wir gesehen haben, hat der Turbo-Kapitalismus nicht nur Auswirkungen auf wirtschaftswissenschaftlichem Gebiet. Materieller Gewinn stellt sich nur mittels struktureller Veränderungen ein, die die Leistungsfähigkeit steigern. Dieser Wandel verändert jedoch auch zwangsläufig das Arbeitsleben und damit auch das Familienleben der Menschen. Im Zuge dieser Entwicklung muß sich auch die Gesellschaft ändern. Im besten Fall sind *alle* Veränderungen erwünscht; die Arbeit wird durch einen höheren Verdienst aufgewertet und/oder befriedigender, Familien werden wohlhabender, Kommunen reicher. Aber selbst dann würde der bloße Vorgang der Veränderung Tribut fordern, denn das emotionale Kapital der Menschen, Familien und Gemeinschaften würde aus dem einfachen Grund abnehmen, da menschliche Beziehungen Stabilität benötigen und nicht die Unsicherheit eines Strukturwandels.

In dieser Hinsicht ist das Leben der Amerikaner im Zeitalter des Turbo-Kapitalismus zugleich Versprechen und Warnung. Der allgemeine materielle Wohlstand und die Chance, reich zu werden, gehen einher mit einer allgemeinen emotionalen Isolation. Ein zu häufiger Wechsel des Wohnorts und des Arbeitsplatzes läßt nur flüchtige Freundschaften entstehen, an eine Vertiefung wird in Erwartung eines weiteren Umzugs schon nicht mehr gedacht. Ein unstetes Leben läßt sich zudem selten mit der Pflege intensiver verwandtschaftlicher Beziehungen vereinbaren, die über die eigenen vier Wände hinausgehen.

Nicht nur zwischen, sondern auch in den idealen Wohnstätten des amerikanischen Traums wächst die Einsamkeit. In den prächtigen Villen der Nobelvororte könnten Eltern, erwachsene Kinder und deren Kinder in familiärer Gemeinschaft leben, wenn sie arm genug wären. Doch meist leben darin nur ein rund um die Uhr beschäftigter Mann und eine rund um die Uhr beschäftigte Frau, die Eltern, falls sie noch leben, wohnen in ihren Altersruhesitzen, die Kinder bauen sich in der Ferne eigene Karrieren auf, und die wenigen Freunde würden in anderen Gegenden aufgrund ihrer begrenzten Loyalität nur als Bekannte gelten. In der Weite Amerikas bringt der Wandel Chancen für den einzelnen, und ein beschleunigter Wandel bringt mehr Chancen, doch der Preis ist eine stärkere Vereinsamung.

3

Erfolge und Mißerfolge
der Weltwirtschaft

Pragmatisches Denken beim Betrachten und Lösen von Problemen ist eine angelsächsische Tugend. Verbindungen zwischen scheinbar disparaten Lebensbereichen herzustellen ist das Laster deutscher Philosophen. Doch manchmal muß sich das Laster durchsetzen. Schauen wir uns drei Zahlenbeispiele näher an.

Die Firma Boeing, der führende Hersteller von Passagierflugzeugen und verschiedener hochentwickelter Waffensysteme, wurde von Experten und Investoren so hoch eingeschätzt, daß die Aktien des Unternehmens am 10. August 1995 mit 65 Dollar an der New Yorker Börse gehandelt wurden, was einer 77fachen Steigerung entspricht. Dieses enorme »Mehrfache«, wie es an der Börse heißt, bewies den starken Glauben an eine vielversprechende Zukunftsperspektive von Boeing – ein Glaube, der sich nicht bewahrheitete, denn die Boeing-Aktien fielen nach einem kurzen Anstieg auf 70 Dollar wieder auf 43 Dollar im Jahr 1997. Die Anteile des vergleichbaren Luftfahrtunternehmens McDonnell-Douglas (inzwischen von Boeing aufgekauft) erzielten im August 1995 dagegen nur das fünfzehnfache ihres Wertes, und die Aktien von General Electric, dem Schlachtschiff des unternehmerischen Amerika, stiegen nur um das neunzehnfache.

In derselben Woche zeigte eine Umfrage der International Association of Machinists and Aerospace Workers, einer nordamerikanischen Gewerkschaft, die damals die Interessen von

34.650 Boeing-Mitarbeitern vertrat, von denen sich die meisten als der Mittelklasse zugehörig betrachteten, daß nur etwas mehr als 20 Prozent der Beschäftigten ihren Arbeitsplatz für »ziemlich sicher« hielten. Mehr als 50 Prozent dagegen beurteilten ihn als »nicht sicher«.[1] Sie hatten gleichzeitig recht und unrecht. Tatsächlich senkte Boeing im Verlauf der folgenden zwei Jahre zuerst die Zahl der gewerkschaftlich organisierten Beschäftigten auf 28.000, doch bald darauf mußte das Unternehmen die Entlassenen und andere eilig wieder einstellen, so daß zur Belegschaft am Ende des Jahres 1997 38.000 Gewerkschaftsmitglieder zählten. Und die Schwankungen zwischen Entlassungen und Einstellungen gibt es weiterhin.

Drittens standen 1995 in den USA 4,9 Millionen Menschen unter »Strafaufsicht«. Davon war bei etwa 2,8 Millionen Menschen die Strafe auf Bewährung ausgesetzt, 671.000 waren auf Bewährung früher aus der Haft entlassen, 958.704 saßen in bundesstaatlichen Gefängnissen, 95.034 in staatlichen Gefängnissen und etwa 446.000 in kommunalen Gefängnissen. Insgesamt kamen auf einen Amerikaner im Gefängnis also 189 Männer, Frauen und Kinder. Zum Vergleich: Im Jahr 1980 betrug das Verhältnis 1 zu 480. Diese ohnehin schon ungewöhnlich hohen Zahlen sollten trotzdem noch steigen. Nur zwei Jahre später, Mitte 1997, war die Gesamtzahl auf 5,5 Millionen gestiegen. Davon waren 1,8 Millionen im Gefängnis, der Rest auf Bewährung frei oder die Strafe auf Bewährung ausgesetzt.[2] Man rechnet damit, daß die Zahl der Inhaftierten weiter steigen und 1999 die Zweimillionen-Grenze überschreiten wird.

Bei den Erklärungen für das erste Zahlenbeispiel (der Preis der Boeing-Aktien) war man sich damals einig. Sie waren an jeder »Kauforder« der Börsenmakler abzulesen, die wie üblich ihrem Herdentrieb folgten. Wie sie richtig bemerkten, war Boeing ein doppelter Nutznießer der turbo-kapitalistischen Globalisierung. Nachdem Tupolew und Jakowlew[3] ihre Monopolstellung im vormals sowjetrussischen Einflußbereich eingebüßt hatten, konnte Boeing seine Flugzeuge auf einem wirklichen Weltmarkt absetzen, und zwar im Prinzip an fast jede größere Fluggesellschaft. Dadurch sind die Einkünfte von Boeing nicht von den Aufschwung-Pleiten-Zyklen kontinentaler oder gar nationaler Wirtschaften abhängig und schon gar nicht von den wilden Kapriolen der amerikanischen Fluggesellschaften, die zwischen eiligen Bestellungen und abrupten Stornierungen hin- und herschwanken. Sollte in Japan eine Rezession herrschen, befindet sich vielleicht gerade die chinesische Wirtschaft im Aufschwung; wenn die Bestellungen aus Südostasien drastisch reduziert werden, expandieren vielleicht die Fluggesellschaften in Südamerika und Europa. Zusammen sind die Exporte stabiler als der sprunghafte heimische Markt, wo die US-Fluggesellschaften seit der Deregulierung ein unrühmliches Dasein fristen. Mit Preiskriegen, extremen Sparmaßnahmen (die Mahlzeiten auf Inlandflügen konkurrieren in ihrer legendären Ungenießbarkeit mit denen von Aeroflot) und abrupten Wechseln von der Expansion zur »Gesundschrumpfung« versuchen sich die Fluggesellschaften den veränderten Wettbewerbsbedingungen anzupassen. Häufig geschieht das zum Nachteil von Boeing: Kaufoptionen oder sogar Bestellungen werden plötzlich storniert.

Boeing profitiert von der Globalisierung nicht nur beim Verkauf, sondern auch beim Einkauf. Immer wenn ein Hersteller ein Flugwerk oder nur ein einzelnes Bauteil irgendwo auf der Welt billiger anbieten kann als die Boeing-eigenen Werke oder als ein amerikanischer Zulieferer, sinken für Boeing die Herstellungskosten bei solchen »Auslandsbestellungen«, denn die Vertrags-, Kommunikations- und Transportkosten sind gering und nehmen weiter ab. Während man bei Boeing für die Auseinandersetzungen mit dem französisch-deutsch-britischen Airbus-Konsortium und mit Karel van Miert[4], dem Wettbewerbskommissar der EU, beharrlich die Unterstützung von US-Diplomaten fordert, hat das Unternehmen zur gleichen Zeit eifrig so viel Aufträge wie möglich an billigere Subunternehmer im Ausland vergeben.

Darüber hinaus wurden die Gesamtkosten bei Boeing im Jahr 1995 noch durch die fortschreitende Computerisierung und die damit verbundene Einsparung bei den Lohnkosten gesenkt. In den Entwurfs- und Entwicklungsabteilungen, in denen neue Modelle entstehen, oder auch bei häufigeren Änderungen älterer Modelle wurden die teuren Arbeitskosten der Konstruktionsingenieure durch den zunehmenden Einsatz von computergestütztem Design (CAD) eingespart, mit dessen Hilfe man die Paßform von Konstruktionsteilen in einer dreidimensionalen Darstellung am Rechner überprüfen und auch Belastungsfähigkeit und Thermik miteinbeziehen konnte. Die »777« wurde als erstes Flugzeug von Boeing komplett »am Bildschirm« entwickelt. Der langwierige und kostspielige herkömmliche Prozeß mit Modellen in Originalgröße, Prototypen, Testflugzeugen in Vorserie, Testphasen und einer letzten detaillierten Entwicklungsphase wurde dadurch überflüssig. Mindestens eine Milliarde Dollar an Ingenieurskosten wurde so gespart, eine Milliarde weniger für die Ingenieure bei Boeing und anderen Unternehmen, eine Milliarde mehr für die Aktionäre und die Gehälter der Unternehmensführung, für Prämien und Aktienoptionen. Andere Bereiche wie die Bestandskontrolle bei Flugzeugteilen und Werkzeugen waren schon lange vor 1995 auf Computer umgestellt worden. Neu und noch in der Entwicklung begriffen war hingegen die Computerisierung der Produktion von Einzelteilen und der Endmontage, des automatischen Erfassens der Entwürfe und die anschließende direkte Weiterleitung detaillierter Konstruktionsvorgaben an Fertigungsroboter, die ebenfalls von Computern gesteuert wurden. Auf diese Weise wurden nicht nur Arbeitsstunden bei den Entwicklungsingenieuren eingespart, sondern Montage- und Fließbandarbeiter wurden zu Tausenden auf die Straße gesetzt. Daran änderte sich auch nichts, als Boeing beim größten Aufschwung in der Geschichte der zivilen Luftfahrt von einer wahren Flut an Bestellungen überschwemmt wurde. Gleichzeitig wurde die Computerisie-

rung der Verwaltungstätigkeiten, die damals die Verwaltungsgebäude aller amerikanischen Unternehmen leerfegte, auch in
den diversen Büros von Boeing vorangetrieben. Die Sekretärinnen in der Telefonvermittlung wurden durch Sprachmenüs
ersetzt, briefeschreibende Sekretärinnen durch Textverarbei-
tungsprogramme und Sekretärinnen in der Registratur durch
digitalisierte Aufzeichnungen, was zur Folge hatte, daß das
Aufsichtspersonal bis zur mittleren Führungsetage überflüssig
wurde.

Mit der Entlassung von Arbeitern, Ingenieuren und Sachbe-
arbeitern konnte Boeing in den Jahren 1992 bis 1996 45.000
Stellen abbauen. Diese Entlassungswelle stimmte die Börsenmakler an der Wall Street enthusiastisch. Sie kalkulierten, daß
die Kosten sinken und die Einnahmen aus dem Verkauf parallel zur starken Auftragslage steigen würden. Niemand stellte
sich die Frage, ob die Produktion und damit auch der Gewinn
durch die Massenentlassungen erfahrener, gutausgebildeter
Arbeiter gefährdet werden könnte. Für die Käufer von Boeing-
Aktien war das ein Versäumnis, das sie teuer zu stehen kam.

STEIGENDER ABSATZ UND
UNSICHERE ARBEITSPLÄTZE

Die Erklärung für die erste Zahl, den Anstieg der Boeing-
Aktien um das 77fache im Jahr 1995, also für den Umstand,
daß Boeing als Nutznießer des mit technischen Neuerungen
einhergehenden Turbo-Kapitalismus eingestuft wurde, gilt
auch für das zweite Zahlenbeispiel, das die akute Angst der
Boeing-Mitarbeiter vor dem Verlust ihres Arbeitsplatzes betont. Sie hatten und haben allen Grund zur Annahme, daß
ihr Arbeitsplatz selbst in wirtschaftlich guten Zeiten gefährdet
ist. Denn Boeing entläßt wie viele andere große und kleine

amerikanische Unternehmen seine Mitarbeiter nicht nur bei zurückgehendem Absatz, wenn es die Bilanz erforderlich macht, sondern auch ganz bewußt in Zeiten, in denen es dem Unternehmen gutgeht. Das Verhalten von Boeing ist sogar noch ungeheuerlicher, denn der Konzern setzte trotz erhöhter Nachfrage und einer Produktionssteigerung Beschäftigte auf die Straße.

Boeing hatte prompt mit großen Rückständen bei ausstehenden Aufträgen zu kämpfen, die nach einer Klage auf 1,6 Milliarden Dollar zu Verlusten im dritten Quartal 1997 führten. Dennoch verkündete Konzernchef Philip M. Condit am 16. Dezember 1997 den Abbau von 12.000 Stellen, sobald sich die Lage stabilisiert hätte. Branchenkenner waren erstaunt: Das Unternehmen konnte sein monatliches Ziel von 39 Flugzeugen mit 38.000 Fabrikarbeitern nicht erreichen, trotzdem kündigte man eine Steigerung der Produktion auf 43 Flugzeuge im Monat mit nur 26.000 Arbeitern an. Die Technik entwickelt sich zwar immer weiter, aber nicht derart rasant. Vielleicht war Condit im Besitz eines geheimen Wundermittels, aber Boeing hatte die ganze Branche bereits dadurch in Erstaunen versetzt, daß es die einzigartige Verkaufssteigerung der Jahre 1995 bis 1997 in finanzielle Verluste verwandelt hatte. Ironischerweise befand sich Boeings einziger Konkurrent, die Airbus Industrie, deutlich im Vorteil, seit Boeing zu viele Facharbeiter entlassen hatte, die bei der Flut eintreffender Aufträge dringend gebraucht worden wären. In Europa hatte der strenge Kündigungsschutz einen drastischen Stellenabbau bei Airbus Industrie verhindert.

In der Wall Street herrschte jedoch kein Zweifel an der Firmenpolitik von Boeing. Die Spekulanten an der New Yorker Börse reagierten auf Condits Ankündigung mit großer Begeisterung und ließen den Wert der schwachen Boeing-Aktie eine Zeitlang um 1,69 Dollar auf 50,63 Dollar ansteigen, allerdings fiel sie bald wieder deutlich. Die ganze Aktion hatte natürlich auf genau diese Reaktion der Börsenexperten und

Börsenmakler gezielt, die Massenentlassungen mit brillantem Management gleichsetzen, ohne sich um die Details zu kümmern. Einen Stellenabbau, der, sofern überhaupt, im Lauf mehrerer Jahre durchgeführt wird, kündigt man als Ganzes an, um die Börsianer zu beeindrucken, die solche Maßnahmen mit einem sicheren künftigen Gewinn gleichsetzen. Dieser Reflex ist so stark, daß Condits Taktik tatsächlich griff, obwohl Boeing zu jener Zeit wegen der vorhergegangenen Massenentlassungen über so wenig Personal verfügte, daß das Unternehmen versuchte, mit Prämien von 7.500 Dollar frühere Arbeiter wieder zu ködern![5]

In der Theorie ist hier einfach die objektive Kraft der von der Technologie forcierten »schöpferischen Zerstörung« am Werk: Neue, leistungsstärkere Maschinen oder Methoden ersetzen nicht ganz so leistungsstarke. Dadurch werden Arbeitskräfte freigesetzt. Mit ihrer Hilfe kann die weltweite Güterproduktion gesteigert werden, vorausgesetzt, die Arbeitnehmer finden eine neue Anstellung. In der Theorie wird auch die gesamte amerikanische Wirtschaft um so leistungsfähiger, je leistungsstärker Boeing wird.

In der Praxis spielen kurzlebige Trends in der Unternehmensführung, das Bestreben, sich als »starker Mann« zu erweisen, und eigennützige Motive eine große Rolle, vielleicht eine größere als die schöpferische Zerstörung. Häufig werden Angestellte aus dem einfachen Grund entlassen, daß sich ein Vorgesetzter gerade unbedingt als besonders durchsetzungsfähig präsentieren will. Harry C. Stonecipher, Condits neuernannte Nummer zwei, inzwischen Präsident von Boeing und potentieller Konzernchef, ist ein typischer Vertreter dieses Typus. In einem auffallend wohlwollenden Bericht über die Probleme von Boeing[6] wird Stonecipher als Mensch gerühmt, dem »der Ruf eines sachlichen und harten Managers vorauseilt«. Ein ähnliches Kompliment wird einem Börsenspezialisten bei Credit Suisse First Boston gemacht: »Harry ist ein knallharter Typ ... Wenn er etwas verspricht, bringt er auch genug Leute dazu, es zu tun«. Schon dieser umständliche Satz unterstreicht das krampfhafte Bemühen, aus einem Unternehmensleiter einen Clint Eastwood zu machen. Stoneciphers eigene Aussagen, die in dem Artikel zitiert werden, passen hervorragend dazu: »Wir müssen auf der Kostenseite der Gleichung gewinnen … in einigen Fällen haben wir den Ball schon auf das Tee gelegt, aber nicht genug Mut, den Schläger zu schwingen.« Es ist fast überflüssig zu sagen, daß das »wir« nur eine höfliche Umschreibung für »sie« ist, also für die Unternehmensführung von Boeing vor Stoneciphers Einstieg, der zweifellos eine glückliche Fügung war.

Nach der Fusion mit dem Giganten McDonnell-Douglas und mit den Rüstungsabteilungen von Rockwell International im Jahr 1997 sind nun fast 200.000 Beschäftigte dem »Schläger« von Stonecipher ausgesetzt. Und nach seinen Bemerkungen zu schließen, denkt Stonecipher nicht im geringsten daran, durch eine Ausweitung des Potentials und der Produktlinie von Boeing aus den vielfältigen Fähigkeiten der größeren Belegschaft einen Nutzen zu ziehen. Ein solcher Ansatz könnte auf dem zivilen und dem militärischen Markt großartige Ergebnisse bringen, aber dafür müßte sich das Management deutlich mehr anstrengen und nicht nur die üblichen Maßnahmen zur Kostensenkung in drei Schritten durchführen:

1. Die gewaltigen Rückstände bei den gutbezahlten Aufträgen vom Pentagon, die zusammen mit McDonnell-Douglas und Rockwell übernommen wurden, werden beibehalten, denn sie gewährleisten lange vor Auslieferung regelmäßige hohe Zahlungen.

2. So viele Beschäftigte wie möglich sollten zusammen mit 12.000 Beschäftigten von Boeing entlassen werden, um die Betriebskosten zu senken.

3. Dann kann man sich darauf verlassen, daß die Wall Street positiv auf die Kluft zwischen laufenden Kosten und Einnahmen reagiert, ohne sich Gedanken darüber zu machen, ob Boeing auch die Verträge erfüllen kann.

Offensichtlich ist die in den siebziger Jahren übliche Vorgehensweise des »Human Resource-Managements«, das Beste aus den Fähigkeiten der Beschäftigten zu machen, indem man einen Absatzmarkt für ihre Produkte findet, völlig passé. Statt dessen ist nun eine entsprechend geschlechtslose nordamerikanische Version des südamerikanischen Machismo aktuell – der Kult um den »knallharten« Vorgesetzten, der ohne sentimentales Zögern Angestellte in großer Zahl entläßt. So wird die Logik von Kostenkalkulationen durch einen bloßen Modetrend überdeckt. Allerdings ist dies ein Trend, der in vielen Fällen, wenn schon nicht bei Boeing, der Unternehmensleitung Aktiengewinne in Millionenhöhe einbrachte, sofern sie die Börse lange genug beeindrucken konnten und ihre Optionen auf Aktien zu einem festgeschriebenen Preis unterhalb des Marktwerts wahrnahmen. Mittlerweile haben viele amerikanische Unternehmen wie Boeing einen hohen Preis dafür gezahlt, daß sie zu viele wertvolle Angestellte »gehen ließen« (keine Umschreibung könnte trügerischer sein) und gleichzeitig diejenigen, die blieben, in Unruhe versetzten, woraufhin sich die besten nicht gar so wankelmütige Arbeitgeber suchten.

Einen Beleg dafür, daß hier nicht mit vernünftigen Geschäftspraktiken hantiert wird, liefert die enorme Zunahme der Zeitarbeitsfirmen. Dort werden Arbeitskräfte für Tage, Wochen oder Monate vermittelt. Zu ihren besten Kunden zählen oft Unternehmen, die kurz zuvor noch stolz Stellen abgebaut haben. Ein typisches Beispiel ist die große regionale Telefongesellschaft Pacific Bell. Die Gesellschaft bot eine gesicherte berufliche Karriere, solange Telefondienste noch von der amerikanischen Fernmeldebehörde streng reguliert wurden. Zwischen 1991 und 1995 entließ Pacific Bell 11.000 Beschäftigte, mußte 1996 allerdings 4.200 Angestellte von einer Zeitarbeitsfirma anfordern, von denen die meisten ehemalige Pacific Bell-Mitarbeiter waren. Einer wurde von einem Wirtschaftsjournalisten der *New York Times* interviewt.[7] Er hatte

direkt nach der High-School mit 18 Jahren begonnen, für die
damals noch regulierte Pacific Bell zu arbeiten. Ende 1995 betrug sein Nettostundenlohn 30 Dollar. Als er 41 Jahre alt war,
wurde er plötzlich entlassen, 6 Monate später wurde er für
40 Dollar netto zuzüglich der Provision für die Zeitarbeitsfirma wieder eingestellt, allerdings ohne Kranken- und ohne
Rentenversicherung. Eine andere ehemalige Angestellte hatte
weniger Glück. Nachdem sie ihre Stelle mit einem Stundenlohn von 30 Dollar als Vierundvierzigjährige verloren hatte,
wurde sie ebenfalls von einer Zeitarbeitsfirma wieder an Pacific Bell vermittelt, allerdings erhielt sie ohne Kranken- und
Rentenversicherung nur 20 Dollar die Stunde. Acht von zehn
der neunhundert bis tausend Angestellten, die von einer
großen Zeitarbeitsfirma an einem durchschnittlichen Tag an
Pacific Bell vermittelt werden, sind frühere Angestellte der
Telefongesellschaft, die nun selber für ihre Renten- und Krankenversicherung für sich und für ihre Familie aufkommen
müssen.

Nach einer aus dem Jahr 1995 stammenden Untersuchung
des amerikanischen Bundesarbeitsministeriums arbeiteten
rund 17 Prozent der 5 Millionen gemeldeten Zeitarbeitskräfte
für ihre ehemaligen Arbeitgeber, zu denen so bekannte Unternehmen wie Xerox, Hoffman-LaRoche, Delta Air Lines, Digi-
tal Equipment und Chevron gehören. Ähnliche Ergebnisse
brachte eine Umfrage der American Management Association
bei 720 Unternehmen, die kurz vorher Stellen abgebaut hatten.
30 Prozent beschäftigten über eine Zeitarbeitsfirma ehemalige
Mitarbeiter, und in fast allen Fällen zahlten sie weder deren
früheren Kranken- noch deren Rentenversicherungsbeitrag.

Man weiß nicht, wie viel Treue, Pflichtgefühl oder auch nur
Leistung, die über die eigentlichen Anforderungen hinausgeht, man von entlassenen und wiedereingestellten Mitarbeitern erwarten kann. Es ist allerdings wohl eher unwahrscheinlich, daß viele von ihnen dem Toyota-Arbeiter einer bekannten
Anekdote nacheifern würden, der seine Schicht beendet, sich

umzieht, von der Fabrik nach Hause fährt und sich gerade zum Abendessen setzen will, dann aber aufspringt und zurück zur Fabrik fährt, weil ihm eingefallen ist, daß er möglicherweise ein Werkzeug falsch eingeordnet hat, das die nächste Schicht eventuell braucht. In einer Erzählung mag solches Verhalten beflissen wirken, doch in der hochentwickelten Industrie von heute gibt es zahlreiche komplizierte Prozesse, die, um zu funktionieren, ein hohes Maß an Sorgfalt seitens der Beschäftigten voraussetzen, beispielsweise die sterile Fertigung von Computerchips, die gegen jedes Staubkörnchen anfällig sind, oder automatisierte Fertigungsstraßen in der Autoindustrie, bei denen jede Unterbrechung enorm kostspielig ist. Die Auswirkungen, die verbitterte oder wiedereingestellte Mitarbeiter auf das Wachstum und die Rentabilität eines Unternehmens haben, lassen sich letztlich nicht messen. Doch ein derartiges Geschäftsgebaren hat sicher negative Konsequenzen, zumindest bei Arbeiten, die nicht rein mechanisch und nicht völlig transparent sind.

Von solchen Erwägungen lassen sich amerikanische Führungskräfte kaum beeindrucken. Ein »fürsorgliches« Management, das aktiv versucht, Entlassungen zu vermeiden und regelmäßig Fortbildungsmaßnahmen anbietet, um die Verbundenheit mit der Firma und das Wissen der Mitarbeiter zu vergrößern, hat einen femininen Beigeschmack, der im derzeitig herrschenden neodarwinistischen Klima völlig fehl am Platz ist – schließlich sehnen sich die Manager nach der Anerkennung anderer Firmenmachos. Auf jeden Fall ist die Sprache der Börsengewinne wesentlich überzeugender als selbst die schlüssigsten Studien über die Vorteile, die eine stabile und zufriedene Belegschaft für ein Unternehmen hat. Boeing versuchte 1995 seine Stellung als weltweit größter Flugzeughersteller zu behaupten und die Produktion zu steigern, zugleich gab es aber seine Absicht bekannt, einen Teil der Produktion ins Ausland zu verlagern. Das löste einen zehnwöchigen Streik der International Association of Machinists and Aerospace

Workers aus, der einen Produktionsausfall in Höhe von zwei Milliarden Dollar nach sich zog. Dies war wesentlich mehr Geld, als durch die Produktion im Ausland eingespart worden wäre.

Letztlich ist jedoch die Tatsache entscheidend, daß auf dem amerikanischen Arbeitsmarkt mit Ausnahme einiger weniger hochspezialisierter Branchen ein chronisches Überangebot an höherqualifizierten Arbeitskräften – von Ingenieuren über Physiker bis zu Buchhaltern – herrscht. Außerdem gibt es noch die ungelernten Arbeiter, für die es, wie sich gezeigt hat, in einer »High-Tech-Wirtschaft« keine Verwendung mehr gibt. Präsident Clintons erster Arbeitsminister, der bekannte Hochschullehrer und gefeierte Buchautor Robert Reich, hat seine ganze Karriere darauf aufgebaut, ihr Schicksal zu beklagen. Zugleich wies er jedoch stets jede Absicht weit von sich, in die heiligen Mechanismen des Marktes einzugreifen. Auch für ihn ist es eine Selbstverständlichkeit, daß die amerikanische Gesellschaft den Bedürfnissen des Marktes dienen soll und nicht umgekehrt.

Ende 1997, auf dem Höhepunkt des Wirtschaftsaufschwungs, stagnierte die Arbeitslosigkeit in den USA bei 4,5 Prozent. Im Vergleich zu den ruinösen Arbeitslosenquoten von 10 bis 12 Prozent vieler westeuropäischer Länder ist diese Zahl niedrig, aber immer noch so hoch, daß es in fast allen Berufen und allen Teilen des Landes deutlich mehr Arbeitssuchende als freie Stellen gibt. Die Geschäftsführungen amerikanischer Unternehmen verfügen daher völlig frei über ihre Belegschaft, denn sie wissen, daß sie jeden jederzeit ersetzen können. Boeing hatte Pech, als es zwischen 1995 und 1997 unbedingt neue Mitarbeiter einstellen mußte, um die vorangegangene Entlassungswelle auszugleichen. Die wichtigen Werke von Boeing liegen nämlich in den Bundesstaaten Washington State und Kansas, in Gebieten also, in denen die Arbeitslosenquote zu jener Zeit sehr niedrig war. Außerdem war Boeing dort seit langem als besonders unzuverlässiger Arbeitgeber bekannt.

Die technologiegetriebene oder von der Technik lediglich in-
spirierte Vernichtung von Arbeitsplätzen ist sicher größer, aber
der Beitrag der Globalisierung ist ebenfalls nicht zu unter-
schätzen. Das Handelsdefizit der USA bei Fertigprodukten aus
China, Japan und fast allen anderen ostasiatischen Ländern
ist bekannt. Aber die Vereinigten Staaten importieren nicht
nur Autos, Kleider, Schuhe und ausgefallene Moden, sondern
auch Arbeitslosigkeit und/oder in gewisser Weise niedrige
Löhne, obwohl die Löhne natürlich vom amerikanischen
Arbeitsmarkt bestimmt werden und nicht durch ein Kopf-an-
Kopf-Rennen mit weniger produktiven, schlechter bezahlten
Arbeitern im Ausland. Dennoch wandern jedesmal, wenn
Boeing zum Vorteil seiner Aktionäre, leitenden Angestellten
und seiner Mitarbeiter im Ausland wieder Kosten senkt und
Flugzeugteile in Übersee kauft, Arbeitsplätze ins Ausland ab,
und zwar zu Lasten der amerikanischen Arbeitnehmer. Im
derzeitigen Stadium profitieren von der Globalisierung die
armen Schwellenländer, in den reichen Ländern dagegen
verarmt die Mittelschicht. Nur ein Prozent der Bevölkerung,
die Spitzenverdiener beider Seiten, gehört zu den Gewinnern
dieser Entwicklung.

In einer völlig globalisierten Wirtschaft – eine solche ist
natürlich noch reine Theorie – gibt es keine Schranken für
die Verbreitung von Kapital und Technologie und auch keine
lokalen Dienstleistungen, weder von Ärzten noch von Putz-
frauen. In einer solchen Wirtschaft würden sich die Löhne
von Arbeitern aus Bangladesch oder den USA bei gleichem
Produktivitätsniveau nur noch durch die Transportkosten unterscheiden. Bisher hat sich noch keine dieser Annahmen
bewahrheitet. In den meisten Fällen besteht immer noch
ein großer Unterschied hinsichtlich der Produktivitätsrate.
Außerdem gewinnen persönliche Dienstleistungen vor Ort zunehmend an Bedeutung, ihr Verschwinden ist jedenfalls sehr

unwahrscheinlich. Man sollte jedoch nicht übersehen, daß sich die amerikanischen Löhne und Gehälter immer mehr denen eines Entwicklungslandes annähern. Schon seit langem liegen sie weit unter dem deutschen oder japanischen Lohnniveau, selbst wenn man die dortigen herausragenden Zusatzleistungen außer acht läßt – von dem vierwöchigen bezahlten Sommerurlaub eines europäischen Arbeiters, der somit regelmäßig ins Ausland reisen kann, mag ein amerikanischer Arbeiter mit durchschnittlich zwei Wochen Urlaub pro Jahr nur träumen. Mit der Zeit wird die nächste Stufe der Globalisierung den Industrieländern zu neuem Aufschwung verhelfen. Auslöser dafür ist die Nachfrage in den ehemaligen Entwicklungsländern, die erst seit kurzem über einen gewissen Wohlstand verfügen. Doch die Armen in den entwickelten und globalisierten Volkswirtschaften von heute werden eine Generation warten müssen, bis auch für sie der Umschwung kommt.

Es ist längst nichts Neues mehr, daß der Preis amerikanischer Arbeitskraft sinkt, auch die Arbeit von Akademikern ist immer günstiger zu haben. Nur wenige amerikanische Politiker halten es überhaupt für erwähnenswert, daß der reale Nettostundenlohn bei sieben von zehn amerikanischen Arbeitnehmern seit den siebziger Jahren stagniert oder zurückgeht. Wie sich das mit dem langsamen, aber unwiderlegbaren Anstieg des Wohlstands vereinbaren läßt, der sich in den Statistiken mittlerer Einkommen ablesen läßt und auch sonst überall deutlich zu sehen ist, ist kein Geheimnis: Das Einkommen der Haushalte nahm in den USA zu, weil wesentlich mehr Frauen als früher arbeiten gehen und weil die Arbeitsstunden pro Kopf gestiegen sind.

Es spricht nicht unbedingt für die fortschrittlichste Version des Turbo-Kapitalismus mit seinen technischen Innovationen, der Deregulierung und der Globalisierung, wenn niedrigere Löhne einfach durch längere Arbeitszeiten ausgeglichen werden können.

Der Rückgang der Arbeitslosigkeit in den USA trotz fortge-
setzter Massenentlassungen ist auf die größere Flexibilität der
amerikanischen Wirtschaft im Vergleich zur strengen Lohnpolitik in Europa zurückzuführen. Amerikanische Banken und
einzelne Risikokapitalgeber sind bereit, auf in der Zukunft
zu erwartende Einnahmen Geld zu verleihen, und verlangen
keinerlei Garantie in Form bereits vorhandener beträchtlicher
Vermögenswerte. Das ist vor allem für junge Existenzgründer
wichtig. Während ich an diesem Buch schrieb, gründete mein
zweiundzwanzigjähriger Sohn zusammen mit drei gleichaltri-
gen Freunden mit geliehenem Kapital eine Zeitschrift für die
Marktnische Abenteuer- und Outdoor-Sportarten. So treten
vier frischgebackene College-Absolventen nicht als Arbeitsuchende in die Arbeitswelt ein, sondern als Arbeitgeber. Zunächst einmal beschäftigen sie nur sich selbst, doch wenn die
Zeitschrift Erfolg hat, werden sie Mitarbeiter einstellen. Heute
würden sich nur wenige junge Europäer und noch weniger Japaner auf ein derartiges Wagnis einlassen, selbst wenn ihnen
Kredite ohne Sicherheiten gewährt würden. Flexibilität ist
auch eine Frage der persönlichen Einstellung, die unter den
Bedingungen des Turbo-Kapitalismus gefördert wird und gefordert ist.

Andererseits ist der flexible Arbeitsmarkt in den USA häufig auf die *in*flexible Situation einzelner zurückzuführen. Viele
Amerikaner sind dazu gezwungen, eine schlechtbezahlte Arbeit anzunehmen, die unterhalb ihrer Möglichkeiten liegt, um
so bald wie möglich wieder etwas Geld zu verdienen. Daher
werden die Stellen in schlechtbezahlten Handelstätigkeiten
wie etwa im Telemarketing, dem Vertrieb von Gütern oder
Dienstleistungen am Telefon gegen Provision – zumeist werden derartige Verkaufsgespräche vom Kunden nicht ge-
wünscht – oder im Randbereich persönlicher Dienstleistungen
(»Wasche-Ihren-Hund-zu-Hause«) immer zahlreicher. Auch
im Hauswirtschaftsbereich nimmt nach jahrelangem Rückgang
die Zahl der Stellen wieder zu, da immer mehr berufstätige

junge Paare sich auf ihre Karriere konzentrieren, die bei Frauen nur kurz durch die Geburt der Kinder unterbrochen wird. Amerikaner müssen außerdem in einem hohen Maß finanziell unabhängig sein, denn wenn sie einmal als erwachsen gelten, können sie sich nicht mehr auf die Unterstützung ihrer Familien verlassen. Auch das bringt viele arbeitslose Amerikaner dazu, jede Arbeit anzunehmen. Da gibt es keine Cousins und Cousinen, auf deren Hilfe arbeitslose Andalusier oder Griechen zählen können, keine italienischen Eltern, die ihr Leben lang bereit sind, ihren Kindern unter die Arme zu greifen. Heutzutage helfen sich in Amerika nicht einmal mehr Geschwister gegenseitig. Auch die Beschränkung der staatlichen Arbeitslosenhilfe in den USA auf insgesamt sechs Monate übt Druck auf die Arbeitslosen aus. In Westeuropa wird man dagegen zwölf oder vierundzwanzig Monate lang vom Staat unterstützt, was sich natürlich auch leicht ins Negative verkehren kann, denn manche Arbeitslose gehen auch dann nicht arbeiten, wenn ihnen Stellen angeboten werden.

Europäer beneiden die Amerikaner um ihr Angebot an offenen Stellen, doch die wenigsten beneiden die Amerikaner um deren Verdienst. Der Stellenwert der Arbeit unter turbo-kapitalistischen Bedingungen ist in sich widersprüchlich. Insgesamt hat sich das Einkommen der Amerikaner zwei Jahrzehnte lang durchschnittlich um etwas mehr als 2,5 Prozent erhöht; dennoch stagnierte der Stundenlohn von 70 Prozent aller berufstätigen Amerikaner oder ging gar zurück, da gutbezahlte Arbeitsplätze in der Industrie, von der Fertigung bis zu den Führungsetagen, durch oft schlechtbezahlte Arbeitsplätze im Dienstleistungsbereich ersetzt wurden.

Die Firma wird aufs Spiel gesetzt

Zusätzlich zum allgemeinen wirtschaftlichen Trend, der gegen die Boeing-Mitarbeiter arbeitet, hat die Belegschaft mit den Besonderheiten der Flugzeugindustrie zu kämpfen. Beispielsweise muß Boeing für bestimmte Märkte wie etwa China in Koproduktion arbeiten oder vor Ort einkaufen, um dort überhaupt Flugzeuge verkaufen zu können. Das gilt auch dann, wenn die Kosten dort höher sind. Eine weitere Besonderheit stellt der Umstand dar, daß für die Planung, den Entwurf und die Konstruktion eines völlig neuen Flugzeugtyps derart viel Kapital erforderlich ist, daß selbst Boeings erhebliche Rücklagen davon strapaziert werden. Man hat viel über einen ganz neuen Super-Jumbo mit 600 Sitzen gesprochen, doch die Entwicklungskosten dafür wären so hoch, daß Boeing damit die Existenz des gesamten Unternehmens aufs Spiel setzen würde. Sollte sich das Flugzeug nicht sofort und so gut verkaufen, daß sich der Kapitalaufwand rasch bezahlt macht, würde das Unternehmen bankrott gehen. Im Gegensatz dazu verkörpert Boeings Rivale, Airbus Industrie, früher einmal ein Konsortium, mittlerweile aber ein in sich homogenes Unternehmen, die Quintessenz der Geo-Ökonomie von heute. Sie macht die Logik des Konflikts in der Grammatik des Handels deutlich.

Airbus besitzt alle Insignien eines Großunternehmens, ist aber in Wirklichkeit ein Instrument der französischen, deutschen und britischen Regierung, die heute gemeinsam Marktanteile in der Flugzeugindustrie erobern, anstatt wie vor hundert Jahren um Kolonien zu wetteifern. Die Flugzeuge von Airbus konnten mit Geld aus der französischen, deutschen und britischen Staatskasse entworfen und gebaut werden. Das unternehmerische Risiko war also völlig nebensächlich. Erst vor kurzem beschränkten Abkommen zwischen den Vereinigten Staaten und der Europäischen Union die Subventionen für Airbus.

Boeing erhält keine staatlichen Zuschüsse. Statt dessen versucht das Unternehmen, seine Auslagen zu begrenzen, indem nach Partnern Ausschau gehalten wird, die einen Teil des Risikos übernehmen. So wurden 20 Prozent des neuesten Flugzeugs vom Typ Boeing 777 an ein von der japanischen Regierung unterstütztes Konsortium aus Mitsubishi Heavy Industries, Kawasaki Heavy Industries und Fuji Heavy Industries übertragen. In den nächsten Jahren wird es an jeder Stufe des Projekts, angefangen beim ursprünglichen Entwurf bis zum Marketing, beteiligt sein.

Damit gingen für die Beschäftigten von Boeing auch 20 Prozent der Arbeit am Entwurf, an der Konstruktion und der Herstellung der 777 unwiederbringlich verloren. Zu den Beschäftigten gehörten auch die Fabrikarbeiter, die Mitglied bei der International Association of Machinists and Aerospace Workers waren, was unter anderem einer der Gründe für den Streik im Jahr 1995 war. Boeing führt das durchaus stichhaltige Argument ins Feld, daß 80 Prozent von etwas immer noch besser sind als 100 Prozent von nichts.

Dagegen läßt sich einwenden, daß Boeing im In- und Ausland »Outsourcing« betreibt, wann immer es günstiger ist, wohingegen das japanische Konsortium seinen zwanzigprozentigen Anteil an der Produktion voll und ganz im eigenen Land beläßt, obwohl die Lohnkosten in Japan mittlerweile höher sind als in den USA. Die Japaner sind offenbar der Ansicht, daß die Wirtschaft der Gesellschaft dienen soll und nicht umgekehrt. Daher können sie sich bei der Frage nach einer Kosteneffizienz einen Kompromiß erlauben, in diesem Fall, um die Entwicklung einer Industrie zu fördern, die für den gesamten Fortschritt des Landes als wichtig gilt. Für diesen Zweck – und natürlich für einen vernünftigen Gewinn – schloß das Konsortium mit Boeing einen Handel ab, der zu den besten des Jahrhunderts zählen dürfte. Im Gegenzug für einen Anteil von 20 Prozent erhält das Konsortium Einblick in 100 Prozent der Flugzeugproduktion.

Die Führungsetage und die Aktionäre von Boeing mögen von der Globalisierung profitieren, aber die Belegschaft des Unternehmens dümpelt in einem zwar finanzstarken, aber gefährdeten Abschnitt des globalen wirtschaftlichen Ozeans vor sich hin. Zum einen hat Boeing Marktanteile verloren, und die Mitarbeiter des Unternehmens verlieren ihren Arbeitsplatz an die Airbus Industrie, die es sich dank der französischen, deutschen und britischen Steuergelder leisten kann, sichere Arbeitsplätze zu bieten. Die Verluste von Airbus betrugen nach dem letzten Stand der Schätzung (Ende 1997) möglicherweise mehr als 20 Milliarden Dollar, außerdem war Airbus Industrie bei der Abwicklung der Aufträge inzwischen erheblich in Rückstand geraten. Zum anderen überläßt Boeing seinen am ökonomischen Risiko beteiligten Partnern Marktanteile (und damit zukünftige Arbeitsplätze). Darüber hinaus muß die Boeing-Belegschaft im Prinzip mit Firmen auf der ganzen Welt um Arbeit konkurrieren. Denn bei sinkender Produktivität und/oder mangelnder Kooperationsbereitschaft der Gewerkschaften verlagert das Unternehmen jeden nur möglichen Fertigungsschritt ins Ausland. Und schließlich werden Boeing-Mitarbeiter, wie wir bereits gesehen haben, aufgrund bestimmter Entscheidungen in Scharen entlassen, die nicht das geringste mit der Globalisierung, den besonderen Verhältnissen der Flugzeugindustrie, Joint-Ventures oder Airbus zu tun haben.

Das Gefühl akuter Verunsicherung, das 1995 bei der Umfrage der Gewerkschaft deutlich wurde, war also vollkommen gerechtfertigt, auch wenn zu diesem Zeitpunkt eine erhöhte Nachfrage bei Flugzeugen einsetzte und bis zum Kollaps der Finanzmärkte in Asien Ende 1997 anhielt. Natürlich standen den entlassenen Boeing-Mitarbeitern – als dieses Buch geschrieben wurde, drohte 12.000 von ihnen die Entlassung – zahlreiche andere Arbeitsmöglichkeiten zur Verfügung, doch dabei handelte es sich meist um schlechter bezahlte Stellen im Dienstleistungsbereich, dem zweischneidigen Segen der dyna-

...nischen amerikanischen Wirtschaft. Für die Angestellten und Arbeiter einer in ihrer Branche führenden amerikanischen Firma, die ein gutes Gehalt sowie Kranken- und Rentenversicherung zahlt, bedeutet die Entlassung einen verheerenden Abstieg. Häufig folgt der Verlust des mit einer Hypothek belasteten Hauses, die Collegeausbildung der Kinder kann nicht mehr bezahlt werden. Oder der Betroffene wird durch die Belastung krank, ist aber nicht mehr über seinen Arbeitgeber krankenversichert. Fast alle Mitarbeiter bei Boeing stufen sich als Angehörige der Mittelklasse ein, doch diese Selbsttäuschung steht auf so tönernen Füßen wie ihr Arbeitsplatz.

An dieser Stelle kommt nun die Erklärung für das dritte Zahlenexempel ins Spiel. Es ist seit längerem bekannt, daß die technologiegestützte amerikanische Version des Turbo-Kapitalismus die schlechter ausgebildeten Arbeitnehmer ihr Leben lang zu einem Gehalt auf gleichbleibendem oder sinkendem Niveau verurteilt. Eine andere Folge ist weniger bekannt. Es ist das Schwinden oder die Vernichtung vieler Jobs, die zwar schlecht bezahlt wurden, aber auch keine hohen Anforderungen stellten. Wer sich anstrengte, konnte durch sie in die Arbeiterklasse aufsteigen. Man hat nicht bedacht, ja nicht einmal die ersten offensichtlichen Auswirkungen wahrgenommen, daß viele amerikanische Arbeitnehmer *aller* Fachrichtungen durch die Umwälzungen des Turbo-Kapitalismus und den beschleunigten Strukturwandel ein Leben in chronischer wirtschaftlicher Unsicherheit führen. Ganze Industriezweige steigen viel schneller als früher auf und gehen wieder zugrunde, Firmen expandieren, schrumpfen, fusionieren, trennen sich, bauen Stellen ab oder werden in einem nie erlebten Tempo umstrukturiert. Die Belegschaft geht jeden Morgen zur Arbeit, ohne zu wissen, ob sie nicht schon am nächsten Tag arbeitslos sein wird. Diese Unsicherheit, von der nur die Mitglieder der Führungsetage ausgenommen sind, bleibt auch bestehen, wenn die Arbeitslosenquote in den USA wie zum Zeitpunkt der Niederschrift dieses Buches unter fünf Prozent sinkt. Die

Aussicht, sich bald eine neue Stelle suchen zu müssen, ist auch bei guter wirtschaftlicher Lage nie so beruhigend wie die Sicherheit, seinen Job behalten zu können.

Dieser Sachverhalt trifft auf nahezu die gesamte Mittelklasse zu, und auch die höheren Funktionsebenen sind davon nicht ausgeschlossen. Sie werden nicht wie in Westeuropa durch Gesetze und die verlängerte Zahlung von Arbeitslosenunterstützung geschützt. Sie haben keine funktionierenden Familien, auf deren Unterstützung immer noch ein Großteil der Menschheit in schweren Zeiten zählen kann. Und ihnen fehlen die beträchtlichen Ersparnisse, über die Angehörige der Mittelschicht in allen anderen Industrieländern verfügen. Deshalb ist ein sicherer Arbeitsplatz für die meisten amerikanischen Arbeitnehmer der einzige Garant für ihre wirtschaftliche Sicherheit – ein Zustand, der in den USA als selbstverständlich gilt, in anderen Industrieländern aber sehr ungewöhnlich ist.

Mittlerweile hat die Wirtschaft für ungelernte Arbeiter aus der Unterschicht fast keine Verwendung mehr. Das hat zur Folge, daß die Verbrechensrate in den USA außergewöhnlich hoch ist und fast jede Stadt Viertel aufweist, die man besser nicht betritt, denn dort werden Eindringlinge leicht Opfer der allgegenwärtigen schwarzen *intifadah*. Die Unzufriedenheit der Unterschicht manifestiert sich in dem sensationellen Freispruch des Football-Spielers O. J. Simpson ebenso wie in gelegentlichen Unruhen.

Die zunehmende Verarmung der ungelernten Arbeiter bewirkt, daß sich die Einkommensverteilung der USA der eines Entwicklungslandes annähert. Es gibt eine sehr reiche Einkommensschicht, die aber gerade mal ein Prozent der Bevölkerung ausmacht, und eine beträchtliche Minderheit, etwa zwölf Prozent, deren Angehörige sich trotz einer Festanstellung, vierzig Arbeitsstunden in der Woche und fünfzig Arbeitswochen im Jahr unterhalb der offiziellen Armutsgrenze befinden.

Im US-Bundesstaat New York hat sich die Wirtschaft besonders dynamisch und turbo-kapitalistisch entwickelt – schließlich befindet sich dort auch die Wall Street. Und dort weist natürlich die Einkommensverteilung noch stärkere Unterschiede auf als im übrigen Amerika. Im Jahr 1996 war das jährliche Durchschnittseinkommen des reichsten Fünftels aller Haushalte mit 152.390 Dollar fast zwanzigmal höher als das des ärmsten Fünftels mit 6.787 Dollar. Nur in Washington D.C. war das Verhältnis noch extremer. Dort verdienten die Reichen im Durchschnitt 28,2 Mal soviel wie die Armen. In den gesamten Vereinigten Staaten waren es dagegen 117.499 Dollar im Verhältnis zu 9.254 Dollar, also nur das 12,7fache.[8] Darüber hinaus nahm im Bundesstaat New York das Durchschnittseinkommen bei den bestverdienenden 20 Prozent aller Haushalte zwischen 1978 und 1996 um 46 Prozent zu, während das Einkommen der ärmsten 20 Prozent aller Haushalte um 36 Prozent zurückging. Zu einem Teil ist diese Entwicklung auf die steigende Zahl auseinanderbrechender Familien zurückzuführen, da Statistiker nun vermehrt alleinerziehende Eltern mit Kindern als »Haushalte« zählen, zum anderen aber auch auf sinkende Einkommen im unteren Bereich der Wirtschaft, was wiederum von großer Bedeutung für den Zerfall von Familien ist.

Über die Lebensbedingungen der Unterschicht wurden schon viele kritische und wohlmeinende Filme gedreht, man debattiert über sie und beklagt ihr Schicksal. Tatsächlich macht sie weniger als fünf Prozent der erwachsenen Bevölkerung aus. Angehörige der Unterschicht wählen fast nie, finanzieren keine Wahlkämpfe und können ihrem Ärger nur in Form von Verbrechen und gelegentlicher Minipogrome Luft machen. Sie fallen unter Regel Nummer drei des calvinistischen Systems, während die berufstätigen Armen und von der Armut Bedrohten Regel Nummer zwei befolgen und ihr Los klaglos akzeptieren, da sie sich selbst die Schuld an ihrem Mißerfolg geben.

EINE NEUE FORM DER PROHIBITION

Allerdings erhält die wirtschaftliche Unsicherheit, mit der die meisten Amerikaner trotz des Reichtums oder des Wohlstands ihres Landes leben müssen, politisches Gewicht, wenn Wahlen anstehen, seien es nun Präsidentschafts- oder Kongreßwahlen, Wahlen auf bundesstaatlicher oder auf kommunaler Ebene. Zumindest bei Präsidentschaftswahlen üben etwas mehr als 50 Prozent der Amerikaner ihr Wahlrecht aus, und Angehörige der höheren Einkommensklassen leisten auch einen Beitrag zur Finanzierung der Wahlkampagnen. George Bushs Niederlage bei den Präsidentschaftswahlen im Jahr 1992, direkt nach einem spektakulären militärischen Erfolg in der Außenpolitik, zeigt, daß ein amtierender Präsident nicht wiedergewählt werden kann – und mag er auch so unbescholten sein wie Bush –, wenn die Arbeitslosenquote ein bestimmtes Niveau erreicht. Nebenbei bemerkt wird eine noch viel höhere Arbeitslosenquote in Westeuropa seit Jahren hingenommen.

Aber Wahlen allein sind kein ausreichendes Ventil für den Groll eines Großteils der amerikanischen Mittelschicht. Diese Schicht sorgt sich nicht um Armut, denn davon ist sie nicht betroffen, sondern reagiert auf die weitverbreitete, chronische wirtschaftliche Unsicherheit. Man muß kein Philosoph sein, um eine Verbindung zwischen den Auswirkungen der turbokapitalistischen Volkswirtschaft auf die Menschen und dem zusehends intoleranten Klima im amerikanischen Alltag zu konstatieren. Besucher weisen mittlerweile oft darauf hin, daß im Land der Freiheit die Zahl der Verbote steigt, während die Toleranz im Sinken begriffen ist. Die amerikanische Demokratie funktioniert zwar prächtig und dient selbst so entfernten Ländern wie Südkorea und Bolivien als Beispiel, doch sie ist schon lange nicht mehr liberal.

Da es keine andere plausible Wirtschaftstheorie gibt, die einen Kurswechsel nahelegen würde, stellt die Mehrheit der verunsicherten Bürger keine wirtschaftlichen Forderungen. Sie akzeptieren anstandslos die unangefochtene Vormachtstellung des Marktes und das absolute Primat ökonomischer Leistungsfähigkeit in bezug auf fast jedes gesellschaftliche Ziel. Ihrem Groll und Ärger machen sie Luft, indem sie Bestrafung, Einschränkung und das Verbot von allem und jedem fordern, das bestraft, eingeschränkt und verboten werden kann. Amerikas Ersatz für einen Faschismus ist zwar demokratisch legitimiert, friedlich und nur ein wenig rassistisch, weist aber durchaus Ähnlichkeit mit dem Original auf: Er ist nichtökonomischer Ausdruck ökonomischer Unzufriedenheit. Es ist fast überflüssig zu erwähnen, daß der Zusammenhang zwischen Ursache und Wirkung nicht gesehen wird.

Ein Symptom dieser Entwicklung ist die ständige Forderung nach härteren Gesetzen, höheren Gefängnisstrafen, lebenslänglichen Freiheitsstrafen für alle Wiederholungstäter (ohne Ermessensspielraum für den Richter), nach lebenslänglichen Freiheitsstrafen ohne Möglichkeit, diese durch Bewährung vorzeitig zu verkürzen, nach mehr Todesurteilen und schnellerer Vollstreckung. Bis vor kurzem war die Todesstrafe entweder per Gesetz abgeschafft oder wurde in den meisten amerikanischen Bundesstaaten einfach nicht mehr vollstreckt. Doch in den letzten Jahren wurde sie wieder eingeführt. 30 der 50 US-Bundesstaaten wenden sie regelmäßig an, unter anderem auch der Bundesstaat New York. In 20 der 50 amerikanischen Bundesstaaten können Jugendliche schon mit 16 Jahren zum Tode verurteilt werden, allerdings wird die Vollstreckung des Urteils bis zum 18. Geburtstag des Verurteilten aufgeschoben. Mit fünfzehn darf man zwar weder Zigaretten noch Getränke kaufen, die mehr als ein Prozent Alkohol enthalten, aber man kann bereits zum Tod verurteilt werden. Und manche geben sich auch damit noch nicht zufrieden: In Kalifornien wurde 1998 eine Absenkung des Alters auf 14 Jahre debattiert, was unausweichlich einen Wettstreit heraufbeschwor. Denn in New Mexico spielt man mit dem Gedanken,

128

die Todesstrafe schon für Dreizehnjährige zu verhängen. Diesen Überlegungen gesellt sich noch eine zunehmende Ungeduld über die langen Verzögerungen vor einer Hinrichtung hinzu.

Bei den Rufen nach Haftverschärfung war der Druck sogar noch größer. In den Südstaaten führte man wieder Sträflingskolonnen ein. Fährt man über Land, sieht man links und rechts der Straßen wieder Häftlinge in gestreiften Anzügen oder in den mit einem pfeilähnlichen Symbol gekennzeichneten Uniformen arbeiten, doch anders als in alten Kinofilmen steht ihnen der Sinn nicht nach Singen. Das demokratische System der USA funktioniert, und Politiker oder Regierende wie Bill Clinton richten sich nach den Wünschen des Volkes. Daher wurden von der amerikanischen Bundesregierung und den einzelnen Bundesstaaten unzählige neue Gesetze erlassen, durch die die Zahl der Gefängnisinsassen rapide angestiegen ist. Am 31. Dezember 1994 befanden sich bereits 1,4 Millionen Menschen hinter Gittern, Mitte 1997 war die Zahl bereits auf 1,8 Millionen gestiegen, und mit einer weiteren Zunahme ist zu rechnen. Hier kommt die dritte calvinistische Regel zum Tragen: Wer über den ausbleibenden wirtschaftlichen Erfolg keine Schuldgefühle entwickelt, landet im gesellschaftlichen Abseits. Und sie funktioniert so gut, weil jene, die längere Haftstrafen fordern, glauben, völlig im Recht zu sein, wenn sie ihrem Unmut über die Kriminalität Luft machen und entschlossen Schutz vor Gewalttätern verlangen. Ihr Ruf nach besserem Schutz wird allerdings dadurch konterkariert, daß etwa die Hälfte aller Gefangenen wegen des Verkaufs von Drogen an mündige Erwachsene, wegen Besitz von Drogen für den Eigenbedarf oder wegen anderer gewaltloser Straftaten wie etwa Steuerhinterziehung verurteilt wurde.

Theoretisch befindet sich Amerika mitten in einem Kulturkampf zwischen permissiven Liberalen und Konservativen, die »Familienwerte« hochhalten. In der Praxis machen selbsternannte Liberale allerdings mit den Konservativen[9] gemeinsame Sache, um alles unter Strafe zu stellen, was sich qua Gesetz oder durch gesellschaftliche Ächtung verbieten läßt. Oberflächlich betrachtet läßt sich jedes Verbot mit Gründen legitimieren, die den Rechten oder den Linken und manchmal sogar beiden Lagern einleuchten:

- Rauchen – aus Gesundheitsgründen, auch für Unbeteiligte (Schlagwort Passivrauchen).
- Der Verzehr kalorienreicher Nahrungsmittel von Leuten, die ohnehin schon übergewichtig sind. Ein solches Verhalten stößt in amerikanischen Lokalen leicht auf Mißbilligung – wiederum aus gesundheitlichen Gründen, obwohl der skizzierte Zusammenhang zwischen Körperfülle und anderen negativen Wirkungen nicht erwiesen ist.
- Jede Form des Flirtens, sei sie auch noch so charmant gemeint, gilt als sexuelle Belästigung oder an vielen Universitäten auch als versuchte Vergewaltigung.
- Sex außerhalb einer ehelichen Gemeinschaft. Als Grund für das Verbot wird eine mögliche HIV-Infektion angeführt, obwohl das Virus statistisch gesehen trotz alarmierender Hochrechnungen für nicht drogenabhängige Heterosexuelle von untergeordneter Bedeutung ist. Dennoch wird Aids den Schulkindern in Amerika lauthals als gräßliche Gefahr dargestellt.
- Pornographie – natürlich zum Schutz der öffentlichen Moral ungeachtet der Tatsache, daß die Redefreiheit in der amerikanischen Verfassung ungünstigerweise besonders geschützt ist. Diese Absicherung wird heutzutage mittels gerichtlicher Anordnungen umgangen, in denen »gesellschaftliche Werte« betont werden. Sie finden nicht nur in unverbesserlichen ländlichen Gegenden in den Südstaaten bei Büchern wie der *Blechtrommel* von Günter Grass Anwendung, sondern erstaunerlicherweise auch bei den Sexshops am Times Square in Manhattan.
- Noch mehr Pornographie, dieses Mal im Internet – Thema einer dringlichen Intervention von höchster Priorität, bei der

sich Präsident Clinton persönlich im Jahr 1996 – nicht zufällig ein Wahljahr – für den V-Chip einsetzte, ein Mittel, das unanständige Bildelemente fernhält.

- »Oben-ohne-Baden«, gang und gäbe an der Côte d'Azur und auch in anderen Ländern weit verbreitet, ist in den USA auf wenige Strände beschränkt. Der Grund dafür ist eine Prüderie, die sich notdürftig als Moral tarnt.

- Redensarten und Witze – um die Gefühle potentieller Opfer nicht zu verletzen, die man mit rassistischen oder sexistischen Bemerkungen, Witzen über Alter, Behinderung oder Religion beleidigen könnte. Ein unanständiger Witz oder eine sexuelle Anspielung kann, auch wenn sie vielleicht gar nicht beabsichtigt war, einen Vorgesetzten schon aufgrund einer bloßen Anschuldigung seinen Arbeitsplatz kosten, denn die Arbeitgeber fürchten zu Recht die millionenschweren Prozesse der Beschwerdeführer, die sie für ein sexistisches Betriebsklima verantwortlich machen.

- Drogen. Hier kann man den Standpunkt einnehmen, daß sie entkriminalisiert werden sollten, allein schon aus dem Grund, weil die strafrechtliche Verfolgung von Drogendelikten völlig ineffektiv ist, oder man kann sie aus gesundheitlichen Gründen streng verbieten. Doch derzeit wird in den USA Drogenkonsum so hart bestraft, daß jedes Jahr das Leben von Hunderttausenden von Jugendlichen durch Verhaftungen ruiniert wird, denn schon der Besitz von ein paar Gramm Marihuana steht unter Strafe. Ein solcher Makel im Lebenslauf genügt, um den Sünder von vielen Berufen auszuschließen.

Es ist kein Zufall, daß die Zahl der Verbote genau in der Zeit zunimmt, da sich die Mittelschicht besonders unsicher fühlt. Das alles ist schon einmal passiert, und man braucht nicht einmal eine Gestapo dafür. Es gibt so viele eifrige Freiwillige, die diese Aufgabe übernehmen. Da werden die Lippen geschürzt, die Augen zu schmalen Schlitzen verengt (Sie brauchen nur jemanden zu fragen, der in der Öffentlichkeit raucht), laute Mißfallensäußerungen von sich gegeben, Prozesse angedroht oder tatsächlich geführt und, was sich besonders folgenschwer auswirkt, bei Wahlen wird der intoleranteste Kandidat gewählt.

Früher hätte man einfach eine geeignete rassische oder kulturelle Minderheit verfolgt, vorzugsweise eine, die sich durch ihr Verhalten, ihre Hautfarbe oder ihre Kleidung deutlich von der breiten Masse abgehoben hätte. Diese Minderheit hätte allein den Preis dafür zahlen müssen, daß die *relativen* Einkommen der meisten Amerikaner sinken und viele sich in dieser schönen neuen Wirtschaftswelt unsicher fühlen. Ein Wettbewerb ohne Grenzen und ein stetig sich vollziehender Strukturwandel beschert Finanzjongleuren glänzende Möglichkeiten, aber gleichzeitig können viele Amerikaner nachts nicht schlafen und fragen sich ängstlich, was der nächste Tag wohl bringen mag. Die Verfolgung von Minderheiten wird aber heute durch unumstößliche verfassungsrechtliche Garantien, zahlreiche Sondergesetze und nicht zuletzt durch die Macht der Gewohnheit unterbunden. Die verunsicherten Erwerbstätigen können ihren unausgesprochenen Ängsten nur in Reglementierungen Luft machen, mit denen alles verboten wird, was verboten werden kann, und mit einer unnachgiebigen Bestrafung all jener, die man kriminalisieren kann.

Intolerantes Recht, ungerechte Toleranz

Ein Vergleich zwischen dem Maß persönlicher Freiheit in den USA und dem in Italien bietet interessante Einsichten. In Italien befinden sich viele Unternehmen in staatlicher Hand – dieser Anteil wird erst jetzt durch Privatisierungen reduziert –, es gibt zahlreiche Vorschriften für jeden nur denkbaren Bereich, strenge Gesetze zum Erhalt der Arbeitsplätze, eine strenge Genehmigungspflicht für Gewerbebetriebe sowie Großfamilien, in denen man sich gegenseitig unter die Arme greift. Außerdem sparen die italienischen Bürger viel. Nur wenigen Italienern bieten sich so viele Möglichkeiten wie den Amerikanern, doch ebensowenige müssen jeden Tag um ihre wirtschaftliche Sicherheit bangen.

In den USA ist der einzelne durch verfassungsrechtliche Garantien vor einer willkürlichen Festnahme und einer grundlosen Sicherheitsverwahrung geschützt. Kein Polizeibeamter kann sich darüber hinwegsetzen. In Italien dagegen lassen sich Richter nicht von den vielen schönen Worten der Verfassung von 1946 abhalten und ordnen eine Verhaftung schon bei geringen Verdachtsmomenten an oder behalten Menschen für ein Verhör nach eigenem Gutdünken wochen- und monatelang in Untersuchungshaft. Andererseits übt die Öffentlichkeit in Italien keinen Druck auf das Parlament aus, schärfere Gesetze mit obligatorischen Haftstrafen zu erlassen oder die Todesstrafe wiedereinzuführen, die 1946 abgeschafft wurde. Italienische Richter halten sich bei der Verhängung von Haftstrafen für Verbrechen, bei denen keine Gewalt im Spiel war, verglichen mit ihren amerikanischen Kollegen deutlich zurück. Außerdem fallen die Haftstrafen wesentlich kürzer aus. Aus diesen und anderen Gründen, etwa der geringeren Zahl an Verhaftungen und strafrechtlichen Verfolgungen, saßen im April 1998 nur 50.476 Verurteilte in italienischen Gefängnissen ein. Nach amerikanischen Maßstäben wären es dagegen etwa 470.000 gewesen, ein deutlicher Unterschied.[10]

Im Alltag wirkt sich das neue Klima so aus, daß der Entscheidungsfreiraum der Amerikaner aufgrund von gesetzlichen Verboten und gesellschaftlichen Pressionen zunehmend eingeschränkt wird. Dagegen verhalten sich die Italiener gegenüber den Schwächen und Neigungen ihrer Mitmenschen im großen und ganzen tolerant. Ohne ein weitverbreitetes Gefühl wirtschaftlicher Unsicherheit gibt es auch kein starkes Bedürfnis nach Strafen und Verboten. Die meisten finden Hardcore-Pornographie langweilig, aber die entsprechenden Hefte sind in den Kiosken für die wenigen Käufer frei erhältlich. Auch gegen die Zurschaustellung von nackten Körpern in der Werbung und im öffentlich-rechtlichen Fernsehen scheint niemand etwas einzuwenden. Personen des öffentlichen Lebens müssen nicht um ihr Privatleben fürchten, denn selbst wenn Politiker von einem Skandalblättchen beim Ehebruch mit einem männlichen oder weiblichen Partner entdeckt werden, ist die Angelegenheit damit beendet. Weder greifen die seriösen Medien die Geschichte auf, noch wird der Betroffene aus seiner Partei ausgeschlossen oder zum Rücktritt gezwungen. Auch weniger prominente Zeitgenossen profitieren von diesem toleranten Klima, das weniger als freizügig, denn einfach als entspannt zu bezeichnen ist.

Wenn die neue Form des Prohibitionismus tatsächlich Ausdruck einer wirtschaftlichen Verunsicherung in der Bevölkerung ist, müßte sie auch in anderen Ländern auftreten, in denen der Turbo-Kapitalismus Fuß gefaßt hat. Und dies ist auch der Fall. Am auffälligsten ist diese Entwicklung in Großbritannien, wo die Konservativen in den achtziger Jahren unter Margaret Thatcher und noch stärker in den neunziger Jahren unter Führung von John Major zusammen mit ihrer Liberalisierung der Wirtschaft in zunehmendem Maße »Familienwerte« betonten. Dadurch machten sie bei den Unterhauswahlen im Mai 1997 ihre eigenen Erfolgsaussichten zunichte, denn Majors Minister waren peinlicherweise zuhauf in Sexskandale verwickelt.

Die britischen Konservativen hatten schon immer einen Hang zu repressiven Maßnahmen. Eine lautstarke Minderheit innerhalb der Partei befürwortete eine strikte Zensur, sehnte sich immer noch nach der guten alten Zeit zurück, in der körperliche Züchtigung noch erlaubt war, und forderte jedes Jahr beim Parteitag in Brighton die Wiedereinführung der Todesstrafe. Doch bis in die achtziger Jahre gab der aristokratischere Flügel mit einer tiefverwurzelten Neigung zur Toleranz in der Partei den Ton an – man fordert nicht strengere Zensurmaßnahmen, während man auf einer Jacht vor der Côte d'Azur Champagner schlürft. Margaret Thatcher und John Majors *New Tories* mit ihrem Glauben an den freien Markt und an gesellschaftliche Repression entstammten dagegen überwiegend bescheidenen Mittelschichtsfamilien.

Tony Blairs New Labour errang 1997 einen erdrutschartigen Wahlsieg, dies aber in erster Linie deshalb, weil sich die Partei ganz offen zum Thatcherismus bekannte, ihre Sorge um sozial Schwache nur unter der Maßgabe aufpolierte, daß sie nicht zuviel kostete, und vage Äußerungen über die »treuhänderische Gesellschaft« machte. New Labour ignorierte damit seine Tradition des Liberalismus und der sozialistischen Ideen zugunsten einer anderen Traditionslinie von Old Labour, die eher provinziell und repressiv geprägt ist und dem reformierten, puritanischen Teil der anglikanischen Kirche anhängt. In der Partei befürwortete man nun eisern die »Familienwerte« und redete viel über Recht und Ordnung und den dringend erforderlichen Bau neuer Gefängnisse. Innenminister Jack Straw macht sich für eine häufigere Verhängung von Haftstrafen, eine längere Dauer und härtere Haftbedingungen stark, außerdem scheint er sich intensiv mit der Zensur von Filmen und Videos zu beschäftigen. Als Lord Birkett, einer der beiden Vizepräsidenten des British Board of Film Censors (BBFC), im Dezember 1997 als Nachfolger des Earl of Harewood den Vorsitz der Organisation übernehmen sollte, griff Jack Straw persönlich ein und verhinderte eine Entscheidung zugunsten Birketts. Harewood und Birkett waren Jack Straw ohnehin suspekt – sie gehörten zu den »Champagner-an-der-Côte d'Azur-Genießern« –, aber zusätzlich hatte er zu seiner »ungeheuren Verärgerung« feststellen müssen, daß das BBFC die Beschränkungen für Sexvideos gelockert hatte, ohne Rücksprache mit dem Innenministerium und Straw persönlich gehalten zu haben.[11]

Der Verstoß gegen Sitte und Anstand war in der Tat schwerwiegend. Das BBFC hatte eine sogenannte R 18-Genehmigung, die den Verkauf ausschließlich in Sexshops gestattet, für das amerikanische Video *Batbabe* erteilt. Das Video war eine Variation des Batmanstoffs, auf dem »angeblich 30 Minuten Geschlechtsverkehr« zu sehen waren, was zweifellos ein Schock für die unschuldigen und ahnungslosen Käufer war. Auch das britische Video *Ladies Behaving Badly*, dessen Titel schon alles über die lange Tradition der britischen Prüderie sagt, erhielt eine solche Genehmigung. Ohne die Genehmigung durch das BBFC hätten beide Videos nach dem Video Recordings Act von 1984 auf den Index gesetzt werden können. Wer sich nicht daran hielt, hätte zu einer Haftstrafe von bis zu zwei Jahren oder zu einer Geldstrafe in unbeschränkter Höhe verurteilt werden können. Natürlich beschwerten sich die englische Zollbehörde und die Polizei, die wie stets sehr auf die Einhaltung der Gesetze gegen Pornographie achteten, über die Liberalität des BBFC. Jack Straw beschloß deshalb, einen neuen Vorsitzenden für das BBFC zu ernennen, der den Zielsetzungen von New Labour besser entspräche. Diese Zielsetzungen unterscheiden sich in nichts von denen der New Tories. Dort werden sie von Julian Brazier verkörpert, der passenderweise Abgeordneter für Canterbury und Vorsitzender der Conservative Family Campaign ist. Er verlangte einen BBFC-Vorsitzenden, der sich »ernsthaft« mit Hardcore-Pornografie befassen sollte.

Auch in anderen Ländern stößt mit dem Einzug des Turbo-Kapitalismus die Ablehnung abseitiger sexueller Vergnügungen, die unbeachtet blieben, solange die Arbeitsplätze noch sicher waren, auf fruchtbaren Boden – selbst in so freizügigen Ländern wie Belgien, dem Land der Bordelle mit Damen im Negligé entlang der Landstraßen. Dort und in den USA sowie in vielen anderen Ländern erhält die zunehmende Prüderie durch die Empörung über Kinderpornographie und den sexuellen Mißbrauch von Kindern zusätzlichen Auftrieb. Zweifelsohne sind das schreckliche Verbrechen, aber glücklicherweise geschehen sie eher selten und sind nur auf wenige Orte begrenzt. Dennoch werden bei jedem Vorfall umfassende Untersuchungen in Gang gesetzt, die als Ablenkungsmanöver dienen, denn durch sie sollen die letzten liberalen Gedanken beseitigt werden, bevor man sich dem eigentlichen Ziel der Kampagnen zuwendet, der normalen Pornographie und dem normalen Sex zwischen Erwachsenen.

Als die Arbeitslosigkeit niedrig war und die eigene ökonomische Lage selbstverständlich als sicher galt, Zeiten also, die in den siebziger Jahren endeten, wurden Sex und viele andere Dinge in zunehmendem Maße entkriminalisiert. In den Familien wurde Sexualität als etwas Natürliches angesehen und von den meisten Menschen mit immer mehr Gleichmut betrachtet. Schließlich wurde der Umgang mit Sexualität in Wort und Schrift, Bild und Tat übertrieben und mündete im Exzeß. Es kam zu einer normalen, korrigierenden Gegenreaktion, die noch leicht durch die gleichzeitig festzustellende Überalterung der Bevölkerung in den Industrieländern verstärkt wurde. Doch diese Bewegung wurde schon bald von wesentlich mächtigeren Bestrebungen überlagert, die Verbote und Strafen forderten. Auslöser dafür war die unsichere wirtschaftliche Lage, die durch den Turbo-Kapitalismus entstand. Jack Straw mit seiner Jagd nach unanständigen Videos blieb nicht allein, alle seine amerikanischen Kollegen taten es ihm gleich – jeder Bezirksrichter und Sheriff ist sein eigener Jack Straw. Weitaus trauriger ist jedoch die grimmige Entschlossenheit, mit der immer mehr Kriminelle und Gelegenheitsverbrecher mit großem Kostenaufwand ins Gefängnis gebracht werden, wo sie nur noch krimineller werden.

Ein freier Markt und eine nicht ganz so freie Gesellschaft gehen also Hand in Hand, denn die wirtschaftliche Unsicherheit der Menschen äußert sich in allen möglichen Repressionsformen, die nach heutigen Konventionen noch möglich sind: kein Antisemitismus, kein Rassismus, denn dieser würde die Herren Blair und Straw »schockieren und entsetzen«, wenn sie wie üblich aus jeder Pore ihres Körpers Sitte und Anstand verströmen; auch keine Folter in der *Öffentlichkeit*, denn die übliche Behandlung im Gefängnis wird nicht als Folter betrachtet. Heute stehen andere Methoden zur Verfügung, seine Ressentiments zu äußern, zum Beispiel der Ruf nach Verboten, die alles betreffen, was man nur verbieten kann, von Zigaretten bis Sex. In der Zwischenzeit wird dem offensichtlichen Widerspruch zwischen den Lösungsansätzen der Demokraten und Republikaner in den USA, der Politiker von Labour und der Konservativen in Großbritannien keine Beachtung geschenkt. Sie alle wollen eine noch dynamischere Form des Turbo-Kapitalismus und gleichzeitig den Schutz der herkömmlichen »Familienwerte«. Der »Unabomber«-Killer, später als Theodore H. Kaczynski identifiziert und zu lebenslanger Haft verurteilt, formulierte es so:

Die Konservativen [wahlweise Labour oder die amerikanischen Demokraten] sind Dummköpfe: Sie beklagen den Verfall traditioneller Werte, fördern aber gleichzeitig begeistert den technischen Fortschritt und das wirtschaftliche Wachstum. Offensichtlich kommen sie nie auf den Gedanken, daß eine Gesellschaft keine raschen, massiven Veränderungen in ihrer Wirtschaft und Technologie erfahren kann, ohne dabei massive Veränderungen in allen anderen Bereichen der Gesellschaft auszulösen, und daß solche massiven Veränderungen auch unvermeidlich den Zusammenbruch traditioneller Werte mit sich bringen.[12]

4

Die Microsoft-Illusion

In der Ökonomie gibt es heutzutage nur eine einzige Lehrmeinung. Sie wird an fast allen Universitäten gelehrt, von den Gewinnern des Turbo-Kapitalismus angepriesen, und nahezu jeder Politiker der Welt hat sie übernommen. Dieser Doktrin zufolge ist die derzeitige Entwicklung der amerikanischen Wirtschaft ein großer Erfolg, der in dem unglaublichen Aufstieg der »Neuen Titanen« des Informationszeitalters zum Ausdruck kommt: der legendären Zwillinge Microsoft und Intel und ihrer nicht ganz so erfolgreichen Nacheiferer Apple, Novell, Cisco, Oracle, Bay Net, Sun Microsystems, Sybase, Adobe Systems, Amgen, Cirrus, Informix, Intuit, Cordis, America Online (AOL), Autodesk, MBC Soft, Picturetel und Peoplesoft. Die meisten gab es vor 20 Jahren noch nicht einmal. Der wenn auch schwankende Wert ihrer Aktien übersteigt zusammen bei weitem den Aktienwert der altmodischen, altbackenen Giganten der amerikanischen Industrie wie etwa General Motors, Ford, Boeing, Dupont und Kodak. Der erstaunliche Kapitalwert der Neuen Titanen läßt sich leicht erklären: Die Gewinnspanne bei ihren Produkten ist außergewöhnlich hoch. Anstatt ein Auto, dessen Herstellung 12.000 Dollar kostete, für 18.000 Dollar zu verkaufen, bringt man in der Computerbranche das Resultat früherer Forschungen zu einem Preis auf den Markt, der zehn- bis zwanzigmal höher ist als die Herstellungs- und Entwicklungskosten. Microsoft setzt die Maßstäbe. Mit jedem Software-Paket verdient das Unternehmen 200 Dollar, denn die Materialkosten für Plastik- und Kartonverpackung belaufen sich nur auf wenige Dollar.

Die Neuen Titanen fingen meist klein an. Im Lauf ihres Aufstiegs wurden Tausende ihrer Anfangsinvestoren Millionäre und einige sogar zu Milliardären. Außerdem steigerten sie das Vermögen einer noch viel größeren Zahl von Aktionären, Inhabern von Rentenfonds und Investmentfondsanlegern. Eine derartige Entwicklung berechtigt zu großem Optimismus.

Alte und Neue Titanen

Jede Regel der herrschenden Doktrin wird mit dem Hinweis auf den Erfolg der Neuen Titanen verteidigt. Vor allem der Freihandel, genauer gesagt das unablässige Bemühen der USA, die Weltwirtschaft noch weiter zu vereinheitlichen, indem man über die Abschaffung von Handels-, Investitions- und Genehmigungsbeschränkungen verhandelt, wird durch einen Hinweis auf den Erfolg amerikanischer Exporte, hauptsächlich von Hard- und Software der Neuen Titanen, legitimiert. Der Verlust von ungefähr zwei Millionen Arbeitsplätzen – und dies ist derzeit vorsichtig geschätzt – aufgrund des chronischen amerikanischen Außenhandelsdefizits findet dagegen kaum Berücksichtigung, da es sich bei diesen Stellen um relativ unqualifizierte Beschäftigungen in Branchen handelt, die sich im Niedergang befinden.

Auch die Deregulierung, wie sie etwa kürzlich bei der Telekommunikation durchgeführt wurde, rechtfertigt man mit dem Hinweis auf die glänzenden Aussichten, die sich den Neuen Titanen dadurch bieten. Ebenso verhält es sich mit den neuartigen »gesundgeschrumpften« Telefon- und Kabelfernsehgesellschaften, die den Zugang zur Datenautobahn und zum Internet öffnen. Dabei sind die regionalen Telefongesellschaften der USA, die sogenannten »Baby Bells«, vom Untergang bedroht, sofern sie nicht, wie vor ihnen Pacific Bell, ihre Konkurrenzfähigkeit durch einen Stellenabbau erheblich steigern können. Solange kommunale und bundesstaatliche Behörden die Tarife und Dienstleistungen der Telefongesellschaften streng regulierten und diese dadurch eine Monopolstellung genossen, waren die »Baby Bells« vor dem Wettbewerb ausreichend gut geschützt. Sie konnten sichere und gutbezahlte Arbeitsstellen bieten und kommunale Aktivitäten unterstützen, natürlich auch, um die Kontrollbehörde vor Ort für sich einzunehmen. Jetzt sind sie eifrig dabei, so viele Mitarbeiter wie möglich zu entlassen und andere entbehrliche Ausgaben zu streichen, um sich »gesundzuschrumpfen«. Der gängigen Lehrmeinung zufolge steckt hinter einem guten Arbeitgeber ein schlecht geführtes Unternehmen, denn alles, was die Leistungsfähigkeit behindern könnte, kann nur von Nachteil sein.

Selbst wenn Politiker eine bestimmte Wirkung des Turbo-Kapitalismus kritisieren, was an sich schon selten vorkommt, stellen sie nie dessen Grundprinzipien in Frage. Sie versuchen auch nicht, sich seiner Funktionsweise zu entziehen, sondern fördern vielmehr sein weiteres Vordringen. So beklagte Präsident Clinton 1995 bei öffentlichen Auftritten die zahlreichen angekündigten Massenentlassungen bei großen Unternehmen im allgemeinen und bei der Telefongesellschaft AT&T im besonderen. Ursprünglich sollten dort 40.000 Mitarbeiter entlassen werden, später wurde die Zahl immerhin auf 18.000 begrenzt. Gleichzeitig warb die Regierung Clinton jedoch eifrig um die Zustimmung des Kongresses zum Telecommunications Deregulation and Competition Act von 1995. Mit diesem Gesetz wurden bewährte Kontrollen abgeschafft, so daß regionale Telefongesellschaften, Anbieter von Ferngesprächen (AT&T, MCI, Sprint und andere) und Kabelfernsehgesellschaften in den USA nun im selben Marktsegment miteinander konkurrieren können, da sie alles anbieten dürfen, was sie möchten: Orts- und Ferngespräche, Fernsehen und Datenfernübertragung.

Es wird einige Zeit dauern, bis die Anbieter von Ferngesprächen ihre Kabel und Anschlüsse in Häuser und Büros gelegt haben, doch das Kabelnetz der Kabelfernsehgesellschaften
ist bereits installiert und bietet noch ausreichend Kapazität für
Telefon- und Faxsignale. Angesichts dieses neuen Konkurrenz-
drucks müssen die regionalen Telefongesellschaften genau das
tun, wofür AT&T kritisiert wurde, nämlich Zehntausende Mitarbeiter entlassen und ihre Dienste automatisieren, um konkurrenzfähiger zu werden. Ein klassischer Fall für ein falsches
Bewußtsein: Präsident Clinton beklagte die Folgen, die er selbst
durch seine Regierungsmaßnahmen heraufbeschworen hatte.

Der Erfolg der Neuen Titanen wird regelmäßig als Beleg
dafür angeführt, daß durch einen drastischen Stellenabbau in
der Verwaltung und durch Computerisierung kein Schaden
entstehe. Durch Datenverarbeitung, so heißt es, würden neue
Arbeitsplätze entstehen, zum Beispiel bei der Softwareentwicklung oder bei auf die Kunden zugeschnittenen EDV-
Lösungen, bei Herstellung und Wartung von Computern und
anderen Büromaschinen. Nach der herrschenden Lehrmeinung, die in den USA und anderswo nachgebetet wird, bedeutet ein Stellenabbau nur, daß einige Amerikaner zu besser
dotierten Stellen wechseln müssen. Man wird vielleicht bei
General Motors entlassen, aber bei Microsoft wieder eingestellt, und die Arbeit bei Microsoft ist natürlich besser.

Aber ein Blick auf die Angestelltenzahlen der Neuen Titanen des Informationszeitalters in Relation zu ihrem Aktienwert reicht schon aus, um den fatalen Irrtum dieser Erwartungen zu erkennen. Microsoft und Intel sind an der Börse
überaus erfolgreich. Der Wert ihrer Aktien ist größer als jener
von General Motors, auch wenn der Automobilhersteller immer noch das weltweit größte Unternehmen in der verarbeitenden Industrie ist. Als Arbeitgeber sind Microsoft und Intel
jedoch keineswegs so vorbildlich. Beide zusammen beschäftigten 1995 über 48.100 Mitarbeiter, wohingegen General Motors 721.000 Menschen beschäftigte, über die Hälfte davon in

den USA. Tatsächlich waren bei *allen* oben genannten Neuen Titanen zusammen, bei Apple, Novell, Cisco, Oracle, Bay Net, Sun Microsystems, Sybase, Adobe Systems, Amgen, Cirrus, Informix, Intuit, Cordis, America Online (AOL), Autodesk, MBC Soft, Picturetel und Peoplesoft sowie Intel und Microsoft insgesamt 128.420 Mitarbeiter angestellt, also nicht einmal 20 Prozent der Beschäftigtenzahl, die General Motors allein vorweisen kann.

Mitarbeiterzahlen der »Neuen Titanen« des Informationszeitalters, Stand 1995

Intel	32.600	Microsoft	15.500
Novell	6.165	Cisco	2.262
Oracle	19.000	Bay Net	3.840
Sun Micro	13.300	Sybase	4.016
Amgen	2.200	Peoplesoft	651
Cirrus	1.809	Informix	2.212
Intuit	1.228	AOL	527
MBC Soft	987	Autodesk	1.788
Picturetel	1.000	Cordis	3.370
Apple	14.400	Adobe	1.565

Gesamt: 128.420 (General Motors: 721.000)

Quelle: Allan W. Spearman, personal communication, 15. Februar 1996.

Natürlich baut General Motors in der Verwaltung und in der Produktion weiterhin Stellen ab, während Intel, Microsoft und die anderen Softwarefirmen neue Stellen schaffen. Daher verfügte Microsoft 1997 bereits über 25.000 Mitarbeiter, Apple allerdings beschäftigte nur noch weniger als 10.000. Und jeden Monat tauchen aus dem Nichts Neue Titanen auf und erregen Aufsehen an der Börse. Dennoch würde es bei der derzeitigen Geschwindigkeit, in der sich der Wandel vollzieht, Jahrzehnte dauern, bis die Softwarefirmen General Motors als Arbeitgeber eingeholt hätten. Ein Schluß läßt sich schon jetzt ziehen:

Wo sich hohe Kapitalwerte konzentrieren, dort gibt es relativ wenige Arbeitsplätze und umgekehrt.

Es gibt jedoch auch viele andere Neue Titanen außerhalb der Computerchip- und Softwareindustrie, die aus dem Nichts aufgestiegen sind, beispielsweise Southwest Airlines, den Sportartikelhersteller Nike, die Investmentgesellschaft Charles Schwab und Genentech, das führende Unternehmen auf dem Gebiet der Biotechnologie. Aber auch sie beschäftigen trotz ihres Erfolgs nur wenige Mitarbeiter.

Mitarbeiterzahlen anderer »Neuer Titanen«, Stand 1994

	Gründungsjahr	Mitarbeiter
Southwest Airlines	1971	15.200
Nike	1972	9.000
Charles Schwab	1974	6.500
Genentech	1976	2.600

Quelle: Robert J. Samuelson, »Reinventing Corporate America«, Washington Post, 29. Juni 1994, S. A23.

Vergleichen wir die trotz ihrer beeindruckenden Erfolgsgeschichte kläglichen Mitarbeiterzahlen dieser Unternehmen mit den Mitarbeiterzahlen der Unternehmen, die wir entsprechend Alte Titanen nennen sollten, den großen Namen der amerikanischen verarbeitenden Industrie:

Mitarbeiterzahlen der »Alten Titanen« in der verarbeitenden Industrie, Stand 1995

General Motors	721.000
Ford	325.300
Boeing	143.200
Dupont	125.000
Kodak	132.600

Quelle: Spearman.

Wenn die amerikanische Wirtschaft nur aus Alten Titanen mit ihrer großen, aber im Abnehmen begriffenen Belegschaft und aus Neuen Titanen bestehen würde, die grundsätzlich über sehr wenige Mitarbeiter verfügen, würde die Arbeitslosigkeit ungeahnte Ausmaße annehmen. Die Realität sieht natürlich anders aus. Das liegt am großen und breitgefächerten Dienstleistungssektor, der von der kommunalen, bundesstaatlichen und staatlichen Verwaltung über den großen, im Wachsen begriffenen Bereich der Gesundheitsfürsorge bis zu chemischen Reinigungen reicht. Auch der Einzelhandel und die großen Fast-food-Ketten, große Unternehmen, die man vielleicht als Nicht-Titanen bezeichnen könnte und die ihre Belegschaft stark vergrößert haben, zählen zum Dienstleistungssektor. Doch die Sache hat einen Haken: Der Dienstleistungssektor bietet weder die herausragenden Stellen, die man im Bereich der Informationstechnologie findet, noch die einfachen, aber gutbezahlten Stellen der alten Industrie-Titanen. Bei den Einzelhandels- und Fast-food-Ketten arbeiten viele Angestellte zum Mindestlohn, andere verdienen nicht viel mehr, und nur ganz wenige an der Spitze haben gutbezahlte Posten, denn in den Verkaufsstellen selbst gibt es kaum eine Hierarchie, und auch die Unternehmensverwaltung ist ziemlich klein.

Mitarbeiterzahlen der Einzelhandels- und Fast-food-Ketten, Stand 1995	
Home Depot	62.000
Wal-Mart	434.000
K-mart	358.000
Sears	403.000
McDonald's	177.000

Quelle: Spearman.

Die Bedeutung dieser einfachen Zahlen ist enorm. Die amerikanische Politik konzentriert sich völlig auf die Förderung der High-Tech-Industrie, wohingegen ihr das Schicksal der Low-Tech-Industrie gleichgültig ist. Selbstverständlich haben die amerikanischen Vertreter bei den Verhandlungen über Außenhandelsabkommen hart für die Öffnung neuer Exportmärkte für High-Tech-Produkte und hochwertige Finanz- und Geschäftsdienstleistungen gekämpft und im Austausch dafür freien Zugang zum amerikanischen Markt in Aussicht gestellt. Dadurch gerieten die Medium- und Low-Tech-Industrien in Bedrängnis, denn sie waren nun verstärkt billigeren Importen ausgesetzt. Aus globaler Sicht erscheint dieser Prozeß durchaus sinnvoll – Staaten treiben gemeinsam Handel, aber jeder zu seinem relativen Vorteil. Die Ressourcen der Erde werden besser genutzt, und weltweit nimmt der Wohlstand zu. Diese Prioritäten erfordern aber eine Zukunft, in der die High-Tech-Industrie und hochwertige Dienstleistungen florieren, wohingegen die Low- und Medium-Tech-Industrien verschwinden.

Was würde aus den USA werden, wenn die Vision einer völlig von der High-Tech-Industrie bestimmten Wirtschaft Wirklichkeit würde? Mit einem Dutzend erfolgreicher Microsofts und zahlreichen erfolgreichen Peoplesofts würde der Gesamtkapitalwert der Börse in die Höhe schnellen, der Dow-Jones-Index würde vielleicht auf 20.000 Punkte oder mehr steigen und Dutzende neuer Milliardäre und zahlreiche Millionäre schaffen. Doch gleichzeitig würde die Anzahl der gutbezahlten Arbeitsplätze in der amerikanischen Wirtschaft auf einen Bruchteil des derzeitigen Standes absinken, da General Motors, Ford, Kodak, Dupont und all die anderen traditionellen und langsam wachsenden Alten Titanen in der verarbeitenden Industrie von den Neuen Titanen verdrängt würden.

Solange die amerikanische Industrie noch Unternehmen wie General Motors oder Kodak besitzt, kann diese Gleichung nicht aufgehen. Wer teure Konsum- und Luxusgüter millionenfach auf dem heimischen Markt absetzen will, kann keinen Erfolg haben, ja nicht einmal überleben, wenn der Großteil der potentiellen Käufer anstelle einer gutbezahlten Stelle in der Industrie nur einen schlechtbezahlten Job im Einzelhandel oder in anderen Dienstleistungsbranchen hat.

Henry Ford zahlte seinen Arbeitern 1914 für die Montage des Model T, das 360 Dollar kostete, den spektakulären Tageslohn von 5 Dollar (ein »wirtschaftliches Verbrechen«, wie das *Wall Street Journal* damals meinte). Für Ford war es von fundamentaler Bedeutung, daß sich seine Arbeiter die Autos, die sie herstellten, auch kaufen konnten. Das war in der Tat auch nicht schwer. Wer Söhne im arbeitsfähigen Alter hatte, mußte seinen Lohn nur zwölf Wochen lang sparen. Wenn Ford und andere Autohersteller einen Weg gefunden hätten, Millionen Autos mit nur wenigen Tausend Arbeitern zu produzieren, hätte ihnen dieser technische Erfolg wenig genützt, denn sie hätten die Autos nicht verkaufen können. Doch Fords Grundsatz gilt nicht mehr. Die Neuen Titanen prosperieren, indem sie nur die Eliten und Beinahe-Eliten der Welt – die Käufer und Benutzer von Computern, Software und ähnlichen Erzeugnissen – mit Produkten mit hoher Gewinnspanne und relativ geringen Stückzahlen beliefern. Ihre Massenherstellung erfordert zum Erhalt des Gleichgewichts keinen Massenkonsum – man muß nur die Mexikaner fragen, die in Hermosillo Autos von Ford zu einem Stückpreis von 20.000 Dollar für weniger als 200 Dollar pro Woche montieren. Für sie ist der Kauf eines von ihnen montierten Wagens kein realistisches Ziel, sondern ein unmöglicher Traum.

Daran zeigt sich, daß die Interpretation, der Strukturwandel bringe ein einvernehmliches Gleichgewicht, schlicht und einfach falsch ist. Wer bei General Motors aufgrund der Computerisierung nicht mehr gebraucht wird, wird bei Microsoft keinen neuen Arbeitsplatz finden. Erstens ist der Betroffene nicht entsprechend ausgebildet, und Microsoft hat keine Verwendung für unqualifizierte Arbeiter, die für ihre stupide Fließbandarbeit zu gut bezahlt wurden und jetzt verwöhnt sind. Zu Zeiten von Henry Ford war das Fließband durchaus ein Schulungsmittel: Das Band machte aus ungebildeten Dorfbewohnern aus Osteuropa, ungeschliffenen Bauernsöhnen vom Lande und aus den Bewohnern der städtischen Slums disziplinierte Industriearbeiter, die einen eigenen Hausstand gründeten und ein Auto kauften. Sie lernten, pünktlich nach der Uhr zur Arbeit zu kommen, anstatt im Wechsel der Jahreszeiten mit der Sonne aufzustehen, sie lernten den Unterschied zwischen rechts und links und erwarben Grundkenntnisse im Rechnen. Microsoft dagegen rekrutiert für seine Entwicklungsabteilung die Absolventen der besten und teuersten Universitäten des Landes und benötigt kaum andere Arbeitskräfte.

Zweitens wird man von Microsoft auch dann nicht eingestellt, wenn man eine gute Ausbildung hat. Die Herstellung und der Versand von Softwarepaketen, die von wenigen Tausend Mitarbeitern und ihren Assistenten entworfen und geschrieben wurden, ist nun einmal nicht sehr arbeitsintensiv. 1997 stellte Microsoft bekanntlich nur 2 Prozent aller Bewerber für die Entwicklung von Software ein und bot gerade einmal 25 Prozent der wenigen Glücklichen eine Stelle, die, weil sie vermutlich über alle erforderlichen Qualifikationen verfügten, zu einem persönlichen Gespräch in die Unternehmenszentrale eingeladen worden waren.[1]

Auf lange Sicht gesehen bedeutet das, daß die Informationstechnologie im Unterschied zu Elektromotoren, dem letzten großen technischen Entwicklungssprung, keine Arbeitsplätze schafft. Im Bereich der Elektromotoren wurde die Handarbeit ebenso wie die Dampfmaschinen verdrängt, doch dafür entstanden verschiedene neue Industrien, die zahlreiche Stellen boten und dies immer noch tun. Demgegenüber ist die Informationstechnologie eine »Senke«, wie Physiker sagen würden: Sie vernichtet Millionen von Arbeitsplätzen im Verwaltungsbereich und schafft nur wenige eigene Stellen, die meisten davon in den USA. In weniger glücklichen Ländern mit einer Softwareindustrie, die noch in den Kinderschuhen steckt, vernichtet die Informationstechnologie überwiegend Arbeitsplätze und bietet zum Ausgleich nur wenige Stellen im Verkauf und in der Werbung.

Darüber hinaus gibt es eindeutige Hinweise, daß nicht nur Microsoft- und Softwareingenieure von dieser Entwicklung betroffen sind, sondern auch die Spitzentechnologie im allgemeinen. Alle Branchen in diesem Bereich benötigen in erster Linie Ingenieure, dennoch *sank* zwischen 1968 und 1995 das durchschnittliche Jahreseinkommen eines Ingenieurs mit vierjähriger Collegeausbildung und zehnjähriger Berufserfahrung inklusive Zusatzleistungen auf der Grundlage eines konstanten Dollarwertes um 13 Prozent auf die nicht gerade beeindruckende Summe von 52.900 Dollar.[2]

Offensichtlich herrscht allgemein ein Überangebot an Ingenieuren, auch wenn gelegentlich in besonders spezialisierten Bereichen ein kurzzeitiger Mangel herrscht, wie etwa derzeit eine erhöhte Nachfrage nach Software-*Anwendungs*-Spezialisten. Allerdings herrschte selbst auf dem Höhepunkt des Aufschwungs im Jahr 1997 immer noch ein Überangebot an Softwareingenieuren, das so groß war, daß die Unternehmen unter den Bewerbern frei wählen konnten und sich vor allem für Jüngere entschieden, weil diese die geringsten Kosten verursachten. Bewerber mittleren Alters wurden dagegen abgelehnt – was man sich bei einem Mangel an Ingenieuren nicht leisten könnte. Als Konsequenz müssen sich selbst hochqualifizierte Ingenieure in einer überaus erfolgreichen Branche woanders ihren Lebensunterhalt verdienen, während andere ihre Arbeit für weniger Geld machen. Einer aktuellen Umfrage zufolge waren nur 19 Prozent der Menschen, die einen Abschluß in Informatik erlangt hatten, 20 Jahre später in diesem Bereich tätig.[3] Es zeigt sich, daß die Neuen Titanen trotz ihrer vielgerühmten Erfolge nicht nur keine ungelernten Arbeiter einstellen, sondern auch nur wenige qualifizierte Bewerber.

Eine forcierte Ausbildung im High-Tech-Bereich ist daher bei weitem kein Allheilmittel, obwohl Politiker auf der ganzen Welt dies zu glauben scheinen. Länder mit einem Mangel an gut ausgebildeten Arbeitern profitieren natürlich von solchen Maßnahmen. In einer höherentwickelten Volkswirtschaft würde die Ausbildung weiterer Ingenieure jedoch nur zu einem größeren Überangebot führen. Denn offensichtlich ist dieser Beruf in besonderem Maße eine »Job-Senke«, in der keine neuen Arbeitsplätze entstehen, sondern alte vernichtet werden. Viele Entwicklungsingenieure werden durch einige wenige ersetzt, die nun mit computergestütztem dreidimensionalem Design (CAD) arbeiten. In der Entwicklung werden viele Ingenieure durch einige wenige ersetzt, die mit Hilfe von Computerprogrammen mechanische, hydraulische und thermische Analysen erstellen. Die Arbeit vieler Betriebsingenieure wird von einer kleinen Handvoll übernommen, die auf die Hilfe integrierter Systeme zurückgreifen, um unterschiedliche Produktions- und Betriebsabläufe zu steuern. Nach der Theorie vom harmonischen Gleichgewicht müßte die Entwicklung und Anwendung von Software so viele Menschen beschäftigen wie die herkömmliche Technik und ihnen obendrein noch eine bessere Stellung bieten. Tatsächlich vernichtet die Informationstechnologie viele Ingenieurstellen und schafft nur wenige neue. Das überrascht kaum. Einerseits investieren Firmen in die Anschaffung von Software und CAD, dynamischer Analyse und integrierten Systemen, um Arbeitsstunden von Ingenieuren einzusparen. Andererseits bringt die Informationstechnologie soviel Gewinn, weil die einmalige Entwicklungsarbeit ihrer Softwareingenieure so oft verkauft werden kann.

Natürlich stimmt es, daß die wenigen Stellen in der Informationstechnologie viele andere Stellen schaffen, weil sie hohe Einkommen und sehr hohe Kapitalerträge aus einbehaltenen oder erwarteten Profiten von Besitzern, Investoren und Aktionären bieten. Obwohl die Spitzenverdiener die eigentlichen Sparer Amerikas sind – die USA sind das einzige Land, dessen Mittelschicht nicht spart –, wird ein Großteil des Einkommens ausgegeben. Das Geld fließt in die Bauindustrie – die Magnaten von Silicon Valley entwickeln seit neuestem eine Vorliebe für Villen und Winterdomizile –, in den Vertrieb und in den Einzelhandel, in die Gesundheitsfürsorge und in alle möglichen Bereiche professioneller und persönlicher Dienstleistungen, in denen die unterschiedlichsten Menschen – von Architekten über Rechtsanwälte bis zu Dienstboten – beschäftigt sind. Ganz ähnlich verhält es sich mit anderen Branchen, die vom Turbo-Kapitalismus profitieren, angefangen bei Finanzdienstleistungen, die von den spektakulären Höhen des Investment Banking bis zu den Tiefen des Geldverleihs zu Wucherzinsen reichen (sogenannte Schornsteinhypotheken).

DIE RÜCKKEHR DER DIENSTBOTEN

Seit ihren Glanzzeiten in der viktorianischen Ära war die Beschäftigung von Dienstboten lange Zeit rückläufig. Aber neuerdings lebt die Tradition wieder auf. In Silicon Valley in Kalifornien stößt man zwar nur selten auf ein Dienstmädchen oder einen Diener, und nur Nutznießer des Investment Banking mit einem besonderen Hang zum Prunk halten sich einen Butler, vorzugsweise einen englischen oder zumindest einen mit einem passablen britischen Akzent. Die Rückkehr zu einer Einkommensverteilung nach viktorianischem Modell, die uns der Turbo-Kapitalismus bescherte, hat jedoch eine stattliche Anzahl bereitwilliger Dienstboten und auch Dienstherren hervorgebracht, die sich wieder Hausangestellte leisten können.

Klassische Dienstmädchen sind immer noch rar, doch die neue Flut an Spitzenverdienern, die mit Spitzenverdienerin-

nen verheiratet sind, beschäftigt ein wahres Heer an Putz-
frauen, Babysittern, Köchen und Köchinnen, Chauffeuren und
Gärtnern. Sie arbeiten nicht wie zu viktorianischen Zeiten und
den Epochen davor für eine Klasse von Müßiggängern, sondern für Menschen, die fast keine Zeit für Müßiggang haben.
Nur so können der anspruchsvolle Beruf, Kinder, Tennis,
Cocktail-Parties, Theaterbesuche und alles andere unter einen Hut gebracht werden. Hinter dem Erfolg jeder Frau-die-
alles-kann stehen andere Frauen und Männer, die nur eines
können.

Diese Entwicklung kam unerwartet. Als Hausangestellte
seltener wurden, weil die expandierende Industrie, der Handel und der öffentliche Dienst angesehenere und oft besser
bezahlte Beschäftigungen boten, wurde das Verschwinden dieser Beschäftigungen noch vor dem Zweiten Weltkrieg vorhergesagt. In den sechziger Jahren war es dann auch in den USA
soweit, und in Großbritannien fehlte nicht mehr viel. Seitdem
hat sich die Entwicklung jedoch umgekehrt.

Die zunehmende Beschäftigung von Hausangestellten ist
ein weiteres Beispiel für die Verbreitung schlechtbezahlter
Dienstleistungen, über die wir bereits gesprochen haben, und
ein Symptom für den Preisverfall ungelernter Arbeit. Doch es
geht nicht nur um den Ausbildungsgrad, wie die sinkenden
Gehälter von Ingenieuren in den USA eindeutig belegen.
Durch die Dynamisierung des Strukturwandels belohnt der
Turbo-Kapitalismus Beweglichkeit ebenso stark wie Kompetenz. Er bietet eine Vielzahl neuer Möglichkeiten. Wer sich geschickt in die richtige Position zu bringen weiß, kann daraus
Vorteile für sich ziehen. Durchschnittsmenschen, denen es
nicht gelingt, ihre Position zu verbessern, die entlassen wurden oder deren Arbeit sich aufgrund technischer Innovationen, Deregulierung oder Importen verschlechtert hat, werden
dagegen bestraft. Wenn alle schneller rennen müssen, um ihre
Position zu halten, setzen sich einige wenige an die Spitze und
liefern hervorragende Leistungen, doch weitaus mehr fallen

zurück. Vor dem Aufkommen des Turbo-Kapitalismus waren die Einkommensunterschiede deutlich enger gestaffelt; die Läufer aus unserem Beispiel waren eine homogene Gruppe. Jetzt zieht sich das Feld immer weiter auseinander, der Abstand zu den wenigen Glücklichen an der Spitze wird größer, und die Zahl der Nachzügler erhöht sich.

Wenn man nur die Einkommensverteilung einer Volkswirtschaft unter den Bedingungen des Turbo-Kapitalismus betrachten will, bevor der Abzug von Einkommenssteuern, Renten- und Sozialversicherung die Statistik trübt, bietet sich die US-Statistik zur prozentualen Verteilung der Familieneinkommen an. Die folgende Tabelle zeigt die Einkommensverteilung für das unterste Fünftel (Quintil) aller Haushalte, das oberste Fünftel und für die restlichen drei Fünftel in der Mitte. (In der Tabelle wurden Einkünfte aus Kapitalerträgen und die Krankenversicherungsbeiträge des Arbeitgebers zum Einkommen addiert, Einkommenssteuer und staatliche Unterstützung wie Sozialhilfe dagegen nicht berücksichtigt.)

Verteilung der Familieneinkommen in den USA – Anteil nach Quintilen, Stand 1995

	Angaben in Prozent
Unterstes Quintil (Haushalte mit dem geringsten Einkommen)	0,9
Zweites Quintil aller Haushalte	7,2
Drittes Quintil aller Haushalte	14,7
Viertes Quintil aller Haushalte	24,2
Oberstes Quintil aller Haushalte (Spitzenverdiener)	52,9

Quelle: US Bureau of the Census, http://www.census.gov/hhes/income.html

Anders ausgedrückt konzentrierte sich bei den ungefähr 100 Millionen amerikanischen Haushalten über die Hälfte (52,9 Prozent) des Gesamteinkommens auf 20 Millionen Haushalte, die restlichen 80 Millionen Haushalte erhielten dagegen 47,1 Prozent. Durch staatliche Eingriffe werden die

Haushalte an der Spitze besteuert, und Haushalte am unteren Ende der Skala erhalten Geld vom Staat. Man sieht also, daß die Einkommen unter den Bedingungen des Turbo-Kapitalismus ohne staatliches Eingreifen auffallend ungleich verteilt sind. Darüber hinaus würden die etwa 40 Millionen Haushalte der beiden untersten Quintile ohne staatliche Intervention nur über 8,1 Prozent des gesamten, von allen Haushalten eingenommenen Einkommens verfügen, und das unterste Fünftel hätte sogar weniger als ein Prozent erhalten. Die Statistik spiegelt präzise das weit auseinandergezogene Feld der Läufer wider. Die oberen 20 Millionen Haushalte liegen weit vor den anderen, und die 20 Millionen Haushalte am Ende der Skala liegen sehr weit zurück.

In der Realität greift der Staat ein, besteuert die Einkommen und leistet unter verschiedenen Bezeichnungen vermögensabhängige und vermögensunabhängige Zahlungen: Pensionen und Hinterbliebenenrenten (»Social Security«) für die Alten (vermögensunabhängig), die vor dem Ruhestand arbeiteten und Beiträge bezahlten; staatliche Beihilfe für sozial schwache Rentner, die keine Rentenversicherungsbeiträge zahlten; Gesundheitsfürsorge für Senioren (»Medicare«) und die Armen (»Medicaid«); sowie Sozialleistungen für einkommensschwache Behinderte und für nicht arbeitende Frauen mit minderjährigen Kindern (AFDC). Allerdings wurde diese Einkommensbeihilfe für sozial schwache Familien durch das Welfare Reform Law, das Gesetz zur Reform der Sozialhilfe, von 1997 erheblich eingeschränkt, nebenbei bemerkt handelt es sich hierbei um ein Gesetz, in dem sich der moderne Calvinismus deutlich manifestiert.

Es ist eine amerikanische Besonderheit, daß außer Rentnern auch zahlreiche Sozialhilfeempfänger trotz geringem oder überhaupt keinem Einkommen ein Haus oder eine Wohnung besitzen. Der Besitz bringt zwar kein Bargeld, es sei denn, man würde untervermieten. Er stellt aber – Ergebnis einer früheren Investition – ein indirektes Einkommen dar, denn die Miete wird eingespart. Auch Medicare und Medicaid kann man als indirektes Einkommen ansehen, da die Leistungsempfänger medizinische Hilfsleistungen erhalten, für die sie sonst vermutlich bezahlen müßten (eine zugegebenermaßen gewagte Vermutung, wenn man einerseits die weitverbreitete übertriebene medizinische Behandlung berücksichtigt und andererseits die Zahlungsschwierigkeiten der sozial Schwachen). Rechnet man alle tatsächlichen und indirekten zusätzlichen Einkommensquellen hinzu und zieht die Einkommens- und Kapitalertragssteuern ab, ändert sich natürlich auch die Einkommensverteilung, allerdings in geringerem Maße, als man erwarten würde.

Verteilung der Familieneinkommen in den USA
nach staatlicher Intervention, Stand 1995

	Angaben in Prozent
Unterstes Quintil aller Haushalte	5,2
Zweites Quintil aller Haushalte	11,0
Drittes Quintil aller Haushalte	16,3
Viertes Quintil aller Haushalte	23,4
Oberstes Quintil aller Haushalte	44,1

Quelle: US Bureau of the Census, http://www.census.gov/hhes/income95.html

Trotz der fünffachen Steigerung aufgrund staatlicher Umverteilung und kalkulatorischer Miete beträgt der Einkommensanteil der unteren 20 Millionen Haushalte nur etwas mehr als zehn Prozent des Anteils des obersten Quintils. 60 Millionen Haushalte in den Vereinigten Staaten erhalten dagegen deutlich weniger (32,5 Prozent) als die 20 Millionen Haushalte an der Spitze.

Selbst diese Zahlen bringen die tatsächliche Entwicklung nur ungenügend zum Ausdruck, denn das oberste Fünftel umfaßt zu viele Haushalte – momentan etwa 20 Millionen –, die höchsten Einkommen und der Reichtum konzentrieren sich aber auffällig an der Spitze der Einkommenspyramide. Zur Erklärung dieses Phänomens untersuchen wir zunächst, wie es den obersten fünf Prozent aller Haushalte seit dem Zweiten Weltkrieg erging.

Zwischen 1947 und 1956, den Nachkriegsjahren mit einem starken Wirtschaftswachstum, schwankte der Anteil der obersten fünf Prozent am Gesamteinkommen der Haushalte vor Steuern zwischen 15,7 und 17,5 Prozent. Da der Einkommenssteuerhöchstsatz damals 90 Prozent betrug, war das Einkommen nach Steuern natürlich deutlich geringer. Zwischen 1957 und 1966, den Jahren des sozialen Aufstiegs der einkommensschwachen Bevölkerungsteile auf dem Land und in der Stadt bei einem nach heutigen Maßstäben sehr starken Wirtschaftswachstum (im Jahresdurchschnitt etwa vier Prozent), schwankte der Anteil der oberen fünf Prozent am Gesamteinkommen aller Haushalte vor Steuern weiterhin zwischen 15,4 und 15,9 Prozent, also in etwas geringerem Maße. Mit anderen Worten, die oberen fünf Prozent büßten in einer sich rasch entwickelnden Gesellschaft etwas von ihrem Vorsprung ein und ließen jene am unteren Ende der Einkommensskala aufholen.

Zwischen 1967 und 1976 veränderte die Inflation sowie die erste Ölkrise die Situation. Der Anteil der oberen fünf Prozent vergrößerte sich leicht und belief sich auf 15,5 bis 16,4 Prozent des Gesamteinkommens, allerdings wurden die 16,4 Prozent nur im Jahr 1967 erreicht. Läßt man dieses Jahr unberücksichtigt, dann reduziert sich der Spielraum deutlich auf 15,5 bis 15,9 Prozent. In den Jahren 1977 bis 1994 begann man mit einer großangelegten Deregulierung, die dem Turbo-Kapitalismus den Weg bereitete. Das hatte Auswirkungen. Die oberen fünf Prozent aller Haushalte verbesserten sich deutlich, die unteren 40 Prozent der Haushalte dagegen verloren und verlieren noch immer an Boden.

Gesamteinkommen amerikanischer Haushalte, 1977–1994

| | Angaben in Prozent | | |
Jahr	Unterstes Quintil	Viertes Quintil	Oberste 5%
1977	4,2	10,2	16,8
1979	4,1	10,2	16,9
1981	4,1	10,1	16,5
1983	4,0	9,9	17,1
1985	3,9	9,8	17,6
1987	3,8	9,6	18,2
1989	3,8	9,8	18,9
1990	3,9	9,6	18,6
1991	3,8	9,6	18,1
1992	3,8	9,4	18,6
1993	3,6	9,1	20,0
1994	3,6	8,9	21,2

Quelle: US Bureau of the Census, Special Study: Inequality of Distribution;
Table 1. http://www.census.gov/hhes2.

Die Zahlen zeigen deutlich die allmähliche Zunahme des Anteils der obersten fünf Prozent am amerikanischen Gesamteinkommen. Sie sind die wahren Nutznießer des turbo-kapitalistischen Wandels. Ebenso deutlich belegt die Tabelle den sinkenden Einkommensanteil der unteren 40 Prozent aller Haushalte in den USA. Im Jahr 1994, dem letzten Jahr, aus dem entsprechende Zahlen vorliegen, erhielten die ungefähr 40 Millionen Haushalte am Sockel der Verdienstpyramide kaum mehr als die Hälfte dessen, was die obersten fünf Prozent erhielten – eine auffallend ungleiche Verteilung. Im Jahr 1977 betrug ihr Anteil 85,7%. Anders ausgedrückt, die beiden unteren Fünftel verfügten nur über etwas weniger Einkommen als die obersten fünf Prozent der Haushalte. Im Jahr 1967 jedoch, die Inflationsrate war noch niedriger und die Aufhebung der Kontrollen hatte gerade erst eingesetzt, verdienten die unteren 40 Prozent mit 107 Prozent mehr als die oberen fünf Prozent, und in der weitgehend regulierten und von der Inflation unberührten amerikanischen Wirtschaft von 1957 betrug dieser

Prozentsatz 114 Prozent: Die unteren 40 Prozent erhielten fast 16 Prozent mehr Einkommen als die obersten fünf Prozent.

Indirekt zeigen die Zahlen auch die bedrängte Mittelschicht zwischen den oberen fünf und den unteren 40 Prozent aller Haushalte in den Vereinigten Staaten. Die Mittelschicht, also die restlichen 55 Prozent aller Haushalte, hat deutlich an Boden verloren. Der Anteil der oberen fünf Prozent und der unteren 40 Prozent zusammen ist zwischen 1977 und 1994 von 31,2 Prozent auf 33,7 Prozent gestiegen. Das ist keine dramatische Änderung, aber die Ungleichheit zwischen der Spitze und dem Ende der Skala und der dazwischen eingeklemmten Mittelschicht ist erbarmungslos.

Lange Zahlenreihen wirken vielleicht ermüdend, entfalten aber eine große Wirkung. Die Einkommensverteilung in den USA war noch nie besonders egalitär, doch erst mit dem Turbo-Kapitalismus kam es zu einer so extremen Ungleichheit.

5

Die Rückkehr der Armut

Jedes Land beschreitet seinen eigenen Weg in Richtung Turbo-Kapitalismus, und die Erfahrungen der USA dienen dabei als Beispiel und als deutliche Warnung. Daß das Urteil der Amerikaner über den Zustand ihres Landes durch eine sehr starke optimistische Sicht auf die Geschichte getrübt ist, trägt nicht unbedingt zur Klärung der Sachlage bei. Die Amerikaner waren zwar nie selbstgefällig, wie es den Engländern auf dem Höhepunkt ihres Weltreichs oft nachgesagt wurde, sondern fällten ganz im Gegenteil stets kritische Urteile über den Zustand ihres Landes und sorgten sich oft um seine Zukunft, wenn der einen oder anderen Bedrohung nicht erfolgreich begegnet werden konnte. Es verging kaum ein Jahr, in dem nicht dringend dazu aufgefordert wurde, Amerika vor einer schweren inneren Fehlentwicklung oder einer Bedrohung von außen zu retten.

Der offensichtliche Widerspruch dieser Haltung, in der sich Optimismus und Pessimismus auf eigenartige Weise vermischen, läßt sich leicht erklären: Amerikaner kritisieren den Zustand ihres Landes so bereitwillig, weil sie optimistisch daran glauben, daß Mißstände rasch beseitigt werden können, oft schon durch den Erlaß entsprechender Gesetze, die bestimmte Regierungsmaßnahmen einleiten. Der »Krieg gegen Drogen« gründet auf dieser Einstellung. Die Sorge über die Folgen des Drogenkonsums, die pessimistisch als verheerend eingeschätzt werden, verbinden sich mit der optimistischen Sichtweise, daß der Drogenkonsum durch harte Maßnahmen drastisch reduziert werden kann.

Die Erkenntnis, daß es nicht vermeidbare Übel gibt, mit denen man leben muß, ist genauso unamerikanisch wie die Meinung, daß nicht alle Probleme gelöst werden können. So erfreulich diese optimistische Haltung rein menschlich gesehen auch sein mag, bei der Auseinandersetzung mit einem *systemischen* Phänomen wie dem Turbo-Kapitalismus ist sie keine große Hilfe. Schlimmer noch, da erfahrene Beobachter der amerikanischen Szene sich noch lebhaft an frühere Warnungen erinnern, die sich als stark übertrieben erwiesen, reagieren sie auf neue Alarmzeichen entsprechend skeptisch. So begegnen Volkswirtschaftler der Warnung, der Turbo-Kapitalismus lasse die Gesellschaft zersplittern, auch wenn er die Wirtschaft stärke, mit sehr großer Skepsis. Sie schlagen alle Klagen über die stärkere Ungleichheit und eine auffallend lang anhaltende Armut in den Wind und bezeichnen diese als »Nicht-Probleme«, als optische Täuschungen, die durch irreführende Statistiken entstehen. Falls die Wirtschaftsexperten überhaupt einmal Schwierigkeiten in dieser Hinsicht einräumen, dann führen sie diese auf kulturelle Faktoren zurück, die außerhalb möglicher wirtschaftspolitischer Maßnahmen liegen, oder sie behaupten, die Probleme stünden kurz vor der Beseitigung. Ein gutes Beispiel dafür ist die Armutsentwicklung der letzten Jahre.

Offizielle Armutszahlen in den USA, 1995 und 1996

Jahr	Zahl der Armen	Anteil an der Gesamtbevölkerung in Prozent
1995	36.425.000	13,8
1996	36.529.000	13,7
Jahr	Zahl der Armen unter 18 Jahren	Anteil an der Bevölkerung unter 18 Jahren
1995	14.399.000	20,2
1996	14.172.000	19,8

Quelle: US Census Bureau: Poverty annual income thresholds: one person under 65: 7.995 Dollar; Four-person-households: 16.036 Dollar. Data from www. Tabellen »Poverty 1996« und »Poverty 1995«

Obwohl die Armut nach offiziellen Angaben in den Aufschwungjahren 1995 und 1996 zurückging, stieg die Gesamtzahl der Armen mit der wachsenden Bevölkerung. Die Statistik zeigt auch, daß in den USA selbst im Jahr 1996 jedes fünfte Kind in Armut aufwuchs. Da heutzutage die berufliche Karriere eines Erwachsenen stark von einer guten Ausbildung abhängt, die wiederum zum größten Teil vom häuslichen Umfeld vor der Einschreibung an einer Universität und schon vor der Einschulung abhängt, hat der hohe Anteil der Kinderarmut negative Auswirkungen auf die Zukunft.

Armut in Amerika besitzt in allen Jahresstatistiken viele Gesichter. Sie reicht von Jungakademikern, die Teilzeitjobs haben und vielleicht in naher Zukunft schon zu Wohlstand kommen, und Rentnern, die in ihren eigenen komfortablen Häusern wohnen und nicht mehr viel Geld brauchen, bis zu jenen, die ein Leben lang in Armut gefangen sind. Und eine solche Armut empfindet man um so schärfer, wenn man vom Wohlstand des reichsten Landes der Welt umgeben ist. Diese Form der Armut bleibt bestehen, sie schwächt sich auf einem Konjunkturhöhepunkt allenfalls kurzzeitig ab. Mittlerweile stellt sie sich immer hoffnungsloser dar, denn der Turbo-Kapitalismus stellt an den einzelnen harte Anforderungen hinsichtlich Qualifikation, Motivation und beruflicher Mobilität.

Zu den großen Leistungen des staatlich gelenkten Kapitalismus in Nordamerika, Europa und Japan zählten ein massives Wirtschaftswachstum und eine derart ausgeglichene Verteilung der Einkommen, daß in den sechziger Jahren aus der Armut, dem uralten, unvermeidlichen Fluch, ein warnendes Überbleibsel der Vergangenheit wurde, von dem man annahm, daß es schon bald verschwinden würde. In den USA erklärte man der Armut ganz offiziell den Krieg, natürlich in der Erwartung, sie schnell zu besiegen. In Großbritannien gab man keine derartigen Erklärungen ab, aber die englische Version des gelenkten Kapitalismus war bei der Beseitigung der Armut sehr effizient. Eine langsamere wirtschaftliche Wachstumsrate wurde durch eine großzügigere Umverteilung ausgeglichen. In Westeuropa hatte die Armut einst ganze Gebiete fest im Griff, doch nun überlebte sie nur noch in Süditalien, Südspanien und Südportugal. In anderen Ländern wie beispielsweise Japan war sie völlig verschwunden. In Nordeuropa wurden die traditionellen Wohltätigkeitsbekundungen gleich in doppelter Hinsicht überflüssig, denn zum einen gab es staatliche Wohlfahrtsprogramme, und zum anderen ging der Bedarf zurück. Sie wurden nun ins Ausland umgeleitet, um den Armen in anderen Ländern zu helfen. Zunächst wurden in Skandinavien, dann in anderen westeuropäischen Staaten und später in Japan Auslandshilfeprogramme ins Leben gerufen und mit großer öffentlicher Unterstützung ausgebaut.

Mit der Ausbreitung des Turbo-Kapitalismus und den Migrationsbewegungen von Süden nach Norden hat sich die Lage drastisch verändert. Die Armut ist zurückgekehrt. In den USA ging die Armut in den sechziger und frühen siebziger Jahren zurück, stieg dann aber wieder an – sie stieg und fiel mit der Konjunktur, tat dies aber stets von einer hohen Ausgangsbasis aus. In Großbritannien kehrte die Armut mit Macht zurück und eroberte ganze Stadtviertel. In anderen Ländern, von Skandinavien bis Italien, in denen der gelenkte Kapitalismus noch nicht gänzlich demontiert worden ist, steht die Armut bereits auf der Schwelle und wartet nur darauf, daß die Sicherheitsvorkehrungen und Begrenzungen beseitigt werden. Obdachlose Bettler waren Ende der sechziger Jahre aus den Großstädten Westeuropas nahezu verschwunden, nunmehr sieht man sie wieder in großer Zahl in London und Paris, in Rom und Berlin.

Der Mythos der Unterschicht

Der Zusammenhang von Turbo-Kapitalismus und Armut in den USA – und damit auch die Warnung, die sie enthält – wird durch den Umstand verdeckt, daß die Schwarzen die Mehrheit der amerikanischen Armen stellen. Außerhalb der Vereinigten Staaten, in Ländern, die ihre eigene Version des gelenkten Kapitalismus noch beibehalten haben, denkt man vielleicht, man könne von den Vorteilen des Turbo-Kapitalismus profitieren, ohne seine besondere Spielart der Armut in Kauf nehmen zu müssen. Doch die hoffnungsvolle Gleichung keine Schwarzen = keine Armut geht nicht auf, denn das Vorhandensein von Armut parallel zu einer sehr dynamischen Wirtschaft ist ein Anzeichen für zunehmende Ungleichheit. An der Spitze der Einkommensskala explodieren die Einkommen regelrecht, während diejenigen, die am unteren Ende stehen, davon vollkommen ausgeschlossen sind. In Großbritannien, das nach bestimmten Kriterien[1] sogar noch turbo-kapitalistischer ist als die USA, wurde diese Lektion bereits begriffen. Die Kinder der Arbeitslosen sind mittlerweile erwachsen geworden, doch auch sie erwartet ein Leben in Arbeitslosigkeit, in Wohnblöcken sozialer Wohnungsbaugesellschaften mit unpassenden poetischen oder eleganten Namen, die zu hundert Prozent von Weißen bewohnt werden, ein Leben, das sich im Konsum von Alkohol und anderen Drogen, in notorischem Vandalismus und gewohnheitsmäßigen kriminellen Handlungen erschöpft.

Ungeachtet der landläufigen Vorstellung, daß die Armut in Amerika mit der Hautfarbe zusammenhängt, sprechen die Zahlen eine andere Sprache. Laut Statistik waren 1996 24.650.000 der insgesamt 36.529.000 offiziell registrierten Armen in den USA weiß, von diesen Weißen wiederum waren 16.267.000 keine sogenannten *Hispanics*. 9.694.000 der Armen waren dagegen schwarz. Natürlich fallen die prozentualen Anteile anders aus: 28,4 Prozent der Schwarzen galten als arm im

Gegensatz zu 11,2 Prozent der Weißen und 8,5 Prozent Weißer »nicht-hispanischer Herkunft«.[2] Doch selbst der niedrigste Prozentsatz signalisiert eine wesentlich höhere Armut als in den Ländern Nordeuropas oder in Japan, die über hochentwickelte Volkswirtschaften und Schutzvorrichtungen eines gelenkten Kapitalismus verfügen.

Doch es gibt noch weiteren Anlaß zur Verwirrung. Ich meine die eigentliche Definition des Begriffs »Unterschicht«. Man könnte der Meinung aufsitzen, daß schon Geldmangel an sich ausreicht, um jemanden als arm einzustufen. In den USA vertritt man jedoch eine andere Philosophie. Hier ist die Ursache für die Armut der Mitglieder der Unterschicht und besonders ihrer Kinder nicht etwa Geldmangel, sondern es sind vielmehr »sich überschneidende pathologische Verhaltensmuster«, also Väter, die ihre Vaterschaft nicht anerkennen, gleichgültige oder fehlgeleitete Mütter, Menschen, die eine Sucht haben und die amoralische Bereitschaft zu Verbrechen. Diese Angaben summieren sich zu chronischer Arbeitslosigkeit und damit zu Armut. Anders ausgedrückt, Geldmangel ist nicht die Ursache, sondern das Ergebnis einer ausgesprochen typischen Lebensform der Unterschicht.

Liberale und Konservative sind gleichermaßen dieser Überzeugung, sie unterscheiden sich nur in ihren Lösungsvorschlägen. Liberale glauben an die Zahlung von Sozialhilfe, an Sozialarbeiter, Beratung und die Wiedereingliederung in die Gesellschaft. Konservative dagegen unterstreichen den moralischen Nutzen von gekürzter Sozialhilfe, von Erziehung zur Disziplin in der Familie, in der Schule und in der Kirche sowie den Nutzen einer strengen Kontrolle. (Angesichts ihrer Politik wird es niemanden überraschen, daß Bill Clinton und Tony Blair einfach konservative Lösungsansätze in liberale Rhetorik verpacken.)

Das Erklärungsmuster, Armut ergebe sich aus dem Umfeld, war früher einmal mehr oder weniger überzeugend. Heute ist es das nicht mehr, denn es unterlag einer optischen Täuschung. Es ist nicht so, daß es kein pathologisches Verhalten der Unterschicht gibt. Aber das schillernde Drama aus selbstmörderischer Sucht, endemischen Verbrechen und chaotischen Familienverhältnissen verdeckt eine wesentlich einfachere und in gewisser Weise brutalere Realität: Mit zunehmender Deregulierung, Computerisierung und Globalisierung werden in der Wirtschaft immer weniger Routinetätigkeiten gebraucht, und dabei ist es bedeutungslos, ob diese Arbeiten von Arbeitern oder Angestellten ausgeführt werden, so solide, zuverlässig oder fleißig sie auch sein mögen.

DIE URSACHE DER SINKENDEN LÖHNE

Ohne Zweifel läßt sich vieles durch die seit langem sinkenden Löhne der weniger qualifizierten Arbeitskräfte in den USA beweisen. Wenn das Angebot die Nachfrage übersteigt, ganz gleich, ob es sich nun um Arbeitskraft oder um andere Güter handeln mag, fallen die Preise, um sich auf einem niedrigeren oder marktbereinigenden Preis einzupendeln. Gemessen am konstanten Dollarwert von 1982 erreichte das Durchschnittseinkommen eines amerikanischen Angestellten in »nichtleitender Position« in der Industrie oder im Dienstleistungssektor mit Ausnahme der Landwirtschaft und des öffentlichen Dienstes im Jahr 1978 mit 8,40 Dollar in der Stunde einen Höchststand, ging 1980 auf 7,78 Dollar zurück, 1985 auf 7,77 Dollar und fiel 1990 auf 7,52 Dollar. Erst 1993, mitten in einer Hochkonjunktur, stieg das Einkommen wieder, doch von 7,50 Dollar im Jahr 1996 auf 7,66 Dollar ein Jahr später nur geringfügig und sehr langsam.[3] Zwar nahmen im Lauf der Jahre die Leistungen der Arbeitgeber für Krankenversicherung und Rentenversicherung zu, aber diese Steigerung kann nicht vollständig als zusätzliches Einkommen angesehen werden, da es gerade bei der Gesundheitsfürsorge eine Kostenexplosion gab, die über der Inflationsrate lag. Doch abgesehen davon ist schon anhand des durchschnittlichen Stundenlohns, ein weitgefaßter Maßstab, der sechs von zehn berufstätigen Amerikanern umfaßt, vom leitenden Angestellten bis zum Hausmädchen in Teilzeit, ein deutlicher Rückgang ablesbar. Inzwischen hat vielleicht eine Wende eingesetzt, doch bei der derzeitigen Wachstumsrate der Realeinkommen würde man zehn weitere Boomjahre brauchen, bis wieder der Höchststand von 1978 erreicht wäre. Der momentane Stand ist der von 1966.

Durchschnittlicher Stundenlohn von Angestellten in nichtleitender Position in privaten Unternehmen (ohne Landwirtschaft), 1950–1997*

Jahre des gelenkten (regulierten) Kapitalismus		Jahre der Deregulierung und des Turbo-Kapitalismus	
1950	5,34	1980	7,78
1955	6,15	1985	7,77
1960	6,79	1990	7,52
1965	7,52	1992	7,41
1970	8,03	1994	7,41
1975	8,12	1996	7,50
		1997	7,66

*den konstanten Wert des US-Dollars von 1982 zugrundegelegt

Der vielbewunderte amerikanische Erfolg, die Arbeitslosigkeit deutlich niedriger als in Europa zu halten (allerdings höher als in Japan), verdeckt also eine nicht ganz so erfreuliche Realität: Der durchschnittliche Stundenlohn der nicht leitenden Angestellten ist gesunken.

Es ist sehr aufschlußreich, die Sache einmal von einem anderen Standpunkt aus zu betrachten und sich statt auf die Arbeitslosigkeit auf die Beschäftigung zu konzentrieren. Es ist deutlich günstiger, wenn eine amerikanische Firma 95 von 100

166

Angestellten für 7,66 Dollar in der Stunde anstellt und bezahlt (und sozusagen eine Arbeitslosenrate von fünf Prozent zuläßt), als wenn eine deutsche Firma 90 Angestellten 20 Dollar die Stunde bezahlt (und damit eine Arbeitslosenquote von zehn Prozent schafft). Die Lohnkosten der amerikanischen Firma betragen in der Woche 29.108 Dollar, die der deutschen Firma 72.000 Dollar. Wenn deutsche Firmen ihren Arbeitern und Angestellten nur 7,66 Dollar in der Stunde bezahlen müßten, würden auch sie zweifellos 95 von 100 Angestellten einstellen. Möglicherweise würden sie mit einer großzügigen Geste, die sie nicht viel kosten würde, sogar alle einstellen.

Da amerikanische Arbeitskräfte so geringe Kosten verursachen, kann man auch leicht erklären, warum amerikanische Unternehmen und ihre Aktionäre seit Ende der siebziger Jahre so gut verdient haben und es zu einem Aufschwung an der Börse gekommen ist. Die letzte Hausse hielt, während ich dieses Buch schrieb, noch an. Die Vorstandsvorsitzenden der US-Unternehmen profitierten sogar noch mehr davon. Mehr als 800 von ihnen bezogen 1992 ein Jahreseinkommen von mehr als einer Million Dollar. Aber auch das ist verglichen mit den Gehältern der Vorstände der 365 größten Unternehmen im Jahr 1996 recht mager, denn zu diesem Zeitpunkt war ihr Verdienst inklusive Prämien bereits auf durchschnittlich 2,3 Millionen Dollar gestiegen, wohlgemerkt ohne Rentenversicherungsleistungen, ohne Leistungszulagen und ohne Gewinne aus Wertpapieren. Rechnet man diese Leistungen noch hinzu, dann stiegen ihre Einkünfte im Lauf des Jahres 1996 auf 5.781.300 Dollar.[4] Insgesamt gesehen war das im Vergleich zum Vorjahr eine Steigerung um 54 Prozent. Dagegen stieg der Durchschnittslohn eines Fabrikarbeiters lediglich um drei Prozent, und das Gehalt eines Büroangestellten nahm nur um 3,2 Prozent zu. Doch es kommt noch schlimmer. Denn die beiden letzten Angaben wurden auf der Grundlage des aktuellen Dollarwertes berechnet, und somit belief sich die Steigerung inflationsbereinigt auf etwas über null Prozent.

Eine Anstellung in einem großen Unternehmen, sei es nun als Arbeiter oder als Angestellter, ist immer sehr begehrt, denn sie wird besser bezahlt als die bereits erwähnten durchschnittlichen Posten in nichtleitender Stellung. In einer Zeit, in der die Nachfrage nach Arbeitskräften mit Ausnahme der billigsten und der besonders qualifizierten Kräfte sehr schwach ist, haben jene, die in einem großen Unternehmen arbeiten, sich angewöhnt, nicht mehr zu verlangen. Während der Rezession der Jahre 1990 bis 1992 konnten viele Arbeiter und Angestellte ihre Arbeitsplätze dadurch sichern und behalten, daß sie trotz vorhandener Inflation auf Lohnerhöhungen verzichteten oder sogar Lohnabschläge in Kauf nahmen – die »Kompromisse« der Gewerkschaften häuften sich. Nachdem die Rezession überstanden war und in den Jahren 1993/94 eine Erholung eingesetzt hatte, hielten die großen Unternehmen dennoch an ihrer Politik der Massenentlassungen fest, um die Bilanz zu schönen. Wer seinen Job behielt, verlangte nicht einmal eine inflationsbedingte Gehaltsanpassung. Viele andere verloren jedoch ihren Arbeitsplatz. Aufgrund der günstigen Wirtschaftslage fanden einige neue Arbeit in einem anderen Großunternehmen. Aber die übrigen mußten jeden Job annehmen, den sie finden konnten, und war die Bezahlung auch noch so schlecht. Dieses Phänomen nennt man »sozialer Abstieg«.

Dies ist ein wichtiger Aspekt des berühmten »flexiblen« amerikanischen Arbeitsmarktes, den Großbritannien vollständig übernommen hat und den viele Unternehmen auf dem gesamten europäischen Kontinent so gern einführen würden. Ehemalige Fabrikarbeiter, die an die relativ hohen Löhne in der Industrie gewöhnt waren, und Angestellte, die die hohen Gehälter der großen Konzerne kannten, wurden Telemarketing-Verkäufer, Hausmeister, Kellner, Gebäudereiniger, Fahrer bei Pizzadiensten, Vertreter auf Kommissionsbasis und Fahrlehrer, oder sie leisten, selbst wenn sie über eine Collegeausbildung verfügen, schwere körperliche Arbeit, sofern sie dazu gesundheitlich in der Lage sind.

Die Spitzenverdiener der amerikanischen Unternehmenschefs,
Stand 1996

	Angaben in Hunderttausend Dollar		
	Gehalt und Zusatz-leistungen 1996	*langfristige Ausgleichs-zahlungen*	*Gesamt-verdienst*
1 Lawrence Coss, Green Tree Financial	102.449	keine	102.449
2 Andrew Grove, Intel	3.003	94.587	97.590
3 Sanford Weill, Travelers Group	6.330	87.828	94.157
4 Theodore Waitt, Gateway 2000	965	80.361	81.326
5 Anthony O´Reilly, H. J. Heinz	2.736	61.500	64.236
6 Sterling Williams, Sterling Software	1.448	56.801	58.249
7 John Reed, Citicorp	3.467	40.143	43.610
8 Stephen Hilbert, Conseco	13.962	23.450	37.412
9 Casey Cowell, U.S. Robotics	3.430	30.522	33.952
10 James Moffett, Freeport-McMoran C & G	6.956	26.776	33.732
11 John Chambers, Cisco Systems	619	32.594	33.213
12 Stephen Wiggins, Oxford Health Plans	1.738	27.270	29.008
13 Eckhard Pfeiffer, Compaq Computer	4.250	23.546	27.796
14 Stephen Case, America Online	200	27.439	27.639
15 John Welch, General Electric	6.300	21.321	27.621
16 Richard Scrushy, Healthsouth	11.380	16.197	27.577
17 Henry Silverman, HFS	3.752	19.990	23.742
18 Norman Augustine, Lockheed Martin	2.781	20.324	23.105
19 John Arman, Mattel	3.732	18.923	22.655
20 Drew Lewis, Union Pacific	3.131	18.320	21.452

Quelle: Business Week, 21. April 1997.

An dieser Stelle rückt wieder die Unterschicht in unser Blickfeld. Seit Ende der siebziger Jahre haben Angestellte und Arbeiter der Mittelschicht nach ihrem sozialen Abstieg viele Jobs besetzt, die einst ungelernten Arbeitskräften überlassen waren. Diese Niedriglohn-Arbeiten bildeten früher die unterste Sprosse der sozialen Leiter und boten zumindest einigen aus der Unterschicht die Möglichkeit zum sozialen Aufstieg. In den amerikanischen Großstädten kann selbst ein unvoreingenommener Besucher dieses Phänomen mit bloßem Auge erkennen. Früher arbeiteten Schwarze ohne qualifizierte Ausbildung als Kellner und Kellnerinnen, Hausmeister oder ähnliches, heute dagegen verdingen sich hauptsächlich Weiße mit High School- oder Collegeabschluß in diesen Berufen. Da die weniger Qualifizierten durch den wirtschaftlichen Wandel zum sozialen Abstieg gezwungen sind, nehmen sie den ungelernten Arbeitern die Stellen weg, die dadurch gar keine Arbeit mehr finden.

Für die Angehörigen der sogenannten Unterschicht bedeutet das, daß ihre Defizite und Verhaltensstörungen, so real sie auch sein mögen, belanglos sind. Die klassischen Lösungskonzepte der Liberalen und Konservativen sind gleichermaßen überflüssig. Psychologische Beratung, Sozialarbeit und Programme zur Suchtbewältigung und zur Rehabilitation von Straftätern helfen da ebensowenig wie eine Kürzung der Sozialhilfe, Vorträge über Disziplin und Moral oder eine strenge Kontrolle. Es ist auch völlig unerheblich, daß alle Bemühungen an sich eine geringe Erfolgsquote aufweisen. Denn selbst wenn sie durchschlagende Erfolge erzielen würden, könnten sie aus den Betroffenen im besten Falle nur nüchterne, solide und fleißige Arbeiter für Routinetätigkeiten machen, und diese Tätigkeiten sind in einer turbo-kapitalistischen Wirtschaft immer weniger gefragt. Tatsächlich trägt jeder frühere Drogenabhängige oder ein anderer unangepaßter Sozialfall, der gerettet und wieder in die Gesellschaft eingegliedert wurde, zum massiven Überangebot an ungelernten Arbeitskräften in zweifacher Hinsicht bei, zum einen dadurch, daß er Arbeit sucht, und zum anderen, daß er den Bedarf an Sozialarbeitern und Polizisten verringert.

Hat man diese Tatsache einmal akzeptiert, zeigt sich, daß die berühmten pathologischen Verhaltensmuster der Unterschichtsangehörigen gar nicht so pathologisch sind. Das Schicksal eines chronisch Arbeitslosen ist sicher erträglicher, wenn er *nicht* nüchtern, nicht von seiner Sucht befreit und nicht vom Wunsch nach einer befriedigenden Arbeit beseelt ist. Für Familien, die man, kühl betrachtet, als eine Gruppe von Menschen definieren kann, die sich um einen zuverlässigen Ernährer schart, bedeutet dies, daß Mitglieder der sogenannten Unterschicht kaum als zuverlässige Ernährer in Frage kommen. Das Auseinanderbrechen von Familien wird sicherlich durch verschiedene gesellschaftliche Faktoren begünstigt, ist aber durch den Mangel an Arbeitsplätzen für ungelernte Arbeiter vorprogrammiert.

In diesem Zusammenhang erfüllt selbst die Kriminalität einen bestimmten Zweck. Sie ist kein Ausdruck von Verrücktheit, sondern ein rational gefaßter Entschluß. Eine umfassende Studie über den Drogenhandel in Washington D.C., die auf der Analyse aller relevanten Gerichtsakten basiert, widerlegte die bisherigen Erkenntnisse vollständig.[5] Die sensationellen Ergebnisse betonen die wirtschaftliche Bedeutung des Drogenhandels, denn er bietet Arbeitsplätze und Aufstiegsmöglichkeiten. Sie machten außerdem deutlich, daß die Drogendealer ihre »Berufswahl« ganz bewußt getroffen hatten. Über 11.000 regelmäßige und fast 13.000 Gelegenheitsdealer wurden in der Studie erfaßt. Ihr Nettoverdienst betrug nach Abzug der Unkosten zusammen etwa 300 Millionen Dollar. Selbst wenn man das Einkommen nach Art der Versicherungen in ein Verhältnis zum Verletzungsrisiko setzt, bleibt eine stattliche Summe übrig. Trotz des Risikos, von einem

Konkurrenten verletzt oder gar ermordet zu werden, und der nicht ganz so großen Gefahr strafrechtlicher Sanktionen bietet der Drogenhandel somit mit einem Durchschnittsverdienst von 12.500 Dollar im Jahr 1987 eine lukrative Alternative zu einer legalen Karriere, zumal wenn die Beteiligten durchweg keinerlei Ausbildung vorweisen. Mit anderen Worten, jene, die sich für den Drogenhandel entschieden, haben eine rationale Entscheidung getroffen, die auf sachlich korrekten Informationen beruht. Auch ein kompetenter Berufsberater hätte nicht anders entscheiden können. Die im Drogenhandel Tätigen haben es sicher besser getroffen als andere, die sich für die Arbeitslosigkeit oder für schlechtbezahlte Gelegenheitjobs entschieden. Auch Drogenabhängige, die einigermaßen fähige Diebe sind, handeln völlig rational, denn ihre Sucht gestattet ihnen zumindest gelegentlich den Rückzug aus einer Welt, die ihre ehrliche Arbeit nicht braucht.

In früheren Zeiten konnten sich die Westeuropäer beruhigt im Glauben zurücklehnen, daß die Kombination aus Armut und Kriminalität ein spezifisch amerikanisches Leiden sei, oder genauer gesagt, ein Leiden der Schwarzen, Puertoricaner und Chicanos (Amerikaner mexikanischer Abstammung) in den USA. Tatsächlich wird aber jedes Industrieland über seine eigene Unterschicht aus nicht vermittelbaren Arbeitslosen verfügen, sobald alle öffentlichen Versorgungsbetriebe an private Unternehmer verkauft oder einfach nicht mehr vom Staat finanziert werden und die Regulierung zusammen mit anderen Hindernissen für einen freien Markt abgeschafft worden ist. Mit zunehmender Effizienz der Verwaltungsarbeit und der Produktion sowie der Automatisierung von Routinetätigkeiten werden solide und fleißige, aber wenig qualifizierte Arbeiter und Angestellte in Billiglohnjobs abgedrängt. Dadurch werden wiederum die gesellschaftlich unter ihnen stehenden ungelernten Arbeiter in die chronisch arbeitslose Unterschicht abgeschoben, die zahlenmäßig oft noch durch Immigranten ohne qualifizierte Ausbildung vergrößert wird. Da diese Entwicklung in Westeuropa gerade erst eingesetzt hat und noch so neu ist, können viele immer noch an falsche Lösungskonzepte wie Reintegration, Moral, Kontrolle und so weiter glauben. Selbst in den USA diskutiert man schließlich noch darüber, die Situation der Unterschicht durch Bildung zu verbessern, indem man ihnen die »Schlüsselqualifikationen, die in der Wirtschaft gebraucht werden«, vermittelt. Die turbo-kapitalistische Wirtschaft eines Industrielandes benötigt jedoch keine Schlüsselqualifikationen, oder genauer gesagt, sie braucht sie in abnehmendem Maße.

Gibt es eine Lösung? Selbstverständlich gibt es sie, doch viele würden sie für schlechter halten als das Leiden an sich. Wenn man akzeptiert, daß die Unterschicht der klägliche Rest dessen ist, was der Fortschritt einer hochdynamischen weltoffenen Wirtschaft hinterlassen hat, ergibt sich daraus, daß ihr Elend verringert werden kann. Man braucht nur die Geschwindigkeit des ökonomischen Wandels zu drosseln. Dadurch würden mit Sicherheit soziale Ungleichheiten abgebaut, allerdings auch das wirtschaftliche Wachstum gebremst werden. Wenn beispielsweise Fließbandjobs vor ausländischer Konkurrenz geschützt würden und so das Gerangel um die Arbeit der Unterschicht gestoppt würde, wären die Unternehmen weniger leistungsfähig. Das Land würde insgesamt ärmer werden, doch die Ärmsten etwas reicher.

6

Das Zeitalter der Arbeitslosigkeit

Arbeitslosigkeit ist das globale Problem unserer Zeit. Für die Betroffenen ist sie oft eine Tragödie, für die Gesellschaft ist sie ein destabilisierendes Element. In ganz Europa und weit darüber hinaus stehen die Regierungen unter enormem Druck, die Arbeitslosenzahlen abzubauen. Doch sie scheitern überall. Oft greifen sie auf kostspielige und kurzlebige Notbehelfe zurück wie zum Beispiel auf von der öffentlichen Hand finanzierte Bauprojekte, die aber manchmal noch zu einer Erhöhung der Arbeitslosigkeit führen.[1] In allen Ländern werfen Kritiker den Regierungen Passivität und Inkompetenz vor. Tatsächlich aber ist die derzeitige globale Arbeitslosigkeit eine unausweichliche Folge eines bestimmten Abschnitts des Nachfrage-Technologie-Zyklus, in dem wir uns gerade befinden. Diese Phase ist von einem allgemeinen Überfluß charakterisiert und somit deflationär. Sie setzte in den achtziger Jahren ein und wird wahrscheinlich noch bis über die Jahrtausendwende hinaus anhalten. Sie zeichnet sich dadurch aus, daß es ein Überangebot an Rohstoffen und Fertiggütern gibt, was wiederum zu Arbeitslosigkeit führt.

Der weltweite Nachfrage-Technologie-Zyklus

Man versteht den weltweiten Nachfrage-Technologie-Zyklus dann am besten, wenn man zunächst einmal in die Vergangenheit schaut anstatt nach vorn.

Erst vor einer Generation, in den sechziger Jahren, befanden wir uns in einer den heutigen Verhältnissen konträren Phase. Diese Ära war von einer allgemeinen Güterknappheit und somit auch von Inflation geprägt. Da die Nachfrage größer war als das Angebot, stiegen auch die Preise, beispielsweise die von Heizöl und Getreide.

Kurze Zeit später veröffentlichten die bedeutenden und namhaften Mitglieder des Club of Rome ihre Berichte über eine künftige katastrophale Verknappung von Nahrung und Energie. Heute werden diese Vorhersagen allgemein belächelt, doch zu jener Zeit waren sie schlicht und einfach die logische Weiterentwicklung der damaligen Realität. Ein Zustand der Verknappung bestand tatsächlich, wie sich in den steigenden Preisen auf den Rohstoffmärkten zeigte. Angesichts der stetig anwachsenden Weltbevölkerung genügte eine einfache Rechnung, um vorherzusagen, daß die Knappheit zunehmen würde und schließlich aufgrund mangelnder Energieversorgung zu ökonomischen und gesellschaftlichen Umbrüchen führen würde. Auch Hungerkatastrophen schloß dieses Szenario nicht aus, da sich immer weniger Menschen die hohen Preise auf dem Getreidemarkt leisten konnten.

Die Mitglieder des Club of Rome bezogen in ihre Überlegungen allerdings nicht mit ein, daß die Nahrungsmittel- und Energieknappheit, die sie richtig erkannt und einfach in die Zukunft verlängert hatten, nicht wie die weltweit vorhandenen landwirtschaftlichen Nutzflächen oder die begrenzten Erdöl- und Erdgasvorkommen konstant waren. Dieser Zustand war das Ergebnis der technischen und organisatorischen Grenzen, an die die Ausbeutung dieser Ressourcen gestoßen war.

Genauer gesagt, mit den damaligen landwirtschaftlichen Methoden konnte man, wandte man sie auf den weltweiten Bestand an fruchtbarem Land an, die Menge X an Nahrungsmitteln produzieren. Da X damals im Verhältnis zu der bestehenden Nachfrage nach Nahrungsmitteln nicht ausreichte (was an den steigenden Preisen abzulesen war), schien es angesichts der größer werdenden Weltbevölkerung unvermeidlich, daß X in zukünftigen Jahren noch weniger die vorhandene Nachfrage würde stillen können. Tatsächlich würde sich die Situation noch verschlechtern, da die Agrarfläche aufgrund der Desertifikation in Afrika und China und des Anwachsens menschlicher Siedlungen weltweit deutlich zurückging.

Doch statt zu sinken, stieg die Nahrungsmittelproduktion seit den siebziger Jahren stark an. Fortschritte in der Agrartechnologie, die durch die damalige Verknappung angeregt worden waren, straften die Vorhersagen des Club of Rome Lügen. Im Rahmen der »grünen Revolution« wurden neue Saatgutsorten für Reis, Weizen und Mais entwickelt. Selektivere Pestizide, neue Kunstdüngersorten und eine bessere Verteilung des Kunstdüngers trugen zur Steigerung der Produktion bei, und neue Lagerungs- und Lieferungsverfahren wurden eingesetzt. Obwohl der Anteil fruchtbaren Landes zurückging, konnte die Produktion so gesteigert werden, daß Ende der achtziger Jahre selbst das überbevölkerte Indien in guten Jahren Weizen exportierte. Die Preise fielen in den Keller, die Überschüsse stiegen.

Ähnlich konnte mit der Energiegewinnung und den Energieverwertungsmethoden der sechziger Jahre, mit denen die bekannten Erdöl- und Erdgasvorkommen der Welt ausgebeutet wurden, die Menge Y an Energie produziert werden. Y reichte aber bereits nicht mehr aus, wie die steigenden Preise für Öl und andere Primärenergiequellen signalisierten. Daher schien es unvermeidlich, daß Energie in Zukunft noch knapper werden würde. Doch wieder wirkten die steigenden

Preise als Stimulans für den technischen Fortschritt und widerlegten so die Prophezeiungen des Club of Rome. Neue Förderungstechniken wie etwa Bohrinseln eröffneten zusätzliche Erdöl- und Erdgasreserven. Mittels sekundärer und tertiärer Gewinnungsphasen konnte man die Ausbeute auf den alten Ölfeldern steigern. Die Verbesserung der Transportsysteme reduzierte den Kohleverbrauch, und neue prozessuale Verfahren mit höherer Effektivität senkten Verluste bei der Umwandlung ab. Außerdem wurden aufgrund der hohen Preise viele Energiesparmaßnahmen auf den Weg gebracht. Dadurch entstand plötzlich ein derart großer Energieüberschuß, daß die Preise kontinuierlich sanken. Im Jahr 1973 war die Kapazität der Erdölförderung bis ans Limit ausgeschöpft, zu Anfang der achtziger Jahre überstieg dagegen die Förderquote die seinerzeitige Nachfrage um ein Vielfaches. Und was auf Nahrungsmittel und Energie zutrifft, gilt auch für Fertigerzeugnisse und fast alle anderen Produkte, die in der Weltwirtschaft verbraucht werden.[2]

DER LANGFRISTIGE WELTWEITE NACHFRAGE-TECHNOLOGIE-ZYKLUS

Phase I: Verknappung und Inflation
Herkömmliche Technologien, die für bekannte Vorkommen natürlicher Bodenschätze verwendet werden, und das Wachstum der Weltbevölkerung führen zu Verknappung und steigenden Preisen, d.h. zur Inflation.

Phase II: Die technologische Reaktion
Die Verknappung regt die Entwicklung neuer Technologien an. Preise steigen weiterhin, d.h. die Inflation ist weiterhin vorhanden.

Phase III: Überschüsse und Deflation
Neue Technologien werden auf bekannte Vorkommen
natürlicher Ressourcen angewandt. Es kommt zu einem großen Überangebot und damit zu sinkenden Preisen, d.h. zur
Deflation.

Phase IV: Die steigende Nachfrage übersteigt das Angebot
Wirtschaftswachstum und steigende Einkommen regen die
Nachfrage vor allem in schwächer entwickelten Regionen an.
Schließlich treten aufgrund des Einsatzes traditioneller Tech-
nologien Verknappungen auf. Als Folge davon beginnt der
Nachfrage-Technologie-Zyklus wieder bei Phase I.

In Phase I und II ist die Arbeitslosenquote niedrig. Die Produktion läßt sich bei der vorhandenen Technik nur mit größerer Arbeitskraft steigern. Daher ist die Nachfrage nach
Arbeitskräften hoch, was wiederum zu steigenden Löhnen
und zu einer niedrigen Arbeitslosigkeit führt. In Phase III ist
dagegen die Arbeitslosigkeit hoch, weil mittels neuer Technologien auch ohne zusätzliche Arbeitskraft ein Überschuß produziert werden kann.
Die derzeitige Phase III ist mit einer besonders hohen Arbeitslosigkeit belastet. Weltweit sind ungefähr 800 Millionen
arbeitsfähige Menschen offiziell als arbeitslos registriert. Die
Zahl erfaßt diejenigen nicht, die sich erst gar nicht bei den
entsprechenden Stellen melden (»versteckte Arbeitslosigkeit«),
weil sie alle Hoffnung haben fahren lassen, auf diese Weise
eine Stelle zu finden. Man schätzt zudem, daß weitere 700
Millionen Menschen im arbeitsfähigen Alter so wenig verdienen, daß ihr Einkommen unter der offiziellen Armutsgrenze
ihres Heimatlandes liegt.[3]
Schließlich umfassen die offiziell geschätzten 800 Millionen
plus 700 Millionen Menschen auch nicht die Unterbeschäftigten, die weniger arbeiten, als sie eigentlich wollen (Teilarbeits-
lose), oder die Jobs haben, für die sie überqualifiziert sind,

wie etwa als Begrüßungspersonal von Kaufhauskunden in Tokio, als Büroboten in indischen Büros oder als Taxifahrer mit College-Abschluß.

In den Industrieländern in Nordamerika, Westeuropa und Japan waren 1994 36 Millionen Arbeitslose registriert, und ihre Zahl hat bis 1997 nicht abgenommen. Das ergibt für die drei Wirtschaftsräume eine durchschnittliche Arbeitslosenquote von neun Prozent – fast doppelt so hoch wie die für die Phasen I und II typische Arbeitslosenquote während der sechziger und siebziger Jahre.

Auch in diesem Fall erfassen die besagten neun Prozent nicht die versteckte Arbeitslosigkeit, die Beschäftigung für Löhne unterhalb der Armutsgrenze und die unfreiwillige Teilarbeitslosigkeit.

Man könnte nun annehmen, daß sich die Lage der Arbeitslosen weltweit erst dann bessert, wenn die Wirtschaft wieder Phase I erreicht und sich die Konturen von Phase II bereits abzeichnen. Denn der technische Fortschritt von Phase III schuf ein hohes Maß an »struktureller Arbeitslosigkeit«, das heißt, die menschliche Arbeitskraft wurde durch neue Maschinen und durch neue Technik ersetzt, für die Betroffenen fand man aber keine alternative Beschäftigungsmöglichkeiten. Übrigens wurde die Jugendarbeitslosigkeit, die in einigen Gebieten Westeuropas fast 30 Prozent erreicht, bei den 9 Prozent nicht vollständig mitberücksichtigt, da auch diese häufig nicht offiziell registriert ist. Statt dessen beschäftigen beispielsweise Regionalverwaltungen in Italien oder die Zentralregierung in Frankreich zahlreiche arbeitslose Jugendliche in sogenannten berufsvorbereitenden Kursen in der Verwaltung, in Schulen und Krankenhäusern.

Ohne einen »flexiblen« turbo-kapitalistischen Arbeitsmarkt, auf dem sinkende Löhne Arbeitsplätze schaffen, besteht in Westeuropa die Gefahr, daß die strukturelle Arbeitslosigkeit von Phase III anhält und zu einer permanenten Erscheinung wird. In manchen Gebieten in Italien, Frankreich und Spanien ist die Zahl derer, die ihr ganzes Leben lang noch keine richtige Arbeit hatten und in naher Zukunft auch keinerlei Aussicht auf eine Anstellung haben, erschreckend hoch.

Wie wir gesehen haben, befindet sich die Arbeitslosigkeit in den USA und in Großbritannien dank eines relativ raschen Wirtschaftswachstums und der Bereitschaft der Gewerkschaften und der Beschäftigten, sinkende Löhne in Kauf zu nehmen, auf gleichbleibend niedrigem Niveau, sofern man sie mit den anhaltend hohen Zahlen in Westeuropa vergleicht. In Japan stagniert die Arbeitslosenquote trotz einer anhaltenden Rezession aufgrund der konstanten Integration von Unterbeschäftigten bei derzeit vier Prozent. In Westeuropa dagegen beträgt die Arbeitslosenquote im Durchschnitt etwa zehn Prozent, wobei in Andalusien und in bestimmten Gebieten in Süditalien jeder Fünfte arbeitslos ist.

Neben langsameren Wachstumsraten und einer nach amerikanischen Verhältnissen rigiden Lohnpolitik gibt es noch zwei weitere Erklärungen für die im Vergleich zu den USA höhere Arbeitslosenquote in Europa. Zum einen hält der Kündigungsschutz die Unternehmer vor Neueinstellungen ab, und zum anderen sind die Lohnnebenkosten oft höher als der Gewinn, den der einzelne Mitarbeiter erwirtschaftet. In den USA erhöhen diese Zahlungen die Personalkosten um rund 20 Prozent, in den meisten Ländern Westeuropas betragen sie dagegen 40 Prozent oder noch mehr. Genau die Vorschriften, die die Mitarbeiter schützen, stellen für Arbeitssuchende ein großes Hindernis dar.

Die Kluft zwischen den USA und Westeuropa ist sogar noch größer, wenn man die Langzeitarbeitslosigkeit, definiert als Arbeitslosigkeit, die ab dem Zeitpunkt der Erfassung ein Jahr oder länger dauert, betrachtet. In den USA nahm die Langzeitarbeitslosigkeit zwischen 1979 (einem Jahr der Phase II) und 1991 (einem Jahr der Phase III) lediglich um 0,2 Prozent zu, nämlich von 0,2 auf 0,4 Prozent. In Deutschland stieg die Quote von 0,8 auf 1,6 Prozent an, in Großbritannien von 1,3 auf

3,1 Prozent, in Frankreich von 1,8 auf 3,5 Prozent, und in Italien stieg sie von 4 auf 5 Prozent. Eine von 20 arbeitsfähigen Erwerbspersonen ist damit in Italien seit mehr als einem Jahr arbeitslos. Diese fünf Prozent würden natürlich schon für sich allein eine sehr ernstzunehmende Arbeitslosenquote darstellen. Bei der Langzeitarbeitslosigkeit ist eine so hohe Zahl dagegen verheerend.

Viele dieser offiziell als Langzeitarbeitslose Registrierten sind in Wirklichkeit illegal in der sogenannten »Schattenwirtschaft« tätig.

Doch das ist ein schwächerer Trost, als viele denken mögen. Nur wenige Jobs in der Schattenwirtschaft bieten ein angemessenes Einkommen oder gar realistische Aufstiegsmöglichkeiten. Auf jeden millionenschweren Kriminellen in Neapel oder Frankfurt am Main, auf jeden gutbezahlten Klempnergesellen in Berlin oder Mailand, auf jeden schwarzarbeitenden Fassadenmaler in der Provence kommen Dutzende, die sich mit Teilzeitjobs am Rande der Wirtschaft oder mit Kleinkriminalität mehr schlecht als recht durchs Leben schlagen.

Für den dramatischen und dauerhaften Unterschied zwischen Westeuropa und den USA in bezug auf die *Langzeit*arbeitslosigkeit gibt es mehrere Erklärungen, vor allem das höhere Wirtschaftswachstum in den Vereinigten Staaten und die schwächeren familiären Bindungen der Amerikaner, die ohne Arbeit oft gar nicht überleben würden. Deutsche oder italienische Jugendliche leben in der Regel bequem im Schoß ihrer Familie und warten, bis sie eine reizvolle Stelle im richtigen Beruf, auf der richtigen Karriereebene, für das richtige Gehalt *und* in der Nähe ihres Wohnorts gefunden haben. Im Gegensatz dazu nehmen amerikanische Jugendliche oft jeden Job an, den sie finden können, auch wenn er schlechtbezahlt ist und einen Umzug in einen anderen Bundesstaat erforderlich macht.

Auch die herrschende Einstellung zur Arbeitstätigkeit ist von Bedeutung. In den USA ist es selbst für Kinder aus sehr reichen und angesehenen Familien üblich, noch während ihrer Schulzeit einen Nebenjob anzunehmen. Solange sie jünger sind, fahren sie mit dem Fahrrad Zeitungen in der Nachbarschaft aus, später arbeiten sie dann als Teenager in Restaurants, als Swimmingpool-Reiniger, Aushilfsverkäufer oder in anderen Abend- oder Wochenendjobs. Und als Studenten haben sie auch in den Semesterferien diverse Jobs. Gleichzeitig arbeiten ihre Mütter vielleicht zum Zeitvertreib wieder als Teilzeitverkäuferinnen in Boutiquen oder eleganten Kaufhäusern, in jenen Geschäften also, in denen ihre Freundinnen einkaufen – und sie selbst natürlich auch. Wenn erwachsene Amerikaner ihre Stelle verlieren, sind sie daher viel eher als Europäer bereit, eine minderwertige Arbeit anzunehmen. Man kann je nach Arbeitsmarktlage in einer Branche den früheren Abteilungsleiter einer Versicherungsgesellschaft in New Jersey als Fahrer bei einem Pizzaservice arbeiten sehen oder einen Flugzeugmechaniker in Los Angeles als Taxifahrer erleben. Hilfreich ist dabei natürlich, daß in den USA nur wenige Beschäftigungen einen Gewerbeschein oder eine Genehmigung erforderlich machen.

Der wichtigste Faktor für die niedrige Quote an Langzeitarbeitslosen in den USA ist jedoch viel einfacher zu erklären. Es ist das Fehlen einer langfristigen Unterstützung durch den Staat. In den Niederlanden erhält man 24 Monate lang Arbeitslosenunterstützung, folglich waren selbst 1990 (mittlerweile hat der Anteil sogar noch zugenommen) 48,4 Prozent der Arbeitslosen länger als 12 Monate ohne Beschäftigung. In Frankreich und in England dauert die Zahlung der Unterstützung 12 Monate. Dort waren 38,3 Prozent beziehungsweise 36,1 Prozent aller registrierten Arbeitslosen mehr als 12 Monate ohne Beschäftigung. Deutschland fügt sich nicht ganz in diese Reihe ein, denn trotz einer Begrenzung der Zahlungen auf 12 Monate war der Anteil der Langzeitarbeitslosen mit 46,3 Prozent fast so hoch wie in Holland. In keinem der Länder gab es zudem zeitlich begrenzte Sozialhilfeleistungen, für die man nach Auslaufen des Arbeitslosengeldes eine Bedürftigkeit nachweisen muß. Außerdem ist die Sozialhilfe in Ländern wie den Niederlanden oder Deutschland bekanntermaßen großzügig bemessen.

Das ist das »moralische Risiko«, das Tony Blair und seine New Labour-Regierung unter Ausnutzung ihrer vorgeblichen sozialen Betroffenheit in Angriff nahmen. Sie taten etwas, was die Tories nicht einmal vorzuschlagen gewagt hätten: Sie schafften die finanzielle Unterstützung für Langzeitarbeitslose ab. Zweifelsohne werden viele Menschen nun jede Arbeit für jeden Lohn annehmen, während ein anderer Teil die Zahl der Obdachlosen in den Straßen von London ansteigen lassen wird. In Amerika wird dagegen – und dort hatten 1990 nur 5,6 Prozent der Arbeitslosen seit über 12 Monaten keine Arbeit mehr – nur sechs Monate lang Arbeitslosengeld gezahlt. Außerdem gibt es für gesunde, arbeitsfähige Erwachsene überhaupt keine Sozialhilfe, nur Mütter mit noch nicht erwachsenen Kindern bilden eine Ausnahme.

Wie jeder weiß, erschweren es genau die Bedingungen, die in Westeuropa die Arbeitsplätze der Beschäftigten schützen und angenehmer gestalten – hohe Löhne und Gehälter, die durch starke Gewerkschaften garantiert werden, strenge Vorschriften beim Kündigungsschutz oder sogar ein Verbot von Kündigungen –, jungen Arbeitssuchenden, eine Stelle zu finden. Jeder Versuch, mehr Flexibilität einzuführen, und selbst so gemäßigte Maßnahmen wie die Einführung von »Jugendlöhnen« unterhalb des offiziellen Mindestlohns, stieß auf heftige Ablehnung (in Frankreich kam es deswegen sogar zu Unruhen). Es überrascht daher nicht, daß die Arbeitslosigkeit von Jugendlichen zwischen 15 und 24 Jahren fast überall in Westeuropa enorm anwuchs: Zwischen 1973 (einem Jahr der Phase I) und 1992 (einem Jahr der Phase III) stieg sie von knapp 13 Prozent auf 30 Prozent an.

In den USA schreibt man einen Großteil der Kriminalität und der Drogensucht der Jugendarbeitslosigkeit von bundesweit rund neun Prozent zu, wobei die »innerstädtische« Arbeitslosigkeit, d.h. die schwarzer Jugendlicher, über zwanzig Prozent liegt. In Westeuropa ist der Zusammenhang zwischen Jugendarbeitslosigkeit und Kriminalität deutlich schwächer ausgeprägt, allerdings auch vorhanden. Ganz davon abgesehen sind Depression und Demoralisierung, ja sogar die Verzweiflung der jungen Arbeitslosen deutlich zu spüren, und dieser Zustand erfaßt auch ihre Familien und ganze Gemeinden.

Wachstum ohne Arbeitsplätze

Die Situation wird dadurch erschwert, daß in einer zusehends turbo-kapitalistisch werdenden Weltwirtschaft selbst ein relativ großes Wachstum einer Volkswirtschaft die Arbeitslosigkeit nicht unbedingt senkt. Die Leistungssteigerung mit Hilfe von Computern setzt sich auch während einer Rezession fort. Wenn in einer Erholungsphase die Nachfrage zunimmt, kann man die Produktion erhöhen, ohne zusätzliche Arbeitskräfte einstellen zu müssen.

Früher verhieß eine höhere Produktivität meistens neue Arbeitsplätze und eine niedrigere Arbeitslosigkeit. Warum soll sich diese Grundregel geändert haben? Ein Blick zurück in die Geschichte liefert hierfür die Erklärung.

Zu Anfang unseres Jahrhunderts war in Westeuropa die Hälfte der Erwerbstätigen in der Landwirtschaft tätig. 1997 waren es hingegen weniger als fünf Prozent.

Die restlichen 45 Prozent, die in der Landwirtschaft beschäftigt waren, wurden nicht arbeitslos, sondern wechselten in andere Erwerbsbereiche. Heute verteilen sich die Erwerbstätigen auf die Industrie, in der etwa 35 Prozent arbeiten, auf den öffentlichen Dienst (ungefähr 30 Prozent) und auf den Dienstleistungsbereich. So sind zum Beispiel im Groß- und

Einzelhandel, im Handwerk und bei Reparaturdien/
gehobenen Berufen sowie in medizinischen und sozia.
Diensten die restlichen 30 Prozent beschäftigt. Man muß
nur die gegenwärtige Entwicklung weiterführen, dann kann
man, sofern nichts unternommen wird, die Zukunft exakt
vorhersagen und die Probleme erkennen, die Westeuropa
bedrohen. Folgendes wird sich in den nächsten 20 Jahren
ereignen:
- Der Anteil der Erwerbstätigen in der Landwirtschaft kann
  sich nicht erhöhen, höchstwahrscheinlich wird er auf drei
  oder sogar nur auf zwei Prozent sinken.
- Infolge der Automatisierung, anderer Formen des technischen und organisatorischen Fortschritts und der Importe
  aus neuindustrialisierten Ländern[4] kann sich der derzeitige
  Anteil der in der Industrie Beschäftigten nicht steigern; vielmehr wird der Anteil höchstwahrscheinlich von 35 Prozent
  auf 20 Prozent oder sogar auf lediglich 15 Prozent zurückgehen.
- Wegen der Einsparungsmaßnahmen im öffentlichen Dienst
  und der Privatisierung sowie der Umstellung der öffentlichen Verwaltung auf Datenverarbeitungssysteme kann sich
  der derzeitige Anteil der Mitarbeiter des öffentlichen Dienstes nicht erhöhen, höchstwahrscheinlich wird er sogar von
  30 Prozent auf 25 oder 20 Prozent zurückgehen.

Zählt man die Zahlen zusammen, so bleiben von den momentan insgesamt 70 Prozent der in der Landwirtschaft, in der
Industrie und im öffentlichen Dienst Beschäftigten nur 48 Prozent oder sogar nur 37 Prozent mit einer Arbeitsstelle übrig.
52 Prozent oder sogar 63 Prozent müssen sich eine andere
Stelle suchen.

Natürlich kann die Zahl der im privaten Dienstleistungsbereich Tätigen weiterhin zunehmen und bis 2010 einen Anteil
von 45 Prozent aller Erwerbstätigen erreichen, was eine Steigerung der derzeit durchschnittlich 30 Prozent um die Hälfte

185

bedeuten würde. Doch selbst dann würde, wird nichts gegen diese lineare Entwicklung unternommen, der Anteil der *strukturellen* Langzeitarbeitslosigkeit auf mindestens sieben bis zwölf Prozent aller Erwerbstätigen ansteigen. Zusammen mit der vorübergehenden und zyklischen Arbeitslosigkeit ergäbe das eine Arbeitslosenquote von zwölf Prozent in guten Zeiten und von siebzehn Prozent in schlechten Zeiten. Eine solche Entwicklung bedeutet eine noch größere Vergeudung menschlichen Talents, noch größeres persönliches und familiäres Elend und ein höheres Maß an sozialen Spannungen, als die derzeitigen Arbeitslosenzahlen bereits ergeben. Politische Unruhen wären dann nicht mehr ausgeschlossen.

Der Grund für die Zunahme der strukturellen Arbeitslosigkeit liegt auf der Hand. Der turbo-kapitalistische Wandel hat sich mit dem technischen Fortschritt von Phase III überschnitten, der durch eine Verknappung in Phase I ausgelöst wurde. Zahlreiche Beispiele belegen diese Hypothese: Bis Ende der achtziger Jahre benötigten die Automobilhersteller für die Montage eines Autos durchschnittlich 70 Arbeitsstunden, inzwischen wurde dies um die Hälfte auf 35 Stunden reduziert, und für die Zukunft zeichnen sich bereits 15 Stunden ab, die für eine Montage nötig sein werden.

Beim Maschinenbau fällt die Arbeitsersparnis sogar noch krasser aus. So ging beispielsweise die Zahl der Arbeitsstunden, die man für den Bau einer Dieselelektrolok benötigte, von 12.000 Stunden Anfang der achtziger Jahre auf nur 4.000 Stunden zurück. Die amerikanische Telefongesellschaft AT&T, die Ferngespräche vermittelt, wickelt heute mehr Telefongespräche ab als 1984, doch aufgrund der Automatisierung beschäftigt sie nur noch 12.000 anstatt wie früher 44.000 Mitarbeiter. Aufgrund der Industrialisierung der Bürotätigkeit und vor allem wegen der Einführung von Bankautomaten sank die Zahl der Angestellten bei den amerikanischen Handelsbanken von 480.000 im Jahr 1984 auf weniger als 300.000 im Jahr 1997.

Auch bei den Staatsbetrieben will man mit der Privatisierung einzig und allein eine höhere Leistungsfähigkeit erreichen. Dabei wird überflüssiges Personal abgebaut, und viele Angestellte werden durch zahlreiche bessere Maschinen ersetzt. In Großbritannien führte die Privatisierung der staatlichen Telefongesellschaft British Telecom, der Gas- und Elektrizitätswerke, der Stahlindustrie, von British Airways und British Rail zum Verlust von insgesamt 300.000 Arbeitsplätzen. In fast allen anderen westeuropäischen Staaten befinden sich die Eisenbahnen immer noch in staatlicher Hand und haben fast doppelt soviel Personal wie die privatisierten Gesellschaften. Dasselbe trifft auch auf jene Betriebe zu, die sich noch in staatlicher Hand befinden, nämlich auf Telefon-, Elektrizitäts- und Fluggesellschaften. In Frankreich und Italien ist der staatswirtschaftliche Sektor wesentlich größer als in anderen westeuropäischen Ländern. Dort kann ein rigoroses Privatisierungsprogramm eine enorme Leistungssteigerung nach sich ziehen, was eine entsprechend hohe Zunahme des Bruttosozialprodukts zur Folge hätte, aber auch eine entsprechend hohe Zunahme der Arbeitslosenquote.

FÜNF EINFACHE MASSNAHMEN ZUM ABBAU DER ARBEITSLOSIGKEIT

In Frankreich und im übrigen, mit einer hohen Arbeitslosenquote geschlagenen Westeuropa ist die amerikanische Therapie fällig. Zunächst erscheint ein Vergleich angebracht. Im Jahr 1996 ergeben sich für die Arbeitslosigkeit im privaten Dienstleistungssektor in den USA und in Frankreich, das mit Italien und Japan zu den Ländern gehört, die sich dem Turbo-Kapitalismus nur in Maßen geöffnet haben, folgende Zahlen[5]:

Beschäftigung in verschiedenen Dienstleistungsbereichen in den USA und in Frankreich, Stand 1996		
	Anteil an der Zahl aller Erwerbstätigen in Prozent	
	USA	Frankreich
Groß- und Einzelhandel	17,5	13,6
Finanzen, Banken, Immobilien	6,4	4,7
Gastronomie	6,6	3,5
Personaldienstleistungen	1,9	2,5
Medizinische und soziale Dienste	11,3	10,5
Gesamt	43,7	34,8

Es fällt auf, daß sich im Jahr 1996 der Anteil der Beschäftigten in den genannten Branchen nur um zehn Prozent unterschied.

Im Jahr 1996 sank die Arbeitslosenquote der USA auf durchschnittlich sechs Prozent, während die französische Arbeitslosenquote konstant bei zwölf Prozent blieb. Multipliziert man die Erwerbstätigen mit 0,94 (USA) beziehungsweise mit 0,88 (Frankreich), stellte sich die Beschäftigungsverteilung der Arbeitnehmer jedes Landes wie folgt dar:

Beschäftigung der Erwerbstätigen in den USA und in Frankreich, Stand 1996		
	Anteil an der Gesamtzahl der Erwerbstätigen in Prozent	
	USA	Frankreich
Erwerbstätige in bestimmten Dienstleistungsbereichen	41,1	30,6
Andere Beschäftigung	52,9	57,4
Arbeitslose	6,0	12,0
Gesamt	100,0	100,0

Wenn auch in Frankreich statt 30,6 Prozent der Erwerbstätigen 41 Prozent im Dienstleistungssektor arbeiten könnten, würde die Arbeitslosenquote gegen Null tendieren.

188

Die amerikanische Therapie für das französische Leiden ist daher relativ einfach. Die Unternehmen im Dienstleistungssektor müssen überzeugt werden, besseren Service zu bieten und dafür mehr Mitarbeiter einzustellen. Momentan ist Frankreich ein Land mit personell unterbesetzten Hotels, mit Restaurants, in denen man aufgrund der geringen Zahl an Kellnern lange warten muß, mit Selbstbedienungstankstellen sowie mit riesigen Supermärkten, in denen man kaum einen Angestellten antrifft. Bezeichnenderweise beschäftigt die amerikanische Spielzeughandelskette Toys 'R' Us in ihren amerikanischen Filialen 30 Prozent mehr Verkaufspersonal pro Quadratmeter Ladenfläche als in den französischen Geschäften. Wie überall können auch in Frankreich die Unternehmen im Dienstleistungssektor am günstigsten über einen besseren Service miteinander konkurrieren. Sie würden also mehr Mitarbeiter einstellen, wenn die Lohnkosten so niedrig wären, daß sie ihre Gewinne dabei trotzdem noch steigern könnten.

Zur Änderung der Situation müßte man nur den französischen Arbeitsmarkt nach amerikanischen Vorgaben ändern, und die Arbeitslosigkeit wäre mit einem Schlag beseitigt:

– Schritt 1: Der Mindestlohn muß deutlich unter dem Durchschnittslohn einer ungelernten Arbeitskraft liegen.

Wie wir bereits gesehen haben, betrug der Durchschnittslohn für Angestellte in nichtleitender Position in den USA 7,66 Dollar die Stunde und der Mindestlohn 5,15 Dollar. In Frankreich dagegen liegt der Mindestlohn in der Nähe des Durchschnittslohns für ungelernte Arbeitskräfte. Eine einfachere Version von Schritt 1 wäre, niedrigere Löhne in Kauf zu nehmen.

– Schritt 2: Die Personalkosten werden durch eine Kürzung der Sozialleistungen gesenkt.

Im Vergleich mit Amerikanern und Briten haben die französischen Arbeitgeber tatsächlich eine schwere Last zu tragen. Englische Arbeitgeber müssen zu einem Gehalt von 1000 Pfund noch 100 Pfund für Kranken-, Renten- und Arbeitslosenversicherung zahlen. Französische Arbeitgeber zahlen 256 Pfund, doch zusätzlich kommen noch weitere Kosten auf sie zu: Familienbeihilfe (54 Pfund), Unfallversicherung (9,60 Pfund), Steuerzuschlag (11,60 Pfund), Sozialabgabe (2,40 Pfund) und betriebliche Altersversorgung (37,50 Pfund). Verglichen mit den Lohnkosten des englischen Arbeitgebers mit 1100 Pfund zahlt der französische Arbeitgeber 271 Pfund mehr, nämlich insgesamt 1371 Pfund. Natürlich sind die Sozialleistungen in Frankreich auch deutlich besser, doch sie müssen entsprechend Schritt 2 drastisch gekürzt werden. Denn die Differenz kann auch nicht durch Beiträge der Arbeitnehmer ausgeglichen werden: *Ihre* Abzüge belaufen sich bei einem Gehalt von 1000 Pfund bereits auf 213,30 Pfund, während die britischen Arbeitnehmer nur Abzüge in Höhe von 80 Pfund hinnehmen müssen.

– Schritt 3: Zahlreiche arbeitsrechtliche Vorschriften sind außer Kraft zu setzen.

In Frankreich, Italien und in den meisten anderen westeuropäischen Ländern haben Arbeitgeber einen guten Grund, auch keine billigen Arbeitskräfte stundenweise einzustellen, selbst wenn ihre Einstellung sich lohnen würde. Es gibt nämlich Gesetze für vier Wochen bezahlten Urlaub pro Jahr sowie für bezahlte Krankheitstage, eine Begrenzung der Arbeitszeit auf 35 Wochenstunden, Überstundenhöchstgrenzen und Vorschriften, die eine Entlassung enorm teuer werden lassen oder sogar völlig verhindern.
Außerdem erhalten Arbeitnehmer eine Abfindung, wenn sie freiwillig kündigen oder in den Vorruhestand gehen. Diese Abfindung richtet sich nach der Zahl der geleisteten Arbeits-

jahre, für jedes Jahr erhält man ein Monatsgehalt (die Abfindungen, die bei Entlassungen ausgehandelt werden, sind wesentlich höher).

Für die Arbeitnehmer in Frankreich und im restlichen Westeuropa garantiert das Arbeitsrecht nicht nur wirtschaftliche Sicherheit, sondern auch ihre persönliche Würde. Die meisten arbeiten hart, müssen aber keine plötzliche Kündigung fürchten, wenn ihre Leistung ihren Chef einmal nicht zufriedenstellt. Tatsächlich gibt es den allmächtigen Boß im amerikanischen Sinne überhaupt nicht. Statt dessen gibt es zwei Vertragspartner, von denen der eine die wirtschaftliche Macht besitzt, der andere aber über zahlreiche gesetzlich geschützte Ansprüche verfügt.

Für französische Arbeitgeber bedeutet jedoch jeder neu eingestellte Arbeiter oder Angestellte aufgrund der arbeitsrechtlichen Regelungen eine große Verpflichtung. In vielen Branchen ist die Nachfrage mehrjährigen Zyklen unterworfen, in einigen gibt es auch saisonbedingte Schwankungen. Da man niemanden entlassen kann, werden so wenig Mitarbeiter wie möglich eingestellt.

Daher macht Schritt 3 eine Änderung des Arbeitsrechts nötig. Jeder Arbeitnehmer soll nach einer einmonatigen Kündigungsfrist entlassen werden können, Abfindungen, bezahlter Urlaub, Überstundenzuschläge sollten abgeschafft oder auf vertraglich geregelte Ansprüche zurückgeschraubt werden, zu denen sich die Arbeitgeber verpflichten. Anders gesagt, es würde statt Gesetzen Verhandlungen geben. Das Gegengewicht zur wirtschaftlichen Macht der Arbeitgeber wäre beseitigt.

Damit wären die Voraussetzungen für zusätzliche Einstellungen geschaffen. Allerdings gibt es in Frankreich zu wenig Arbeitgeber, weil man in vielen Branchen, ja sogar für ein Ladengeschäft kostspielige Genehmigungen benötigt, die nur schwer zu bekommen sind. Darüber hinaus können neue Banken, Anlageberatungsfirmen und Finanzdienstleistungen aller

Art nicht ohne Genehmigungen gegründet werden, die strengen Beschränkungen unterliegen. Im Sinne des turbo-kapitalistischen amerikanischen Modells, das solche Hemmnisse ausschließt, ist ein weiterer Schritt erforderlich:

– Schritt 4: Alle Lizenzen für Hotels, Restaurants, Cafés, Bars, Imbißstände und Läden im Einzelhandel müssen abgeschafft werden. Wenn es nur noch lokale Vorschriften zur Einteilung der Gewerbezonen, zu Hygienevorschriften usw. gibt, wird sich die Zahl der Arbeitgeber in diesen Branchen stark erhöhen. Genehmigungen für neue Banken und andere Anbieter von Finanzdienstleistungen müssen großzügig gewährt werden und nur treuhänderischen Erfordernissen und Inspektionen unterworfen sein. Allein diese Maßnahme würde den Unterschied von 50 Prozent bei amerikanischen und französischen Beschäftigtenzahlen im Dienstleistungssektor ausgleichen.

An dieser Stelle bliebe nur noch ein Hindernis aus dem Weg zu räumen.

Der französische Staat belegt die Arbeitgeber nicht nur mit hohen Steuern, sondern überzieht sie auch noch mit bürokratischen Auflagen. Französische Winzer produzieren nicht nur Wein, sondern versorgen den Staat auch mit Schreibarbeit, französische Zündkerzenhersteller produzieren Zündkerzen und Schreibarbeit für den Staat. Formulare aller Art und jeder Länge müssen ausgefüllt und jeden Monat, jedes Vierteljahr und jedes Jahr rechtzeitig an Ministerien, Ämter, Büros und kommunale Verwaltungsstellen verschickt werden, ansonsten drohen drakonische Strafen. Es gibt eine wahre Formularflut, mit deren Hilfe Käufe, Verkäufe, Lagerbestände, An- und Zulieferungen und jede Einzelheit über die Mitarbeiter gemeldet werden müssen, außerdem noch vieles mehr, das gar nichts mit den Zahlen über Einnahmen und Ausgaben zu tun hat, die für die Steuer benötigt werden.

Aus einem naheliegenden Grund, dem Anstieg der Arbeitslosigkeit, kann dieser Papierkrieg des Staates nicht abgeschafft werden. Eine vollständige Abschaffung würde den einzigen französischen Vorteil beseitigen, nämlich die hohe Zahl an Arbeitsplätzen in der öffentlichen Verwaltung.

Beschäftigte in der öffentlichen Verwaltung, Stand 1996

	Anteil an der Gesamtbeschäftigung in Prozent	
	USA	*Frankreich*
Anteil der in der öffentlichen Verwaltung Beschäftigten	4,6	8,2

Die Schreibarbeit, die die Arbeitgeber derzeit leisten müssen, kann jedoch sicher reduziert, vereinfacht oder mit Hilfe eines Computers erledigt werden. Wenn der französische Staat weiterhin seine unersättliche Gier nach Informationen befriedigen muß, könnte jedes Amt eine Webseite im Internet anlegen, auf der die Arbeitgeber ihre Rohdaten eingeben. Den Beamten bliebe es dann überlassen, die Informationen zu putzen, zu waschen und nach ihrem Geschmack weiterzuverarbeiten. Momentan sind viele potentielle Unternehmer zwar bereit, sich den Risiken des Marktes zu stellen, schrecken aber vor einer Unternehmensgründung zurück, weil sie Gebühren und das Ausfüllen von Formularen fürchten. Damit wären wir bei der letzten Maßnahme angelangt:

– Schritt 5: Schreibarbeit, die nichts mit Steuern zu tun hat, wird für Betriebe mit weniger als 50 Mitarbeitern (die amerikanische Begrenzung bei den meisten bürokratischen Vorgängen) abgeschafft; von kleinen Betrieben werden Daten per Datenfernübertragung versandt oder mündlich über Sprachmenüs weitergegeben (die übliche amerikanische Praxis auf bundesstaatlicher Ebene).

Wenn die ganzen Maßnahmen durchgeführt würden, müßte niemand mehr in Frankreich arbeitslos sein. Es würde zahlreiche Jobs für Menschen aus allen Berufen oder auch für Menschen ohne Qualifikationen geben. Um sicherzustellen, daß nur die Reichen oder Asketen dem Müßiggang frönen, müßte man nur wie in den USA die Arbeitslosenunterstützung und die Sozialhilfe für jene streichen, die eine ihnen angebotene Arbeit ablehnen. Dann gäbe es kein Herumlungern mehr in den Slums im Norden von Paris, vor den Blöcken des sozialen Wohnungsbaus (HLM) würden keine Gruppen arbeitsloser Männer herumstehen, die Cafés hätten mehr Kunden, doch während der Arbeitszeit würden sich dort weniger die Zeit vertreiben. Allerdings wären dann die festen Arbeitszeiten abgeschafft, alle Betriebe und Läden könnten 24 Stunden am Tag offen haben, und zwar sieben Tage in der Woche, auch Weihnachten, Ostern und Neujahr.

Da die Personalkosten dank der geschilderten Maßnahmen reduziert und das Dasein der französischen Unternehmer dadurch einfacher geworden wären, daß viele Vorschriften und das Ausfüllen von Formularen abgeschafft wäre, würden die großen und kleinen Betriebe Frankreichs florieren. Auch die Aktionäre und die Manager der großen Unternehmen würden von den Maßnahmen profitieren, denn ihre Arbeitgeber könnten dann wie in den USA Gehälter zahlen, die zweihundertmal so hoch wären wie die ihrer Angestellten mit dem niedrigsten Verdienst. Der französische Aktienmarkt würde eine zweite *Libération* feiern, mit einem jahrelangen Anstieg der Aktien, die den CAC-Index in nie dagewesene Höhen treiben würde. Der Absatz von Privat-Jets würde enorm steigen, der Immobilienmarkt für Villen an der Côte d'Azur sich beleben, und die französische Mode- und Luxusgüterindustrie, der es derzeit an Kunden fehlt, müßte wahrscheinlich Rationierungsmaßnahmen beschließen.

Alle wären glücklich und zufrieden, nur eine Gruppe nicht: die französischen Arbeiter und Angestellten, die bereits Arbeit haben und damit zu den 88 Prozent gehören, die nicht arbeitslos sind. Sie hätten nicht nur ihre relativ hohen Löhne und Gehälter, ihre bezahlten Urlaubs- und Krankheitstage, ihren Kündigungsschutz, ihre garantierten Abfindungszahlungen und einen Teil ihrer Kranken- und Rentenversicherung verloren, sondern auch ihre Macht, sich dem Willen und den Launen ihrer Arbeitgeber zu widersetzen – und damit auch einen Teil ihrer Würde. Diese Gruppe umfaßt aber wesentlich mehr Menschen als es die Arbeitslosen oder leitenden Angestellten oder Großaktionäre oder die kleine Schar unvoreingenommener Anhänger des freien Marktes sind. Frankreich ist eine Demokratie, und 1996 sagte die Mehrheit der Wähler wohlweislich *non* zu einem »flexiblen« Arbeitsmarkt und einem turbo-kapitalistischen Frankreich. Und es ist unwahrscheinlich, daß sich für einschneidende Veränderungen jemals eine Mehrheit dafür finden wird.

Japan: Vollbeschäftigung als nationales Ziel

Bis zum Jahr 1990 wurde Japan für den erstaunlichen Erfolg seiner Exportindustrie und den raschen Aufstieg des Landes zur Finanzmacht sehr bewundert und manchmal auch gefürchtet. Im Jahr 1985 schien der neu aufgewertete Yen alles zu erobern. Die steigenden Grundstücks- und Gebäudepreise in Japan und die steigenden Aktienkurse an der Börse in Tokio erbrachten sagenhafte Kapitalgewinne, von denen auch die übrige Welt profitierte. Investoren auf der ganzen Welt lernten die Namen Dai-Ichi-Kangyo, Sumitomo, Fuji, Mitsubishi, Sanwa, Norinchukin und das einfache IBJ (Industrial Bank of Japan) buchstabieren und sogar aussprechen. Dies waren Banken, die 1988 über größere Vermögenswerte verfügten als Citicorp, die mit 208 Milliarden Dollar größte amerikanische

Bank. Die japanischen Top Sieben besaßen 1700 Milliarden Dollar Aktiva, das heißt 1,7 Millionen mal eine Million.[6] An der Wall Street, in der City von London und in anderen großen und kleinen Finanzzentren der Welt wurden die japanischen Banken und Anlageberatungsfirmen unter Führung des Großunternehmens Nomura zu Anleiheemittenten und Käufern neuer Anleiheemissionen, einer Hauptquelle für Firmenkredite und Direktinvestitionen.

Die Aktien und Anleihen, die an der Börse in Tokio notiert waren, wurden Ende 1989 insgesamt mit 5.200 Milliarden Dollar bewertet. Zum Vergleich: Die drei New Yorker Börsen kamen zusammen auf 4.300 Milliarden Dollar und die Londoner Börse auf 1.300 Milliarden Dollar[7]. Hinzu gesellte sich eine Explosion der Immobilienpreise in Japan. Die japanische Kaufkraft war enorm, die Japaner hätten ganze Städte und einen Großteil der amerikanischen Industrie aufkaufen können.

Im Endeffekt kauften sie eigentlich nicht viel. Natürlich wurden einige japanische Wirtschaftskapitäne dafür berühmt, daß sie bei kurzen Zwischenstopps diverse Weingüter in Frankreich, Hotels auf Hawaii, impressionistische Gemälde bei Auktionen in London, Bürohochhäuser in Hongkong und Golfplätze in verschiedenen Ländern kauften, bevor sie nach Japan zurückeilten und prüften, wie hoch ihre Anteile in der Zwischenzeit gestiegen waren. Und natürlich machten Versicherungen, Banken, Immobiliengesellschaften und Firmen Furore, als sie namhafte Immobilien wie das Rockefeller Center im Herzen von Manhattan oder das berühmte Pebble Beach Resort in Kalifornien kauften. Dabei erwarben sie in aller Stille US-Schatzanleihen im Wert von mehreren hundert Milliarden Dollar und Aktien amerikanischer High-Tech-Firmen. Ein Großteil des Kapitalertrags wurde jedoch für Bankkredite verwendet, mit deren Hilfe andere Spekulanten beim Kauf japanischer Immobilien und Aktien überboten werden konnten. Dadurch wurden die Preise weiter in die Höhe getrieben, Banken wurden verleitet, noch mehr Kredite gegen die Garantie der überbewerteten Aktiva zu vergeben, und die Spirale schraubte sich durch gegenseitiges Überbieten und weitere Kredite immer weiter nach oben. Die Banken konnten immer mehr verleihen, weil ihre Aktiva aus Immobilien und Aktien mit jeder Drehung der Spirale an Wert zulegten.

Als die staatliche Bank von Japan Ende 1989 schließlich intervenierte, um die Handelsbanken davon abzuhalten, mit ihren Krediten die Spekulation weiter anzutreiben, sackte die »Bubble Keizai«, die spekulative Aufblähung der Wirtschaft, sofort in sich zusammen. Sobald die Immobilienpreise und Aktienkurse sanken, gingen die wagemutigsten und tollkühnsten Spekulanten bankrott, doch es kam nicht zu massiven Zusammenbrüchen. Einzelne Spekulanten gingen zugrunde, doch die großen Handelsbanken schützten befreundete Unternehmen und verlängerten deren Kredite, selbst wenn diese keine Zinsen mehr zahlen konnten. Das Finanzministerium schützte im Gegenzug wiederum die Banken. Diese harmonische Zusammenarbeit erwies sich als großer Fehler. Da notleidende Kredite nicht energisch beseitigt worden waren und die Vermögenswerte nicht in den Keller stürzten, um auf diese Weise wieder zu attraktiven Anlagen zu werden, kam es zu einem langsamen Niedergang, der durch weitere Kreditverlängerungen und neue Kredite verdeckt wurde, und nicht zu einer schnellen vernichtenden Pleite, die eine rasche Erholung möglich gemacht hätte. Erst 1997 mußten die am stärksten überschuldeten Handelsbanken und Investitionsgesellschaften schließen, ganze sieben Jahre zu spät – sieben Jahre der anhaltenden Verknappung und der Rezession.

Sobald die »Seifenblasen-Wirtschaft« zerplatzt war, wurden die Japaner nicht mehr länger bewundert oder gefürchtet. Ihre Exportindustrie prosperierte weiterhin und erreichte sogar neue Rekorde. Den Wettbewerb um das im Jahr 1998 meistverkaufte Auto in Amerika trugen Honda und der Vorjahressieger Toyota unter sich aus. Die Japaner verdienten weiterhin gut und sparten enorme Summen, kauften weiterhin US-Schatzanleihen in Milliardenhöhe und investierten in der ganzen Welt. Nach dem Finanzkollaps in Südostasien und Korea im Jahr 1997 stammten viele der Stützungskredite aus Japan, das Geld floß entweder direkt oder über den Weltwährungsfonds. Die USA redeten nur, Japan handelte und bezahlte.

Das alles spielte anscheinend keine Rolle. Das »japanische Modell« verlor urplötzlich an Bedeutung und war nicht einmal mehr interessant. Doch das Ziel des japanischen Modells hatte von Anfang an nicht in der Maximierung von Kapital bestanden, geschweige denn darin, daß reiche Männer leichtfertig französische Weingüter, hawaiianische Golfplätze, van Gogh-Gemälde oder englische Herrenhäuser kauften. Beim amerikanischen Modell stehen die Wirtschaftskapitäne im Mittelpunkt, beim japanischen Modell nicht. Es gab und gibt ein echtes japanisches Modell, doch dessen Zielsetzung könnte der des gerade skizzierten nicht entgegengesetzter sein. Beim japanischen Modell hat man sich zum Ziel gesetzt, jedem arbeitswilligen Japaner einen sicheren Arbeitsplatz zu geben. Der wahre Charakter des japanischen Modells zeigte sich ironischerweise erst in der langen Rezession, die auf den Zusammenbruch der Scheinwirtschaft 1989 folgte.

Das schnelle Wirtschaftswachstum, das einst als selbstverständlich betrachtet worden war, verlangsamte sich – obwohl die japanische Wirtschaft bis 1995 immer noch eine höhere Wachstumsrate verzeichnete als die USA. Doch das nutzte den vielen Banken wenig, die aufgrund der Doppelbelastung durch den Verfall der Immobilienpreise und der japanischen Aktienkurse wie gelähmt waren. Ihr eigenes Kapital halbierte sich fast, und gleichzeitig wurden ihre ausstehenden Kredite wertlos, weil die Kunden, die Geld zum Kauf von Grundstücken und Aktien zu Höchstpreisen aufgenommen hatten, die Kredite weder zurückzahlen noch die Zinsen dafür aufbringen konnten. Nur die Verbindlichkeiten, das heißt die Einlagen, blieben weiterhin bestehen. Die Banken mußten daher ihre Kreditvergabe besonders gegenüber kleinen Firmen einschränken. Die ausbleibenden Kredite drohten das Wirtschaftswachstum zu ersticken, die private Nachfrage brach zusammen, und der Umsatz vieler Betriebe und Geschäfte ging zwischen 1990 und 1997 um 30 Prozent oder noch stärker zurück.

Dennoch stieg die Arbeitslosenquote 1998 trotz des düsteren Geredes über eine tiefe Wirtschaftskrise oder einen drohenden Kollaps nicht über vier Prozent. Die Lage der Banken war allerdings prekär, so prekär, daß Anfang 1998 selbst die mächtige Sumitomo Bank beim Verkauf ihrer in US-Dollar valutierten Vorzugsaktien an der New Yorker Börse zehnprozentige Ertragsscheine anbieten mußte, was fast einer mexikanischen Risikobewertung entsprach. Viele Unternehmen hatten Probleme, vor allem jene, die Geld aufgenommen hatten, um in den Boomjahren Immobilien oder die Aktien anderer Unternehmen zu kaufen. Doch trotz der Wirtschaftslage konnten fast alle Japaner, die arbeiten wollten, auch Arbeit finden. In den USA wäre die Arbeitslosenquote unter derartigen Bedingungen auf 20 Prozent gestiegen, in Europa vielleicht sogar auf 30 Prozent. In einer perfekten Symmetrie der Gegensätze war die Arbeitslosenquote mit 4,1 Prozent in den USA und in Japan genau gleich. Japan befand sich zu der Zeit in einer tiefen Depression. Die Börse erreichte nur 37 Prozent ihres Höchststandes im Jahr 1989, und die Immobilien in Tokio wurden zu einem Drittel der Preise von 1989 angeboten. Mit 4,1 Prozent war die höchste Arbeitslosenquote seit 1956 erreicht, ein alarmierendes Zeichen für eine Wirtschaftskrise. Die USA genossen dagegen einen Wirtschaftsaufschwung. Dort war die Arbeitslosenquote mit 4,1 Prozent auf dem tiefsten Stand seit 1973, ein Anlaß zum Feiern und ein Anzeichen für allgemeinen Wohlstand.

Die Vollbeschäftigung war schon immer Sinn und Zweck der japanischen Spielart des gelenkten Kapitalismus gewesen. Obwohl Japan eigentlich für den hartnäckigen Widerstand gegen eine Globalisierung der japanischen Wirtschaft berühmt ist, diese aber selbst im großen Maßstab exportiert hat, war der eigentliche Kern der japanischen Wirtschaftspolitik ein allumfassendes System *interner* Kontrolle. Die Politiker des Landes waren mit Parteipolitik und den Beziehungen zwischen den einzelnen Parteien beschäftigt, daher blieb die Gestaltung der Wirtschaftspolitik fast völlig der Bürokratie überlassen – eine Rollenverteilung, die in den USA kaum bekannt und in Westeuropa und anderen Teilen der Welt sehr selten anzutreffen ist. Die leitenden Beamten des Finanzministeriums, des Ministeriums für Internationalen Handel und Industrie (MITI) und die anderen Ministerien und Ämter, die wirtschaftlich gesehen eine Rolle spielten, erließen selten offizielle Anordnungen oder Verbote. Sie vertrauten anstatt auf Gesetze oder Regulierungen zumeist auf eine informelle »administrative Führung«. Ihre Macht zeigte sich vornehmlich in der breiten Akzeptanz ihrer inoffiziellen Vorschläge, bei denen es sich gelegentlich auch nur um eine beiläufige Bemerkung bei einem Essen mit führenden Geschäftsleuten oder um einige versteckte Kommentare in der Presse handelte.

Der Einfluß der leitenden Beamten auf die japanische Wirtschaft ist vielleicht nicht mehr so groß wie früher, doch er ist immer noch deutlich zu spüren. Jeder erinnert sich an ihre historische Leistung, Japan aus der Armut zum wirtschaftlichen Aufstieg geführt zu haben. Ihre Reputation hatte zwar nach der Rezession von 1990 Schaden genommen, konnte aber nicht ruiniert werden. Außerdem beruht ihr Prestige zu einem Großteil auf ihrer Ausbildung. Die wichtigsten Ministerien lockten die besten Absolventen der angesehensten Universitäten an, und dies in einem Land, in dem Bildung den höchsten Rang einnimmt.[8] Politiker gelten in der japanischen Gesellschaft als eine aus dem Westen importierte Neuerung, daß sie korrupt sind, überrascht niemanden. Die leitenden Beamten werden dagegen als Nachfolger der Samurai im alten Japan betrachtet. Und daher erwartet man, daß sie stoisch und unbestechlich sind und sich völlig den Interessen ihres Landes widmen. Aus diesem Grund litt ihr Ansehen schwer, als einige untergeordnete Beamte des Finanzministeriums im Januar 1998 verhaftet wurden, weil sie sich Abendessen und Golfausflüge hatten bezahlen lassen.

Früher lauschten japanische Spitzenmanager, Industrieverbände, die meisten Journalisten und die Öffentlichkeit den Worten der ranghohen Beamten und leisteten ihnen Folge. Mittlerweile äußert sich die Presse oft kritisch, und einige Unternehmensvorstände stellen bestimmte Praktiken oder sogar die Autorität der ranghohen Beamten in Frage, was letztlich die Demokratie untergräbt. Dennoch sollte niemand erwarten, daß die japanische Verwaltungselite ihre besondere Machtposition in Japan einbüßen könnte, so sehr ihr Ansehen auch schwinden mag. Die japanischen Politiker konzentrieren sich weiterhin auf die Parteipolitik. Nur wenige sind fähig und bereit, Maßnahmen zu initiieren und sie gegenüber ihren nominell Untergebenen durchzusetzen. Außerdem stützt sich die Macht der Bürokratie auf die kleinen Leute in Japan, denn das Beamtentum schützt diese vor den Kräften des Marktes.

Amerikaner predigen den Japanern bei Verhandlungen über Handelsabkommen zusammen mit ihren europäischen Kollegen ständig die Vorteile des freien Marktes, des Freihandels und des freien Wettbewerbs. Doch die noch bestehenden japanischen Handelsschranken und -regulierungen dienen einzig und allein dazu, die japanische Gesellschaft vor den zerstörerischen Folgen *jeder* Form von Wettbewerb zu schützen, sei er nun in- oder ausländischen Ursprungs. Nur so kann jedem arbeitswilligen Japaner ein Arbeitsplatz garantiert werden.

Aus westlicher – oder vielleicht sollte man sagen aus turbokapitalistischer – Perspektive fällt am japanischen Modell vor allem die Tendenz auf, die wirtschaftlich Schwachen vor den wirtschaftlich Starken zu schützen. Beim westlichen makroökonomischen Ansatz wird ein breitangelegtes Konzept zur Steigerung oder Unterdrückung der Nachfrage propagiert, um auf breiter Basis angelegte Resultate zu erzielen, ganz gleich, ob man nun die Beschäftigtenzahlen erhöhen oder die Inflation in den Griff bekommen will. Im Gegensatz dazu schützt das japanische Modell die Arbeitnehmer und die Arbeitsplätze in ihrem jeweiligen Arbeitsmarktsegment.

Kleine Ladenbesitzer werden durch ein spezielles Gesetz geschützt, das die Ausbreitung von Discountketten, Supermärkten und Kaufhäusern streng begrenzt. Insgesamt gibt es davon nur etwa 2.000 in ganz Japan, die zumeist auf die Zentren der Großstädte beschränkt sind. Da die japanischen Läden so klein und so zahlreich sind – bei der letzten Zählung kam man auf über zwei Millionen –, ist eine effizientere Belieferung der fünf Millionen japanischen Ladeninhaber und ihrer Angestellten nicht möglich. Dadurch wird wiederum die Existenz von über einer Million Lieferanten gesichert. Mit ihren Microvans, mit denen sie die winzigen Läden mit winzigen Mengen beliefern, sind sie überall zu sehen. Laut der letzten Erhebung gibt es über 600.000 Lebensmittel- und Getränkeläden, mehr als 400.000 Läden, in denen Medikamente, Toilettenartikel, Bücher und Schreibwaren verkauft werden, und über 200.000 Läden für Kurzwaren und Kleidung. Zwei Millionen Japaner verdienen ihren Lebensunterhalt mit über einer halben Million meist sehr kleiner Speise- oder Trinklokale, dabei sind weitere 200.000 *Sushi-Yas*, Cafés, Kneipen, Bierhallen, Varietés und Nachtclubs nicht berücksichtigt. Zur japanischen Hotellerie gehören außerdem noch zahlreiche traditionelle *Ryokan*-Gasthäuser, von denen manche bis zu 50 Zimmer, die meisten aber nur vier oder fünf Zimmer haben.

Für die Menschen sind die obengenannten Zahlen von unterschiedlicher Bedeutung. Zum einen arbeiten im Hotel-, Gaststätten- und Unterhaltungsgewerbe oder im Einzelhandel meistens die Besitzer selber zusammen mit ihren Familien, sie sind also nicht wie in den USA schlechtbezahlte Angestellte. Das soll nicht heißen, daß die japanischen Ladenbesitzer im Durchschnitt viel verdienen, tatsächlich haben die meisten ein sehr geringes Einkommen. Doch sie sind selbständig und beziehen daraus eine gewisse Würde. Außerdem bietet ihnen ihre Arbeit in vielen Fällen soziale Kontakte, denn die Geschäfte sind oft Treffpunkte für die Nachbarschaft, und die Cafés und Bars dienen als inoffizielle Clubs.

Zur Sicherung des Einkommens der rund vier Millionen Japaner, die überwiegend in der Fischerei oder der Landwirtschaft tätig sind, existieren zahlreiche Importbeschränkungen und Unterstützungsprogramme. Die Subventionen sind oft höher als in Europa oder den Vereinigten Staaten, wo sie momentan massiv zurückgeschraubt werden. Der eigentliche Unterschied besteht jedoch darin, daß sowohl in den USA als auch in Europa ein Großteil der staatlichen Gelder an landwirtschaftliche Großbetriebe geht, während in Japan verschiedene Regelungen gewährleisten, daß nur einzelne Bauern und ihre Kooperativen von den Zuschußgeldern profitieren. Die meisten Bauern bauen überwiegend Reis an und sind durch ein absolutes Importverbot geschützt, das erst jetzt durch streng begrenzte Einfuhrquoten allmählich gelockert wird.

Dörfer und Kleinstädte müssen dank der großzügigen Unterstützung der Zentralregierung die Konkurrenz der Großstädte nicht fürchten. Dabei werden nicht nur der Straßenbau und andere grundlegende Infrastrukturmaßnahmen gefördert, sondern auch der Bau von Jugendclubs, Kulturheimen, Museen, Kunsteinrichtungen und Sportanlagen. Die Zentralregierung versucht auf diese Weise, junge Leute vor Ort zum Bleiben zu veranlassen und eine Abwanderung in die größeren Städte zu verhindern.

Handwerker aller Sparten werden mit offiziellen Schutzzöllen und inoffiziellen Absprachen des Zollamtes vor Billigimporten geschützt. In Korea und China wird nämlich vielerlei Kunstgewerbe hergestellt, das als typisch japanisch gilt. Außerdem gibt es besondere Einfuhrbeschränkungen für Lederwaren, um die Angestellten in der lederverarbeitenden Industrie zu schützen, die zumeist zu der sozial verachteten und daher leicht verletzbaren Minderheit der *Eta* gehören.[9]

Und schließlich gibt es zwar viele wichtige Branchen, beispielsweise die Automobilindustrie, den Maschinenbau, die elektrotechnische Industrie und die Elektronikindustrie, die keinerlei Schutz brauchen, da sie in großem Maßstab exportieren, doch die verarbeitende Industrie (Papier, Sperrholz, Glas, Petrochemie usw.) leidet unter den hohen Energie- und Rohstoffpreisen – und muß daher entsprechend protegiert werden. Die High-Tech-Industrie wie zum Beispiel die Computerindustrie, die Biotechnologie und die Flug- und Raumfahrtindustrie wurde nicht nur vor Importen geschützt, sondern auch direkt gefördert, wie ich noch genauer ausführen werde. Theoretisch sind die japanischen Zolltarife die niedrigsten der Welt. Praktisch allerdings werden Importe, die sich störend auf die japanische Wirtschaft auswirken, immer noch häufig mit allerlei Tricks außer Landes gehalten – ohne dem Buchstaben nach gegen die Handelsverträge zu verstoßen.

Zählt man alle diese verschiedenen Sparten und noch einige andere hinzu (auch Fischer werden beispielsweise alimentiert), gewinnt man den Eindruck, daß der Anteil der Japaner, die vor einem schöpferischen und störenden Wettbewerb abgeschirmt werden, sehr hoch ist. Insgesamt betrachtet bewirkt die japanische Version des gelenkten Kapitalismus, daß die japanischen Verbraucher stets hervorragende Leistungen erhalten und sehr viel dafür bezahlen. Andererseits profitieren die Japaner als Produzenten von der wirtschaftlichen Stabilität eines jeden einzelnen. Denn im Gegensatz zum amerikanischen Turbo-Kapitalismus, bei dem die Konsumenten zum Nachteil der Produzenten bevorzugt werden, oder der europäischen Version, bei der jene, die einen Arbeitsplatz haben, zum Nachteil der Arbeitslosen geschützt sind, sichert der japanische gelenkte Kapitalismus Vollbeschäftigung dadurch, daß er etwa Teilarbeitslosigkeit institutionalisiert. Zwischen dem Beamtenapparat und den Unternehmen, der Industrie und ganzen Segmenten der Wirtschaft, die von der Regierung geschützt werden, existiert ein stillschweigendes Abkommen. Als

Gegenleistung für die Unterstützung durch den Staat muß die Wirtschaft Arbeitsplätze in ausreichendem Maße zur Verfügung stellen, damit die reale Arbeitslosenquote fast null Prozent beträgt – die Arbeitslosenquote vor der Wirtschaftskrise von zwei bis drei Prozent war größtenteils auf die wenigen Japaner zurückzuführen, die den Arbeitsplatz wechselten, und dies geschieht im Arbeitsleben eines Japaners relativ selten.

Deswegen entließ kaum ein angesehenes japanisches Großunternehmen Mitarbeiter, obwohl die seit 1989 andauernde Rezession die schwerste seit 1945 ist. Allerdings reduzierten die Subunternehmer die Anzahl der Gelegenheitsarbeiter (zu einem großen Teil illegale Einwanderer). Die meisten großen Unternehmen stellen weiterhin ihre Quote an jungen Berufsanfängern ein, darunter sind auch Universitätsabgänger, obwohl ihr vorhandenes Personal häufig schon unterbeschäftigt ist. Andere Unternehmen stellen nur ihren Teil an Männern ein und beschäftigen weniger Frauen. Das ist ohne jeden Zweifel unfair, aber auch eine realistische Reaktion auf die anhaltende Tendenz, daß japanische Frauen nach der Heirat nicht mehr arbeiten. In Japan gibt es neben hochautomatisierten Fabriken, die mit sehr wenigen Arbeitern eine hohe Produktivität erzielen, einen völlig übersetzten Verwaltungsbereich.

Die selbstauferlegte Verpflichtung, Arbeitsplätze zu erhalten, erstreckt sich auch auf den Dienstleistungssektor, in dem natürlich wesentlich mehr Japaner beschäftigt sind als in den großen Industrieunternehmen. Die Teilzeitverkäuferin, die den Verdienst ihres Mannes durch ihre Arbeit in einem winzigen Fotogeschäft ergänzt, arbeitet immer noch dort, obwohl sich der Inhaber auch allein um seinen wegen der Rezession geschrumpften Kundenstamm kümmern könnte. In guten Zeiten arbeitete sie treu für ihn, und sie braucht das Geld – das sind ausreichende Gründe, um ihr ihren Verdienst auf Kosten des ohnehin stark gesunkenen Gewinns zu sichern.

Das alles zeigt, daß beim japanischen Modell die Beschäftigung vor der Produktivität oder dem Profit kommt. Da die

Anteile der meisten Unternehmen in einer unendlichen Vernetzung von Besitzverhältnissen, die erst jetzt langsam entwirrt werden, immer noch anderen Unternehmen gehören, können die wenigen einzelnen (und ausländischen) Anteilsinhaber nichts unternehmen, wenn ihre Dividenden sinken, weil die hohe Beschäftigungsquote gehalten werden soll.

Besuchern aus anderen Ländern fällt sofort die ungewöhnliche Ausgeglichenheit auf, die Menschenmassen in Japan ausstrahlen. Sie schreiben diese Ruhe vielleicht der Homogenität der japanischen Bevölkerung zu, einer traditionellen Selbstdisziplin oder der asiatischen Gelassenheit. Aber das wäre falsch. Bevor die japanische Version des gelenkten Kapitalismus die Wirtschaft nach 1945 stabilisierte, erlebte das Land sehr viele gewalttätige Streiks, politische Attentate und Massendemonstrationen, die häufig in regelrechte Straßenkämpfe ausarteten.

Beim japanischen Modell wird die wirtschaftliche Leistungsfähigkeit geopfert, und der Verbraucher muß bei jedem Einkauf einen hohen Preis dafür entrichten. Aus der Sicht westlicher Wirtschaftsexperten läßt sich diese Vergeudung von Ressourcen aufgrund eines bewußten Mangels an Produktivität und der daraus resultierenden Folge für den Lebensstandard nicht rechtfertigen. Der japanische Lebensstandard ist unter rein materiellem Gesichtspunkt im Durchschnitt deutlich geringer als der amerikanische, obwohl das Durchschnittseinkommen der Japaner bedeutend höher ist. Doch diese Feststellung ist grob einseitig, denn sie übersieht den gesamtgesellschaftlichen und persönlichen Nutzen, der wesentlich mehr bedeutet – *selbst unter rein finanzieller Betrachtungsweise*. Der Unterschied tritt noch deutlicher zutage, wenn man Japan nicht mit dem dirigistischen Europa vergleicht, sondern mit dem Land, das sich auf der entgegengesetzten Seite des Spektrums befindet, nämlich mit den heutigen turbo-kapitalistischen Vereinigten Staaten, meinem Heimatland.

Wenn ich in Japan an einer Tankstelle anhalte, springen drei oder vier sichtlich unterbeschäftigte junge Männer eilfertig herbei und tanken nicht nur den Wagen auf, sondern putzen und polieren zusätzlich die Scheinwerfer, die Scheiben und die Windschutzscheibe und überprüfen Reifendruck und Öl- stand. Für diesen ausgezeichneten Service bezahle ich einen hohen Preis, denn das Benzin ist sehr teuer. Die japanischen Beamten sind entschlossen, diese Jobs am unteren Ende der Einkommensskala für Jugendliche zu erhalten, die für an- spruchsvollere Tätigkeiten nicht qualifiziert sind. Außerdem sollen Tankstellen in ländlichen Gegenden geschützt werden. Daher sind Tankstellen mit Selbstbedienung verboten. Über- dies sind die Tankstellen ohnehin gezwungen, über einen großzügigen Service miteinander in Konkurrenz zu treten, da die Benzinpreise von der Regierung festgelegt werden und Preissenkungen nicht erlaubt sind.

In den USA tanke ich an einer Tankstelle mit Selbstbedie- nung wesentlich billiger, doch auch dort warten drei oder vier junge Männer – manchmal sogar in Fleisch und Blut, doch immer symbolisch. Ich muß auf jeden Fall für diese jungen Männer bezahlen, die *keine* Arbeit an der Tankstelle gefunden haben. Meine Autoversicherung ist wegen ihres Vandalismus und ihrer Diebstähle teurer, und meine Steuern sind höher, weil damit Polizei, Gerichte, Gefängnisse und die Sozialhilfe finanziert werden müssen. Und wenn ich Pech habe, muß ich sogar mit meinem eigenen Blut dafür bezahlen.

Ein Siebzehnjähriger aus Washington D.C. tötete vor ein paar Jahren einen koreanischen Ladenbesitzer. Der Jugend- liche war aus der geschlossenen Psychiatrie ausgebrochen, wo er wegen eines im Alter von fünfzehn Jahren verübten Mordes an einem Taxifahrer untergebracht war. In einer Zeitung war zu lesen, daß für seine psychiatrische Behandlung über 100.000 Dollar ausgegeben worden waren,[10] und seine dreißigjährige Haftstrafe wird vermutlich weitere 750.000 Dollar kosten. Läßt man die beiden Toten und die Gerichtskosten einmal außer acht, könnte man für den Preis, diesen einen Jugendlichen *nicht* eingestellt zu haben, selbst bei den hohen japanischen

Benzinpreisen mindestens 151.108 Liter Treibstoff kaufen. Sinngemäß könnte man darauf die Lehren des spätmittelalterlichen Philosophen Nikolaus von Kues anwenden und behaupten, daß das amerikanische Benzin des freien Marktes auf teure Weise billig ist, verglichen mit dem Arbeitsplätze schaffenden japanischen Benzin, das auf billige Weise teuer ist. Natürlich gibt es keine Garantie, daß die jungen Männer, die ich herumlungern sehe, auch tatsächlich einen Job an der Tankstelle annehmen würden, wenn es denn einen gäbe. Aber auf jeden Fall wurde deutlich, daß die japanische Regierung dafür sorgt, daß auch für weniger qualifizierte Jugendliche, die nicht für eine anspruchsvollere Tätigkeit geeignet sind, offene Stellen angeboten werden.

Es gibt einen guten Grund, weshalb die japanische Version des gelenkten Kapitalismus, selbst als sie noch erstaunlich erfolgreich zu sein schien (weil ihre Zielsetzung mißverstanden wurde), nicht überall übernommen wurde. Der Erfolg des japanischen Modells hängt in entscheidendem Maße von der Qualität der administrativen Führung ab, die von sehr leistungsfähigen, hart arbeitenden und ehrlichen Beamten ausgeübt wird. Man kann sich unschwer vorstellen, wie genau das gleiche Modell in fast allen Ländern, denen nicht ausreichend fähige, hart arbeitende und ehrliche Beamte zur Verfügung stehen, zu massiver Korruption und wirtschaftlicher Stagnation führen würde.

Doch viele Japaner sind zu der Ansicht gelangt, daß ihre Version des gelenkten Kapitalismus mittlerweile von Korruption befallen ist und zur Stagnation führt. Anderen Japanern mißfallen einfach die hohen Preise für fast alle Güter und Dienstleistungen. Viele reisen ins Ausland und erleben dort am eigenen Leib, wieviel billiger fast alles wenn schon nicht in Europa, dann aber in den USA ist, und nehmen vielleicht nicht die deutlich schlechtere Qualität jeder Dienstleistung wahr. Andere kommen nicht ins Ausland, doch Japan ist ein Land, in dem eifrig Bücher und Zeitungen gelesen werden und die Menschen wesentlich gebildeter sind als in den USA oder Europa. Daher wissen selbst jene, die daheim bleiben, daß es den Verbrauchern im Ausland wesentlich besser geht.

Angetrieben von jungen und nicht mehr ganz so jungen Unternehmern, die die gleichen Freiheiten wie ihre amerikanischen Kollegen genießen wollen, und von kühnen leitenden Angestellten, die es ihren amerikanischen Kollegen gleichtun wollen, bildet sich ein neuer Konsens in Japan heraus. So sollen die meisten offiziellen und inoffiziellen Vorschriften und Beschränkungen für die Wirtschaft aufgehoben, die Stellung der bereits angeschlagenen Beamten weiter geschmälert, schwache Industriezweige und Unternehmen nicht mehr protegiert und der Wettbewerb von allen Beschränkungen befreit werden. Ehrgeizige und innovative Japaner nutzen die derzeitige Stimmung und machen große Fortschritte, ihre Mitbürger von turbo-kapitalistischen Reformen zu überzeugen. Selbst normale Angestellte ohne besondere Qualifikationen, die mehr verlieren als gewinnen würden, verbreiten mittlerweile diese neuen Parolen. Verständlicherweise ist den meisten wahrscheinlich gar nicht bewußt, daß es in einem turbo-kapitalistischen Japan selbst in guten Zeiten keine Vollbeschäftigung mehr geben wird, von einer Rezession ganz zu schweigen. Neben Discountketten und Supermärkten müßten auch viele Gefängnisse errichtet werden, um den Anteil der von der wirtschaftlichen Entwicklung Ausgeschlossenen aufzunehmen, die mit Verbrechen ihren Lebensunterhalt bestreiten. Denn auch das gehört zu einer turbo-kapitalistischen Entwicklung.

7

Theorie und Praxis der Geo-Ökonomie

D er intensive Wettbewerb des Turbo-Kapitalismus nimmt keine Rücksicht auf Staatsgrenzen. Dennoch sollte er keine nationalistischen Reaktionen hervorrufen. Schließlich besitzen die Beteiligten keine Nationalität, sondern sind gewinnorientierte Unternehmen, die häufig an der Börse notiert sind und deren Eigentümer mit dem weltweiten Kauf und Verkauf ihrer Anteile wechseln. Aber mit dem Ende des Kalten Krieges nahm die wirtschaftliche Rivalität sofort deutlich zu. Kaum war die aus Angst vor der Sowjetunion erzwungene Solidargemeinschaft zwischen Amerikanern, Europäern und Japanern hinfällig geworden, schon begann eine Reihe neuer Auseinandersetzungen über Handelsvereinbarungen und die industrielle Führerschaft in Industrien, die charakteristischerweise »strategisch« genannt wurden, gleichgültig, ob es sich bei deren Produkte nun um Flugzeuge oder um Fernsehserien handelte. Schwächere Länder hielten sich von den Konflikten fern, verfolgten allerdings mit ihrer Industriepolitik eigene Ziele. Sie bauten bestimmte Branchen aus und schützen sie vor dem globalen Wettbewerb, der sie sonst beiseite fegen würde. Das Zeitalter der Geo-Ökonomie brach an.

Auf dem Balkan, am Persischen Golf und in anderen Krisengebieten werden auch heute noch Territorialkämpfe nach altem Muster ausgetragen. Auf solchen Nebenschauplätzen der Weltgeschichte bleibt militärische Gewalt so wichtig wie zuvor und ebenso die Diplomatie in ihrer klassischen Form, die darin besteht, aus der Androhung militärischer Gewalt Macht und Einfluß abzuleiten, sei es nun, um Feinde abzuschrecken oder um schwächeren Verbündeten den Rücken zu stärken. Doch auf dem Hauptschauplatz des Weltgeschehens, auf dem Amerikaner, Europäer, Japaner und andere moderne Industrienationen kooperieren, aber auch miteinander konkurrieren, hat sich die Situation grundlegend verändert. Ein Krieg zwischen ihnen ist kaum noch vorstellbar. Militärische Stärke und klassische Diplomatie haben ihre traditionelle Bedeutung für die Industrieländer eingebüßt und dienen nur noch als Instrumente innerhalb von Auseinandersetzungen mit Störenfrieden auf Nebenschauplätzen.

Aber noch ist das Zeitalter brüderlicher Liebe nicht aufgezogen. Die Solidarität innerhalb eines Volkes beruht immer noch auf einer gemeinsamen nationalen Identität, die andere Völker ausschließt. Von »Amerikanern« zu sprechen ist nur sinnvoll, weil es auch Nichtamerikaner gibt. In vielen Fällen wird das »wir« immer noch anhand einer kulturellen Identität von »den anderen« abgegrenzt. Franzose, Italiener oder auch Brasilianer zu sein, ist in seiner Bedeutung spezifischer als das stark multikulturelle »wir« der Amerikaner und birgt eine stärkere Emotionalität. Bisweilen geht die Abgrenzung so weit, daß die Identität wie im Falle Japans noch mit rassischen Begriffen definiert wird. Allerdings genügt ein Blick auf eine Menschenmenge in Tokio, wo Individuen aller Hauttönungen von Blaßrosa bis Olivgrün zu finden sind, um eine solche Aussage als pure Einbildung zu entlarven. Wie immer man das Wesen nationaler Identität auch bestimmen mag, noch heute ist die Weltpolitik eine Domäne von Staaten, die sich als ein »Wir« verstehen, das »die anderen« ausgrenzt. Staaten sind natürlich auch *territoriale* Gebilde, die eifersüchtig über ihre genau abgesteckten Grenzen wachen. Selbst wenn sie keine Kriegsgedanken mehr hegen und tagtäglich in schönster Eintracht auf den verschiedensten Ebenen zusammenarbeiten, so beruht ihr eigentliches Wesen doch auf Gegnerschaft.

Aber Staaten und Regierungen spiegeln nicht nur eine bestimmte nationale Identität wider. Bewußt oder unbewußt zielen alle staatlichen Maßnahmen darauf ab, »nationale Interessen« zu vertreten und dabei latent vorhandene nationale Gefühle zu bestärken, zu fördern und auszunutzen. Auf Nebenschauplätzen der Weltpolitik, auf denen immer noch territoriale Konflikte ausgetragen werden, bieten Kriege und Kriegsdrohungen ein Ventil für feindselige Gefühle. Aber wenn Amerikaner, Europäer und Japaner aneinandergeraten, stehen ihnen zur Austragung ihrer Interessenskonflikte im großen und ganzen nur ökonomische Instrumente zur Verfügung.

GEO-ÖKONOMIE – KRIEGSFÜHRUNG
MIT ANDEREN MITTELN

Diese moderne Version der alten Rivalität zwischen Staaten habe ich »Geo-Ökonomie« genannt.[1] In diesem Zusammenhang ist das Investitionskapital, das der Staat verteilt oder bestimmten Industrien zur Verfügung stellt, von so großer Bedeutung wie früher die Feuerkraft. Die staatlich subventionierte Produktentwicklung stellt das Pendant zu waffentechnischen Neuerungen dar, und die Eroberung neuer Märkte mit Hilfe staatlicher Zuschüsse ersetzt Militärstützpunkte und Garnisonen auf fremdem Territorium sowie diplomatische Einflußnahme. Mit denselben Mitteln – Investitionen, Forschung und Entwicklung sowie Marketing – verfolgen private Unternehmen Tag für Tag rein kommerzielle Absichten. Wenn aber der Staat fördernd und lenkend in solche Vorgänge der Wirtschaft eingreift, haben wir es nicht mehr mit einem strikt kommerziellen Wettbewerb zu tun, sondern mit Geo-Ökonomie.

Zum geo-ökonomischen Arsenal zählen noch andere, zum Teil alte, zum Teil neue Waffen. Zölle beispielsweise können

Steuern sein, die zu keinem anderen Zweck erhoben werden als die Staatseinnahmen zu erhöhen. Ebenso können Einfuhrquoten und Einfuhrverbote Hilfsmittel darstellen, mit denen einem akuten Mangel an harten Devisen begegnet werden kann. Wenn allerdings solche Handelshemmnisse nur darauf abzielen, die heimische Industrie vor unliebsamer Konkurrenz zu schützen und ihr Wachstum zu fördern, dann haben wir es wieder mit Geo-Ökonomie zu tun. Diese ist das Äquivalent zur Verteidigung der Frontlinien und zur Weltpolitik nach althergebrachtem Muster.

Drastische Zölle oder Einfuhrverbote können Importe direkt unterbinden, doch fast alle Staaten hatten GATT (General Agreement on Tariffs and Trade) unterzeichnet, das Allgemeine Zoll- und Handelsabkommen, und gehören mittlerweile seiner restriktiveren Nachfolgeorganisation an, der Welthandelsorganisation WTO (World Trade Organization). Bereits die GATT-Vereinbarungen sollten willkürliche Zölle, Einfuhrquoten und -verbote verhindern; bei der WTO gelten nun strengere Verbote, und Verstöße dagegen werden bestraft. Daher greifen einige Länder auf versteckte Handelsbarrieren zurück. Sie sind sozusagen der geo-ökonomische Hinterhalt und eine besonders wirksame Taktik der traditionellen Kriegsführung.

Häufig werden Gesundheits- und Sicherheitsvorschriften ersonnen oder besondere Anforderungen an Etikettierung, Verpackung und Recycling gestellt, um Einfuhren zu verhindern. Es gibt unzählige Methoden, um Importe stark zu behindern. Am bekanntesten ist der heimliche Krieg Südkoreas gegen die Einfuhr ausländischer Autos, der bis 1997 ausgefochten wurde. Da die südkoreanische Autoindustrie selber in großem Maßstab Wagen exportierte, konnte die südkoreanische Regierung den Import von Autos nicht einfach verbieten oder mit drastischen Strafzöllen belegen. Statt dessen vertraute sie auf die bewährte Hinterhaltstaktik: Zuerst wurde einheimischen Unternehmen jeder Größe stillschweigend untersagt, die Automobile amerikanischer, europäischer oder japanischer Hersteller zu importieren oder weiterzuverkaufen. Als die ausländischen Automobilfirmen versuchten, ihre eigenen Ausstellungs- und Verkaufsräume einzurichten, wurden die Grundstücksbesitzer vor Ort angewiesen, ihnen keine Immobilien zu verkaufen oder zu vermieten. Jene unverbesserlichen Südkoreaner, die dann immer noch eines der wenigen importierten Autos kauften, wurden sofort Opfer der Steuerbehörden, die ihre Einkommen und bisherigen Steuerzahlungen einer eingehenden Prüfung unterzogen. So etwas machte schnell die Runde; und bis zum Ausbruch der Wirtschaftskrise 1997 wurden nur sehr wenige importierte Autos gekauft. Durch die Krise ging der Verkauf von Personenwagen insgesamt stark zurück, doch zugleich versprach sie eine Öffnung des Marktes – die USA und Japan verknüpften ihre Zusage für Stützungskredite mit einer entsprechenden Forderung.

Vor allem in Ostasien greift man gern auf inoffizielle und nicht näher spezifizierte Zollhemmnisse zurück. Sieht man einmal von gezielten Maßnahmen ab, die ganz bestimmte Importe blockieren sollen, so behindern schon normale Zollkontrollen den freien Warenverkehr. Jeder Container, jede Kiste, jede Schachtel, jede verpackte Sendung einschließlich Luftpostbriefe muß für die Inspektoren geöffnet werden. In den USA und in den meisten anderen Ländern begnügt sich der Zoll mit Stichproben und verläßt sich ansonsten auf die Zolldeklaration. Das Verfahren in Ostasien sowie die benötigte schriftliche Dokumentation garantierten bereits Verzögerungen, doch bis vor kurzem wurden sie noch von der Vorschrift übertroffen, daß in Japan auch die Vorlage eines Bilds der eingeführten Ware gefordert wurde. Japan exportiert Fotoapparate in alle Welt, aber bis vor wenigen Jahren hatten die japanischen Zöllner keine. Statt dessen fertigten sie eine freihändige Skizze der Ware an.

Manche dieser Verzögerungen sind vielleicht nur ärgerlich, andere sind Bestandteil einer Strategie. Der Import neuer Produkte, die heimische Industriezweige in Bedrängnis bringen, wird manchmal durch die Vorschrift unterbunden, daß die Geräte bestimmten technischen Standards zu genügen haben. Die zuständige Behörde kann heimlich Vertreter der heimischen Industrie konsultieren und Standards festlegen, die die Importe der stärksten Konkurrenten ausschließen. Die Bekanntgabe neuer Standards kann so lange hinausgezögert werden, bis die eigene Industrie die Voraussetzungen für eine Massenproduktion geschaffen hat. Wenn es dann soweit ist und der Markt für alle geöffnet wird, können die heimischen Firmen direkt mit dem Verkauf beginnen, während ausländische Konkurrenten ihre Produkte erst noch dem neuen Standard anpassen müssen. Ein solches Vorgehen konnte man bei Mobiltelefonen und bei der Auseinandersetzung zwischen Amerikanern, Europäern und Japanern um die HDTV-Standards beobachten.

Manchmal können willkürlich festgelegte Standards auf lange Zeit Einfuhren verhindern. So verlangen die Japaner, daß Sperrholzplatten aus tropischen Harthölzern und nicht aus Kiefern- oder einem anderen Weichholz hergestellt sein müssen. Dafür gibt es keinen einleuchtenden Grund, denn Weichholz erfüllt diesen Zweck ebensogut.

Diese Vorschrift bewirkt aber, daß die japanische Holzindustrie vor der amerikanischen und skandinavischen Konkurrenz geschützt ist, die den unschlagbaren Vorteil besitzt, erheblich billigere Rohstoffe zu verarbeiten. Die Regelung hat auch noch einen Nebeneffekt: Die tropischen Regenwälder auf den Philippinen, in Thailand, Indonesien und Malaysia werden irreparabel geschädigt.

Handelsschranken dienen in den meisten Fällen dazu, den Binnenmarkt für die heimische Industrie zu reservieren. Gelegentlich leisten sie aber auch einen Beitrag zum Wachstum von Exportbranchen. Länder mit begrenzten Vorkommen an natürlichen Bodenschätzen erheben Ausfuhrzölle auf Rohstoffe, nicht aber auf veredelte Produkte, denn sie wollen ja die Verarbeitung im eigenen Land fördern. So dürfen beispielsweise in den meisten afrikanischen Ländern keine Baumstämme mehr ausgeführt werden, sondern nur noch Holz, das bereits zu Brettern oder Bohlen weiterverarbeitet wurde. Viele Amerikaner haben für ihr Land eine ähnliche Regelung verlangt, bisher ohne Erfolg. Die amerikanischen Wälder werden weiterhin abgeholzt, damit kein Holzfäller seinen Job verliert, obwohl erheblich mehr Arbeitsplätze in Sägewerken geschaffen werden könnten, wenn der Export ganzer Baumstämme unterbliebe. Saudi-Arabien und andere Erdölförderstaaten greifen auf die gleiche Maßnahme zurück. Sie verkaufen Rohöl zu einem hohen Preis, während sie Raffinerieprodukte und insbesondere petrochemische Produkte billig anbieten.

Wie im Krieg beherrschen auch in der Geo-Ökonomie die Offensivwaffen das Schlachtfeld. Zu den wichtigsten gehören Forschung und Entwicklung, die mit massiver staatlicher Unterstützung und mit Steuergeldern gefördert werden. So wie im Krieg die Artillerie mit ihrer Feuerkraft feindliche Linien sturmreif schießt, so daß sie anschließend von der Infanterie besetzt werden können, so können Forschung und Entwicklung den entscheidenden technologischen Vorsprung schaffen, um die Industrie der Zukunft zu beherrschen. Eine solche Zukunftsinvestition war beispielsweise das im Jahr 1990 gegründete US Advanced Battery Consortium, ein Programm zur Entwicklung einer effizienteren Stromquelle für Elektroautos als die bisher existierenden Batterien, die nach dem Prinzip des Bleiakkumulators funktionieren und für ihr Gewicht zu wenig Leistung liefern. An der Finanzierung des Forschungsprogramms beteiligten sich das amerikanische Energieministerium mit 130 Millionen Dollar und die drei großen Autohersteller General Motors, Ford und Chrysler mit der gleichen Summe. Zwei Jahre später stellte das Konsortium eine vielversprechende technologische Neuheit vor, die ovonische Batterie, die von Stanford R. Ovshinsky und seiner Firma Energy

Conversion Devices Inc. mit einer Finanzspritze des Konsortiums in Höhe von 18,5 Millionen Dollar entwickelt worden war. Im Jahr 1998 hatten sich die darin gesetzten Hoffnungen verflüchtigt, aber die brüderliche Zusammenarbeit der drei großen amerikanischen Autohersteller, die doch eigentlich permanent in hartem Wettbewerb miteinander stehen müßten, kann nur eines bedeuten: Dies war kein rein kommerzielles Unterfangen mehr, sondern vielmehr eine geo-ökonomische Offensive der USA gegen die japanische Automobilindustrie. Ironischerweise wurde sie ganz nach japanischem Vorbild durchgeführt.

Die Artillerie der staatlich geförderten Forschung und Entwicklung entscheidet letztlich über Erfolg oder Mißerfolg, doch auch die Infanterie der Produktion kann Unterstützung benötigen.

Das Luft- und Raumfahrtunternehmen Airbus Industrie erhielt früher zahlreiche Betriebssubventionen, und andere ausgesuchte Unternehmen, ja ganze Industriebranchen, werden auf ähnliche Art und Weise gefördert.

Gewöhnlich werden die Empfänger nicht mit offenen Zahlungen in Verlegenheit gebracht. Mit staatlichen Aufkäufen zu guten Konditionen ist das gleiche Ergebnis sehr viel diskreter zu erzielen. Japan verfügte zum Beispiel über keine nennenswerte Computerindustrie, bis das Ministerium für Internationalen Handel und Industrie (MITI) im Jahr 1960 ein Fünfjahresprogramm zur Schaffung einer *nationalen* Computerherstellung lancierte.[2] IBM hatte zwar in Japan bereits eine Fabrik gebaut, aber die Produktion galt nicht als »japanisch« genug. Nur Kunden der japanischen Konkurrenz konnten von der staatlichen Förderungsgesellschaft, der Japan Electronic Computer Corporation, günstige Kredite in Anspruch nehmen. Als nächstes stellte MITI den amerikanischen Konkurrenten von IBM, also General Electric, RCA und Xerox, die Erlaubnis in Aussicht, ihre Computer auf dem japanischen Markt zu verkaufen. Allerdings knüpfte das Ministerium daran die Bedingung, daß sie Joint-ventures mit japanischen Herstellern eingehen und ihre Technologie mit den japanischen Partnern teilen müßten. Als dann IBM im Jahr 1964 sein revolutionäres System 360 auf den Markt brachte und schlagartig alle Computer der japanisch-amerikanischen Kooperation auf die hinteren Plätze verwies, reagierte MITI mit einem Programm zur Entwicklung von Hochleistungsrechnern. Das Ziel war, alle Mittel der staatlichen und industriellen Laboratorien zusammenzufassen und den Rückstand auf IBM aufzuholen. Bis dahin unterstützte der Staat die heimische Computerindustrie sehr viel direkter, indem er ihre Geräte kaufte, obwohl sie technisch veraltet und auch teurer als IBM-Computer waren.

Anfang der siebziger Jahre erlebte die Computerindustrie eine weitere Revolution. Nachdem IBM sein neues System 370 vorgestellt hatte, räumten General Electric, RCA und Xerox das Feld und kündigten den japanischen Firmen, mit denen sie ihr technologisches Wissen geteilt hatten, die Zusammenarbeit auf. Das MITI reagierte darauf mit einer weiteren Finanzspritze für Forschungs- und Entwicklungsabteilungen. Außerdem drängte es die sechs Computerhersteller des Landes dazu, sich aus Gründen der Effizienz zu drei größeren Unternehmen zusammenzuschließen, und bereitete einen direkten Gegenangriff auf IBM vor. Dazu arrangierte MITI zunächst eine Partnerschaft zwischen Fujitsu und Hitachi. Danach kaufte es sich bei der amerikanischen Computerfirma Amdahl ein, die gerade von einem ehemaligen IBM-Mitarbeiter gegründet worden war. Amdahl gab den Japanern die Geheimnisse der Architektur der IBM-Computer für eine nicht genannte Summe preis, die aber für die Kronjuwelen der Computertechnologie mit Sicherheit zu niedrig war. So ging es Jahr für Jahr weiter. Zwar hatten die Forschungsprogramme des MITI wenig Erfolg, denn die Amerikaner setzten regelmäßig mit überraschenden Innovationen (Workstations, Parallelrechner, Programme mit »Fuzzy logic«, Local Area

Networks, Windows Software usw.) neue Maßstäbe. Aber die japanische Computerindustrie profitierte trotz alledem von der staatlichen Unterstützung.

Das schwerste Geschütz der Offensivstrategie ist die sogenannte »Raubfinanzierung«. Wenn die Artillerie der Forschung und Entwicklung die fremden Märkte nicht durch technologische Überlegenheit sturmreif schießen kann und Betriebssubventionen nicht ausreichen, dann können die Exporte trotz starker Konkurrenz dadurch gesteigert werden, daß der Staat Kredite zu Zinssätzen unterhalb der Marktpreise gewährt. Die USA haben ihre Export-Import-Bank »Exim«, die Kreditbürgschaften zur Finanzierung von Exporten gewährt, und vergleichbare Institute besitzen alle Handelsnationen. Ausländer können daher im allgemeinen damit rechnen, daß sie niedrigere Zinsen für ihre Kredite zahlen müssen als Einheimische, die mit ihren Steuergeldern die günstigen Konditionen für Ausländer finanzieren. Bereits das dient der Jagd nach Exporten mit niedrigen Zinsen, doch der Vorwurf der Raubfinanzierung bleibt bestimmten Fällen vorbehalten: wenn nämlich bei Verkaufsverhandlungen plötzlich Zinssenkungen als entscheidende Waffe eingesetzt werden. Natürlich haben sich die großen Handelsnationen gegenseitig dazu verpflichtet, solche Taktiken nicht anzuwenden. Es kommt aber regelmäßig vor, daß diese Verpflichtung mißachtet wird.

Die Ziele der herkömmlichen Weltpolitik sind zum einen Sicherung und Erweiterung des eigenen Herrschaftsgebiets und zum anderen eine diplomatische Einflußnahme auf fremde Regierungen. Das entsprechende geo-ökonomische Ziel ist allerdings nicht das Streben nach dem höchstmöglichen Lebensstandard für die eigene Bevölkerung. Vielmehr sollen erstrebenswerte Rollen innerhalb der Weltwirtschaft behauptet oder erobert werden. Wer wird die nächste Generation von Düsenjets und Computern entwickeln, wer die neuesten biotechnologischen Produkte und High-Tech-Werkstoffe als erster anwenden, wer innovative Finanzdienstleistungen anbieten?

Werden die führenden Entwickler, Techniker, Manager und Finanziers Amerikaner, Europäer oder Asiaten sein? Die Sieger nehmen hochdotierte und einflußreiche Rollen ein, während sich die Verlierer mit Montagewerken begnügen müssen – falls ihre Heimatmärkte aufnahmefähig genug sind. Wenn Montagewerke, mit anderen Worten Fabriken in ausländischem Besitz, die heimische Produktion verdrängen, bleiben die Stellen der ungelernten oder angelernten Arbeiter erhalten, aber das Finanzmanagement und alle höheren Leistungskompetenzen werden ins Herkunftsland oder möglicherweise in regionale Hauptquartiere in einem Drittland verlagert.

Eine neue Rolle für Elitebürokraten

Die Geo-Ökonomie bietet den passenden Rahmen für alle, die den Ehrgeiz haben, moderne, von Kompetenz und Verdienst geprägte Führungsrollen auszufüllen und weltweit tätig zu sein, so wie in früheren Zeiten Krieg und Diplomatie die geeigneten Felder boten, auf denen sich Mitglieder des Adels als Offiziere oder Diplomaten ihren Ambitionen und Talenten entsprechend entfalten oder doch zumindest standesgemäße Aufgaben übernehmen konnten. Die »Meritokratie« der Technokraten und Manager ist kaum weniger ehrgeizig. Sie gieren nicht nach ordensgeschmückten Uniformen oder protokollarischen Ehren, sie wollen die zukünftige Entwicklung der Weltwirtschaft bestimmen und gestalten. Dazu müssen sie allerdings Systemführer sein und nicht Lizenznehmer, die dem Fortschritt hinterherhinken. Sie müssen neue Produkte entwickeln und nicht bereits Bekanntes nachbauen lassen, und sie müssen Industrielle sein und keine bloßen Importeure.

Von der Machtpolitik zur »Geo-Ökonomie«

Die traditionelle Machtpolitik

Mittel: (1) Militärische Stärke; (2) Diplomatie; (3) Propaganda; (4) Entwicklung von Waffen.

Ziele: (1) Sicherung des Territoriums; (2) Expansion; (3) Einflußnahme auf andere Staaten; (4) Prestige.

– Früher bestimmte die Machtpolitik das weltpolitische Geschehen an den Hauptschauplätzen. Heute ist sie auf bewaffnete Auseinandersetzungen auf Nebenschauplätzen (Naher Osten, Jugoslawien usw.) begrenzt. Das Hauptgeschehen auf den Hauptschauplätzen ist mittlerweile:

Die Geo-Ökonomie

Mittel I: vom Staat gestützte/gelenkte private Körperschaften: (1) risikoreiche Forschung und Entwicklung; (2) Investitionen zur Eroberung des Marktes (z.B. »Preisdumping«); (3) übertriebene Investitionen in die Produktion zur Eroberung eines größeren Marktanteils (wird auch von privaten Unternehmen aus rein wirtschaftlichen Gründen praktiziert).

Mittel II: nur durch den Staat: (1) Zölle, Einfuhrquoten (das Pendant zur Verteidigung der Grenzen); (2) regulierende und versteckte Importhemmnisse (= Hinterhalte); (3) günstige Exportfinanzierung (= Überfälle); (4) nationale Technologieprogramme; (5) wirtschaftliche und technische Kenntnisse.

Ziel: Die Eroberung (oder Verteidigung) wichtiger Rollen in hochbewerteten »strategischen« Industrien (Telekommunikation, Informationstechnologie, Biotechnologie, Luftfahrt und High-Tech-Kfz-Komponenten). Die Sieger übernehmen Funktionen im höheren Management sowie die finanzielle und kreative Kontrolle. Die Verlierer haben Montagewerke, wenn der heimische Markt dafür aufnahmefähig genug ist.

Folgen

Wirtschaftliche Folgen

– (1) ernsthafte Wettbewerbsnachteile für Firmen in den ins Visier genommenen Industrien, sofern sie nicht geschützt sind oder von ineffektiven staatlichen Bürokratien oder Regierungen nicht ausreichend protegiert werden.

– (2) chronische Überkapazitäten in Marktsegmenten, in denen staatlich geförderte Firmen jenseits der Rentabilitätsgrenze um Marktanteile kämpfen, z. B. in der Luft- und Raumfahrtindustrie, bei der Herstellung von Hochleistungsrechnern oder in der Automobilindustrie.

– (3) chronische Vergeudung von Ressourcen durch überzogene Investitionen und bei der Forschung und Entwicklung von menschlichen Ressourcen aufgrund staatlicher Technologie-Programme.

Politische Folgen

– (1) Die Geo-Ökonomie stärkt die Macht herrschender Eliten, die eine normale wirtschaftliche Entwicklung nicht steuern könnten.

– (2) Wenn andere Länder Geo-Ökonomie praktizieren, kann das für einen anderen Staat, der sich diesem Konzept verweigert, den Ruin der Volkswirtschaft bedeuten.

– (3) Bei der Förderung des nationalen Zusammenhalts können geo-ökonomische Kämpfe die Machtpolitik ersetzen.

– (4) Geo-ökonomische Auseinandersetzungen können machtpolitische Allianzen untergraben.

Nicht alle Staaten sind in gleicher Weise bereit oder dazu imstande, sich an geo-ökonomischen Auseindersetzungen zu beteiligen. So wie kein Krieg ohne gut ausgerüstete Truppen mit Erfolg geführt werden kann, gibt es keine erfolgreiche geo-ökonomische Politik ohne ehrgeizige Wirtschaftskapitäne und loyale, kompetente Staatsbeamte. Doch selbst in Staaten, die beides vorweisen, tatsächlich sogar vornehmlich in den hochentwickelten Industriestaaten, neigen die Staatsdiener dazu, jeden geo-ökonomischen Politikansatz zu verzerren. Durch und durch loyale, wohlmeinende Beamte, die in Wirtschafts- und Handelsministerien tätig sind, haben gemeinhin nur einen Ehrgeiz, nämlich den, dem Staat zu dienen und dabei Macht und Anerkennung zu erlangen, indem sie ihre eigenen geo-ökonomischen Strategien zur Verteidigung oder zur Expansion der heimischen Industrie verfolgen. Ebenso werden loyale Beamte im Außenministerium ihren ganzen Ehrgeiz daransetzen, eine Politik zu fördern, die zu Zollabbau und zu einer wirtschaftlichen Zusammenarbeit führt.

Besonders europäische und japanische, in zunehmendem Maße auch amerikanische Staatsbeamte sehen in der Geo-Ökonomie den einzigen Ersatz für die militärischen und diplomatischen Rollen der Vergangenheit. Nur wenn sie sich auf geo-ökonomische Prinzipien berufen können, dürfen sie weitreichendere Befugnisse für sich in Anspruch nehmen als Geschäftsleute und gewöhnliche Bürger. Ganz offensichtlich ist dieses Bedürfnis stärker in Staaten wie Frankreich und Japan ausgeprägt, die beide über traditionell mächtige und stolze staatliche Eliten verfügen. Ihre hochqualifizierten und nach strengen Kriterien ausgewählten Staatsdiener – die bis zur Krise der jeweiligen Länder Ende der neunziger Jahre auch hoch geachtet waren – verzichten nur ungern auf ihre privilegierten Stellungen, indem sie einem ungezügelten freien Unternehmertum das Feld überlassen.

Wer ehrgeizig genug war, in den prestigeträchtigen Institutionen des Staates Karriere zu machen, möchte sein Leben

nicht damit verbringen, nachrangige diplomatische und militärische Konflikte zu regeln, die auf den Nebenschauplätzen der Weltpolitik auch im geo-ökonomischen Zeitalter weiterhin bestehen. Paßt man sich den geo-ökonomischen Prinzipien nicht an, bestimmen allein Wirtschaftsinteressen das Geschehen auf der internationalen Bühne, und Geschäftsleute und Konzerne geben den Ton an. Setzt sich jedoch die Geo-Ökonomie durch, können Staatsbeamte erneut auf ihre Autorität pochen, diesmal nicht im Namen militärischer Sicherheit, sondern mit dem Hinweis auf »vitale ökonomische Interessen«, die es mit geo-ökonomischen Verteidigungs- und Angriffsstrategien, mit geo-ökonomischer Diplomatie und geo-ökonomischer Informationsbeschaffung zu wahren und durchzusetzen gilt. Im Jahr 1990, als der Kalte Krieg noch nicht ganz beendet war, erarbeiteten die Central Intelligence Agency und die National Security Agency der USA bereits Studien für den Hausgebrauch über ihre mögliche Rolle bei der Beschaffung von wirtschaftlichen Informationen für Industrie und Handel. Der Versuch der Beamten, neue Legitimationen für die finanzielle Unterstützung ihrer Bürokratie aufzuspüren, ist vollkommen natürlich, doch eine offizielle Informationsbeschaffung ist selbstverständlich nur dann von Wert, wenn sie auch offiziell genutzt wird, und zwar nicht vom amerikanischen Handelsministerium, sondern von einer aktiven Wirtschaftsbehörde, wie es das MITI in Japan ist. Interessenten gab es zuhauf:
- Das Office of the US Trade Representative, eine Außenhandelsbehörde, signalisierte Interesse an versteckten Handelsschranken - eine heikle Angelegenheit - und an den Verhandlungsstrategien anderer Länder; denn man kann natürlich weitaus leichter in Verhandlungen gehen, wenn man weiß, auf wieviel die andere Seite verzichten darf und welche Konzessionen sie dafür benötigt.
- Das amerikanische Handelsministerium interessierte sich für ausländische Exportverletzungen, wie zum Beispiel die Änderung der Herkunftsbezeichnung bei Produkten aus Dritt-

ländern – ein chronisches Problem für Exporte aus China, die Zöllen unterworfen sind, wenn sie durch zollfreie Länder eingeführt werden –, sowie für die ausländischen Bestimmungsorte bei Verstößen gegen heimische Exportverbote, vor allem beim Verkauf eingeschränkter Güter und Technologien an Länder, für die ein US-Embargo gilt.

– Das amerikanische Energieministerium interessierte sich für Informationen über Erdöl- und Erdgasvorkommen rund um den Globus und überdies für nichtmilitärische fortschrittliche Technologie, die für die Amerikaner von Interesse sein könnte, insbesondere neue Batterien und andere Antriebsmöglichkeiten für Autos.

– Das amerikanische Landwirtschaftsministerium interessierte sich für Verletzungen von Import- und Exportbeschränkungen und von Fischfangbeschränkungen zum Schutz gefährdeter Arten.

Und es gab noch andere Interessenten. Allerdings gibt es die Einschränkung, daß Geheimdienstarbeit nicht privaten kommerziellen Interessen dienen darf, denn keine staatliche Organisation darf ein Unternehmen einem anderen vorziehen, es sei denn, es gibt ein staatlich finanziertes Konsortium, das allen hilft. Anderen Ländern stehen vielleicht weniger gut ausgestattete Informationsdienste zur Verfügung, aber vielleicht wird deren Einsatz nicht ganz so restriktiv gehandhabt. Die Beschaffung von Wirtschaftsinformationen im weitesten Sinne ist daher ein heißumkämpfter Markt geworden.

Tatsächlich vollzieht sich auf der zentralen weltpolitischen Bühne weit mehr als nur die Verfolgung bürokratischer Ziele durch unterbeschäftigte Verwaltungsbeamte. Die Länder sind gezwungen, in der Geo-Ökonomie einen Ersatz für ihre schwindende sicherheitspolitische Rolle zu suchen. Daraus folgt, daß Länder auf dem geo-ökonomischen Weg wahrscheinlich weiter voranschreiten werden, als es das bloße Abwägen von Kosten und Nutzen erfordern würde.

Die Folgen dieses Sachzwangs in Politik und Verwaltung, eine neue geo-ökonomische Rolle zu suchen, sind von Land zu Land und von Fall zu Fall verschieden. Grundsätzlich aber werden Staaten nach geo-ökonomischen Prinzipien handeln, weil es in der Natur der Sache liegt: Staaten sind territorial definierte Entitäten, die in Konkurrenz miteinander auf der Weltbühne agieren. Wenn moderne Staaten auch viele andere Funktionen zu erfüllen haben, wie etwa für die Wohlfahrt ihrer Bürger zu sorgen, Dienstleistungen zu erbringen und eine vielfältige Infrastruktur zu unterhalten, so leitet sich ihr eigentlicher Daseinsgrund immer noch aus der historischen Funktion her, die Sicherheit vor äußeren Feinden und Kriminellen im Innern zu gewährleisten. In der Vergangenheit waren das bewaffnete Feinde, gegen die man vorgehen mußte, heute sind es Konkurrenten auf dem Markt, gegen die ein freier Wettbewerb aus verschiedenen Gründen ohne Chance ist.

In jeder Industriebranche machen sich die Gewinner natürlich für den freien Wettbewerb stark. Die Verlierer sollen ihre Niederlage eingestehen und das Feld räumen. Aber die Geo-Ökonomie bietet die Möglichkeit, mit staatlicher Unterstützung eine zweite Runde einzuläuten. Es entspricht der Natur des Staates und seiner Beamten, daß sie diese Möglichkeit wahrnehmen, und sei es auch nur, um weiterhin auf der Bühne zu verharren.

Nur wenige der heute vorhandenen eigenständigen Staaten haben in jüngster Zeit Krieg führen müssen. Dennoch sind die staatlichen Strukturen fast aller Länder immer noch stark von kriegsähnlichen Einsatzzwecken geprägt. In wie vielen Staaten rangiert der Minister für Telekommunikation, für Energie oder für Außenhandel bedeutungsmäßig vor dem Verteidigungsminister? Gegenwärtig nur in einem, und dieses Land ist bezeichnenderweise Japan. Die für Verteidigung zuständige Behörde *Boeicho* ist ein *cho* (mit »Amt« zu übersetzen) und somit einem *sho* oder »Ministerium« wie dem *Gaimusho* (Außenministerium) untergeordnet. An der Spitze des *Boeicho* steht ein »Generaldirektor«. Er bildet das Gegenstück zum amerikanischen »Staatssekretär« oder dem britischen »Staatsminister« in Abgrenzung zum vollwertigen Kabinettsmitglied.

Stellt man sich die Länder der Erde in ihrer geschichtlichen Entwicklung als Eisenbahnzug vor, dann können die letzten Waggons, die ärmsten Länder mit schwerfälligen und korrupten Staatsbürokratien, noch keinen Krieg führen, weil ihre Truppen nicht imstande sind, weit jenseits ihrer Grenzen zu operieren. Sie begnügen sich damit, die eigene Bevölkerung zu unterdrücken und auszuplündern (einige westafrikanische Armeetruppen, die während des Bürgerkriegs in Liberia 1991 zur Friedenssicherung in das Land entsandt worden waren, verkamen dort zu marodierenden Banden, wohingegen die Nigerianer wesentlich disziplinierter waren). Aus demselben Grund können solche Staaten auch keine geo-ökonomischen Ziele verfolgen oder überhaupt irgend etwas für ihre Volkswirtschaft unternehmen, das besser wäre, als gar nichts zu tun. Für solche Länder sind der Freihandel und das freie Unternehmertum tatsächlich die einzige Rettung.

Die Waggons in der Mitte des Zugs, Länder mit teilweise entwickelten Volkswirtschaften – manche ärmer wie zum Beispiel Indien, manche reicher wie etwa die Türkei –, sind alle imstande, gegeneinander Krieg zu führen. Tatsächlich sind sie normalerweise auch viel zu sehr von territorialen Konflikten in Anspruch genommen, als daß sie geo-ökonomische Ziele ernsthaft verfolgen könnten. Ihre Regierungen bemühen sich zwar um die industrielle Fortentwicklung des Landes, aber abgesehen von der Rüstungsindustrie haben sie mangels schlüssiger Konzepte kaum Erfolg. Die Länder, die nicht in kriegerische Konflikte verwickelt sind, wie zum Beispiel Brasilien, verfolgen geo-ökonomische Konzepte zu ihrem eigenen Schaden, denn ihre Verwaltung und ihre Beamten sind den Anforderungen einer solchen Politik nicht gewachsen. Im allgemeinen haben sie keineswegs mehr Erfolg, als wenn sich das freie Unternehmertum ungestört entfalten könnte, oft sogar weniger.

Die Waggons an der Spitze des Zuges, die USA, die europäischen Staaten, Japan und einige andere, verfügen über die Mittel für eine effektive Kriegsführung, allerdings ist die Mehrheit der Gesellschaft in diesen Ländern gegen den Krieg eingestellt. In der Bevölkerung und in der politischen Führungskaste besteht darüber Einigkeit, daß es keinen vernünftigen Grund für eine bewaffnete Auseinandersetzung mehr gibt. Dennoch bleiben auch diese Staaten für einen kriegsähnlichen Wettstreit gerüstet und sind durchaus bereit, ihre alten Ziele mit geo-ökonomischen Mitteln anzupeilen.

Ist die Geo-Ökonomie neu?

Mancher mag einwenden, daß das bisher Gesagte nur ein Aufguß altbekannter Ideen sei. Es ist sicherlich richtig, daß Herrscher und Staaten schon immer wirtschaftliche Ziele verfolgt und Handelsfehden mit anderen Herrschern und Staaten ausgetragen haben. Manchmal reichten Sonderzölle, Handelsverbote oder regelrechte Blockaden aus, aber manchmal wurde der Kampf um Märkte auch mit Blut und Eisen entschieden. In der Vergangenheit wurde der Streit um die Überlegenheit in Handel und Industrie oft von bedeutenderen Fragen des Krieges und der Diplomatie in den Hintergrund gedrängt. Einzelne Herrscher oder Oligarchien, ehrgeizige Einzelpersonen oder ganze Kasten führten Kriege aus sicherheitspolitischem Kalkül – für viele Kriege ein hinreichender Grund – oder aufgrund des Strebens nach Ruhm oder auch aus innenpolitischen Erwägungen. In solchen Fällen wurden die Wirtschaft und deren Erfordernisse plötzlich hintangestellt. Die kriegführenden Heere legten wichtige Handelswege lahm, und

Handelsrivalen zogen gemeinsam gegen Handelspartner ins Feld. So führte Frankreich im Ersten Weltkrieg gemeinsam mit Großbritannien, seinem Konkurrenten im Kolonialhandel, Krieg gegen seinen wichtigsten Handelspartner Deutschland. Wenn zwei Staaten aus sicherheitspolitischer Notwendigkeit gegen einen gemeinsamen Feind in den Krieg zogen, so hatte dieses Bündnis, mochten die Verbündeten in Handel und Industrie auch harte Konkurrenten sein, absoluten Vorrang. Sein Ziel war nämlich das nackte Überleben und nicht nur die Mehrung von Wohlstand.

Das ist auch der Grund, weshalb jeder Handelsstreit zwischen den USA und Westeuropa – über Hähnchen, Mikrochips, Rindfleisch und anderes – oder zwischen den USA und Japan – über Textilien in den sechziger Jahren bis zu Hochleistungsrechnern in den achtziger Jahren – in der Zeit des Kalten Krieges so leicht beizulegen war. Sobald der Streit so laut wurde, daß er die Aufmerksamkeit der Politiker auf beiden Seiten auf sich zog, wurde er rasch beigelegt. Häufig geschah das dadurch, daß der Kläger, der besonders lautstark agierte, mit Geld zufriedengestellt wurde. Angesichts der sowjetischen Bedrohung durfte nicht zugelassen werden, daß ein eskalierender Handelsstreit die politischen Beziehungen belastete, das hätte der Solidarität im Bündnis geschadet.

Mittlerweile hat jedoch für die Länder, die heute das Weltgeschehen bestimmen, die Bedrohung durch Militärmächte und somit auch die Bedeutung militärischer Bündnisse an Bedeutung verloren. Daher werden wirtschaftliche Prioritäten nicht mehr unterdrückt, sondern schieben sich in den Vordergrund. Handelskriege werden zwar aus Furcht vor den rein ökonomischen Konsequenzen immer noch eingedämmt, die Politiker begründen aber ihr Eingreifen nicht mehr mit übergeordneten strategischen Interessen. Wenn ein Staat für den inneren Zusammenhalt einer äußeren Bedrohung bedarf, dann muß diese Bedrohung heute ökonomischer oder besser noch geo-ökonomischer Natur sein.

Ein Beleg für diesen öffentlichen Meinungsumschwung sind die strikt wirtschaftlich motivierten Ängste vieler Europäer vor der industriellen und finanziellen Macht des wiedervereinten Deutschland. Noch deutlicher wird er in der Haltung der Amerikaner gegenüber Japan bis zu dessen Finanzkrise in den neunziger Jahren. Kaum hatte Gorbatschow die sowjetische Außenpolitik neu ausgerichtet, so daß die feindselige Atmosphäre des Kalten Krieges hinfällig wurde, sah sich Japan in die Rolle von Amerikas Hauptfeind gedrängt. Belege für diese Einschätzung liefern Meinungsumfragen, Bücher, Artikel in der Presse und zahllose Redebeiträge im Kongreß. In den Tageszeitungen erschienen ganzseitige antijapanische Anzeigen, die mit dem japanischen Symbol der aufgehenden Sonne oder drohenden Sumo-Ringern geschmückt waren. Mit diesen Inseraten wollten sich Handelsorganisationen den Schutz der Regierung sichern. Ein ganzes Land, das eben noch die Furcht vor der militärischen Stärke der Sowjetunion geeint hatte, schien plötzlich in Japan einen geo-ökonomischen Ersatz für diese Rolle gefunden zu haben, um weiterhin seine Einheit zu bewahren. Seit dem Sputnik-Schock Ende der fünfziger Jahre, als es sowjetischen Wissenschaftlern gelang, einen Satelliten in eine Erdumlaufbahn zu schießen und damit die Überlegenheit der UdSSR auf dem Gebiet der Raketen- und Weltraumforschung zu demonstrieren, fühlten sich die Amerikaner und ihre Regierung angespornt, mehr Geld in Bildung und Wissenschaft zu investieren, um den militärisch-technologischen Wettlauf zu gewinnen. Ende der achtziger Jahre wiesen amerikanische Bildungsreformer auf die Überlegenheit des japanischen Schulsystems hin, wenn sie Forderungen nach mehr Geld für ihr Anliegen vorbrachten. Reale oder nur imaginäre Feinde sind immer und überall hilfreich.

Ist die Geo-Ökonomie also ein Schritt zurück ins Zeitalter des Merkantilismus? Handelt es sich bei »Geo-Ökonomie« nur um eine überflüssige neue Bezeichnung für eine traditionelle Wirtschaftspraxis? Gewiß gibt es Parallelen, denn in beiden Fällen gehen Herrscher oder Staaten gegen andere Länder auf dem Sektor von Handel oder Industrie vor, anstatt es privaten Unternehmern zu erlauben, so miteinander Handel zu treiben, wie es ihren privaten Interessen geeignet erscheint.

Vorrangiges Ziel des Merkantilismus war der Erwerb von Gold – aus der Sicht der Könige, die stets Gold brauchten, um ihre Truppen zu bezahlen, beileibe kein törichtes Ziel. Mit Gold konnten Regimenter aufgestellt und Kriege gewonnen werden; ohne Gold war eine Niederlage unvermeidlich. Vom Goldbesitz war es nur ein Schritt zu militärischer Stärke. Und im Gegensatz zu Landbesitz oder Häusern ließ sich Gold, das Privatleute besaßen, auch damals leicht besteuern. Der Merkantilismus war daher für die Könige nützlich, obwohl er dem Land schadete. Denn das Bestreben, möglichst viel zu exportieren und nichts zu importieren, schädigte den Handel, aber in der Zwischenzeit wurde Gold angehäuft, das über erhobene Steuern in die Schatulle des Herrschers floß. Der Merkantilismus war eine Wirtschaftsform mit einem eindeutigen politischen, wenn nicht sogar einem strategischen Ziel.

Anders die Geo-Ökonomie. Ihr eigentlicher Sinn und Zweck besteht nicht im Anhäufen von Gold, sondern darin, möglichst viele hochqualifizierte Arbeitsplätze in High-Tech-Industrien und anspruchsvollen Dienstleistungsbranchen zu schaffen. Die Mittel hierzu reichen von Forschung und Entwicklung bis zur Exportfinanzierung. Zunächst strebt man eine technologische Überlegenheit und die Führungsposition am Markt an. Eine entschlossen vorangetriebene Geo-Ökonomie muß nicht unbedingt zu Preissenkungen, Einfuhrverboten, hohen Zöllen oder anderen Handelsschranken führen, bei denen der Nachbar um jeden Preis in die Knie gezwungen wird, auch wenn man zu Exportanreizen greift. Auf jeden Fall geht es bei dieser neuen Form der Rivalität zwischen Staaten nicht mehr hauptsächlich darum, Gold oder andere Reichtümer anzuhäufen.

Vor allem aber war beim Merkantilismus die Gefahr eines Krieges immer allgegenwärtig. Spitzten sich Handelsquerelen zu, so arteten sie zu politischen Konflikten aus, die wiederum Kriege auslösen konnten, was oft genug auch geschah. Spanien verfügte im 16. Jahrhundert, daß der Handel zwischen der iberischen Halbinsel und den amerikanischen Kolonien ausschließlich mit spanischen Schiffen und ausschließlich über spanische Häfen abgewickelt werden durfte. Doch dies hinderte englische und holländische Kaufleute nicht daran, trotz spanischer Kriegsschiffe einträgliche Frachten für die diese Vorschrift ignorierenden Kolonisten zu transportieren. Ebenso bereitwillig wurden sie Freibeuter und kaperten die reich mit Silber beladenen spanischen Schiffe. Hundert Jahre später reagierten die Holländer auf die merkantilistischen Verordnungen des englischen Parlaments, das ihnen den Küstenhandel mit England verbieten wollte, indem sie ihre Fregatten aussandten und britische Schiffe versenkten. Im Jahr 1667 segelten sie sogar die Themse hinauf und schlugen bei Chatham die britische Kriegsflotte. Schon viel früher hatten die Portugiesen arabische Handelsschiffe versenkt und so den Indienhandel an sich gerissen. Mit ihrem langen Weg vom Atlantik waren die Portugiesen gegenüber den arabischen Händlern mit ihren kleinen, leistungsfähigen Schiffen nicht konkurrenzfähig, aber am Ende entschieden die portugiesischen Kanonen den Konflikt.

Die Geo-Ökonomie dagegen ist ein Wettstreit, in den nur solche Länder treten können, die den Krieg untereinander ausgeschlossen haben. Weder können Hochleistungsrechner, deren Import eingeschränkt ist, gewaltsam mit Luftlandetruppen an Banken, Universitäten oder andere potentielle Käufer geliefert werden, noch ist der Konkurrenz auf dem weltweiten Automobilmarkt dadurch beizukommen, daß mit Autos beladene Schiffe auf hoher See versenkt werden. Militärische Stärke hat ein für allemal die Bedeutung eingebüßt, die sie im Zeitalter des Merkantilismus besaß. Sie stellt keine allseits akzeptierte, fast normale Alternative zum ökonomischen Wettstreit dar, Konflikte zu lösen. Im neuen Zeitalter der Geo-Ökonomie müssen nicht nur die Ursachen, sondern auch die Instrumente einer Auseinandersetzung rein wirtschaftlicher Natur sein. Wenn Handelsstreitigkeiten in politische Fehden übergehen, wie zum derzeitigen Zeitpunkt, da der Zusammenhalt der westlichen Allianz an Kraft verliert, dann müssen sie mit den Waffen des Handels ausgefochten werden: mit mehr oder weniger kaschierten Einfuhrbeschränkungen oder Exportsubventionen, mit der Finanzierung konkurrenzfähiger Technologieprojekte, mit der Förderung bestimmter Infrastrukturmaßnahmen usw.

Nicht alle Staaten sind in gleichem Maße dazu fähig, eine geo-ökonomische Politik zu betreiben. Manche wollen es auch gar nicht. Aus Gründen, die in der Geschichte und den Institutionen, in der Politik und der Ideologie eines Landes verankert sind, zeigen sich bestimmte Staaten für diese neue Form der internationalen Rivalität aufgeschlossener als andere. Von einigen wird sie sogar grundsätzlich abgelehnt, wie ja auch während des Kalten Krieges so unterschiedliche Länder wie Burma und die Schweiz ihre Neutralität wahren wollten. In den meisten hochentwickelten Industrienationen ist in dieser Hinsicht noch keine endgültige Entscheidung gefallen. Vielmehr ist über das wünschenswerte Ausmaß geo-ökonomischer Anstrengungen eine erbitterte politische Diskussion entbrannt. In den USA streiten sich Demokraten und Republikaner über »Industriepolitik«. Dabei geht es um die Frage, wie das Wachstum zukunftsträchtiger Industrien gefördert werden soll. Die Republikaner sind gegen jede Form von Industriepolitik, während die Demokraten keine eindeutige Meinung besitzen. In Frankreich widmet sich dagegen die herrschende Elite, die lange Zeit hochgesteckte militärische und diplomatische Ziele verfolgte, nun mit dem gleichen Ehrgeiz geo-ökonomischen Zielen – Airbus Industrie ist dafür nur ein Beispiel. In den meisten anderen europäischen Staaten bewegt sich die

Debatte zwischen den amerikanischen und französischen Standpunkten, während in Japan die Geo-Ökonomie erst seit dem Finanzkollaps im Jahr 1997 ernsthaft in Frage gestellt wird.

Es gibt unzählige Formen der Koexistenz zwischen geo-ökonomisch aktiven Staaten und Privatunternehmern. Lokale Kleinbetriebe, zahllose Einzelhandelsgeschäfte, Werkstätten, Cafés, Schnellreinigungen und andere erwarten nichts vom Staat, und der Staat erwartet mit Ausnahme von Steuerzahlungen nichts von ihnen. Auf der anderen Seite versuchen Großunternehmen und prominente Industriemagnaten regelmäßig, Beamte, Politiker und sogar die öffentliche Meinung in ihrem Sinne zu beeinflussen, um in den Genuß bestimmter Leistungen zu kommen. Früher verlangten sie mit dem Argument, man müsse aus strategischen Gründen autark bleiben, beispielsweise Einfuhrzölle. Heute führen Privatunternehmen geo-ökonomische Argumente an, wenn sie um staatliche Forschungsgelder, Investitionszuschüsse oder um günstige Kreditfinanzierungen bitten. Dies gilt insbesondere für Branchen wie Luft- und Raumfahrttechnik, Telekommunikation, Datenverarbeitung, Biotechnologie, amorphe und keramische Werkstoffe u.ä. Umgekehrt können Beamte und Politiker große Privatunternehmen für ihre eigenen geo-ökonomischen Zwecke einspannen oder ein bestimmtes Unternehmen zum »Paradepferd« innerhalb einer Schlüsselindustrie aufbauen.

Noch häufiger sind die Fälle, in denen Staat und Privatunternehmen sich gegenseitig manipulieren. Dies gilt etwa für das Verhältnis der größten internationalen Ölkonzerne – in Amerika, England, Frankreich und Italien – zu ihren jeweiligen Landesministerien und Politikern. Die Direktoren der Erdölkonzerne und die hohen Beamten des Außenministeriums, die Auslandsvertreter der Konzerne und die Diplomaten vor Ort, die Länderexperten der Konzerne und die Nachrichtendienste der Regierungen arbeiten oft so eng zusammen, daß sie austauschbar werden, und manchmal werden sie tatsächlich ausgetauscht, denn Erdölkonzerne neigen dazu, vormalige hochrangige Beamte einzustellen.

Wenn es in der Vergangenheit zwischen einer Regierung und einem ausländischen Konzern zu Reibereien kam, dann in aller Regel zwischen der Regierung eines Entwicklungslandes und einem ausländischen Multi. Im Lauf der Jahre wurden vor allem zwischen 1930 und 1970 viele ausländische Konzerne vertrieben, mit oder ohne Entschädigung verstaatlicht oder mit Geldstrafen belegt. Vorausgegangen waren alle nur erdenklichen Klagen, angefangen beim Vorwurf der Steuerhinterziehung und der Ausbeutung von Bodenschätzen bis zur Mißhandlung einheimischer Arbeiter, dem Verkauf kontaminierter Ware und der Einmischung in die inneren Angelegenheiten des Landes. Oft waren die Klagen berechtigt.

Heute kommen indes die Regierungen der modernen Industriestaaten immer öfter in Konflikt mit ausländischen Konzernen. Länder, die eine aktive geo-ökonomische Politik betreiben und ihre eigene Industrie besonders stark fördern, müssen zwangsläufig mit ausländischen Konzernen aneinandergeraten, die von ihren Rivalen zum »Paradeunternehmen« erkoren wurden, oder mit Privatunternehmen, die das Pech haben, den geo-ökonomischen Zielen eines bestimmten Staates im Weg zu stehen. So muß sich die amerikanische Regierung mit Airbus anlegen, weil sie Boeing vor räuberischen Praktiken schützen will, während IBM sich nun schon seit mehr als dreißig Jahren der Angriffe der japanischen Regierung erwehren muß, weil das MITI sich zum Ziel gesetzt hat, Japan im Großrechnersegment zum Marktführer zu machen (ironischerweise scheint Fujitsu dieses Ziel just zu einem Zeitpunkt zu erreichen, da Großrechner mehr und mehr durch miteinander vernetzte kleinere Computer ersetzt werden).

Ein verschärfter geo-ökonomischer Wettstreit wird für Privatunternehmen im High-Tech-Bereich bisher unbekannte Risiken mit sich bringen. Firmen, die in der Hoffnung, ein bahnbrechendes neues Produkt zu entwickeln, Millionen aus der eigenen Kasse investieren, können unvermutet vom »nationalen Technologieprogramm« eines anderen Landes überrascht werden, das mit Forschungsgeldern aus Steuermitteln schneller ans Ziel kommt und vor ihnen einen Verkaufsknüller auf den Markt bringt. Zwar können staatlich geförderte Forschungs- und Entwicklungsprogramme scheitern, wie das Beispiel des japanischen Projekts zur Entwicklung von Computern der fünften Generation in den achtziger Jahren zeigt, bei dem trotz Ausgaben in Höhe von 400 Millionen Dollar kein vermarktbares Produkt entstand. Aber selbst jene, die bisher fest von der Überlegenheit einer ausschließlich mit privaten Mitteln finanzierten Forschungs- und Entwicklungsarbeit in Privatunternehmen überzeugt waren, werden nun zögern, ehe sie beispielsweise in die Entwicklung einer besseren Batterie für Elektroautos investieren, denn sie würden auf die Konkurrenz des US Advanced Battery Consortium treffen. Und dieses Forschungskonsortium ist schon mit 130 Millionen Dollar an öffentlichen Mitteln gefördert worden und könnte nochmals 130 Millionen Dollar oder auch 1,3 Milliarden Dollar erhalten.

Ebenso kann es passieren, daß Privatunternehmen mit ausländischen Unternehmen konkurrieren müssen, die mit Kampfpreisen den Wettbewerb für sich entscheiden wollen. Die unvermeidlichen Verluste werden dann mit staatlichen Subventionen ausgeglichen. Boeing erging es jahrelang so, bis die subventionierte Airbus Industrie schließlich zum gewinnbringenden Unternehmen wurde. Doch auch viele andere rein private Unternehmen im Bereich der Hochtechnologie sind betroffen, denn dort gibt es zahlreiche »Paradepferde« mit staatlicher Förderung. Wenn die Subventionen auch noch verdeckt erfolgen, wie es häufig der Fall ist, kann es vorkommen, daß ein Unternehmen sich auf einen Markt vorwagt, ohne seinen verhängnisvollen Wettbewerbsnachteil überhaupt zu ahnen.

Eine Welt rivalisierender Wirtschaftsblöcke?

Für die meisten Menschen steht fest, daß nach und nach immer mehr Handelsbarrieren fallen werden und der Weltmarkt immer offener wird. Die Vorstellung, daß sich aus Handelsfehden zwischen Amerikanern und Europäern, den USA und Japan, der Europäischen Union und Japan schließlich rivalisierende Handelsblöcke herausbilden, die sich mit Zollschranken gegen die Exporte der anderen abschotten, erscheint vielen abwegig. Schließlich ist die Europäische Union als Wirtschaftsgemeinschaft sehr viel offener für den Außenhandel, als es ihre einzelnen Mitgliedstaaten je waren, von landwirtschaftlichen Erzeugnissen einmal abgesehen. Außerdem ist es für Marktneulinge sehr viel leichter, ihre Erzeugnisse auf einem EU-weiten Markt zu verkaufen als auf separaten nationalen Märkten. Gleiches gilt auch für den gemeinsamen Markt zwischen den USA, Kanada und Mexiko, der durch die Ratifizierung des Nordamerikanischen Freihandelsabkommens (NAFTA) entstand. Ebenfalls gibt es nur in den Köpfen der Journalisten eine »Yen-Zone«. Wenn die Europäische Union und Nordamerika rivalisierende Wirtschaftsblöcke bilden würden, stünde Japan ganz allein da, denn weder Korea noch Taiwan und schon gar nicht China würden sich eine wirtschaftliche Bevormundung gefallen lassen. Im gesamten südostasiatischen Raum wären wohl nur Malaysia und Thailand zu einer exklusiven Verbindung mit Japan bereit. Insofern kann also keine Rede von Wirtschaftsblöcken, geschweige denn von rivalisierenden Blöcken sein.

Das Entstehen eines halboffenen Weltmarktes war keinesfalls so, wie es heute scheinen mag. Es waren nicht die intellektuellen Vorzüge der Freihandelslehre, die alle Beteiligten schließlich zum Einlenken bewegten. Tatsächlich ist der gegenwärtige Weltmarkt ein von Menschen – man darf sagen: von Amerikanern – geschaffenes Gebilde, das Ergebnis von über 50 Jahren amerikanischer Diplomatie, amerikanischem Druck und amerikanischer Bereitschaft, den US-Markt zuerst und am weitesten zu öffnen.

Alles nahm am 1. Januar 1948 seinen Anfang, als das erste GATT-Abkommen auf Initiative der USA in Kraft trat. In der Folge wurden viele Handelsschranken in zähen Verhandlungen Schritt für Schritt abgebaut oder ganz abgeschafft. Mit diesem Abkommen wurde der allgemeine Grundsatz Wirklichkeit, daß Zollvergünstigungen allen Handelspartnern eines Mitgliedslandes zugute kommen müssen (die sogenannte »Meistbegünstigungsklausel«). Die Verhandlungen der »Kennedy-Runde« in den Jahren 1964 bis 1967 waren besonders wichtig, denn die bedeutenden Zollsenkungen, mit denen sie schließlich abgeschlossen wurden, prägen noch heute die internationale Wirtschaft.

Die USA und die meisten anderen Länder verfolgten mit der Ausweitung des Handels gemäß den im GATT-Abkommen formulierten Zielen rein wirtschaftliche Gründe. Es war aber auch kein Zufall, daß das erste GATT-Abkommen von den USA gerade zu Beginn des Kalten Krieges (ohne Beteiligung eines Landes, das unter sowjetischem Einfluß stand) initiiert wurde und daß die Kennedy-Runde gerade auf dem Höhepunkt des Kalten Krieges zum Abschluß kam. Das stärkste Motiv für die Liberalisierung des Welthandels, stärker noch als die wirtschaftlichen Vorteile, die immer gegen die Nachteile abgewogen werden mußten, war stets politischer und strategischer Natur. So war GATT immer als wirtschaftliches Pendant zur gegen die Sowjetunion gerichteten westlichen Allianz gemeint.

Aus der Geschichte von GATT folgt nun aber, daß bei einem Wegfall der sowjetischen Bedrohung diese Vereinbarung und die fortschreitende Liberalisierung des Welthandels gefährdet sein müssen. Und genau das war auch der Fall. Seit dem Zusammenbruch der Sowjetunion wurden keine klaren Fortschritte mehr erzielt, obwohl sie davor fast schon zur Routine geworden waren. Die im Jahr 1986 aufgenommenen Verhandlungen der »Uruguay-Runde« waren schwierig und zäh. Das Ergebnis, auf das man sich erst zehn Jahre später einigte, stand bis zum letzten Moment auf der Kippe. Seitdem hatte die Liberalisierung unter der Führung der Welthandelsorganisation WTO, des GATT-Nachfolgers, weitere Fortschritte gemacht, aber nur unter großen Mühen. Statt der üblichen reibungslosen Vereinbarungen kommt es nun mit schöner Regelmäßigkeit zu Streitigkeiten, und der Ausgang der jeweiligen Verhandlungsrunden bleibt bis zum Schluß ungewiß, wie erst kürzlich bei der Liberalisierung der Finanzdienstleistungen und Versicherungen zu beobachten war.

In der Zwischenzeit sind zahlreiche einseitige Maßnahmen im Handel ergriffen worden. In vielen Ländern sind nicht-tarifliche Zollschranken errichtet worden, während in den Jahren zuvor alle Bemühungen auf deren Abbau gerichtet waren. Als der amerikanische Kongreß die »Klausel 301« in das Gesetz über internationale Handelsbeziehungen aus dem Jahr 1974 einfügte, war der Gesetzgeber sehr darauf bedacht, daß sie in Wortlaut und Gedanke mit den GATT-Regeln übereinstimmte.[3] Der Klausel 301 zufolge besitzt der Präsident die Vollmacht, gegen ausländische Importschranken vorzugehen. Zunächst wird der Handelsbeauftragte der US-Regierung ermächtigt, suspekte ausländische Handelspraktiken zu untersuchen, um eventuelle Verstöße festzustellen. Bestätigt sich der Verdacht, muß er die Verstöße genau benennen. In diesem Fall ist es Aufgabe des amerikanischen Präsidenten, die betreffenden Staaten darüber in Kenntnis zu setzen, daß zu einem bestimmten Zeitpunkt Vergeltungsmaßnahmen ergriffen würden, sollten die Hemmnisse bis dahin nicht beseitigt sein. Öffentliche Anschuldigungen oder Drohungen waren überflüssig – solche Fälle konnten ohne jedes größere Aufsehen diplomatisch geregelt werden.

Aber im Jahr 1988 verabschiedete der Kongreß die Klausel »Super 301«, die weniger Rücksicht auf die GATT/WTO-

Regeln nahm. Der Handelsbeauftragte ist nun nicht mehr nur dazu bevollmächtigt, tätig zu werden, er ist vielmehr dazu angehalten. Seine Behörde muß zur Information der Öffentlichkeit jedes Jahr eine Liste mit unzulässigen Handelsbarrieren veröffentlichen und die verantwortlichen Staaten namentlich aufzählen. Weiterhin müssen, nach Dringlichkeit geordnet, Fristen für die Aufhebung der Barrieren gesetzt und widrigenfalls genau festgesetzte Gegenmaßnahmen ergriffen werden (»Special 301« ist das Pendant für Copyright- und andere Urheberrechte). Der Präsident kann also nicht mehr diskret handeln, sondern muß dem betreffenden Land offen mit wirtschaftlichen Sanktionen drohen, die er nicht einfach wieder zurücknehmen kann. Eben darauf zielte die Klausel »Super 301« ab, da man im Kongreß der Meinung war, die ursprüngliche Klausel 301 sei nicht mit dem nötigen Nachdruck angewendet worden.

Es ist nicht verwunderlich, daß sich das Klima des zunehmend liberalisierten Welthandels trotz Wachstum und Wohlstand verschlechtert hat. Handel führt zu wechselseitiger Abhängigkeit, die wiederum entgegen der Behauptungen der Anhänger des Freihandels keine Harmonie bringt, sondern im Gegenteil als Störfaktor wirkt. In den Jahren 1997 und 1998 zeichnete sich zum Beispiel zwischen der amerikanischen und der japanischen Regierung ein völlig neuer Konflikt ab. Streitpunkt waren die japanischen Steuern. Wohlgemerkt ging es nicht um die japanische Besteuerung amerikanischer Firmen, sondern um die Besteuerung japanischer Unternehmen und tatsächlich auch der japanischen Bürger. Angefangen von Präsident Clinton bis zum Unterstaatssekretär fühlten sich amerikanische Regierungsbeamte bemüßigt, der japanischen Regierung vorzuschreiben, wie sie ihre Steuerpolitik zu regeln habe. Mehr noch, die amerikanische Regierung verlangte bei bestimmten japanischen Steuern Steuersenkungen, denn sie glaubte, diese Steuern würden sich negativ auf das japanische Konsumverhalten auswirken. Somit müßten die japanischen

Unternehmen mehr exportieren und andererseits die amerikanischen Unternehmen gleichzeitig Probleme bekommen, ihre Produkte in Japan abzusetzen.

Nach dem Ausbruch der Wirtschaftskrise in Thailand, Malaysia, Indonesien und Südkorea wurde die Auseinandersetzung immer hitziger und rückte immer stärker ins Blickfeld der Öffentlichkeit – finanzpolitische Debatten wurden sogar im Fernsehen übertragen. Diese Länder würden alle mehr exportieren und weniger importieren müssen, um ihre Auslandsschulden abzubauen, und wenn die japanischen Verbraucher nicht ihren Teil dazu beitragen würden, gingen die Exporte größtenteils in die USA, wodurch das Außenhandelsdefizit der USA, das ohnehin schon einen historischen Höchststand erreicht hatte, noch weiter steigen würde. Das Gegenargument der Japaner, ihr hohes Haushaltsdefizit und die noch höhere öffentliche Verschuldung mache eine Steuererhöhung unvermeidbar, wurde von den Amerikanern größtenteils ignoriert, denn die amerikanischen Regierungsbeamten konzentrierten sich auf die unmittelbare Krise und waren an einem langfristig ausgeglichenen japanischen Staatshaushalt nicht interessiert. Schließlich änderte die japanische Regierung ihre Haltung abrupt, als auch japanische Unternehmen in den Chor der amerikanischen (und europäischen) Forderungen einfielen. Einige Steuern wurden gesenkt, gleichzeitig wurden die Ausgaben der öffentlichen Hand erhöht. Es wird sich zeigen, ob sich die japanische Regierung eines Tages bei der amerikanischen Regierung revanchieren kann und ihr vorschreibt, wie sie regieren soll.

Neben den Störfaktoren der gegenseitigen Abhängigkeit wird die internationale Wirtschaft zunehmend vom Kalkül einer Handvoll Staaten bestimmt, die bereits »geo-ökonomisch« und nicht mehr nur ökonomisch denken und handeln. Dieses Kalkül ruft bei anderen Ländern Befürchtungen hervor. Früher verunsicherten die Umtriebe einiger kriegerisch gesinnter Staaten viele andere Länder und führten schließlich zur Militarisierung der gesamten Weltpolitik. Heute untergräbt der geo-ökonomische Wettstreit zwischen Amerikanern, Japanern und Europäern rasant ihre alte Bündnissolidarität, und die daraus resultierenden Spannungen bekommen auch andere Handelsnationen zu spüren. Sie haben die nachvollziehbare Angst, in die Schußlinie der Kontrahenten zu geraten. Der Konflikt zwischen Airbus Industrie und Boeing erhält immer mehr den Charakter eines echten Handelskrieges, in dem Gewinne der einen Partei der anderen Verluste bringen. Das ist ein Beleg, daß die häufig zitierte Unterscheidung zwischen Krieg und Handelsbeziehungen, bei denen beide Seiten profitieren sollten und es normalerweise auch tun, falsch ist. Die meisten Handelsbeziehungen sind natürlich keineswegs kriegerisch, aber einige sind es eben doch.

Der Krieg unterscheidet sich grundsätzlich vom Handel. Einem Konflikt liegt, um es einmal so auszudrücken, ein »Nullsummenspiel« zugrunde, denn der Gewinn der einen Seite bedeutet für die andere einen Verlust und umgekehrt. Das trifft auf den Krieg zu, auf die machtpolitische Diplomatie und den oligopolistischen Wettbewerb, aber nicht auf einen allseits offenen (»vollkommenen«) Markt, wo beide Seiten gleichzeitig gewinnen oder verlieren können. Die Logik des Konflikts ist überdies paradox, also von offensichtlichen Widersprüchen und vom Umschlag in das Gegenteil geprägt, weil alle Handlungen im Hinblick auf einen Gegner geführt werden, dessen Ziel es wiederum ist, alle Bemühungen des Kontrahenten zunichte zu machen. Aus diesem Grund kann die schlechteste Angriffsvariante die beste sein, wenn sie den Vorteil des Überraschungsmoments birgt. Die schlechte Methode erweist sich also paradoxerweise als gut, die gute paradoxerweise als schlecht. Daher kann ein siegreiches Heer seine eigene Niederlage heraufbeschwören, wenn es in Überschätzung seiner Kräfte zu weit ins Feindesland vordringt. Ebenso ist die Wahrscheinlichkeit hoch, daß Waffen, deren Vernichtungspotential zu groß ist, derart umfangreiche Gegenmaßnahmen beim Gegner auslösen, daß sie keine Chance haben, jemals auch eingesetzt zu werden. In der Dynamik der Logik des Konfliktes ist ein solcher Kulminationspunkt angelegt, über den hinaus jede Handlung in ihr Gegenteil umschlägt. Diese Logik gilt für jede strategische Ebene. Ein Beispiel: Die sowjetische Militärmacht nahm stetig zu, bis sie in militärische Ohnmacht umkippte, nachdem sich eine hinreichend große Zahl von Staaten dermaßen bedroht gefühlt hatte, daß sie einen Abwehrblock gegen Moskau bildete. In der geradlinigen Logik des Alltagslebens (und des wirtschaftlichen Wettbewerbs) ist es jedoch so, daß das Gute gut und das Schlechte schlecht ist und ein einmal errungener Erfolg weitere Erfolge nach sich ziehen kann, ohne daß notwendigerweise ein Punkt erreicht wird, an dem sich alles in sein Gegenteil verkehrt.[4]

Der Krieg unterscheidet sich daher in vielerlei Hinsicht vom Handel, weist aber eben auch Gemeinsamkeiten auf. Vor allem Aktions-Reaktions-Zyklen, bei denen eine Handelssanktion mit einer Gegenmaßnahme beantwortet wird, erinnern fatal an das Eskalieren von Krisen, die in offene Kriege münden können. Bräche ein Handelskonflikt zwischen den großen Wirtschaftsmächten aus, dann würde der klassische Mechanismus der Weltpolitik eine Neuauflage im wirtschaftlichen Rahmen erleben. Man kann sich leicht vorstellen, wie ein EU-Vertreter in einigen Jahren der ägyptischen Regierung geduldig auseinandersetzt, wie sehr die ägyptischen Exporte in die EU Schaden nehmen würden, wenn das Land ein japanisches Kraftwerk kaufen würde, »wie in der Presse behauptet wird«; und wie dann sein japanischer Kollege anreist und auf die Unterzeichnung des Vertrags pocht und ebenfalls mit Konsequenzen droht, sollte es nicht zum Abschluß kommen. Und wie schließlich die Amerikaner die Ägypter davon zu überzeugen versuchen, daß für sie der beste Ausweg aus diesem Dilemma darin bestehen würde, den Zuschlag einer amerikanischen Firma zu erteilen. Wenn sich aber Staaten zu größeren Wirtschaftsblöcken zusammenschließen, wie es momentan in Nordamerika mit der amerikanisch-kanadisch-mexikanischen Freihandelszone geschieht oder wie es die Mitgliedsstaaten der EU längst getan haben, dann wird die Logik des Wettstreits nach außen projiziert und in einem größeren Maßstab weiterverfolgt. Bündnisse werden gegen einen gemeinsamen Gegner geschmiedet, auch wenn es nur geo-ökonomische und keine militärstrategischen Bündnisse sind. Und wenn kein Gegner in Sicht ist, dann ist es nicht weiter schwer, einen ausfindig zu machen.

Eigentlich sollten die Kosten für alle Betroffenen und womöglich für die ganze Weltwirtschaft ein schlagendes Argument gegen Handelskriege sein. Wäre es aber tatsächlich nur eine Frage einer Kosten-Nutzen-Analyse, dann dürfte eigentlich gar kein Handelskrieg vom Zaun gebrochen werden. Denn auf langfristige und wohl selbst auf kurzfristige Sicht kann dabei keine Seite gewinnen. Seit die militärstrategische Konfrontation nicht mehr die Weltpolitik dominiert, fehlt allerdings ein Ventil für die feindlichen Ressentiments der Nationen untereinander, und es besteht die Gefahr, daß sie auf die Handelsbeziehungen übertragen werden. Wenn dieser Fall eintritt, ist keine nüchterne Kalkulation mehr möglich. Denn wenn Nationen ihren Haßgefühlen freien Lauf lassen, dann wird nicht mehr kühl über die Kosten nachgedacht, sondern alle verlangen die Bestrafung des Gegners – auch wenn der Strafende sich dabei ins eigene Fleisch schneidet.

Sicher sind viele Menschen immer noch der festen Überzeugung, die Volkswirtschaften der wichtigsten Handelsnationen seien zu eng miteinander verflochten, als daß geo-ökonomische Abenteuer möglich wären. Heutzutage werden im Automobilbau Karosserie und Fahrgestell in einem Land montiert, der Motor in einem anderen und die Armaturen in einem dritten; und die chemische Industrie und die Elektronikindustrie sind für die Produktion der fertigen Waren auf den ständigen Austausch zahlloser Zwischenprodukte ange-

wiesen. Darüber hinaus machen öffentliche und private Dar-
lehensnehmer häufig von Anleihen im Ausland gleichermaßen
Gebrauch. Angesichts dieser Tatsachen können feindliche Wirt-
schaftssanktionen – und die Vergeltungsmaßnahmen nicht
weniger, die sie hervorrufen – schnell verheerende Folgen für
die Industrieproduktion und die Beschäftigungslage sowie für
die finanzielle Stabilität der Unternehmen und der einzelnen
Länder haben. Doch die gegenseitige Abhängigkeit, die sich
während des Kalten Krieges herausgebildet hat, als sich in
jedem Lager aus dem militärstrategischen Bündnis wie selbstverständlich auch eine wirtschaftliche Zusammenarbeit ergab,
ist keine Garantie für die Zukunft.

Wohl nur wenige Volkswirtschaften waren so voneinander
abhängig wie die französische und die deutsche im August 1914
oder die deutsche und die sowjetische im Juni 1941. In beiden
Fällen führte jede Seite viele notwendige Rohstoffe und wichtige Güter der anderen Seite ein, und in beiden Fällen kam
es nach dem Abbruch der Handelsbeziehungen zu schwer-
wiegenden Verwerfungen. Und doch zogen beide Seiten ungeachtet dieser und noch viel größerer Verluste in den Krieg.
Würden die Menschen ihre wirtschaftlichen Vorteile abwägen
und dann entsprechend handeln, so würde die Geschichte
nicht aus einer langen Kette von Verbrechen und Torheiten
bestehen. Daher zeugt die Annahme, ein Wirtschaftskrieg zwischen rivalisierenden Blöcken werde schon allein aus dem
Grund nicht ausbrechen, weil alle Beteiligten dabei verlieren
würden, von großem Optimismus.

Daß geo-ökonomische Strategien in der Gegenwart überhaupt zum Zuge kommen, belegt bereits, wie wenig das
wirtschaftliche Eigeninteresse noch hemmende Wirkungen
entfaltet. Denn selbstverständlich ist global betrachtet jede
geo-ökonomische Aktivität kostspieliger als das reine, am Freihandel orientierte Wirtschaften. Dies gilt freilich nur dann,
wenn man strikt ökonomische Maßstäbe anlegt, und gerade
diese Bemessungsmaßstäbe können unter Umständen keiner-

lei Bedeutung haben. Die Staatsbeamten, Politiker und Industriellen, die geo-ökonomische Pläne verfolgen, streben nicht nach sofortigem Profit und werden sich auch durch Verluste nicht von ihren Zielen abbringen lassen. Airbus fuhr über zwanzig Jahre lang Verluste ein, ohne daß die französische, deutsche und britische Regierung, die das Konsortium unterstützten, das Unternehmen als Ganzes in Zweifel zogen. Denn es hatte eine komplette europäische Flugzeugindustrie zur Folge, die Tausende von Wissenschaftlern, Ingenieuren und Managern Arbeit gibt – und genau dies war das Ziel und weitaus weniger das Erwirtschaften von Gewinnen. Auch verfängt der Hinweis nicht, daß Handel und Wirtschaft immer über nationale Grenzen hinausstreben und daher durch geo-ökonomische Versuche, sie wieder in einen nationalen Rahmen zu pressen, nur eingeschränkt werden. Denn genau das geschieht zur Zeit, wenn um Regelungen gestritten wird, die den sogenannten »local content« festlegen, den Anteil also, den einheimische Zulieferer oder Arbeitskräfte an der Fertigung von Gütern ausländischer Firmen im eigenen Land haben, wenn Untersuchungen vorgeschrieben werden, die importierte »Komponenten« aufdecken sollen usw. Ein typisches Beispiel dafür ist die indische Regelung, die seit Dezember 1997 in Kraft ist. Wenn ein ausländischer Automobilhersteller ein Montagewerk in Indien errichten will, muß der Anteil der Produktion vor Ort im dritten Betriebsjahr fünfzig Prozent betragen und im fünften Jahr siebzig Prozent, außerdem müssen ab dem vierten Jahr alle Importe von Autoteilen oder fertigen Autos durch gleichwertige Exporte ausgeglichen werden. Global gesehen ist die Geo-Ökonomie ein Verlustgeschäft, doch das heißt nicht, daß ein bestimmtes Land oder ein Wirtschaftsblock sie nicht mit Gewinn betreiben kann. Auch Krieg war immer ein Verlustgeschäft: Alle Staaten wären besser gefahren, wenn sie sich nicht daran beteiligt hätten. Solange aber Krieg und Diplomatie das Weltgeschehen bestimmten, mußten die meisten Länder das Spiel mitspielen, wenn sie einer Unterwerfung, Besetzung, Niederlage oder gar Zerschlagung entgehen wollten.

Die strategische Solidarität der »Freien Welt«, die früher jeden offenen Handelskonflikt verhinderte, nähert sich nun dem Ende. Trotzdem ist ein geo-ökonomischer Konflikt zwischen den Wirtschaftsblöcken Nordamerika, Ostasien und Europa keineswegs unausweichlich. Gewiß schlagen die Wogen der Emotionen in Zeiten wirtschaftlicher Schwierigkeiten manchmal hoch, und die Spirale von sich gegenseitig hochschaukelnder Sanktion und Gegensanktion ist bereits da. Wenn etwa die Handelsbilanz zweier Staaten oder Blöcke ein massives Ungleichgewicht aufweist, wenn die Öffnung von Märkten erzwungen wird oder sich ein Land besonders penetrant in die inneren Angelegenheiten des anderen einmischt, dann bleibt es nicht bei einem einmaligen Aufschrei der Empörung. Jeder Zwischenfall verstärkt die Ressentiments gegenüber dem anderen Land, das bei solchen Vorgängen gewinnt. Eine nüchterne Kosten-Nutzen-Abwägung kann den Ausbruch ungezügelter geo-ökonomischer Rivalität nicht verhindern.

Aber wir wissen auch, daß das Wettrüsten gestoppt wurde. Feindselige Gefühle zwischen Staaten können abgebaut und überschüssige Energien auf andere Probleme umgelenkt werden, etwa auf den Kampf gegen die Umweltzerstörung. Doch dazu wäre eine Art »Super-WTO-Vertrag« erforderlich, in dem man sich auf einen Plan zur »allgemeinen und umfassenden geo-ökonomischen Abrüstung« einigte. Die bisherige schrittweise Liberalisierung des Welthandels, die in jahrzehntelangen Verhandlungen erreicht wurde, ist kein probates Mittel mehr gegen die zunehmenden Handelskonflikte, die sich an alten und neuen Fragen entzünden. Sie hat nicht verhindern können, daß der amerikanische Kongreß die Klauseln 301 und »Super 301« mit den darin enthaltenen Handelssanktionen verabschiedete oder daß Korea und Taiwan für japanische Konsumgüter pauschale Einfuhrverbote verhängten. Auf jeden Fall sind die konservativer anmutenden Verhandlungen, bei denen man Schritt um Schritt vorankommt, heute höchst riskant, da sie jederzeit von Handels- oder Finanzkonflikten oder sogar von einem geo-ökonomischen Wettrüsten überholt werden können. Was die USA angeht, so hat Fujitsus direkter Angriff auf IBM keine gezielte Gegenmaßnahme ausgelöst, wahrscheinlich weil die Bedeutung und der politische Status von IBM mittlerweile doch sehr gelitten haben. Man darf sich allerdings fragen, welche Reaktionen ein ähnlicher Angriff auf Boeing auslösen würde. Denn die amerikanischen Präsidenten fungierten bisher stets als Vertreter Boeings gegen Airbus – 1996 telefonierte Präsident Clinton sogar persönlich mit dem König von Saudi-Arabien, um für Boeing Aufträge von der staatlichen saudi-arabischen Fluggesellschaft zu ergattern.

Gewiß, ein Plan zur allgemeinen und umfassenden ökonomischen Abrüstung wäre ein drastisches Mittel, denn er würde ein Verbot aller direkten und indirekten Subventionen enthalten, das das Ende für jede Form von staatlich geförderter Technologie-Entwicklung oder Exportförderung und die Abschaffung aller Hindernisse für den Import von Versicherungsleistungen, Finanz- und anderen gehobenen Dienstleistungen bedeuten würde. Angesichts der Schwierigkeiten, die bei normalen Handelsverhandlungen über erheblich enger umrissene Fragen auftauchen, ist ein Erfolg allerdings unwahrscheinlich.

Vorerst jedoch bilden geo-ökonomische Vorsätze immer noch die Grundlage für die Ansichten der meisten Politiker der westlichen Hemisphäre. Das gilt mit Sicherheit für Europa und die USA, nur bei Japan ist der Fall nicht ganz so eindeutig. Die westlichen Regierungschefs lernten im Kalten Krieg, daß das Bündnis um jeden Preis bewahrt werden mußte, selbst wenn man dafür eine infolge von Importen hohe Arbeitslosigkeit in Kauf nehmen mußte und zudem noch einseitige Exportbeschränkungen, ungleiche finanzielle Einschränkungen, hohe Zinsen wegen verantwortungsloser Etats und herrische

Forderungen nach Ausnahmen von den Freihandelsregeln. Die Präsidenten und die Ministerpräsidenten, die Finanzminister und die Vorsitzenden der Zentralbanken, die Unternehmensvorstände und die Unternehmer, die Experten und die Publizisten gratulieren sich seit langem gegenseitig und auch selber zu dem Wunder der internationalen Wirtschaft, womit sie die westliche Wirtschaft meinen. Allerdings haben sie selten darüber nachgedacht, wieviel Moskau zu ihrer erfolgreichen wirtschaftlichen Zusammenarbeit beitrug.

Bei allem Respekt für die Leistung der zwei Generationen von Experten, Bankiers, internationalen Beamten, Diplomaten und Politikern muß man sagen, daß ihre bemerkenswerte wirtschaftliche Kooperation in überwiegendem Maß ein Nebenprodukt der geopolitischen Konfrontation mit der Sowjetunion war. Der Kalte Krieg war kaum zu Ende, da zeigten sich schon die ersten Hinweise, daß er schmerzlich vermißt werden würde. Die Welt steht nun vor der Herausforderung, eine mittlerweile globale Allianz ohne das starke Solidaritätsgefühl, das sich angesichts eines gemeinsamen Feindes herausbildet, am Leben zu erhalten.

8

Die Debatte über die Industriepolitik

Die Verlagerung der Macht vom Staat zur Privatwirtschaft ist gleichzeitig Ursache und Folge des Turbo-Kapitalismus. Mit der Globalisierung, der wechselseitigen Öffnung von Volkswirtschaften, steht sie jedoch nur in loser Verbindung. Jedes Land baut seine Version des gelenkten Kapitalismus auf seine eigene Art und Weise ab, in seinem eigenen Tempo und in Einklang mit seiner eigenen Innenpolitik. Eine Folge dieses Prozesses ist die Globalisierung, andere Folgen sind allerdings normalerweise von größerer Bedeutung.

Dennoch gibt es einen Grund dafür, weshalb das Vordringen des Turbo-Kapitalismus unaufhörlich von Diskussionen über die Globalisierung begleitet wird. Für die Privatwirtschaft ist das Gerede über die Globalisierung das beste Mittel, um im eigenen Land Sympathien im Kampf gegen besonders restriktive Gesetze und Behörden zu erringen. So ziehen es beispielsweise französische Unternehmen, die auf eine Lockerung des Arbeitsrechts dringen, natürlich vor, die Aufmerksamkeit der Öffentlichkeit auf ihren Kampf gegen ausländische Konkurrenten zu richten anstatt auf ihre Auseinandersetzung mit den einheimischen Gewerkschaften.

Es ist überall auf der Welt dasselbe und birgt immer den gleichen Widerspruch: Angesichts von Konzernen, die anonymen Teilhabern gehören, die rund um den Globus verteilt sind, entsteht der Eindruck, daß die Nationalität gegenstandslos geworden ist. Dennoch stimulieren diejenigen, die auf der Bedeutung der Globalisierung beharren, ständig nationale Interessen. Vielleicht stimmt es, daß Logik ein Fluch der

Kleingeister ist. Sie hält auf jeden Fall weder Geschäftsleute noch Experten, geschweige denn Politiker davon ab, ein Gefühl der nationalen Solidarität hervorzurufen, und dies zu einem Zweck, der zur Logik der Globalisierung im Widerspruch steht, nämlich die »Industriepolitik«.

Seit Jahren wird in Westeuropa heftig über Industriepolitik debattiert. Selbst in den USA führen Experten darüber Diskussionen, nur die Medien schenken ihr kaum Beachtung. Die Befürworter der Industriepolitik argumentieren, daß die Regierung die Entwicklung zukunftsträchtiger Branchen, also vor allem der Computer- und Softwareindustrie, der Telekommunikation, Biotechnologie, Energiegewinnung und -speicherung und einiger anderer Felder, fördern könnte und fördern sollte. Oft bringt man das Argument in defensiver Form vor und streicht die Gefahr heraus, eine ganze Industriebranche an ausländische Konkurrenten zu verlieren, die natürlich von ihren Regierungen unterstützt werden. Die Gegner der Industriepolitik betonen, daß jeder staatliche Eingriff in das freie Spiel der »Kräfte« im besten Fall Verschwendung, schlimmstenfalls sogar kontraproduktiv sei.

Die Methoden und Instrumente der Industriepolitik sind vielfältig. Ein grundlegendes Mittel stellt die staatliche Finanzierung von Forschung und Entwicklung zur Förderung innovativer Produkte und Produktionstechniken in neuen Industriezweigen dar. Die amerikanische Computerindustrie profitierte bis in die siebziger Jahre hinein von einer solchen Förderung, die Europäer bevorzugten, wie wir gesehen haben, Airbus Industrie und die Luft- und Raumfahrt im allgemeinen. In Japan wurden dagegen immer wieder verschiedene Industrien abwechselnd unterstützt.

Ein weiteres Mittel der Industriepolitik ist die Bereitstellung langfristiger Kredite zu niedrigen Zinssätzen. Branchenneulinge können von Anfang an in effizienten Großfabrikationsanlagen produzieren. Dadurch können neue Produkte einen Abnehmermarkt finden, ohne durch die anfangs hohen

Produktionskosten in kleinen Pilotfabriken behindert zu w
den. Diese Vorgehensweise war so etwas wie eine japanisc.~
Spezialität für die Fertigungsindustrie, sie war aber auch in anderen Ländern bekannt.

Zu den Instrumenten, die dem Staat zur Verfügung stehen, zählen des weiteren Steuervergünstigungen. Dank dieser können in bevorzugten Industriezweigen höhere Gewinne erzielt werden. Das Kapital muß reinvestiert und darf nicht für eine Erhöhung der Gehälter der Manager oder für höhere Dividenden verwendet werden. Denselben Zweck wie Steuervergünstigungen verfolgen verschiedene Einfuhrbeschränkungen, die den einheimischen Produzenten hohe Gewinne versprechen und sie in die Lage versetzen, ihre eigenen Exporte zu subventionieren. Das ist eine Alternative zum »Preisdumping«, bei dem Produkte im Ausland unter Preis angeboten werden, und verstößt nicht einmal unbedingt gegen internationale Handelsabkommen.

Weitere Maßnahmen zur Unterstützung bestimmter Industrien waren Staatsaufträge, die auch dann erteilt wurden, wenn ausländische Konkurrenzprodukte preislich günstiger und qualitativ besser waren. Diese Methode wird immer noch eingesetzt, um europäische Rüstungsfirmen zu unterstützen. Außerdem war sie für das Wachstum der japanischen Großrechnerindustrie von entscheidender Bedeutung. Ein weitaus aggressiveres industriepolitisches Hilfsmittel sind Importbeschränkungen, mittels derer ausländische Unternehmen gezwungen werden, ihre Technologie an die einheimische Konkurrenz weiterzugeben, um überhaupt Zugang zu diesem Markt zu erhalten – eine Methode, die in China seit der Hinwendung zur Marktwirtschaft schon beinahe gang und gäbe ist. Die Subventionierung von Krediten für ausländische Investoren ist so weit verbreitet, daß selbst die USA diese Methode praktizieren. Eine unauffälligere Maßnahme ist die Förderung von Unternehmenszusammenschlüssen. Dadurch sollen Branchen gestärkt werden, die als zu zersplittert gelten, um erfolgreich gegen die Konkurrenz auf dem Weltmarkt zu bestehen. Die Maßnahme wird sehr häufig eingesetzt, obwohl sich ihr Effekt manchmal ins Gegenteil verkehrt und es zur Bildung von Monopolen kommt. Nur in Japan sorgten die Beamten dafür, daß die Fusionen nicht zu weit gingen. Tatsächlich war es ein Grundprinzip der japanischen Industriepolitik, daß die verschiedenen Unternehmen einer Branche gerade deshalb, weil sie kollektiv geschützt wurden, weiterhin in scharfem Wettbewerb miteinander liegen müssen. So sollte verhindert werden, daß sie unflexibel und selbstzufrieden wurden.

Krieg wurde nicht im Preußen des 19. Jahrhunderts erfunden, wohl aber die systematische Mobilisierung und die Kriegsplanung. Ebensowenig ist die Industriepolitik eine Neuerfindung, neu sind nur ihre systematische Förderung und ihre vielfältigen Methoden. Peter der Große wurde berühmt dafür, daß er zu Beginn des 18. Jahrhunderts eine russische Schiffsbauindustrie zum Bau seetüchtiger Schiffe aus dem Nichts aus dem Boden stampfte. Wenn Not am Mann war, soll er sogar selber fachmännisch mit Hand angelegt haben. Damals war die staatliche Förderung neuer Industrien in Frankreich bereits gang und gäbe. Dort bringt man den Begriff Industriepolitik auch heute noch mit dem Namen Jean-Baptiste Colbert in Verbindung, dem berühmten Minister Ludwigs XIV., der Werften, Gießereien, Webereien und den Fernhandel mit den Westindischen Inseln mit unterschiedlichem Erfolg förderte und subventionierte. Viele europäische Staaten eiferten Frankreich nach. Sie begannen mit der Förderung von Kanonengießereien und Schießpulverfabriken im 18. Jahrhundert und setzten ihre Politik während der Industrialisierung bis zum heutigen Tage fort. Ebenso verfuhren das Osmanische Reich, Siam im 19. Jahrhundert, das aus dem Westen Ingenieure und Lehrer kommen ließ, und die noch exotischere Regierung des präkolonialen Madagaskar, die erfolglos versuchte, sich der Kolonialisierung durch die Übernahme westlicher Kenntnisse und Fähigkeiten zu entziehen.

Es blieb dem kaiserlichen Japan nach 1868 überlassen, die Industriepolitik schneller und besser zu gestalten als seine Vorgänger. Mit der Einrichtung von Eisenhütten, Gießereien, Schiffswerften und Webereien wurde eine Tradition begründet, die bis in die Gegenwart mit der Förderung der Hochtechnologie im Nanobereich, bei der Robotertechnik und anderer neuartiger Materialien anhält. Die Japaner führten auch in den siebziger Jahren die beidseitige Industriepolitik ein, bei der die systematische Förderung neuer Industrien mit dem Abbau maroder Industrien, wie etwa der Textilindustrie in den siebziger Jahren und dem Schiffsbau in den achtziger Jahren, kombiniert wurde. Der wirtschaftliche Erfolg im Nachkriegsjapan fand in den sechziger Jahren allgemein Anerkennung und weckte in Europa und eine Zeitlang auch in den USA erneut das Interesse an Industriepolitik. Am eifrigsten wurde das japanische Beispiel jedoch in Südkorea, Taiwan und Singapur nachgeahmt. Die Koreaner kopierten die japanischen Einrichtungen geradezu sklavisch, KOTRA beispielsweise ist eine genaue Kopie der japanischen Außenhandelsorganisation JETRO.

Die bürokratische Falle

Das Plädoyer gegen eine Industriepolitik läßt sich auf ein Wort verkürzen: Bürokratie. Genauer gesagt ist damit gemeint, daß selbst sehr tüchtige, ehrliche und kluge Beamte bei der Gestaltung der industriellen Entwicklung nicht mehr bewirken können als die freien Kräfte des Marktes. Ihren einseitigen Entscheidungen fehlt die blinde Weisheit der Gesamtzahl miteinander konkurrierender Firmen und Unternehmen. Nur ganz wenige Firmen können sich von den anderen absetzen. Sie haben genau die richtigen technologischen Maßnahmen und die richtige Marketingmethode gefunden, die ihnen den schwer faßbaren Erfolg bringen. Außerdem sollte man bedenken, daß sich Tüchtigkeit und Ehrlichkeit der Beamten (von der Klugheit wollen wir gar nicht erst reden) nicht unbedingt von selbst verstehen.

Den Verwaltungen der meisten Länder kann eine so delikate Aufgabe wie Industriepolitik, die derart unverhüllt mit Geld zu tun hat, nicht anvertraut werden. Inkompetenz und Korruption gelten fast überall als normal, sogar bei täglichen Routineaufgaben wie der Ausstellung eines amtlichen Dokuments oder der Verwaltung von Schulen, Krankenhäusern, Gefängnissen oder Streitkräften. Nur bei Staatsaufträgen kommen gewöhnlich die teuersten Anbieter zum Zuge, also diejenigen, die auch stattliche Schmiergelder oder völlig legale Parteispenden in ihre Preise einkalkulieren können. Daraus folgt, daß praktisch jede Form der Industriepolitik nur zu neuen Methoden der Ausbeutung der Konsumenten oder zur Plünderung öffentlicher Kassen führen würde.

Staatliche Industriefördermittel gehen deshalb häufig an Betrugsfirmen, die für Produktionsstätten und -anlagen zwar überzogene Rechnungen ausstellen, aber keine funktionsfähigen Fabriken einrichten. Ein Beispiel dafür waren das italienische Programm *Cassa del Mezzogiorno* und weitere Programme zur Förderung von Industrieansiedlungen in Süditalien, bis der Sache in den neunziger Jahren ein Ende gemacht wurde. Dank der finanziellen Förderung durch die Programme wurden überall im Süden Fabrikhallen gebaut, die heute leerstehen. Sie wurden von Unternehmen errichtet, die Spitzengewinne erzielten, bevor die Produktion überhaupt begann – nämlich beim Kassieren ihrer betrügerischen Rechnungen.

In ähnlicher Weise sollen vor allem in Südamerika Importhemmnisse nach japanischem Muster dazu beitragen, daß die Gewinne steigen, folglich auch das Kapital zunimmt und mit ihm der Umfang der Investitionen in die heimischen Branchen, die Importe überflüssig machen können. Doch hä fördern sie nur die Entstehung von »Scheinfirmen«, die einem Monteur mit Schraubenzieher bestehen. Die einheimischen Verbraucher finanzieren dann die Endmontage importierter vorgefertigter Teile (die manchmal teurer sind als komplett montierte Produkte) oder das bloße Umverpacken, manchmal sogar nur die Umetikettierung und bezahlen für dieses Privileg schwindelnd hohe Preise.

In Osteuropa unternahm man Ende der sechziger Jahre große Anstrengungen, Exportindustrien aufzubauen, und importierte zu diesem Zweck teure amerikanische, europäische und japanische Maschinen – die Schulden dafür werden noch heute abbezahlt. Die hergestellten Produkte erwiesen sich jedoch zum größten Teil als für den Export ungeeignet, da die erworbene Technologie, als sie endlich installiert war, schon wieder veraltet war. Außerdem war die Qualitätskontrolle ungenügend. Die Kosten waren aufgrund der inkompetenten Bürokratie trotzdem hoch.

In extremen Fällen wie beispielsweise in Westafrika erweisen sich sogar scheinbar narrensichere Maßnahmen als schädlich.

So hat das Exportverbot von ganzen Hartholzbaumstämmen, was eigentlich das Entstehen einheimischer Sägewerke fördern sollte, nur die Deviseneinnahmen aus dem Holzexport verringert. Da die unsichere politische Lage und die Korruption der Regierungsstellen Investitionen behindern, wurden nur wenige Sägewerke gebaut, in denen Schnittholz für den Export gefertigt werden konnte.

Zugleich ist aber der Export von Baumstämmen auf das Maß geschrumpft, das die Bestechung trotz des ergangenen Verbots erlaubt. Wenn Baumstämme in benachbarte Länder geschmuggelt werden, die Holz noch frei exportieren, können auch die illegalen Gewinne nicht auf einheimischen Bankkonten verbucht werden, sondern fließen statt dessen auf gleichfalls illegale Schwarzgeldkonten.

Die Beamtenapparate der westeuropäischen Länder gelten aber nicht als korrupt, zudem sind einige, vor allem der französische, für ihre Effizienz bekannt. Deshalb führen die Gegner einer Industriepolitik ein anderes Argument ins Feld, nämlich die Anfälligkeit der Beamten für politischen Druck von Interessensgruppen, die großzügige Parteispenden leisten, oder eines Wahlkreiskandidaten oder anderer Politiker, denen man einen Gefallen schuldet. Nach Ansicht der Gegner werden staatliche Investitionsfonds, die eigentlich für neue, zukunftsträchtige Sektoren bestimmt sind, letztlich doch zur Unterstützung von Branchen eingesetzt, die über großen politischen Einfluß in Form von Wählerstimmen oder anderen Interessenszusammenschlüssen verfügen. Es handelt sich ihrer Definition zufolge um Branchen, die bereits etabliert sind und sicherlich keinerlei staatliche Unterstützung benötigen. Darüber hinaus sei ihre Vergangenheit meist glorreicher als ihre Zukunft.

Die Gegner der Industriepolitik sind der Meinung, daß es sich mit Importbeschränkungen ganz ähnlich verhalte. Eigentlich seien sie dazu gedacht, die Kapitalausstattung von Industrien zu verbessern, die Führungspositionen im Export einnehmen könnten. Doch statt dessen werden sie zum Schutz maroder Industriezweige benutzt, die am schlechtesten für den Wettbewerb auf dem Weltmarkt gerüstet sind. Und dasselbe gelte für alle anderen industriepolitischen Maßnahmen wie beispielsweise für Staatsaufträge, mit denen die Produktion angekurbelt werden solle. Alles sei politisch darauf abgestellt, die fetten Branchen noch mehr zu mästen, während für die mageren neuen Industrien wenig getan werde. Letzteren fehle es an Geld und Beziehungen, um sich eine politische Begünstigung zu sichern.

Die wahren Anhänger des freien Marktes geben sich jedoch mit diesen strikt pragmatischen Argumenten noch lange nicht zufrieden. Sie bestehen auf ihrer These von der blinden Weisheit des Marktes und verweisen darauf, daß sich der Produktmarkt in Zeiten des beschleunigten technischen Fortschritts auf unvorhersehbare Weise entwickelt. So wurde beispielsweise IBM von der PC-Revolution vollkommen überrascht. General Motors verpaßte bei der Nachfrage nach Minivans und Freizeit- und Nutzfahrzeugen den Anschluß. Die amerikanische Elektronikindustrie versprach sich von Videorecordern und Faxgeräten nur einen Umsatz von 20.000 Dollar, man glaubte, daß diese Geräte nur für einen kleinen Kundenkreis interessant seien. Daraus läßt sich der Schluß ziehen, daß Regierungsbeamte bei der Bestimmung von Gewinnern und Verlierern wahrscheinlich kaum erfolgreicher wären – doch genau hier liegt der Ausgangspunkt jeder Industriepolitik. Hätte man in den fünfziger Jahren bereits eine handlungsorientierte Bürokratie aufgebaut, um zukunftsträchtige Branchen mit Kapital auszustatten, dann wäre nach Auffassung der Gegner der Industriepolitik eine Menge Geld für Fabriken verschwendet worden, die damals Nylonhemden, Acht-Spur-Tonbandgeräte und Analogrechner herstellten.

Das muß nicht unbedingt auf Inkompetenz zurückzuführen sein. Tatsächlich hat Kompetenz im herkömmlichen Sinn nichts damit zu tun, zumindest behaupten das die Gegner. Denn selbst die gründlichste Analyse *aktueller* Informationen kann den wissenschaftlichen Fortschritt nicht vorhersehen. Und dieser Fortschritt bestimmt darüber, wie künftige Produkte aussehen oder wie sich Produktionstechniken fortentwickeln. Viele verschiedene Konkurrenten bemühen sich auf unterschiedlichste Art und Weise um Erfolg. Die meisten Firmen sind freilich zum Scheitern verurteilt, und nur eine Handvoll erringt triumphale Erfolge wie etwa Xerox, Apple und Microsoft. Wie immer bejubeln die Anhänger des freien Marktes den grausamen Ausleseprozeß des Wirtschaftsdarwinismus, der an einen verschwenderischen Vorgang in der Natur erinnert: die Befruchtung der menschlichen Eizelle durch ein einziges, erfolgreiches Spermium oder die Herausbildung eines einzigen Frosches aus unzähligen Kaulquappen.

So zwingend der theoretische Einwand gegen die Industriepolitik erscheinen mag – daß nämlich verläßliche Vorhersagen
über die technische Entwicklung unmöglich zu treffen sind –,
drängt sich doch sofort ein praktisches Gegenargument auf. Es
ist dies der offenkundige Erfolg Japans und anderer Länder,
die die Entwicklung neuer Industrien forcierten, welche nicht
von selber entstanden wären. Natürlich mußte man dafür in
den meisten Fällen nicht das Unvorhersehbare vorhersehen,
denn eine Industrie, die in einem Land neu ist, muß nicht
überall neu sein. Die französischen Beamten, die das europäische Arianespace-Konsortium leiten, waren bei der Anwendung der Start- und Leitraketentechnologie, die ursprünglich
von den Amerikanern und den Russen entwickelt worden
war, einfach tüchtiger als die Amerikaner oder die Osteuropäer. Mittlerweile hat die europäische Raumfahrt einen Anteil
von 66 Prozent auf dem lukrativen Weltmarkt für den Transport von Satelliten in den Weltraum. Doch neben der Nach-
ahmung gelang Beamten auch oft das theoretisch Unmögliche,
und sie schafften den technischen Durchbruch: Schon zu Zeiten Kaiser Napoleons konnte die französische Industriepolitik
Erfolge verbuchen: Durch die Förderung der Gewinnung von
Zucker aus Zuckerrüben wurde aus dem teuren exotischen
Luxusgut ein preiswertes Lebensmittel. In den USA legte das
Pentagon Ende der fünfziger Jahre den Grundstein für die
Programmierung von Software in großem Maßstab, um mit
der halbautomatischen Luftverteidigung Schritt zu halten.
Dadurch wurde der Weg frei für den Einsatz von Computern,
die mit staatlicher Förderung zum Entschlüsseln von Geheim-
codes entwickelt worden waren.

Ebensowenig scheint die Flut weltweit erfolgreicher japanischer Produkte und Produktionsmethoden auf einem natürlichen Ausleseprozeß zu beruhen. Die günstigen Quarzuhren,
Videorecorder, Faxgeräte, Kopierer, Kopfhörer und Solar-
taschenrechner stammen wie früher die Transistorradios und
die Effektivierung der Fertigung (»Lean Production«) an sich

nicht von erfolgreichen »Kaulquappen«, sondern von einigen wenigen, voll entwickelten und wohlbekannten »Fröschen«: von Hitachi, Toshiba, Canon, Matsushita, Sony und Toyota.

Die Gegner der Industriepolitik zweifeln jedoch die Beispiele stark an. Sie argumentieren, daß die Software-Programmierung, Computer und sogar die Gewinnung von Zucker aus Zuckerrüben bereits von einzelnen Wissenschaftlern entdeckt und entwickelt worden waren, bevor Beamte und der Staat sich der jeweiligen Sache annahmen. Der Erfolg dieser Entwicklungen sei vorprogrammiert gewesen, sie konnten überhaupt nicht fehlschlagen. Die Staatsgelder hätten nur die Entwicklungsarbeit subventioniert, die auch ein privates Unternehmen finanziert hätte.

Zu den Erfolgen von Japan erklären die Gegner der Industriepolitik, daß die Wirtschaftssamurai vom *Tsusho Sangyosho*, dem Ministerium für Internationalen Handel und Industrie (MITI), in Wirklichkeit immer wieder versagt hätten – außer wenn es darum ging, das Verdienst für die Erfolge der japanischen Privatwirtschaft für sich zu reklamieren. Der phänomenale wirtschaftliche Erfolg Japans nach dem Ende des Zweiten Weltkriegs verdanke sich ganz anderen Faktoren: dem Fleiß der Erwerbstätigen, dem guten öffentlichen Bildungswesen, der hohen Sparquote, dem Kapitalüberschuß und der Stärke, die japanische Unternehmen aus der Loyalität ihrer Beschäftigten beziehen. All dies seien nicht Folgen eines bürokratischen Sachverstands, sondern vielmehr einer tiefverwurzelten, kulturell bedingten Grunddisposition zu verdanken. Als Beweis führen die Kritiker des Ministeriums die Liste der größten Fehlleistungen an: MITI habe das Wachstum der japanischen Automobilindustrie nicht vorhergesagt oder gefördert; es habe in den sechziger Jahren im Stahlsektor und in den siebziger Jahren in der Aluminiumbranche zuviel investiert; und sein teures Programm zur Entwicklung von Computern der »Fünften Generation« sei ein Fehlschlag gewesen. Zu dem Umstand, daß es in Japan praktisch keine neuen Firmen im »Kaulquappenstadium« gibt, erklären die Verfechter der freien Marktwirtschaft, natürliche Selektion und die Erschließung von Entwicklungspfaden durch Ausprobieren finde dennoch statt – aber eben *innerhalb* der japanischen Unternehmensgruppen. Tatsächlich sind diese Gruppen nichts anderes als Mischkonzerne, die aus vielen verschiedenen Unternehmen bestehen, von denen manche versagen und untergehen, während andere erfolgreich arbeiten und größer werden.

Alle diese Argumente klingen durchaus überzeugend. Es ist allerdings sehr aufschlußreich, daß sie auf Japankenner und Experten für die japanische Wirtschaft kaum Eindruck machen.

So ist etwa Chalmers Johnson, der bekannte Japanologe, der das Standardwerk über das MITI verfaßte,[1] nicht zufällig ein überzeugter Anhänger der Industriepolitik. Johnson räumt zwar ein, daß das MITI gelegentlich versagt habe, bleibt aber bei seiner Meinung, daß ein Ministerium mit Elitebeamten zur Förderung der Industrie von großer Bedeutung sei. Nur sie seien in der Lage, den Einsatz von Subventionen, die Regulierungsbehörden, die Forschung und die Außenhandelspolitik zum Nutzen ausgewählter Industrien zu koordinieren. Ohne eine zentrale Koordinationsbehörde könnten die verschiedenen Ministerien und Abteilungen nur ihre eigenen Ziele verfolgen, die oft in entgegengesetzten Richtungen liegen würden.

Ein Ministerium nach dem Vorbild von MITI kann auch für die kommerzielle Weiterentwicklung von Erfindungen Sorge tragen, die bereits vom Staat gefördert wurden. Johnson stellt fest, daß alle bedeutenden westlichen Staaten Steuergelder einsetzen, um Forschung und Entwicklung auf dem Gebiet der Wissenschaft und der Hochtechnologie anzukurbeln. Warum sollte man also nicht dafür sorgen, daß verwertbare Ergebnisse weiterentwickelt und zum Nutzen der Steuerzahler auch vermarktet werden?

EINE POLITIK,
VON DER NIEMAND ETWAS WEISS

Zur Zeit gibt die amerikanische Regierung jährlich etwa fünf Milliarden Dollar für medizinische Forschung aus. Das ist mehr als dreimal soviel wie in Japan. In den USA wird jedoch die kommerzielle Nutzung der Forschungsergebnisse von der Regierung weder überwacht noch gefördert. Statt dessen gehen einzelne Wissenschaftler, die vom Staat bezahlt werden und in staatlich finanzierten Labors arbeiten, eine geschäftliche Verbindung mit Risikokapitalanlegern ein, sobald sie 90 Prozent der Entwicklung eines vielversprechenden neuen diagnostischen Tests fertiggestellt haben, ob nun in der Medizin oder auf technischem Gebiet, und gründen private Biotechnologieunternehmen, mit denen sie dann die restlichen 10 Prozent der Arbeit finanzieren.

Allerdings wird aus diesen »Kaulquappen«, selbst wenn sie ein wertvolles Produkt entwickelt haben, kein Frosch, der das Produkt herstellt und vermarktet und so Arbeitsplätze schafft, Dividenden erzielt oder den Steuerzahlern Einnahmen beschert. Die meisten Wissenschaftler wollen nicht ihr Leben lang Geschäftsleute sein, während Investoren im allgemeinen ihre Gewinne einstreichen wollen und nicht noch zusätzlich Gelder in die Produktion pumpen wollen. Daher werden neue Erfindungen an etablierte Pharmakonzerne weiterverkauft, häufig an einen großen japanischen oder europäischen Massenproduzenten mit kleiner Forschungsabteilung. Die Wissenschaftler und die Kapitalgeber werden dabei reich, die Steuerzahler, die 90 Prozent der Forschung finanziert haben, gehen leer aus, und die Arbeitsplätze für Herstellung und Vertrieb des neuen Produkts sowie im Management entstehen oft im Ausland.

Für die staatlich finanzierte medizinische Forschung in Großbritannien, Frankreich und Deutschland gilt größtenteils dasselbe. Der einzige Unterschied besteht darin, daß dort so-

:h weniger Gewinne im eigenen Land bleiben, da es
·r Wagniskapitalgeber gibt und die europäischen Wis-
aftler nicht ganz so geschäftstüchtig sind. Im Geiste
eines desinteressierten Forschertums werden die Ergebnisse
der von den Steuerzahlern finanzierten Forschung einfach ver-
öffentlicht und die Früchte des kommerziellen Gewinns anderen überlassen. Ein aktives MITI könnte in diesem Zusammenhang sicher von großem Nutzen sein, indem es die
Kontrolle über wertvolle, von Steuerzahlern finanzierte Erfindungen in der Hand behalten und dadurch sicherstellen
würde, daß einheimische Pharmaunternehmen die Produkte
herstellen und vermarkten, um Arbeitsplätze und Steuern im
Land zu halten.

Für eine Industriepolitik spricht jedoch vor allem der Umstand, daß fast jedes Industrieland sie bereits betreibt, selbst
wenn es wie der *Bourgeois Gentilhomme* Prosa spricht, ohne
es zu wissen. Auch nach dem Ende des Kalten Krieges wird
immer noch viel Geld für militärische Forschung und Entwicklung verwendet, die »Spin-Off«-Erfindungen und Produktionstechniken von kommerziellem Wert ergeben könnten. Da
das jedoch nicht das Ziel ist, werden auch keine systematischen Versuche zur Förderung von Spin-Offs, also Abfallpro-
dukten, unternommen, es sei denn, die beauftragten Firmen
werden selbst – zu ihrem eigenen Vorteil und nicht zu dem
der Steuerzahler – in diese Richtung tätig. Im zivilen Bereich
ist die medizinische Forschung nicht das einzige Betätigungs-
feld des Staates, obwohl die meisten Gelder dorthin fließen.
Auf jeden Fall nehmen Ministerien und Behörden auf verschiedene Weise Tag für Tag Einfluß auf die Industrie, allein
schon durch die Vorschriften, die sie erlassen, oder durch die
Dienstleistungen, die sie kaufen oder in Anspruch nehmen.
Man müßte nur koordiniert vorgehen, dann könnte man wertvolle Vorteile erzielen. Schließlich gibt es, wie wir gesehen
haben, in allen wichtigen Ländern trotz des Geredes über
den freien Markt auch in den USA einzelne Beispiele für eine

hundertprozentige Industriepolitik. Unbeeindruckt von der Unbeständigkeit des Sektors finanzierte die amerikanische Regierung ein Konsortium namens Sematech zur Entwicklung von Halbleitern.

Doch Sematech ist nicht das einzige amerikanische Beispiel. Die Regierung Bush (1988–1992) sprach zwar lauthals von der Überlegenheit des freien Unternehmertums und von den Schrecken der Industriepolitik, aber heimlich, still und leise organisierte das amerikanische Energieministerium das US Advanced Battery Consortium, und das Pentagon finanzierte die Entwicklung von Flat-Screen-Bildschirmen für Laptops. Diese ausgesprochen japanisch erscheinenden Kooperationsmodelle sind geradezu ketzerische Verstöße gegen die Doktrin des freien Marktes. Sie bieten jedoch auch ein vielversprechendes Instrumentarium für die Entwicklung einer bedeutenden Kfz-Komponente, die vielleicht eines Tages für das Schicksal der amerikanischen Automobilindustrie von entscheidender Bedeutung sein wird. Wenn viele Länder also ohnehin sündigen – und es sind viele, auch Großbritannien, das ansonsten resolut für einen freien Markt eintritt –, dann könnten sie zum Nutzen der Steuerzahler dabei auch systematisch vorgehen.

9

Der Turbo-Kapitalismus in Rußland

Die Entwicklung Rußlands zu einer Marktwirtschaft ist ein weit ausgreifendes Thema, das eines Homer oder Tolstoi bedarf. Als Boris Jelzin im August 1991 auf einen Panzer kletterte und das Ende der Sowjetunion und die Wiedergeburt Rußlands verkündete, hatten die vergeblichen Reformbemühungen Michail Gorbatschows einen wirtschaftlichen Trümmerhaufen hinterlassen. Die Wirtschaft lag am Boden, und ihre staatliche Lenkung war in Auflösung begriffen. Kapital, Arbeit und Produktionsmittel wurden immer noch von den demoralisierten Beamten der zentralen Planwirtschaft verwaltet und verteilt. Rohstoffe und ein schrumpfender Bestand an Fertigerzeugnissen wurden in zunehmendem Maße von Schwarzmarkthändlern, Dieben und Schiebern kontrolliert, da die staatliche Lenkung zusammenbrach – nur für ein Verbot eines *legalen* Handels besaß der Staat perverserweise immer noch genug Macht.

1994 war die russische Wirtschaft vollkommen desorganisiert. Überall wurden Fabriken aus Mangel an Rohstoffen oder an anderen Teilen, wegen fehlender Absatzmärkte oder wegen fehlenden Betriebskapitals geschlossen. Manchmal kam auch alles gleichzeitig zusammen. Felder, die über 60 Jahre lang schlecht bewirtschaftet worden waren, wurden stärker vernachlässigt denn je zuvor. Die Kohleproduktion wurde immer wieder durch Streiks unterbrochen, die Erdölförderung ging zurück, weil wichtige Ersatzteile fehlten, der Transport auf der Schiene und auf dem Wasser kam immer wieder zum Erliegen. Die Produktionsrate und das Einkommen der Menschen lagen weit unter dem Niveau von 1991. Die Inflation fraß Renten und Löhne auf, und die Arbeitslosigkeit stieg. Viele Russen hatten weniger zu essen und weniger anzuziehen. Verglichen mit dem Jahr 1987, in dem Gorbatschow erste Reformen eingeleitet hatte, oder mit dem Jahr 1985, als er ans Ruder gekommen war, war der Verbrauch generell zurückgegangen. Die verbotene Kommunistische Partei wurde unter neuem Namen neugegründet und gewann die Mehrheit in der Duma, weil sie an die gute alte Sowjetzeit erinnerte, als es weder Arbeitslosigkeit noch Inflation gab und die Renten für Lebensmittel und sogar für Bücher ausreichten, das riesige verlorene Reich einmal ganz außer acht lassend.

Doch 1994 war auch ein Jahr, in dem russisches Kapital und Arbeitskraft, Eigentum, Rohstoffe und Produkte bereits zum größten Teil durch das freie Spiel von Angebot und Nachfrage in einem funktionierenden Markt verteilt wurden.[1] Nach den Grundregeln der westlichen ökonomischen Lehre genügt das bereits, um die zersplitterte Wirtschaft der postsowjetischen Ära von Krisengewinnlern wieder zu Firmen zusammenzufügen zu lassen. Auf diese Weise würden schließlich die Produktion, die Beschäftigung und die Einkommen wieder zunehmen. Und so geschah es auch: Im Jahr 1997 war die Talfahrt der russischen Volkswirtschaft beendet, und die Wirtschaft verbuchte Wachstumsraten.

Der Umbau der maroden Planwirtschaft des Jahres 1991 zur Marktwirtschaft des Jahres 1994 war die erstaunliche Leistung einer Handvoll mutiger junger liberaler Minister unter der Leitung von Jegor Gaidar. Mit Jelzins wechselnder Unterstützung überwanden sie den erbitterten Widerstand der mächtigen sowjetisch gesonnenen Industriebarone, die über die verlustreichen Großkombinate in ganz Rußland herrschten. Diese überzogen staatliche Kredite und bezahlten damit wiederum ihre Rechnungen. Unterstützt wurden sie dabei von Mitgliedern des Parlaments, die von ihren eigenen Arbeitern und Angestellten gewählt worden waren. Werkstätten, Lagerhäuser und Einzelhandelsgeschäfte wurden rasch in Aktiengesellschaften umgewandelt und die Anteile teilweise verkauft, wobei ein Teil den Mitarbeitern überlassen wurde. Mieter in Gebäuden, die dem Staat gehörten, konnten die Wohnungen, in denen sie lebten, sehr günstig erwerben. Gas-, Öl- und Stromversorger, große Fabriken und Rüstungsbetriebe wurden zumindest nominell privatisiert. Oft wurden sie weiterhin von den Direktoren geleitet, die noch aus der Sowjetzeit stammten.

Die gesamte staatliche Wirtschaft wurde mit brutaler Schnelligkeit verkauft. Es blieb keine Zeit für sorgfältige Erwägungen oder maßvolle Regelungen. Häufig gelangte der Reichtum in die Hände von Schiebern, die über gute Beziehungen verfügten. Doch die Privatisierung mußte entweder schnell oder gar nicht vollzogen werden, denn die Planwirtschaft brach in rasantem Tempo auseinander. Da die noch aus sowjetrussischer Zeit stammenden Geschäftsverbindungen zwischen Rohstoff- und Energielieferanten und Fabriken, zwischen Landwirtschaft und Lebensmittelmärkten rasch zerfielen, stand die Regierung vor der Entscheidung, entweder marktwirtschaftliche Käufer-Verkäufer-Beziehungen einzuführen oder einen totalen Kollaps in Kauf zu nehmen. Schon bald würden nur noch Bauern Lebensmittel besitzen, nur noch Bergleute würden heizen können, und nur noch die Lagerverwalter der pharmazeutischen Unternehmen würden über Arzneimittel verfügen. Wenn die Welt damals vollständig verstanden hätte, was in Rußland geschah, wäre man äußerst alarmiert gewesen. Rußland drohte ein Staat zu werden, der nicht mehr funktionierte, ein Staat mit unterernährten Soldaten und vielleicht sogar mit Atomraketenlagern, deren Besatzung plündernd durch die Lande zieht, anstatt diese Waffen zu bewachen.

Entgegen aller Widerstände, die von angeborener Trägheit bis zu orthodox stalinistischen Ansichten reichten und sich als Proteste im Parlament wie auch als persönliche Anfeindungen niederschlugen, vollzogen Gaidar und seine Getreuen die Privatisierungsschritte und taten dies auch schnell genug, um einer drohenden Anarchie zuvorzukommen. Doch anstatt daß diese heroische Tat von einem Homer oder einem Tolstoi gepriesen wurde, berichteten darüber nur fehlbare Journalisten ohne poetisches Talent und bar aller ökonomischer Kenntnisse.

Eine Gangster-Wirtschaft?

Eben diese Journalisten verbreiteten die Ansicht, daß sich bei der Gestaltung der russischen Wirtschaft die Erpressung durch die russische *Mafyia* und die Korruption der Behörden gegenüber dem freien Markt durchgesetzt hätten und daß diese beiden Faktoren die wirtschaftliche Entwicklung behindern würden. Nach einer häufig zitierten Schätzung sollen Kriminelle und bestechliche Beamte in den Jahren 1990 bis 1995 100 Milliarden Dollar außer Landes geschafft und auf ausländischen Konten deponiert haben. Dadurch sei der russischen Wirtschaft mehr Geld verlorengegangen als der Westen seit 1991 in Form von Unterstützungszahlungen nach Rußland geschickt hat. In unzähligen Artikeln wurden die Nutznießer der neuen Wirtschaftsordnung porträtiert und als gewaltbereite Schlägertypen mit platinblonden Gangsterbräuten und BMWs dargestellt, die in Restaurants mit ihrem Reichtum protzen. Oder aalglatte ehemalige Regierungsbeamte in Armani-Anzügen gaben in Interviews mit der *New York Times* mit ihren Bankkonten in Wien, ihren Apartments in Manhattan und ihren guten Freunden im Kreml an.

Weitaus zahlreicher sind allerdings die nicht ganz so auffallend kriminellen und deutlich glanzloseren »Biznessmen«. Zu Tausenden handeln sie mit gestohlenen Rohstoffen, die für den ganz privaten Export abgezweigt wurden, helfen diebischen Unternehmensleitern, Firmeneigentum in Privatbesitz zu übertragen, arbeiten mit ausländischen Abenteurern zusammen, die Konsumgüter ins Land und Waffen aus dem Land schmuggeln, oder sie machen Geschäfte und verdienen einfach Geld, ohne Steuern zu zahlen. Vielen Besuchern ist in Rußland dieser Typus schon in Hotellobbies begegnet, denn dort schließen sie mit Vorliebe ihre Geschäfte ab. Manche verdienen gerade genug, um über die Runden zu kommen, und warten auf ihre große Chance, andere dagegen sind in kurzer Zeit sehr reich geworden. Ein Jaguar mit einem russischen Kennzeichen, der die Auffahrt zu einer Millionärsvilla auf der Nordseite von Cap d'Antibes mit Blick auf die Plage de la Garoupe ziert, ist längst kein ungewohnter Anblick mehr. Ebenso kann es passieren, daß man beim Kauf einer Wohnung im vornehmen Londoner Stadtteil Mayfair von einem Russen mit grünen Plastikschuhen und einer Brieftasche voller Banknoten überboten wird oder daß in Venedig im Hotel Gritti oder im Danieli alle Suiten mit Blick auf den Canal Grande schon von einer russischen Hochzeitsgesellschaft belegt sind.

Zweifelsohne ist die zunehmende Kriminalisierung der russischen Wirtschaft mit hohen Kosten verbunden. Die Kaufkraft einer verarmten Bevölkerung nimmt noch mehr ab, weil die »Schutzgelder« für die *Mafyia* die Preise in die Höhe treiben. Leistungsfähige privatwirtschaftliche Unternehmen sind dem unfairen Wettbewerb nicht ganz so leistungsfähiger Konkurrenten ausgesetzt, die von korrupten Beamten protegiert werden. Andere ehrliche Firmen schlagen ihre Konkurrenten auf dem Markt und werden dann von ihnen bedroht – und zwar nicht von Anwälten mit Aktenordnern, wie Amerikaner diesen Satz vielleicht interpretieren würden, sondern von gedungenen Killern mit Maschinenpistolen. Außerdem müssen die Steuerhinterziehung und die dadurch ausbleibenden Steuereinnahmen wie in vielen Ländern mit inflationärem Gelddrucken oder mit Steuererhöhungen ausgeglichen werden, die wiederum dem Wirtschaftswachstum abträglich sind. Darüber hinaus gefährden die Gangster und die Wirtschaftsbosse die Liberalisierung der russischen Wirtschaft noch auf eine andere, sehr direkte Art und Weise. Da die Bevölkerung ihnen bei Wahlen nicht ihre Stimme gibt, werden vornehmlich Neokommunisten und sogar Stalinisten ins russische Staatsparlament gewählt – obwohl auch sie das Vordringen des freien Marktes nicht mehr rückgängig machen, sondern allenfalls eine langsamere Gangart der Privatisierung einschlagen können.

Die politische Bedrohung ist real, aber rein wirtschaftlich gesehen ist Angst völlig fehl am Platz. Zunächst einmal wird hierbei die natürliche Evolution des kapitalistischen Tieres übersehen. Die fetten Kühe, die in fortgeschrittenen Industrieländern so reichlich Milch geben – stabile, mit viel Kapital ausgestattete Firmen, die sichere Arbeitsplätze bieten, ihre Steuern vollständig zahlen, in neue Anlagen investieren, neue Produkte entwickeln und sogar ihren Beitrag zur sozialen Wohlfahrt leisten –, waren nicht immer so. Ursprünglich häuften sie ihr Kapital als magere und ausgehungerte Wölfe an und ergriffen unter Ausnutzung aller Möglichkeiten jede Gelegenheit, die der Markt ihnen bot. Manchmal beseitigten sie Konkurrenten auf eine Weise, die Anti-Monopol-Kommissionen und Anti-Trust-Abteilungen heute nicht tolerieren würden. Oft senkten sie auf jede erdenkliche Art die Kosten, auch mittels Steuerhinterziehung, sofern sie damit durchkamen. Wenn die Zahlung der Gehälter keine Zitterpartie mehr ist, sondern allmählich ein Routinevorgang wird, wenn die finanziellen Reserven zunehmen, der Aktienwert steigt, die ursprünglichen Geschäftsgründer und Investoren reich werden, dann verliert der Wolf seine Reißzähne, wird größer und dicker und bekommt ein Euter.

Wenn allerdings Länder und ihre Volkswirtschaften einem wirklich drastischen Umbruch unterworfen sind, wie ihn zum Beispiel Deutschland, Italien und Japan nach den Verwüstungen des Zweiten Weltkrieges erlebten und wie ihn momentan Rußland durchmacht, dann sind die Bedingungen selbst für Wölfe zu hart. Schließlich arbeiten sie für die Sicherung ihres Lebensunterhalts und jagen innerhalb der Rahmenbedingungen, die ihnen ein organisierter Markt bietet, nach Beute. Im Chaos einer nachhaltig gestörten Wirtschaft können nur rücksichtslose Hyänen überleben und gedeihen, indem sie mit allem handeln, was sich gewinnbringend verkaufen läßt, sei es nun legal oder nicht. Sie kaufen verzweifelten Grundbesitzern oder korrupten Beamten wertvolle Grundstücke und Immobilien für ein paar Pfennige ab, improvisieren die Herstellung von minderwertigen Produkten für Verbraucher, die derartige Waren lange entbehren mußten, oder stehlen ganz einfach verlassenes, vernachlässigtes oder schlecht bewachtes öffentliches Eigentum.

Auf diese Weise nahmen viele dynamische italienische Industriebetriebe in der Emilia Romagna kurz nach Kriegsende 1945 ihren Anfang. Auch viele japanische Vermögen, die auf Immobilien gründeten und schon vor langer Zeit in die Industrie und die Finanzwelt diversifizierten, und nicht wenige der deutschen Unternehmen, die das Wirtschaftswunder in der Bundesrepublik vorantrieben, entstanden so. Die Hyänen-Unternehmer jener Tage häuften mit Schwarzmarktgeschäften, »Raubkäufen«, minderwertigen Produkten und Diebstählen (die höfliche Umschreibung dafür lautete »organisieren«) das Kapital an, das ihnen die Verwandlung zum ehrlichen Wolf und später vielleicht sogar zur produktiven Kuh ermöglichte.

Der Legende zufolge stammen die Werkzeuge und die Ausrüstung der führenden metallverarbeitenden Firmen und Maschinenbauunternehmen in der Emilia Romagna aus einem Waffenversorgungszug der deutschen Wehrmacht – so etwas wie eine Präzisionswerkstatt auf Schienen –, der im April 1945 zurückgelassen worden war. In Japan erinnern sich alte Leute noch lebhaft daran, wie einige der heutigen Industriemagnaten ihr Geld einst als Glücksspieler, Besitzer von

Tanzlokalen für amerikanische GIs oder als Händler mit Luxusgütern wie Nylonstrümpfen, Zigaretten und Fleischkonserven aus Läden der amerikanischen Streitkräfte verdienten. Hierin liegt auch der Grund, warum einige der reichsten Japaner nie Zugang zur vornehmen Gesellschaft erhielten.

In Deutschland bestand nach 1945 bei den amerikanischen Soldaten eine große Nachfrage nach Geselligkeit und Sex. So mancher erfolgreiche Geschäftsmann begann daher seine Karriere damals als Nightclub- oder Bordellbesitzer. Andere handelten lieber auf dem Schwarzmarkt mit Waren aus dem sogenannten PX, den Läden für Armeeangehörige, mit Alkohol oder mit Hemden, und wurden im Laufe der Zeit zu Millionären, wenn sie ihre Gewinne in den Kauf zerbombter Gebäude steckten, die während des Baubooms der fünfziger Jahre große Wertsteigerungen erfuhren. Und überall brachen Hyänen die wenigen vorhandenen Gesetze und wurden ihrem Namen voll und ganz gerecht. Sie kauften oder »organisierten« Wracks und ehemalige Militärbestände und verkauften Schrott an Walzwerke oder Uniformstoff an Schneidereien oder wandelten auf andere Art und Weise die zahllosen Überreste des Krieges in die ersten Güter des Friedens um.

Wenn die Polizei dieser Länder damals stark genug gewesen wäre, um alle Hyänen zu verhaften und hinter Schloß und Riegel zu bringen, hätte die wirtschaftliche Erholung Westdeutschlands, Italiens und Japans länger gedauert, denn viele erfolgreiche Unternehmer der fünfziger und sechziger Jahre hätten ihr Startkapital anders nicht zusammenbringen können.

Das alles trifft auch auf Rußland zu, sogar noch in stärkerem Maße, denn in Zeiten der Planwirtschaft konnte sogar ein einfacher Diebstahl sehr nützlich für die gesamte Wirtschaft sein, oft nützlicher als ehrliche Arbeit. Um das zu verstehen, muß man sich zunächst einmal ins Gedächtnis rufen, daß die sowjetische Wirtschaft trotz aller Mißstände enorm produktiv war – auch wenn vieles wieder verschwendet wurde. Im Jahr 1989, die Sowjetunion war noch intakt, wurde dort pro

Kopf mehr Strom erzeugt als in Italien (5986 kW gegenüber 3650 kW), mehr Stahl produziert als in den USA (557 kg gegenüber 382 kg) und deutlich mehr Kunstdünger als in Japan (119 kg gegenüber 12 kg). Es kamen mehr Traktoren auf 1.000 Einwohner als in der Bundesrepublik (1,9 gegenüber 1,3), und pro Kopf wurde mehr Zement produziert als in Frankreich (488 kg gegenüber 469 kg). Selbst bei der Fleischproduktion konnte die Sowjetunion mit 70 Kilogramm pro Kopf gegenüber 32 Kilogramm in Japan, 63 Kilogramm in Italien, 96 Kilogramm in Bundesrepublik und 120 Kilogramm in den USA mithalten.

Trotzdem war der Lebensstandard in der Sowjetunion deutlich niedriger als in Frankreich, Italien, Japan, der Bundesrepublik oder den USA. Statistiker sind sich bei ihren Versuchen, exakte Vergleichsdaten zu erstellen, nicht einig geworden, doch prinzipiell waren solche Vergleiche völlig ohne Bedeutung. Was konnte die Umrechnung der Pro-Kopf-Einkommen in *X*-Dollar, *Y*-Pfund oder *Z*-Lire schon *bedeuten*, wenn man unendlich viel Geduld oder Einfallsreichtum benötigte, um 100 Gramm Butter zu kaufen, oder über Beziehungen verfügen mußte, um ein Paar anständige Schuhe zu bekommen?

NÜTZLICHE VERBRECHEN

Die große Kluft zwischen den beeindruckenden Produktionszahlen und der schlechten Versorgungslage im Alltag läßt sich leicht mit den enormen Kosten der sowjetischen Streitkräfte und mit den militärischen Ambitionen der Staats- und Parteispitze erklären, die sich damals beide im Endstadium ihres barocken Exzesses befanden. Tonnen von Stahl wurden für den Bau von Panzern und Kriegsschiffen verwendet, und auch

Zement wurde in ungeheuren Mengen für den Bau gigantischer unterirdischer Kommandozentralen, für Flugplätze, Raketensilos und ähnliches benötigt. Doch was war mit den Traktoren und dem ganzen Kunstdünger, von denen die Sowjetunion nicht nur mehr als die Bundesrepublik oder Japan produzierte, sondern auch mehr als die USA, Frankreich und Italien? Weder Traktoren noch Kunstdünger wurde von den sowjetischen Streitkräften in nennenswerter Zahl gebraucht. Trotzdem konnte damit nicht genug Getreide für den Eigenbedarf erzeugt werden, von den Exportüberschüssen, die Frankreich, die USA und sogar Indien regelmäßig auf dem Weltmarkt verschleudern müssen, wollen wir erst gar nicht reden.

Großzügig geschätzt wurden 30 Prozent des sowjetrussischen Bruttosozialprodukts auf das Militär verwendet, die Kluft zwischen der Produktion von Grundstoffen und der Versorgung der Bevölkerung mit Konsumgütern war aber deutlich größer. Was geschah also mit dem fehlenden Überschuß? Im Jahr 1989 waren viele Bereiche der sowjetischen Wirtschaft nicht einfach nur unproduktiv oder machten nicht das Beste aus den Ressourcen, sondern waren schlicht destruktiv. Hervorragende Baumwolle aus Usbekistan wurde zu Hemden verarbeitet, die so schlecht geschnitten waren und so häßliche Farben und Muster hatten, daß ein großer Teil davon nicht verkauft wurde – nicht einmal die Sowjetbürger wollten diese Hemden haben. Die Rohbaumwolle war wertvoll, sie hätte gegen harte Devisen exportiert werden können, mit denen man Importe aller Art hätte finanzieren können; die fertigen Hemden dagegen waren für den Export völlig ungeeignet und verkauften sich auch im eigenen Land schlecht, es sei denn als Lumpen. Die gesamte Verarbeitung, das Spinnen, Weben, Färben, Zuschneiden und Nähen, minderte den Wert des Ausgangsmaterials und machte aus wertvoller Baumwolle billige Lumpen, die nur noch in der Papierindustrie Verwendung fanden.

Ähnlich verhielt es sich mit Leder, Wolle und Synthetikfasern, die komplett aus dem Westen importierte Fabriken 1989 in großen Mengen herstellten. Andere Beispiele waren Holz, Stahl, polymere Kunststoffe und andere Ausgangsmaterialien, die als wertvolle Rohstoffe in der sowjetischen Leichtindustrie zu beinahe wertlosen Fertiggütern verarbeitet wurden.

Auch Zement, Eisen- und Stahlträger, die nicht für militärische Zwecke reserviert waren, sondern auf sowjetischen Baustellen zum Einsatz kommen sollten, blieben jahrelang ungenutzt, weil die Bauarbeiten so außergewöhnlich langsam voranschritten. Der Bau normaler Häuser und einfacher Fabrikgebäude dauerte fünf bis sieben Jahre. Ein Großteil des Materials war nicht mehr zu gebrauchen, weil Eisenträger verrostet und die Zementsäcke vor Feuchtigkeit ungeschützt geblieben waren, so daß der Zement fest wurde.

Vor allem die sowjetische Landwirtschaft hatte sich in den achtziger Jahren zu einem verschwenderischen Luxusunternehmen entwickelt, das den Staat mehr kostete als die Streitkräfte. Das sowjetische Heer hielt seine Panzer zumindest zwanzig Jahre lang instand. In den sowjetischen Kolchosen und Sowchosen wurden dagegen jedes Jahr Zehntausende von Traktoren, Mähbindern und Mähdreschern von einer Qualität, die an die westeuropäische heranreichte, ruiniert, weil sie schlecht oder überhaupt nicht gewartet wurden oder weil sie nach der letzten Ernte einfach den ganzen Winter über auf offenem Feld stehengelassen wurden, wo sie dann vor sich hinrosteten. Tierfutter mußte oft gegen begrenzt vorhandene ausländische Devisen eingeführt werden, dennoch verrottete es in heruntergekommenen Scheunen oder im Freien. Kunstdünger, der aus wertvollen Rohstoffen hergestellt oder teuer importiert worden war, wurde einfach lastwagenweise auf die Felder gekippt und reduzierte die Ernteerträge, anstatt sie zu erhöhen. Pestizide, darunter auch teure Bromine, wurden nicht gezielt eingesetzt, sondern sorglos verteilt. So verunreinigten sie das Grundwasser, anstatt die entsprechenden Pflanzen zu schützen.

Angesichts eines derart kontraproduktiven Systems kann Diebstahl durchaus produktiv sein – er führte definitiv zu einer Erhöhung des Lebensstandards in der Sowjetunion. Baumwolle und andere Rohstoffe wurden abgezweigt und zur Herstellung nützlicher Produkte in Heimarbeit oder in illegaler Handarbeit verwendet. Baustoffe, die von den endlos währenden Hochbauprojekten gestohlen worden waren, lieferten das Material für viele Häuser und Datschas, die mit Hilfe von Schwarzarbeitern oder in Eigenarbeit errichtet wurden. Der für die staatlichen, oft nutzlos in der Gegend herumkurvenden Lastwagen bestimmte Diesel lieferte den dringend benötigten Treibstoff für die Autos von Privatleuten. Auf den kleinen privaten Parzellen der Landarbeiter wurde zumeist mit gestohlenen Düngemitteln und Pestiziden, mit entwendetem Saatgut, Tierfutter und Gartengeräten ein Großteil des Lebensmittelbedarfs der Sowjetbürger und beinahe hundert Prozent des frischen Gemüses produziert.

Diebe und Endverbraucher konnten natürlich nur auf einem funktionierenden Schwarzmarkt zusammenkommen, der wiederum von entsprechend organisierten Kriminellen geleitet wurde. Gewöhnliche Diebe und Schwarzmarkthändler konnten eine solche Organisation nicht allein aufziehen. Beim Kauf, Transport und bei der Verteilung mußten Beamte und Polizisten bestochen werden. Oft waren die zuständigen Beamten über die gesamte Sowjetunion verstreut und von den Betätigungsfeldern einzelner Schieber weit entfernt. Nur ein Netz von Banden, wie es die sowjetische *Mafyia* darstellt, konnte die entsprechenden Beamten schmieren und verlangte dafür natürlich »Schutzgeld«. Da nicht alle Schieber zu zahlen bereit waren, brauchten die Bestechungsbanden entsprechende Schläger, die ihre Forderungen durchsetzten. Dieses kryptokapitalistische System lauerte quasi in den Startlöchern und drang im Zuge der fortschreitenden Liberalisierung in immer mehr Bereiche vor. Viele, wenn nicht sogar alle Russen, die sich heute bitter über die *Mafyia* beklagen, setzten in sowjetischer Zeit auf ihre unverzichtbaren Dienste.

Mittlerweile sind große Bereiche der Wirtschaft privatisiert. Allerdings befinden sich immer noch zahlreiche Betriebe in Staatsbesitz oder in quasistaatlicher Hand und bieten genug Möglichkeiten für Diebstähle, die den russischen Lebensstandard erhöhen. Viele Staatsbetriebe wurden nur dem Namen nach privatisiert und werden immer noch von ihren früheren Direktoren auf dieselbe ineffiziente Weise geleitet. Davon abgesehen hat die *Mafyia* ihre wesentliche, größtenteils nützliche Rolle als Schmugglerring verloren. Ihre zweite Funktion als Organisation zum Erpressen von Schutzgeldern – inzwischen bei Restaurants, Cafés, Bars, Ladengeschäften und Marktständen weit verbreitet – ist von keinerlei Wert für die Volkswirtschaft. Dadurch wandert nur das Geld vieler und meist sehr armer Verbraucher in die Taschen einiger weniger Krimineller. Die Gangster sind zudem viel gewalttätiger als früher geworden, was nicht nur daran liegt, daß sich eine Demokratie mit schlechtbezahlten Polizisten bei der Aufrechterhaltung von Ruhe und Ordnung kaum mit den Erfolgen einer totalitären Diktatur messen kann, selbst wenn diese bereits hinfällig ist, sondern auch darauf zurückzuführen ist, daß sich der Charakter der Straftaten deutlich verändert hat.

Das Vordringen des Marktes mit seinen zahlreicher werdenden Möglichkeiten für den legalen Handel hatte eine Zentrifugalwirkung, wodurch Diebe, Schieber, Schutzgelderpresser und Schläger der ursprünglichen russischen *Mafyia* aus sowjetischer Zeit ausgesondert wurden. Viele Erpresser und Schieber haben sich nun anderen Betätigungsfeldern zugewandt, einige wurden Händler und Geldverleiher, andere sind sogar als Rohstoffhändler tätig, gründeten ihre eigene Außenhandelsfirma oder Banken. Gewohnheitsdiebe werden verhaftet und sorgen dafür, daß die russischen Gefängnisse so überfüllt wie früher sind. Dadurch ist die Zahl der Schläger in der *Mafyia* gestiegen, die so naturgemäß deutlich gewalttätiger geworden sind, obwohl es neben den Knochenbrechern, die zahlungsunwilligen Ladenbesitzern mit Vergnügen Schmerzen zufügen, immer noch einen harten Kern gibt, der zwar entschieden kriminell ist, aber auch über Geschäftssinn verfügt.

Auf diese ist dann auch zurückzuführen, daß das organisierte Verbrechen in Rußland dann und wann immer noch nützlich sein kann. Es bildet nämlich das einzige Gegengewicht zu den mächtigen Unternehmen, die mit der Unterstützung korrupter Beamter eine monopolistische Unternehmenspolitik betreiben. Auf kommunaler Ebene zögern ehemalige sowjetische Beamte, die nun Läden, Restaurants, Cafés und Werkstätten betreiben, keine Minute, mit Hilfe ihrer alten Parteibeziehungen Konkurrenten aus dem Geschäft zu drängen. Da werden plötzlich hohe Gebühren und Steuerzahlungen verlangt, Hygienekontrollen ziehen Schließungen nach sich, oder Freunde in der Stadtverwaltung werden überredet, Anordnungen zu erlassen, die für die Konkurrenz schädlich oder gar tödlich sind. Gogols Komödie *Der Revisor* (1836) ist eine perfekte Vorwegnahme dieser Cliquen von Potentaten und ihrer Methoden auf städtischer Ebene.

In der Mehrzahl der Fälle gibt es keine Möglichkeit, ein Verfahren in den hoffnungslos überlasteten und unglaublich langsam arbeitenden russischen Gerichten, die für die Abhandlung geschäftlicher und steuerlicher Streitfälle nur sehr schlecht ausgerüstet sind, zu beschleunigen. Allein die örtliche *Mafyia* ist vielleicht fähig und bereit, den alten Seilschaften Widerstand entgegenzusetzen, immer vorausgesetzt, daß sie nicht miteinander identisch sind, und natürlich gegen einen entsprechenden Preis. Auf diese Weise konnte das einzige »Luxusrestaurant« in Wolgograd, dem früheren Stalingrad, 1995 die Attacken des Finanz- und Gesundheitsamtes, die von seinen schmierigen Konkurrenten im Gastronomiegewerbe angezettelt worden waren, mit Hilfe von Einschüchterungs-maßnahmen der *Mafyia* überstehen.

Ein Restaurant macht noch keine freie, wenn auch von der *Mafyia* geschützte Marktwirtschaft, doch das Phänomen ist überall zwischen Brest-Litowsk und Wladiwostok zu beobachten. Im Prinzip handelt es sich dabei um eine sehr provinzielle Version der unabdingbaren Voraussetzung für Freiheit, nämlich die Gewaltenteilung. Anstelle von Heiligem Römischem Reich und Papst, anstelle von Parlament und König, anstelle von Legislative und Exekutive stehen sich nun ehemalige Empfänger von Bestechungsgeldern mit ihren alten Parteiseilschaften und die lokale *Mafyia* unter Führung jener Leute gegenüber, die früher Bestechungsgelder zahlten. Zwischen diesen beiden Polen gibt es für diejenigen, die weder kriminell sind noch von offizieller Seite gedeckt werden, wenigstens eine begrenzte Handlungsfreiheit. Charles-Louis de Sécondat, besser bekannt als Baron de la Brède et de Montesquieu, hätte dem zugestimmt.

Private Industriebetriebe – auch Joint-ventures mit ausländischen Partnern – werden nun in wesentlich stärkerem Maße mit den Wucherpreisen der örtlichen Erdgas-, Öl-, Kohle- und Stromversorger konfrontiert. Auch diese Versorgungsbetriebe werden von den Behörden gedeckt, außerdem sind durch die Liberalisierung viele natürliche Monopole entstanden, für die es noch keine Anti-Monopol-Gesetze oder andere rechtliche Maßnahmen zur Regulierung der Preise von Gebrauchsgütern gibt, die greifen. Der junge und fähige Boris Nemzow, der 1997 zum stellvertretenden Ministerpräsidenten ernannt wurde, ließ sich von Präsident Boris Jelzin mit der Umstrukturierung der Monopole beauftragen. Nemzows Maßnahmen wurden jedoch von Ministerpräsident Viktor Tschernomyrdin blockiert. Tschernomyrdin gilt als enger Verbündeter und möglicher Teilhaber des Gas- und Ölkonzerns Gasprom. Vermutlich zwang er Nemzow deshalb auch dazu, die von ihm eingeleiteten Maßnahmen wieder zurückzunehmen.

Wieder bildet das organisierte Verbrechen das einzige Gegengewicht. Es ist sicher nicht einfach, wenn sich eine Bande Krimineller mit dem »Big Business« anlegen soll, vor allem, wenn die Besitzer oder deren Freunde mit Verbindungen bis hinauf in den Kreml ganze Kommandotruppen auf sie loslassen können. In manchen Fällen werden die Wucherpreise jedoch auf lokaler Ebene festgesetzt, und zwar durch Beamte, die aus der unmittelbaren Umgebung stammen und somit angreifbar sind. In einem Fall wurde ein wichtiger Industriebetrieb, der mit der Technologie eines ausländischen Partners von Weltrang arbeitete, aber in einer abseits gelegenen Gegend ansässig war, mit einer Erhöhung des Gaspreises um 500 Prozent konfrontiert (»So ist das nun einmal im Kapitalismus – das Spiel von Angebot und Nachfrage, und wir kontrollieren das Angebot.«). Angesichts einer drohenden sofortigen Schließung als der einzig möglichen Alternative wandte sich der tüchtige ausländische Manager vor Ort, der schon in Sizilien eine solche Position innegehabt hatte, an die örtliche *Mafyia*. Diese drohte den Verantwortlichen im Gaswerk mit physischer Gewalt und konnte sie schließlich zu einem akzeptablen Kompromiß überreden, bei dem selbstverständlich auch etwas für die *Mafyia* heraussprang.

Dann gibt es noch einen wirklich extremen Fall. In Rußland kursiert das Gerücht, daß der zweite Krieg gegen die Tschetschenen seinen Ausgang ursprünglich in einer Auseinandersetzung der *Mafyia* von Grosny und einer großen russischen Ölgesellschaft mit guten Beziehungen zum Kreml nahm. Anlaß für den Streit waren die Pipeline-Gebühren. Sollte das zutreffen, dann hat die lokale *Mafyia* dort nun ihren eigenen Halbstaat, die islamische halbautonome Republik Tschetschenien. Das wäre ein Schlag für die ethnische Unabhängigkeit, wenn nicht sogar für die Freiheit jedes einzelnen.

Normalerweise agieren *Mafyia*-Gruppen in vielen Städten auf kommunaler Ebene ohne übermäßigen Einsatz von Gewalt oder ohne einen regelrechten Krieg. Auf verschiedenste Art und Weise setzen sie der Konzentration wirtschaftlicher Macht, die durch korrupte Beamte oder vielmehr durch die Kooperation zwischen russischen Regierungsbeamten und neuen privaten Firmen zustande kam, die wiederum oftmals von ehemaligen Beamten geleitet werden, Widerstand entgegen. Auch sehr ranghohe Beamte und sehr große Firmen sind von dieser Form der Zusammenarbeit nicht ausgenommen. Die *Mafyia*-Banden sind im Prinzip Konkurrenten, die physische Gewalt einsetzen oder häufiger Gewaltanwendung androhen, um die marktbeherrschende Monopolstellung von Unternehmen in einer Volkswirtschaft zu egalisieren, die ökonomisch betrachtet noch immer über keine Gesetze verfügt.

Rußland ist nicht das einzige Beispiel für ein Land, das in wirtschaftlicher Hinsicht von der organisierten Kriminalität profitiert. Kolumbien, Peru und Bolivien beziehen aus dem Drogenhandel Devisen. Nur in Kolumbien, bei weitem das wohlhabendste der drei Länder, dessen Bevölkerung über ein hohes unternehmerisches Potential verfügt, hemmt die mit dem Drogenhandel einhergehende Gewalt das Wirtschaftswachstum. Das Land stünde ohne den Drogenhandel wesentlich besser da. Im stillen Bolivien dagegen, wo selbst San Borja und Trinidad (die landeseigenen Miniversionen von Medellín und Cali) sehr friedlich sind, ist der Drogenhandel in zweifacher Hinsicht von großem Nutzen: Er bietet Einkommen und Arbeitsplätze vor Ort, und außerdem erhält die Regierung des ärmsten Landes in Südamerika von den Vereinigten Staaten Gelder zur Bekämpfung des Drogenhandels. Perus Situation ist zwischen der Kolumbiens und Boliviens angesiedelt. Die Bevölkerung dieses Landes ist arm genug, um von dem Geld aus dem Drogenhandel zu profitieren. Doch der Leuchtende Pfad (Sendero Luminoso), die inzwischen zur Söldnertruppe der Drogenbosse abgesunkene Guerilla, trägt erheblich zur Kriminalität bei und schreckt so ausländische Investoren ab, behindert wirtschaftliches Wachstum und verzögert die Demokratisierung des Landes.

Ganz anders gestaltet sich die Situation in Japan. Dort waren die Yakuza in der Vergangenheit für die Wirtschaft des Landes sicherlich von großem Nutzen. Die Yakuza sind streng hierarchisch organisiert. Mindestens ein Verband umfaßt mehr als 20.000 registrierte Mitglieder. Die großen Verbände wurden von der Polizei in einem so starken Maß toleriert, daß sie in aller Öffentlichkeit Büros unterhalten konnten. Jeder Yakuza-Verband sammelt innerhalb seines Territoriums Schutzgelder von der japanischen Vergnügungsindustrie ein, von Animierlokalen, Spielhöllen, Stripteaselokalen, Sexshops, Massageinstituten und Bordellen. Natürlich überwachen die Yakuza das Treiben in diesen Etablissements sehr genau, um sicherzustellen, daß sie einen korrekten Anteil ausgezahlt bekommen. Dabei intervenieren sie auch, wenn sie ihre Einkünfte gefährdet sehen, ganz gleich, ob es sich um unbedachte Versuche handelt, von den falschen Opfern zuviel zu verlangen (Ortsfremde und Emporkömmlinge sind die idealen Opfer, bedeutende Persönlichkeiten sind dagegen weniger geeignet), oder um den Handel mit Drogen, der schon bald die Aufmerksamkeit der Polizei auf sich ziehen würde.

Aus diesem Grund toleriert die hervorragende, personell so gut ausgestattete, resolute, gutbezahlte und disziplinierte japanische Polizei die Kontrolle des Amüsierbetriebs durch die Yakuza. Überall auf der Welt wäre dieser Bereich ein idealer Umschlagplatz für Drogen, nicht aber im fast drogenfreien Japan. Die Polizei geht normalerweise sehr hart gegen Yakuza vor, die den Toleranzbereich verlassen und im Drogenhandel aktiv werden oder die versuchen, von gewöhnlichen Restaurants, Cafés, Bars oder einem anderen normalen, legal Handel treibenden Geschäft Schutzgelder zu erpressen. Anders ausgedrückt, auch die Yakuza haben ihren besonderen Platz in der japanischen Gesellschaft, sie sind nicht wie ihre westlichen Gegenstücke stets und ohne Ausnahme Gesetzlose.

Es gibt selbstverständlich auch Grauzonen, in denen die Polizei von Fall zu Fall entscheidet, oder andere Grenzen, die sich im Laufe der Zeit verschieben oder je nach Ort variieren. Der Straßenverkauf durch illegale Einwanderer, bei denen es sich fast ausschließlich um abenteuerlustige Jugendliche handelt, die so den nächsten Abschnitt ihrer Weltreise finanzieren, unterliegt überall der Kontrolle der Yakuza. Allerdings wird er nur in bestimmten Straßen einiger Städte und in manchen U-Bahn-Stationen geduldet, in anderen dagegen nicht. Eine wesentlich wichtigere Grauzone, in der die Yakuza tätig sind, ist die Bauwirtschaft.

Da Grund und Boden in Japan in unzählige kleine Grundstücke aufgeteilt ist, haben Makler zumeist Probleme, auf legale Art und Weise einen Baugrund zu erwerben, der groß genug ist, um darauf Apartmenthäuser oder Bürogebäude zu errichten. Nur mittels angeheuerter Schlägertrupps, die über ein unerschöpfliches Repertoire an Drohungen, Vandalismus und körperlicher Gewalt verfügen, das meist nur angedeutet wird – eine Verletzung oder Tötung des Opfers würde völlig den Rahmen sprengen –, können Hausbesitzer selbst bei sehr hohen Preisen zu einem Verkauf überredet werden. Viele moderne Gebäude in den japanischen Städten hätten ohne die Hilfe der Yakuza gar nicht errichtet werden können. Für die japanische Bauwirtschaft sind die Yakuza so unentbehrlich wie Stahlbeton.

Eines Tages wird auch Rußland über ein funktionierendes System aus Handelsgesetzen und Anti-Monopol-Bestimmungen verfügen, über ein faires und gerechtes Steuersystem und über Gerichte, die seine Bürger vor den Forderungen willkürlicher, korrupter Beamter und vor Monopolen auf Stadt- oder Landesebene schützen können. Erst dann scheint es opportun zu sein, die Polizei gegen die *Mafyia* vorgehen zu lassen und den gesellschaftlichen und politischen Schaden zu beheben, für den sie mit Sicherheit in großem Maße verantwortlich ist. Aber in der Zwischenzeit stellt die *Mafyia* die einzige Macht zwischen den gesetzlosen Wirtschaftskapitänen und den schutzlosen Verbrauchern und Unternehmern in Rußland dar.

Wird Russland jemals wirtschaftlich aufblühen?

Wenn jeder davon überzeugt ist, daß es der Wirtschaft glänzend geht, glaubt man unbesehen jede gute Nachricht. Anzeichen, daß vielleicht etwas nicht stimmen könnte, werden ignoriert. Aus einem solchen Verhalten resultierte die überraschende Schuldenkrise in Ostasien 1997. Hochbezahlte Investment-Banker rieten ihren Kunden einfach weiterhin dazu, mehr Geld in Indonesien, Malaysia, Südkorea und Thailand zu investieren, bis die Aktienmärkte und Währungen dieser Länder zusammenbrachen. Die Banker achteten einfach nicht auf »grundlegende Anzeichen«, wie es in ihren Kreisen heißt: auf Handels- und Zahlungsbilanzen, auf die Schuldenlast staatlicher und privater Schuldner und auf Devisenreserven. Wenn jeder der Meinung ist, daß es einer Wirtschaft schlecht geht, registriert man sorgenvoll jede negative Nachricht und ignoriert dagegen selbst sehr positive grundlegende Anzeichen. Genauso verhält es sich von Anfang an mit der russischen Marktwirtschaft.

Sicher herrschte an schlechten Nachrichten keinerlei Mangel. Es steht außer Frage, daß der chaotische Übergang von der alten sowjetischen Planwirtschaft zur heutigen Marktwirtschaft seinen Preis forderte, so daß das Bruttosozialprodukt (oder was immer man dafür hält) 1987 höher war als 1997. Zum einen lösten sich mit dem Zerfall des sowjetischen Imperiums auch viele Lieferverhältnisse in nichts auf, so daß vielen Fabriken in Rußland auf einmal Rohstoffe und Bauteile fehlten, die sie früher aus Osteuropa oder anderen Sowjetrepubliken bezogen hatten. Außerdem brachen damit auch die bisherigen Absatzmärkte weg. Umgekehrt traf dies auch auf Rußland zu, da Öl, Metallerze, Baumwolle, Holz, Schrott und andere Rohstoffe auf legale oder andere Weise gegen harte Devisen exportiert wurden. Daher litt die russische Wirtschaft mindestens bis zum Jahr 1997 unter einem längeren Produktionsrückgang. Allerdings war der reale Wertverlust weniger gravierend, da das, was bis dato produziert worden war, ohnehin so gut wie wertlos war, wie wir bereits gesehen haben.

Die Realität war schlimm, doch die Nachrichten waren oft noch schlimmer. Von 1991 bis heute hat man die russische Wirtschaft so dargestellt, als würde sie unmittelbar vor dem Zusammenbruch stehen. Die Währung ist wertlos, große und kleine Firmen müssen schließen, eine Hungersnot droht, die Stromversorgung ist immer wieder unterbrochen (besonders fatal im Winter), und ein Blutvergießen durch den amoklaufenden Pöbel scheint nicht mehr ausgeschlossen zu sein. Diese Panikmache stammt nicht aus schlecht informierten oder böswilligen ausländischen Quellen. Sie kommt direkt aus Rußland. Vielleicht stimmt es ja, daß die russische Seele zur Dramatisierung neigt.

Abgesehen von den wenigen Momenten einer kurzlebigen Euphorie wird das Bild von negativen Einschätzungen dominiert, die sich aus einem steten Strom schlechter Nachrichten nähren. Denn neben der immer wiederkehrenden Korruption und Kriminalität hatte jede Saison ihre eigene Katastrophe. Mitte des Jahres 1998 beispielsweise wirkte sich eine neue Welle des »asiatischen Fiebers« negativ auf den Moskauer Aktien- und Rentenmarkt aus und lenkte die Aufmerksamkeit auf die Aussetzung der russischen Schulden. Das Haushaltsdefizit fiel höher als erwartet aus und beunruhigte die Anleihebesitzer, die eine Inflation fürchteten; und Streiks unterbrachen wieder einmal die Kohleförderung. Überdies verabschiedete die Duma, in der die Neokommunisten und die oppositionelle Jabloko-Partei die Mehrheit stellen, in einem erneuten Versuch, die noch ausstehenden Privatisierungen zu sabotieren, ein Gesetz, das ausländischen Besitz einschränkte und ausländische Investoren in noch größere Alarmstimmung versetzte. Diese Flut schlechter Nachrichten bewirkte, daß weit wichtigere positive Anzeichen übersehen wurden, um die jede geplagte asiatische Wirtschaft Rußland beneiden würde. Denn dieser Staat verfügt seit Jahren über eine konstant günstige Handelsbilanz und insgesamt über eine positive ausgeglichene Leistungsbilanz. Auch die Gesamtverschuldung fällt relativ niedrig aus.

Die Verwirrung über grundlegende Daten und Fakten zur russischen Wirtschaft und zum Staatshaushalt trägt ebenfalls nicht gerade zur Klärung der Dinge bei. Im Gegenteil, wegen der Unklarheiten sind russische und ausländische Anleger zutiefst beunruhigt, bauschen jedes Problem zu einer Krise auf und übertreiben negative Anzeichen. So werden aus statistischen Problemen reale finanzielle Probleme: Nur mit sehr hohen Zinsen bleibt das flüchtige Kapital weiterhin in russischen Schatzbriefen, doch die anstehenden Zinszahlungen stellen eine schwere Bürde für den Staatshaushalt dar.

Die asiatische Wirtschafts- und Finanzkrise, die 1997 ihren Anfang nahm, wirkte sich *direkt* nur wenig auf die russische Wirtschaft aus. Abgesehen von Rohstoffen, für die man auch andere Absatzmärkte findet, exportierte Rußland nur sehr wenig nach Ostasien. Im Gegenzug waren auch die Investitionen Japans und anderer ostasiatischer Länder in Rußland kaum nennenswert. Als die Schuldenkrise eskalierte, blieben daher nur einige zugesagte südkoreanische Investitionen aus. Doch da Einschätzungen die Realität bestimmen, war der indirekte Einfluß der Asienkrise erheblich. Panikwellen aus Ostasien führten dazu, daß die Käufer russischer Schatzanleihen im November 1997, im Januar 1998 und von Mai bis Juni 1998 immer wieder höhere Zinsen forderten. Aufgrund dessen nahm das russische Haushaltsdefizit zu, was wiederum die Zinsen zusätzlich in die Höhe trieb, bis Rußland schließlich im August 1998 seinen Zahlungsverpflichtungen nicht mehr nachkommen konnte.

Dennoch war die Gesamtverschuldung Rußlands im Jahr 1998 nicht sonderlich hoch. Sie belief sich auf rund 130 Millionen Dollar bei der direkten staatlichen Kreditaufnahme und auf etwa 70 Millionen Dollar offene Zinsforderungen bei den Schatzanweisungen, darunter ungefähr 20 Millionen Dollar ausländischer Investoren. Die insgesamt 200 Millionen Dollar Schulden betragen nur 42 Prozent des russisch berechneten Bruttoinlandsprodukts, womit der Anteil der Schulden niedriger ist als in vielen westlichen Ländern, wie zum Beispiel in den USA. Die Staatsverschuldung von Italien und Japan ist sogar fast dreimal so hoch. Allerdings sind die kurzfristigen Verbindlichkeiten – die 70 Millionen Dollar in Schatzbriefen – sehr hoch. Da die Laufzeit dieser Anleihen im Durchschnitt weniger als zwölf Monate betrug, mußten jeden Monat Schatzanweisungen im Wert von etwa sechs Milliarden Dollar verkauft werden. Wenn die Anleger besonders nervös waren und mit dem Ankauf zögerten, wie dies beispielsweise im Mai und Juni 1998 geschah, stiegen die Zinsen auf über 80 Prozent im Jahr. Zum Vergleich: Die Verzinsung der amerikanischen Schatzpapiere beträgt weniger als fünf Prozent, die der japanischen weniger als ein Prozent.

Mit den anderen schlechten Nachrichten des angesprochenen Zeitraums verhielt es sich nicht anders. Die negative Einschätzung der Lage überstieg die negative Realität bei weitem. In Frankreich oder in den Vereinigten Staaten beeinflussen Streiks nur unwesentlich den Aktienmarkt, doch die Streiks in Rußland im Mai 1998 ließen die Kurse an der Moskauer Börse einbrechen. Das ist zwar noch keine Katastrophe, aber das Problem ist ernstzunehmen, denn es kehrt immer wieder. Im Jahr 1998 waren die Löhne in Moskau so hoch, daß sie illegale Wanderarbeiter aus der Ukraine und anderen früheren Sowjetrepubliken anzogen. Mit Ausnahme der russischen Hauptstadt sind die Löhne in Rußland niedrig, doch die Russen streiken nicht für höhere Löhne, sondern aus einem anderen Grund. Viele der in Staatsbesitz verbliebenen Unternehmen stellen regelmäßig und über Monate hinweg die Zahlung von Löhnen und Gehältern ein. In anderen Ländern würden die Mitarbeiter kündigen und sich einen anderen Arbeitgeber suchen. In Rußland leben jedoch viele Arbeiter und Angestellte in kostenlosen oder sehr billigen betriebseigenen Wohnungen und sind immer noch auf die Krankenhäuser, Kinderhorte, Kantinen und sogar Ferienheime angewiesen, die die staatlichen Unternehmen noch nicht verkauft oder geschlossen haben. In den Städten mit nur einer Fabrik, immer noch typisch für die junge russische Demokratie, gibt es keine anderen Einrichtungen oder Wohnmöglichkeiten. Daher bleiben die Mitarbeiter ihrem Unternehmen treu, selbst wenn sie keinen Sold mehr erhalten, und streiken statt zu kündigen. Solange die staatlichen Unternehmen weiterbestehen, gibt es für dieses Problem keine Lösung. Obwohl sie eigentlich bankrott sind, existieren sie dank unzureichender und unregelmäßiger Kredite regionaler und kommunaler Behörden – und diese Kredite können sie unmöglich zurückzahlen.

Doch zurück zum letzten Sabotageakt der Duma, zurück zur Störung der Privatisierung. Das Gesetz war zwar ein schwerer Schlag, ist aber nun eine Tatsache, mit der man leben muß. Als Jelzin im Jahr 1996 die Präsidentschaftswahlen nach einer gigantischen Medienschlacht gewann, die von den neuen russischen Wirtschaftsbossen finanziert worden war, gewann er nicht die Mehrheit in der Duma. Das hat einen ständigen Machtkampf zwischen dem Präsidenten und der oppositionellen Mehrheit in der Duma zur Folge gehabt. Das russische Parlament stimmte weiterhin gegen die Privatisierung des agrarischen Nutzlandes, eine Maßnahme, die als Schlüssel zur Reform der maroden russischen Landwirtschaft gilt. Außerdem widersetzten sich die Abgeordneten einer weiteren Privatisierung der noch in staatlicher Hand verbliebenen Industrien. Das bereits erwähnte Gesetz, das zur Panik in den Monaten Mai und Juni beitrug, war ein Versuch, den anstehenden Verkauf des staatseigenen Elektrizitätswerkes und Hauptstromlieferanten zu vereiteln, das nach dem Öl- und Gasgiganten Gasprom das zweitgrößte russische Privatunternehmen werden sollte. Die Privatisierung wird mit großer

Wahrscheinlichkeit weiter vorangetrieben, denn die gesetzlichen Beschränkungen gegen Besitz in ausländischer Hand
werden sich wohl umgehen lassen.

Von all den verwirrenden Nachrichten, die die tatsächliche
wirtschaftliche Lage Rußlands verschleiern, sind zwei besonders schädlich: die Unterschätzung des russischen Bruttoinlandsprodukts und die Verflechtung der Staatsfinanzen.
Selbst angesehene Experten verwechseln fortwährend den
relativ kleinen »föderalen« Haushalt mit dem wesentlich
größeren »allgemeinen Budget der Regierung«, zu dem auch
regionale und kommunale Budgets, die staatliche Renten-
kasse, die Arbeitslosenversicherung und noch einige andere
Sozialversicherungssysteme gehören. Die föderalen Steuereinnahmen beliefen sich 1998 auf elf Prozent des Bruttoinlandsprodukts – ein extrem niedriger Anteil. Die Einnahmen des
allgemeinen Budgets dagegen beliefen sich auf mehr als 30
Prozent, ein relativ hoher Anteil, bedenkt man den geringen
Umfang und die schlechte Qualität der öffentlichen Dienst-
leistungsbetriebe. Diese Verwechslung spielte bei der Über-
treibung der angeblich verzweifelten Lage im Jahr 1998, die
von der Weltpresse als »Steuereintreibungskrise« bezeichnet
wurde, eine große Rolle. Die Ursache, so hieß es, würde darin
liegen, daß die Russen ihre Steuern nicht bezahlten, was eine
Zunahme der Inflation zur Folge haben würde. Denn der russische Staat würde aufgrund ausbleibender Steuergelder mehr
Geld drucken, um seine Ausgaben bezahlen zu können. Auch
Lösungsvorschläge wurden geäußert: mehr Steuerbeamte,
strengere Gesetze, Polizeirazzien in Firmen und Privatwoh-
nungen. Die wenig hoffnungsvolle Antwort darauf lautete
allerdings, daß derartige Maßnahmen nur zu einem Ansteigen
von Erpressungen und Bestechungen führen würden.

Wenn man jedoch die beiden Haushaltsbudgets voneinander trennt, so erweist sich, daß es 1998 gar keine Steuerkrise
gab, sondern nur ein ganz normales, altbekanntes staatliches
Ausgabenproblem. Alle Zinszahlungen auf Staatsschulden sind

im föderalen Haushalt aufgelistet. Dessen Ausgaben beliefen sich Anfang 1998 auf 14,9 Prozent des Bruttoinlandsprodukts, was einem sehr bescheidenen Niveau entspricht. Geht man davon aus, daß die Einnahmen 11 Prozent ausmachten, so betrug das Defizit des föderalen Haushalts nur 3,9 Prozent des Bruttoinlandsproduktes, was deutlich unter dem üblichen Sicherheitslimit von fünf Prozent liegt. Die allgemeinen Staatsausgaben beliefen sich Anfang 1998 nach einer Reihe drastischer Kürzungen dagegen auf 35,9 Prozent des Bruttoinlandsproduktes. Damit betrug das Gesamtdefizit 5,9 Prozent und lag nur geringfügig über dem Sicherheitslimit. Dennoch brach an den Finanzmärkten Panik aus. Die Ursache dafür lag in der *Annahme*, daß das Defizit 1998 explodieren würde, schließlich war es Ende 1997 auf 8,2 Prozent des Bruttoinlandsproduktes angestiegen. Tatsächlich aber sind die Ausgaben der russischen Regierung ausgesprochen leicht zu kontrollieren. Ein Großteil des Geldes wird von regionalen und kommunalen Behörden zur Unterstützung maroder Staatsbetriebe ausgegeben. Da diese Schritt für Schritt privatisiert oder einfach geschlossen werden, wird der besonders verschwenderische Umgang mit Steuergeldern eines Tages ein Ende nehmen.

Alles bisher Genannte wird noch zusätzlich durch die systematische Unterschätzung des Bruttoinlandsprodukts kompliziert. Einerseits beklagt die russische Regierung samt Jelzin bitter, daß die Bürger in der »Schattenwirtschaft« in großem Maßstab Steuern hinterziehen, indem sie keine Rechnungen ausschreiben, bar bezahlen und andere unregistrierte Transaktionen durchführen. Andererseits erfaßt die Statistik über das Bruttoinlandsprodukt, das eigentlich die Leistungsfähigkeit der gesamten Wirtschaft messen soll, dessen Prozentzahlen aber nur die Anleger schrecken, lediglich die Zahlungen, die in der »hellen«, also der legalen Wirtschaft getätigt werden, und berücksichtigt nur in sehr geringem Maß die »Schattenwirtschaft«. Die Experten des Internationalen Währungsfonds und vor allem Anders Åslund, dessen Schätzungen sich seit

Jahren als zuverlässiger erwiesen haben als die des CIA oder IWF, sind der Ansicht, daß das tatsächliche russische Bruttoinlandsprodukt um fast 25 Prozent höher ist als das, das die offiziellen Stellen vorlegen.[2] Das heißt, daß die Wirtschaft gewachsen ist und daß das Haushaltsdefizit weniger als fünf Prozent des Bruttoinlandsprodukts ausmacht.[3]

Selbst ein so eindeutig positives Anzeichen wie Rußlands konstant starke Außenhandelsbilanz, in der sich der Rohstoffreichtum des Landes niederschlägt, wird durch die Flut häufig trivialer schlechter Nachrichten überdeckt. Fast alle ehemaligen Sowjetrepubliken und osteuropäischen Länder wiesen in den neunziger Jahren ein Handelsdefizit auf. Rußland dagegen wies im Jahr 1996 mit 23,1 Milliarden Dollar einen recht ansehnlichen Überschuß in der Handelsbilanz aus. Trotz steigender Importe und niedriger Ölpreise konnte es auch 1997 noch einen Überschuß über 17,4 Milliarden Dollar erwirtschaften. Es ist richtig, die Dienstleistungsbilanz fiel negativ aus, ebenso das Verhältnis von Investitionen und Einkommen, doch durch den Export von Öl, Gold, Holz, Diamanten und einigen Fertigprodukten konnte beides ausgeglichen werden, was insgesamt einen Leistungsbilanzüberschuß von vier Milliarden Dollar für das Jahr 1997 ergab. Die amerikanische Wirtschaft dagegen erreichte Monat für Monat ein größeres Defizit.

GLOBALISIERUNG UND INFORMATIONSDEFIZIT

Rußland ist durch den Handel, durch Investitionen und durch die Weitergabe von Technologie – von Computern zur Luftüberwachung bis zu Getränkeabfüllfabriken – ein Nutznießer der Globalisierung und damit auch des Turbo-Kapitalismus. Rußland hat aber durch das Informationsdefizit, das ein Kennzeichen unserer Zeit ist, wiederholt Schaden genommen. Im allgemeinen ist wesentlich mehr Geld im Umlauf als fundierte Informationen, und es gibt eine wesentlich größere Bereitschaft, langfristige Investitionen zu tätigen, als eine komplizierte Lage im Ausland zu analysieren.

Devisen- und Anleihehändler, Investoren und Investment-Banker, ausgewählte Experten und Berater, die in unterschiedlichem Ausmaß die Komplexität ihrer eigenen Finanzmärkte und vielleicht noch die anderer etablierter Märkte kennen, sind nun auch in Moskau tätig. Sie wissen nur wenig über die dortigen Menschen und Institutionen, zudem ist das meiste von dem, was sie zu wissen glauben, falsch. Man kann von Menschen, die jeden Tag vierzehn Stunden lang fieberhaft arbeiten, nicht erwarten, daß sie über besondere Kenntnisse über Rußland, die russische Geschichte und Kultur verfügen und mit der spezifisch russischen Neigung vertraut sind, den zum Untergang verurteilten Helden im dritten Akt einer Tragödie zu spielen. Die Händler und Investoren sprechen selbstverständlich auch kein Russisch. Da hilft es nicht viel, daß Englisch die Universalsprache an den Finanzmärkten ist, denn das bedeutet, daß jene, die nur Englisch sprechen, in Rußland so vorgehen wie in anderen Ländern, in denen wichtige Finanzinformationen in der Landessprache nur teilweise und mit großer Verspätung übersetzt werden. Die Folgen dieser Ignoranz sind gravierend. Sie bescherten der russischen Wirtschaft hohe Kosten, gelegentlich aber auch ungerechtfertigte Gewinne, denn auch einige übertrieben optimistische Investitionen wurden getätigt.

Jede Summe, die aus dem Ausland kommt, so flüchtig sie auch im Lande bleiben mag, ist besser als gar kein Geld. Daher verhalten sich russische Nationalisten, die ausländische Bankiers und Investoren für die Probleme des Landes verantwortlich machen, so töricht wie ihre Gesinnungsgenossen in Malaysia. Und es versteht sich von selber, daß Finanzmärkte schwanken müssen, um überhaupt zu funktionieren, daß zu diesen Bewegungen immer spekulative Erwartungen gehören und daß jeder Markt ungerechtfertigten Panikattacken und absichtlichen Verkaufskampagnen ausgesetzt ist. Je neuer der Markt, desto unerfahrener sind natürlich seine Betreiber, desto anfälliger seine Einrichtungen und um so wilder können auch seine Schwankungen ausfallen. Deshalb kann der Moskauer Finanzmarkt wie der vieler anderer im Aufbau befindlicher Volkswirtschaften auch kein Vorzeigemodell an Stabilität sein – und kein Finanzmarkt auf der Welt, nicht einmal die Wall Street, kann immer steigende Werte garantieren. Man kann aber trotzdem nicht leugnen, daß das Informationsdefizit der Weltfinanz einen eigenen überflüssigen Beitrag zu den regelmäßig auftretenden Turbulenzen innerhalb der russischen Finanzszene und der vieler anderer Länder leistet.

In solchen Fällen werden Gelder, die sehr produktiv sein könnten, abrupt abgezogen und die Zinsen stärker erhöht, als es nötig wäre. Die Staatsfinanzen geraten aus dem Gleichgewicht, und private Kreditgeber werden oft bis über den Rand eines Bankrotts getrieben. Gelegentlich sind die Folgen sogar noch gravierender, wenn aus den kleinen Krisen größere und schließlich ganz große Krisen werden. Früher oder später tritt dann ein katastrophaler Domino-Effekt ein, der vielleicht nur durch bloße Fehlinformationen ausgelöst wurde, die die Kurse an der Wall Street und an anderen großen und etablierten Börsen einbrechen lassen. Im besten Falle kommen die Investoren und Anleger mit dem Schrecken davon, im schlimmsten Fall kommt es zu einer weltweiten Rezession.

Da die naturgegebene Ignoranz kein Ende zu nehmen scheint und die Märkte von sich aus instabil sind, liegt die einzig mögliche Lösung darin, eine Art zentrale Kontrollorganisation zu installieren, die zu sofortigen Interventionen berechtigt ist. Jeder nationale Finanzmarkt unterliegt einer offiziellen Kontrolle, die oft auch sehr streng gehandhabt wird. Jede Wertpapier- und Warenbörse besitzt eine eigene Kontrollinstanz, die unter anderem dazu ermächtigt ist, den Handel in unbegründeten Panikmomenten einzustellen. Ironischerweise ist der einzige Markt ohne offizielle Aufsicht oder Kontrollinstanz der globale Finanzmarkt, der am empfindlichsten auf Fehlinformationen und Hysterien reagiert. Er wird nicht mehr lange bestehen, ohne daß es zu einer größeren Katastrophe oder zur Einführung funktionierender Sicherungen kommt – vermutlich wird zuerst das eine kommen und danach das andere.

10

Die Ideologie des Freihandels

D er Gott der Marktanbeter heißt Adam Smith. Seine Jünger preisen die Herrlichkeiten des Turbo-Kapitalismus, doch Grundlage ihrer Verehrung für Smith ist der Umstand, daß sie ihn nicht richtig gelesen haben. Denn Smith war um einiges weitsichtiger als seine heutigen Jünger, und sein Werk ist mit Ausnahmen, Ausschließungen und Vorbehalten gespickt, die sich auf die Regel beziehen, daß freie Märkte eine bestmögliche Verteilung zur Folge haben und auf diese Weise das Allgemeinwohl fördern. Die übertriebene Verehrung des internationalen Freihandels, inzwischen für die herrschende Klasse Amerikas und Großbritanniens eine wahre Religion, hat gerade zur Voraussetzung, weder Adam Smith noch seinen ehrenwerten Vorgänger Henry Martyn genau zu lesen. Martyn war ein Kaufmann, der zu Beginn des 18. Jahrhunderts im Ost-Indien-Handel tätig war, und ein scharfsichtiger Autor, der erkannte, daß Reichtum sehr wohl in eine Richtung führen kann und Wohlfahrt in eine ganz andere.

Bereits 75 Jahre vor der Veröffentlichung von Adam Smiths *Untersuchung über das Wesen und die Ursachen des Reichtums der Nationen* (1776) und 77 Jahre vor seiner Ernennung zum Zollkommissar in Edinburgh (Smith hatte ironischerweise durch Protektion des Herzogs von Buccleuch einen sicheren Posten inne, auf dem er Einfuhren nach Schottland blockierte) hatte Henry Martyn in seinem 1701 verfaßten Traktat *Considerations upon the East India Trade* bereits die Punkte vorweggenommen, die an der Theorie des Freihandels richtig sind, aber auch jene, die nicht zutreffen:

»Führt man Güter aus Indien ein, so benötigt man dafür weniger Hände als für die Anfertigung dieser Güter in England nötig wären. Gestattet man also den Verkauf von indischen Waren, so gestattet man dadurch auch, daß einige Männer ihre Arbeit verlieren ... Ein Gesetz, das uns dazu verpflichtet, nur englische Güter zu benutzen, verpflichtet uns gleichzeitig dazu, diese erst einmal herzustellen. Dadurch sind wir wiederum gezwungen, die Dinge, die wir verbrauchen, durch die Arbeit vieler herstellen zu lassen, auch wenn dies durch die Arbeit weniger möglich wäre, was uns wiederum dazu zwingt, die Arbeitskraft vieler zu verbrauchen, auch wenn wenige Männer ausgereicht hätten.«

Martyn beschreibt den Kern des Freihandelsarguments, die Opportunitätskosten, recht einleuchtend:

»Wenn neun Männer in England nicht mehr als drei Scheffel Weizen ernteten, aber mit der gleichen Menge an Arbeit neun Scheffel aus einem anderen Land herbeischaffen könnten, dann hieße, diese neun Männer in der hiesigen Landwirtschaft zu beschäftigen, sie eine Arbeit machen zu lassen, die ebenso gut von drei Männern erledigt werden könnte.«

In dieser Hinsicht erweist sich die Freihandelstheorie auch wirklich als zutreffend. Importschranken verhindern künstlich Produktionssteigerungen, die aufgrund verbesserter Technologien, ausgefeilterer Organisation erzielt werden können. Die Tatsache, daß Güter oder Dienstleistungen von einem Punkt der Erdoberfläche stammen, der zu einem bestimmten Zeitpunkt in einem anderen Land liegt, spielt zudem in wirtschaftlicher Hinsicht überhaupt keine Rolle. Schließlich können sich Grenzen durch Eroberungen oder freiwillige Zusammenschlüsse jederzeit wieder ändern. (Ende der fünfziger Jahre gab es sogar *innerhalb* Italiens noch Zollschranken – die Zollgebühren nennt man *Dazios* –, so daß die »ausländischen« Handelspartner sozusagen schon in der nächsten Stadt saßen).

Gleichzeitig werden aber auch die Nachteile des Freihandels in Martyns Schrift aufgezeigt:

»Wenn dieselbe Arbeit, die früher von drei Männern getan wurde, nun von einem getan wird; wenn die anderen zwei daher gezwungen sind, untätig herumzusitzen, dann hat das Königreich zuvor aus der Arbeit dieser zwei keinen Nutzen gezogen und verliert deswegen auch nichts, wenn sie nun untätig sind.«

Mit anderen Worten, was dem Königreich oder, wie wir heute sagen, dem Bruttosozialprodukt zugute kommt, muß nicht allen Untertanen nützen, und manch einer kann dadurch sogar verarmen. Natürlich trifft das auch auf jede andere Produktivitätssteigerung zu, die man beispielsweise durch den Einsatz besserer Computersoftware erreicht. Aber jede Änderung der Handelsschranken ist primär eine Angelegenheit angeblich demokratischer *politischer* Entscheidungen im Gegensatz zu Verbesserungen beim Einsatz von Computern, die von privaten Firmen oder von Privatpersonen für private Zwecke mit privaten Mitteln eingeführt werden. Darum dürfen die Folgen für die Beschäftigung nicht ignoriert werden.

In armen Ländern kann unter günstigen Voraussetzungen, ausländische Investitionen eingeschlossen, der Freihandel die gesamte Volkswirtschaft drastisch verändern und einen Großteil der Bevölkerung auf ein viel höheres Einkommensniveau heben. In wohlhabenden Ländern jedoch, die zwar allgemein über großen nationalen Wohlstand verfügen, aber nun zunehmend von der neuerlichen Verarmung der unteren Bevölkerungsschichten betroffen sind, ist es nicht unbedingt eine gute Idee, dem Königreich dadurch zu größerem Reichtum zu verhelfen, indem man drei Arbeiter durch einen ersetzt und die zwei anderen »untätig herumsitzen« läßt.

Die Mehrzahl der Wirtschaftswissenschaftler würde nun umgehend darauf verweisen, daß es vorteilhafter für alle ist, wenn die große Zahl von Gewinnern einer Marktöffnung für die kleine Zahl von Verlierern finanziell aufkommt anstatt daß man Schutzschranken aufrechterhält, die das Volkseinkommen reduzieren. Aber nach solchen Aussagen, auf die gelegentlich noch eine schnelle Kalkulation folgt, verlassen sie die Bühne einfach wieder. Die Tatsache, daß einige Arbeiter möglicherweise durch einige wenige Handelsschranken wirksam geschützt werden können, während Kompensationspläne dagegen *niemals* wirklich durchgesetzt werden, ist ein politisches Phänomen, das außerhalb des Berufsstandes der Volkswirtschaftler bzw. seiner gegenwärtigen Definition steht. Denn diejenigen, die sich auf Adam Smith beziehen, haben seine weitausholende politische Wirtschaftslehre zumeist auf eine abstrahierte Wirtschaftslehre verkürzt, in der »verschiedene Dinge von gleichem Werte sind« und in der man versucht, Konflikte durch einen rein theoretischen Ausgleich zu lösen.

Die meisten heutigen Wirtschaftswissenschaftler ignorieren einfach, daß manche Menschen es vorzögen, in einem Land zu leben, dessen Wirtschaft aufgrund von Schutzzöllen und anderen Handelsbeschränkungen etwas weniger effizient wäre als eigentlich möglich. Tatsächlich gehen sie stillschweigend davon aus, daß eine Gesellschaft existiert, um die Bedürfnisse ihrer Wirtschaft zu befriedigen und nicht umgekehrt. Eine stabile Beschäftigungslage – im Gegensatz zum Einkommensniveau –, das Aufrechterhalten alter Traditionen, beispielsweise des Reisanbaus in Japan, oder der Versuch, extreme Ungleichheiten bei der Verteilung von Verdienst und Wohlstand zu vermeiden, sind für sie daher von nachrangiger Bedeutung.

Allerdings ist es richtig, daß viele Kritiker des dominierenden engstirnigen Insistierens auf einem ungehinderten Freihandel ebenfalls weit über die gesellschaftliche Diskussion des Streitpunkts »Wohlfahrt gegen Wohlstand« hinausgehen. Auch sie stoßen auf die Ebene rein wirtschaftswissenschaftlicher Analysen vor und wiederholen damit nur die gleichen elementaren Fehler. Ständig überschätzen sie auf eklatante Art und Weise die Bedeutung des internationalen Handels und der Investitionsströme für die Volkswirtschaften der Industrienationen und ganz besonders für die riesige amerikanische Volkswirtschaft. In meiner Kritik am »Turbo-Kapitalismus« steht die Globalisierung dagegen weit abgeschlagen auf dem vierten Platz nach Privatisierung, Deregulierung und technologischem Fortschritt.

Häufig verwechseln die irregeleiteten Gegner des Freihandels Produktwettbewerb mit Lohnwettbewerb. Die Gehälter werden schließlich vom Binnenmarkt eines Landes bestimmt. Deutsche Arbeiter zum Beispiel, deren Arbeitgeber sich ein Kopf-an-Kopf-Rennen mit indischen Exporten liefern, konkurrieren nicht mit den indischen Arbeitern, da deren Gehälter nur sehr mittelbar von Bedeutung für die deutschen Arbeitnehmer sind. Allein die Konkurrenz durch andere deutsche Arbeiter ist in diesem Fall von Belang. Indische Exporte können sich also auf das Lohnniveau deutscher Arbeiter allenfalls indirekt niederschlagen, und zwar durch eine ungünstige Handelsbilanz, die dann wiederum größere Arbeitslosigkeit nach sich zieht und dadurch zu einer Senkung der Löhne führt (in Deutschland ist das allerdings pure Theorie, da deutsche Löhne aufgrund der mächtigen Gewerkschaften kaum jemals gesenkt werden).

Einige Gegner des Freihandels bemühen sich derart eifrig darum, die Fronten des Kalten Krieges als »geo-ökonomische« Rivalitäten zu interpretieren, daß sie diese fälschlicherweise als zwischenstaatliche Auseinandersetzungen auslegen. Doch für jeden Nullsummen-Handelskrieg zwischen Boeing und Airbus bei der Produktion von Flugwerken gibt es im Gegenzug ein Bündnis zwischen den Triebwerksherstellern GE aus Amerika und SNECMA aus Frankreich. Da die schärfsten Konkurrenten im Handel zwischen bedeutenden Ländern üblicherweise auch die wichtigsten Exportkunden sind, beschränken sich geo-ökonomische Konflikte auf die daran beteiligten Industrien, ohne sich zu emotionalen Konflikten auf nationaler Ebene auszuweiten. Darüber hinaus legen selbst erfahrene Wirtschaftswissenschaftler in ihrer Argumentation gegen den Freihandel manchmal eine erstaunliche Unfähigkeit an den Tag, die alten, grundlegenden Theorien des komparativen Vorteils zu verstehen. Die fraglichen Vorteile beziehen sich auf das *Inland*. So kann selbst ein Land mit niedriger Produktivität und halbwegs konkurrenzfähigen Industrien immer noch gewinnbringend in ein Land mit hoher Produktivität exportieren, dessen eigene Ressourcen von den besseren Industrien am effektivsten und nicht von den weniger effizienten Industrien genutzt werden können, mit denen wiederum das weniger entwickelte Land konkurriert.

DIE SÜNDE DER SCHUTZZOLLPOLITIK

Die meisten Befürworter des Freihandels sind nicht einfach gegen Handelsschranken, sie fühlen sich durch deren Existenz sogar beleidigt. Schließlich wissen sie, daß nur das freie Spiel von Angebot und Nachfrage – *die unsichtbare Hand* – in der Lage ist, Preise festzusetzen, die den Markt bereinigen, ohne dabei zu Verschwendung zu führen oder eine künstliche Knappheit hervorzurufen. Dadurch wird allen Produzenten der effektivste Einsatz ihrer knappen Ressourcen zu einem gegebenen Zeitpunkt angezeigt. Die Anhänger des Freihandels sind also frustriert, weil sie wissen, daß bei einem Abbau aller Handelsschranken sowohl das globale Einkommen als auch der allgemeine Lebensstandard rasch und beträchtlich ansteigen würden, weil jeder Produzent dann in der Lage wäre, seine eigenen bestimmten Wettbewerbsvorteile voll und ganz auszuschöpfen, was wiederum die Eliminierung der großen und kleinen Ineffizienzen eines ganzen Planeten zur Folge hätte. Statt dessen teilt jeder Staat den globalen Markt künstlich in Segmente auf, indem er durch Verbote, Mengenbeschränkungen oder Zölle eigene Importhindernisse errichtet. Manchmal werden diese sogar auch auf Exporte ausgedehnt, oft dadurch, daß vorgeblich nur weiterverarbeitete Waren und keine Rohstoffe im Ausland verkauft werden dürfen. Auf diese Weise verzerrt jeder Staat nicht nur den eigenen Binnenmarkt, sondern durch die sukzessive Verschiebung von Angebot und Nachfrage auch alle anderen Märkte der Welt. Die globale Wirtschaftlichkeit beim Verbrauch der knappen Ressourcen wird dadurch eingeschränkt und der Planet ärmer hinterlassen, als eigentlich nötig wäre.

Da alle erfahrenen Wirtschaftswissenschaftler um diese Schwierigkeiten wissen und kaum etwas in ihrem Theorienfundus unangefochten bleibt, geraten die meisten von ihnen bei allen Argumenten, die für Handelsschranken ins Feld geführt werden, in Rage. Sie verweisen nicht nur darauf, daß diese für den Lebensstandard sehr kostspielig sind, sondern bemühen sich auch eifrigst darum, sie als falsche Ausreden einheimischer Hersteller zu entlarven, deren einzige Absicht es ist, die Endverbraucher auszubeuten, indem sie, beschützt von Importschranken, die Preise erhöhen.

– Auf den Einwand, daß eine Selbstversorgung mit Getreide von strategischem Interesse ist, würden die meisten Ökonomen mit der Gegenfrage antworten, warum es den Agrarerzeugern erlaubt sein sollte, ihre eigenen Steuern auf alle Verbraucher umzulegen. Schließlich wäre es einschließlich anfallender Kosten für die Lagerhaltung weitaus billiger, Reservevorräte aus importiertem Getreide anzulegen.
– Argumentiert man dahingehend, daß eine bestimmte Industrie mit der Zeit wettbewerbsfähig würde, wenn sie sich zunächst hinter Schutzschranken entwickeln könnte, führen die meisten Ökonomen an, daß langfristig orientierte Investoren junge Industrien jeder Art weitaus effektiver als gefangene Verbraucher finanzieren könnten. Solche Geldgeber würden im Gegensatz zu den geschützten Industrien auch

nicht die Forderung erheben, die profitablen Einfuhrschranken zeitlich unbegrenzt aufrechtzuerhalten.
– Weist man darauf hin, daß Importbeschränkungen Arbeitsplätze erhalten, führen die meisten Wirtschaftwissenschaftler als Gegenargument Ausgleichszahlungen an, als sei dieses theoretische Konstrukt tatsächlich ein praktisches Heilmittel.

Die starken Emotionen der Verfechter des Freihandels zeigen sich dann besonders deutlich, wenn sie sich wichtigen Renegaten aus den eigenen Reihen gegenübersehen. Im Jahr 1865 beklagte der britische Wirtschaftspolitiker Richard Cobden auf dem Sterbebett nicht seinen bevorstehenden Tod, sondern die Abtrünnigkeit von John Stuart Mill und dessen Argumentation bezüglich schutzzollbedürftiger junger Industrien:

»Ich bin davon überzeugt, daß der Schaden, den Mill der Welt durch den Abschnitt in seinem Buch über *Grundsätze der politischen Ökonomie* angetan hat, in dem er das Prinzip der Schutzzölle in jungen Gesellschaften unterstützt, schwerer wiegt als alles Gute, das er durch seine anderen Schriften bewirkt hat.«[1]

Noch im Jahr 1890 lamentierte der englische Volkswirt Alfred Marshall ebenfalls über Mills Treuebruch:

»Als John Stuart Mill es wagte, dem englischen Volk zu erzählen, daß einige Argumente für eine Schutzzollpolitik in jungen Nationen wissenschaftlich fundiert seien, bezeichneten es seine Freunde wütend – doch eher in Sorge als im Zorn – als traurige Abkehr von den vernünftigen Prinzipien wirtschaftswissenschaftlicher Rechtschaffenheit.«[2]

Diese Kritik ist zwar nicht so streng wie die Verurteilung von Cobden, zeugt aber von ebenso gefühlsmäßig stark besetzten Vorurteilen.

Das gleiche geschah mit Keynes. Ursprünglich war er einmal ein vehementer Vertreter der reinen Freihandelslehre:

»Wir müssen den Freihandel in seiner weitesten Auslegung als unumstößliches Dogma ansehen, das keine Ausnahmen gestattet ... auch nicht in den seltenen Fällen, wo wir durch einen Verstoß tatsächlich einen direkten ökonomischen Vorteil erzielen würden.«[3]

Doch auch Keynes sollte später vom Pfad der ökonomischen Tugend abkommen. Die Arbeitslosigkeit in Großbritannien war in den dreißiger Jahren extrem hoch, und Keynes wußte, daß die Regierung das Pfund nicht abwerten würde und die Gewerkschaften keine Lohnsenkungen hinnehmen würden. Also schlug er »widerstrebend« als einzige verbleibende Maßnahme die Einführung von Schutzzöllen vor, um Arbeitsplätze durch Substitution von Importen zu schaffen.[4] Die damalige englische Regierung hatte sich in dieser düsteren Lage bei ihm nach einem Allheilmittel erkundigt, und Keynes bot die einzig mögliche Rezeptur an. Aber diese entsetzte seine einstigen Freunde, Kollegen und Bewunderer, einige reagierten sogar unverhohlen feindselig. Der bekannte Wirtschaftswissenschaftler Lord Robbins (mein früherer Lehrer) sprach von Keynes' »außergewöhnlicher Naivität«, weil er glaube, Importschranken könnten einfach wieder abgeschafft werden, *nachdem sie ihre Aufgabe erfüllt hätten*.[5] Millionen von Menschen mußten damals stempeln gehen und ernährten sich morgens, mittags und abends von Brot und Marmelade. Trotzdem sorgten sich Keynes' Gegner um mögliche ökonomische Verzerrungen, die eventuell noch auf Jahre hinaus zu spüren seien.

Selbst wenn man jeden möglichen Einwand vollständig gelten läßt und die untergeordnete Bedeutung in Betracht zieht, die Außenhandel und Investitionen in hochentwickelten Industrienationen spielen, so hat Keynes doch das letzte Wort: Man sollte alles tun, was möglich ist, auch wenn man dafür abstrakte Prinzipien bloßem Fleisch und Blut opfern muß.

11

Die Religion des Geldes

Die typischen Merkmale des Turbo-Kapitalismus sind eine höhere Leistungsfähigkeit, eine größere Ungleichheit und ein beschleunigter Strukturwandel, der zwar viel Innovatives hervorbringt, aber auch vieles zerstört. Seine politische Bedeutung liegt jedoch in einer Machtverschiebung weg von den staatlichen Autoritäten hin zu den ökonomischen Interessen von Privatpersonen wie von Institutionen. Dadurch wird automatisch der Bereich der demokratischen Kontrolle kleiner. Dieser Prozeß wird von den Anhängern eines Wirtschaftsliberalismus begrüßt, da sie glauben, daß die Wirtschaft ein vollkommen privater Bereich sei oder sein solle und daß der Staat kein Recht habe, privaten Besitz in irgendeiner Art und Weise zu kontrollieren. Andere widersprechen dem und sagen, daß nur ein gewisses Maß an politischer Kontrolle das öffentliche Interesse schützen kann, indem die extremeren Auswirkungen des Kapitalismus auf das Leben der Individuen, Familien, Gemeinden, Städte und ganzen Nationen in bestimmten Grenzen gehalten werden.

Aber dies erweist sich immer mehr als frommer Wunsch oder, anders gesagt, als nutzlose Drohung. Während die Umwelt zusehends durch strenge Reglementierungen der geschäftlichen und persönlichen Aktivitäten geschützt wird, verwandelt sich das soziale Umfeld in ein freies Schlachtfeld für private Unternehmen. Diese Entwicklung spiegelt sich in dem bemerkenswertesten Merkmal unserer turbo-kapitalistischen Zeiten wider, der Aushöhlung demokratischer Herrschaft über die Wirtschaft. Das ist allerdings nicht allein das

Resultat des Turbo-Kapitalismus, denn dieser hat seit den achtziger Jahren einen festen Reisegefährten. Ich meine den orthodoxen Monetarismus, dessen Lehre darauf abzielt, den Regierungen und ihren Bürgern jegliche Macht zu nehmen, den Geldfluß gesetzlich zu steuern.

Wie in allen Religionen gibt es auch im orthodoxen Monetarismus in Gestalt des harten Geldes einen höchsten Gott und einen Teufel, nämlich die Inflation. Um sich gegen eine hohe Inflationsrate auszusprechen und die Hyperinflation als tödliche Krankheit der Währungen zu fürchten, bedarf es lediglich eines gesunden Menschenverstands. Man braucht allerdings schon ein absolut religiöses Vertrauen, um eine sehr gemäßigte Inflation abzulehnen und dafür im Gegenzug eine unglaublich hohe Arbeitslosigkeit und eine wirtschaftliche Stagnation zu akzeptieren, wie es die Westeuropäer getan haben, oder jahrelang ein unnötig langsames wirtschaftliches Wachstum hinzunehmen, wie dies in den USA der Fall war.

Sicherlich paßt sich die amerikanische Version des Monetarismus sehr viel besser den Wünschen der Allgemeinheit an als das orthodoxe Denken der Europäer. Gleiches gilt auch für andere Religionen, die auf beiden Seiten des Atlantiks praktiziert werden. So wie die katholische Kirche im pragmatisch veranlagten Amerika, wo selbst strenggläubige Juden am Sabbat Auto fahren, ihren Gläubigen größere Freiheiten einräumen muß, unterliegt auch die amerikanische Version des orthodoxen Monetarismus gewissen Einschränkungen. Der amerikanische Kongreß würde mit Sicherheit eher per Gesetz die Federal Reserve Bank, die amerikanische Zentralbank, abschaffen als die entsetzlich hohe Arbeitslosenquote zu tolerieren, die in Europa schon seit langen Jahren gang und gäbe ist. Die Grundlagen der Doktrin sind jedoch dieselben. Auch in den Vereinigten Staaten wertet der orthodoxe Monetarismus lieber die Arbeit ab als den Geldwert. Im Gegensatz zu Europa führt dies aber zu sinkenden Löhnen und nicht zu einem Anstieg der Arbeitslosigkeit. Legt man einen konstanten Dollarwert zugrunde, werden über die Hälfte aller Arbeitsplätze in der US-Wirtschaft heute schlechter bezahlt als vor zwanzig Jahren. Es ist also kein Wunder, daß es Millionen neuer Arbeitsplätze gibt, wie amerikanische Präsidenten gern verkünden – schließlich sind amerikanische Arbeitskräfte billig.

Wie viele andere Religionen auch hat der orthodoxe Monetarismus Hohepriester, die ständig darum bemüht sind, ihre Unabhängigkeit von weltlichen Parlamenten, Politikern und der öffentlichen Meinung zu betonen. Die Zentralbankiers bestehen auf ihrem Recht, den öffentlichen Willen zu ignorieren, indem sie sich auf ihre Pflicht gegenüber einer höheren Macht, dem heiligen, harten Geld, berufen. Ihre Amtszeit ist ohne Ausnahme von geradezu päpstlicher Länge und wird oft vorzeitig verlängert, um die Finanzmärkte nicht zu verunsichern. Sie sind von einer Aura unumschränkter Macht umgeben, die Regierungsmitgliedern oder sogar Ministerpräsidenten und Staatsoberhäuptern völlig zu Recht verweigert wird – schließlich handelt es sich bei ihnen nur um gewöhnliche Sterbliche, die von den unwissenden Massen gewählt werden. Wenn diese Zentralbankmitglieder endlich in Rente gehen, werden sie gewöhnlich in den Stand der finanziellen Heiligkeit erhoben. Jede flüchtige Meinungsäußerung von ihnen wird ehrfurchtsvoll entgegengenommen und ihre Kandidatur für alle möglichen hohen Positionen besonderen Vertrauens akzeptiert. Der bloße Name dieser Männer wird zum Talisman, sei es nun der Paul Volckers' an der Wall Street oder Guido Carlis in Italien. Die Namen der meisten früheren Regierenden rufen dagegen nur schmachvolle Erinnerungen hervor.

Da die Macht der Zentralbankiers weitgehend auf ihrem Oberbefehl im Kreuzzug gegen den Teufel Inflation beruht, vermuten sie überall dessen heimtückisches Vordringen. Ständig entdecken sie »beunruhigende Anzeichen einer beginnenden Inflation« oder sogar »alarmierende Warnungen vor einem steigenden Inflationsdruck« in den Statistiken über Produktion, Beschäftigung und Löhne. Und dies sind Statistiken, die viele namhafte Wirtschaftswissenschaftler mit Gleichmut betrachten oder sogar ausgesprochen beruhigend finden. Bei jeder Veröffentlichung neuer statistischer Indikatoren werden zwar Rufe nach leichten Zinssenkungen für minimale Wachstumssteigerungen laut, doch diese kleineren Ausbrüche der Ketzerei werden schnell wieder erstickt.

Die Dominanz des orthodoxen Monetarismus hat Folgen: Jede politische Initiative, die als »inflationär« gebrandmarkt wird, hat kaum eine Chance, bewertet und diskutiert zu werden, und wird daher kurzerhand verworfen. Im Gegensatz dazu ruft der Ausdruck »deflationistisch« überhaupt keine Resonanz hervor. Er wird als ein strikter Terminus technicus verwendet und nicht als wertende Bezeichnung einer viel zu restriktiven Zins- und Geldpolitik, die das Wachstum abwürgt und in den dreißiger Jahren eine Weltwirtschaftskrise und politisches Chaos, Diktaturen und Krieg auslöste.

Sicherlich können weder Realeinkommen noch realer Wohlstand durch das Anwerfen der Notenpresse entstehen. Auch trifft eine Inflation besonders die Armen sowie alle anderen mit festen Einkommen oder Renten unverhältnismäßig schwer, darunter zum Beispiel auch wohlhabende Pensionäre, die von Wertpapiereinkünften leben. Dagegen vergrößert eine Inflation den Wohlstand jener, die Immobilien und ähnliche Vermögenswerte besitzen, Menschen also, die meistens ohnehin schon verhältnismäßig reich sind. Schlaue Spekulanten können sich sowohl durch eine Inflation als auch durch eine Deflation bereichern. Eine unkontrollierte Inflation kann sich zudem auch sehr schnell zu einer Hyperinflation weiterentwickeln. Diese vernichtet nicht nur den Geldwert, sondern vermindert auch die wirtschaftliche Leistungsfähigkeit, da die Menschen lieber schnell ihre Koffer voller Banknoten ausgeben, anstatt zur Arbeit zu gehen. Dadurch kann die gesamte Finanzarchitektur einer Gesellschaft ausgelöscht werden. Angesichts dieses Schreckensszenarios als schlimmste Folge der diabolischen Inflation ist es nicht weiter verwunderlich, daß sich die Deutsche Bundesbank bei ihrer Weigerung, die Zinsen zu senken, immer noch auf die explosive deutsche Hyperinflation der frühen zwanziger Jahre beruft, »die zu Hitler führte« (es scheint keine Rolle zu spielen, daß danach zunächst zehn Jahre der Demokratie folgten).

Inflation ist tatsächlich schädlich und Hyperinflation sogar fürchterlich, doch Deflation ist ebenso schlimm und Hyperdeflation geradezu katastrophal. In der wirtschaftswissenschaftlichen Forschung geht man davon aus, daß die Deflation keine negativen Folgen mit sich bringt, da jede Aufwärtsbewegung des Geldwerts durch eine ausgleichende Senkung von Preisen und Löhnen neutralisiert werden kann. Im realen Leben lassen sich jedoch Preise nur schwer senken, und kaum ein Arbeitnehmer nimmt ohne erbitterten Widerstand Lohnkürzungen in Kauf. Sogar in den Vereinigten Staaten mit ihrem zunehmend flexiblen Arbeitsmarkt und den zwangsläufig schwachen Gewerkschaften konnten die Löhne Ende der siebziger Jahre nur deshalb ohne Widerstand sinken, weil die Inflation und die damit verbundenen steigenden Löhne den Verlust der Realeinkommen verdeckten.

Eine Deflation läßt also Volkswirtschaften verhungern, da die starren Preise und Löhne den rein nominellen Nachfragerückgang in einen faktisch vorhandenen Rückgang verwandeln, wodurch Produktion und Einkommen sinken. Obwohl dies der Theorie zuwiderläuft, tritt es trotzdem jedesmal wieder auf, zuletzt in Japan während der Deflation nach 1990. Ein weiterer rein subjektiver Mechanismus wirkt sich ebenfalls negativ auf die reale Nachfrage und damit auf die Realproduktion und die reale Beschäftigungsrate aus: Wenn sich nämlich die Menschen ärmer *fühlen*, weil der nominelle Wert von Häusern und anderen Besitztümern sinkt, kaufen sie auch entsprechend weniger.

Da die Welt mit ihrer unvollkommenen Menschheit so beschaffen ist, sollten beide, Inflation und Deflation, bei Politikern und der Öffentlichkeit gleichermaßen unerwünscht sein.

Sie sollten beide dieselben negativen Assoziationen hervorrufen wie Überschwemmung und Dürre oder Diebstahl und bewaffneter Raub. Doch der größte Triumph des orthodoxen Monetarismus besteht eben gerade darin, daß nur die Inflation als etwas Böses gilt.

Als sich die nationalen Zentralbankvorstände im August 1996 mit ihrem Gastgeber Alan Greenspan, dem Vorsitzenden der amerikanischen Zentralbank, in Jackson, Wyoming, versammelten (woraufhin der Ort umgehend zur angesagten Nobelurlaubsadresse avancierte), gratulierten sie sich gegenseitig ausgiebig zu ihrem Erfolg im Kampf gegen die Inflation, ein Triumph, der durch hohe Realzinsen erzielt wurde. Sie hielten sich erst gar nicht damit auf, die schlechten Wachstumsraten zu beklagen, sondern veranstalteten eine Art Wettbewerb, in dem sie miteinander um immer niedrigere Inflationsraten konkurrierten, die, wenn nötig, auch zu Lasten von Wachstum und Beschäftigung gingen.

Normalerweise dominiert der Chef der Deutschen Bundesbank diese Treffen. Es bereitet ihm großes Vergnügen, irregeleiteten Fremden aus der ganzen Welt unnachgiebig strenge finanzpolitische Maßnahmen und monetarische Disziplin zu predigen. Schließlich war Deutschland lange Zeit der ständige Gewinner der Deflationsolympiade. Im August 1996 war jedoch Frankreich der Überraschungssieger. Unbeeindruckt von einer Wirtschaft, die nicht nur stagniert, sondern sich bereits in der Leichenstarre befindet, mit einer Arbeitslosenquote von zwölf Prozent, der höchsten Quote seit den dreißiger Jahren, waren die Franzosen in Jackson unglaublich stolz auf ihre erstaunlich niedrige Inflationsrate von 1,5 Prozent. Sie war 0,2 Prozent niedriger als die deutsche. Auch die überaus disziplinierten Holländer wiesen mit 1,8 Prozent nicht gerade ein berauschendes Ergebnis vor, aber das hinderte Willem Duisenberg von der niederländischen Zentralbank nicht, seinen Vertrauten die Befürchtung mitzuteilen, daß Deutschland gefährliche Anzeichen von Laxheit zeige.

Die Italiener hielten sich dagegen mit Prahlereien zurück, wie es sich für die Herren von der Banca d'Italia auch ziemte, schließlich stellt sie die einzige Elitebürokratie des Landes dar. Italiens Inflationsrate von 2,9 Prozent war angesichts der Unmengen von Geld, die durch ein Haushaltsdefizit von 6,4 Prozent in die Wirtschaft gepumpt wurden, dennoch ein ausgezeichnetes Ergebnis. Das Wunder wurde natürlich mit Hilfe sehr hoher Zinsen möglich. Die Tatsache, daß die niedrige Inflationsrate zur Verteuerung der Lira führte, wodurch die italienischen Exporte weniger konkurrenzfähig wurden, was wiederum Wachstum und Beschäftigung in der bereits stockenden Wirtschaft weiter verringerte, gehörte nicht zu den Gesprächsthemen, mit denen sich die Zentralbankvorsitzenden abgaben.

Mit Duisenberg an der Spitze wurde heftig darüber diskutiert, vielleicht wirklich den Aufstieg in das Paradies des orthodoxen Monetarismus zu schaffen und eine Inflationsrate von *null* Prozent zu erreichen. Dazu bedürfte es lediglich eines Abbaus der Haushaltsdefizite durch die Abschaffung weiterer Wohlfahrtsprogramme und natürlich einer gewissen Zinsdisziplin. Solche Ratschläge lassen sich leicht aus der großartigen Höhe von Jackson im amerikanischen Bundesstaat Wyoming an die gewöhnlichen Massen der achtzehn Millionen Arbeitslosen in Europa richten. Was Alan Greenspan betrifft, so hatte er nichts zu befürchten, da eine Arbeitslosenquote von fünf Prozent und stagnierende Reallöhne von den Amerikanern als völlig normal beziehungsweise sogar als positiv angesehen wurden. Und tatsächlich sind jede ruckartige Beschleunigung des Wachstums und jeder Rückgang der Arbeitslosenquote für die Wall Street und überhaupt für uns alle schlecht, weil sie nur dazu führen, daß die amerikanische Zentralbank die Zinsen erhöht, »um die Wirtschaft abzukühlen«.

Niemand kennt die genaue Arbeitslosenquote, unter der die Löhne zu steigen beginnen und sich die Preise erhöhen. Schließlich verändert sich permanent alles in der amerikanischen Wirtschaft, während gleichzeitig die statistischen Büros der Regierung mit ihren gekürzten Mitteln stets die gleichen, zunehmend veralteten, statistischen Zahlen sammeln und dabei immer noch die gleichen antiquierten Methoden anwenden.

Wirtschaftswissenschaftler streiten nach wie vor über das exakte Niveau, auf das die Arbeitslosenquote sinken darf, ohne die Inflation anzufachen. Aber die amerikanische Zentralbank geht kein Risiko ein. Im Zweifelsfall ist sie lieber übervorsichtig. Da höhere Zinsen *möglicherweise* die Inflation auf ein Zehntel Prozent unter dem Niveau halten könnten, das sie sonst erreichen würde, nimmt man gern in Kauf, daß Millionen Menschen ihre Arbeit verlieren. Dem angeblich arbeitnehmerfreundlichen Präsident Bill Clinton von der Demokratischen Partei wurde 1995 empfohlen, daß es eine gute Idee sei, ein niedrigeres Arbeitslosenniveau »auszuprobieren«, aber er wagte die Kraftprobe mit der Federal Reserve Bank nicht. Schließlich sank im Jahr 1997 die Arbeitslosigkeit unter fünf Prozent, ohne daß irgendein inflationärer Druck ausgeübt worden war, und damit war die Hypothese widerlegt. Doch das veranlaßte weder die amerikanische Zentralbank noch ihren Vorsitzenden, ihren Fehler einzugestehen, der Zehntausende amerikanischer Familien ins Elend der Arbeitslosigkeit gestoßen hatte.

Das Zeitalter der Zentralbankiers

Wie kommt es, daß Zentralbankiers heute so mächtig sind, in vieler Hinsicht um einiges mächtiger als Ministerpräsidenten oder Staatsoberhäupter? Schließlich hatte man in den drei Nachkriegsjahrzehnten, in denen es schnelles wirtschaftliches Wachstum, steil ansteigende Löhne und eine Verbreiterung des Wohlstands gab, nur wenig über sie vernommen. Nur während der dreißiger Jahre, *nicht* zufällig auch die Jahre der Weltwirtschaftskrise, waren die Zentralbankmitglieder so bekannt wie heute. Eine krisengeschüttelte Welt wartete mit angehaltenem Atem auf jede Ankündigung aus dem Munde von Montagu Norman von der Bank of England, von Hjalmar Schacht aus Deutschland und ihren weniger wichtigen Kollegen beiderseits des Atlantiks. Wie Felsen standen sie während der dreißiger Jahre in gegenseitiger Eintracht nebeneinander, sogar noch bis 1939, als die Bank of England pflichtgemäß die Goldvorräte der Tschechoslowakei an Hitlers Reichsbank aushändigte, die mittlerweile auch als Zentralbank von Böhmen und Mähren fungierte.

Mit tragischen Konsequenzen für einige zehn Millionen Arbeitslose, noch in so weit entfernten Gebieten wie Argentinien und Australien, und weit schrecklicheren Auswirkungen in Europa akzeptierten Regierungen fast auf der ganzen Welt das Heilmittel der Zentralbankiers gegen die Wirtschaftskrise. Es handelte sich natürlich um Deflation und nochmals Deflation, erreicht durch Kürzungen der öffentlichen Ausgaben und Kreditbeschränkungen. Ein Resultat davon war die Machtergreifung Hitlers, den die durch Deflation verursachte Massenarbeitslosigkeit nach oben gebracht hatte.

Heute wissen wir, daß die Zentralbankiers völlig im Unrecht waren. Der einzige Weg, die schwächelnden Volkswirtschaften der dreißiger Jahre wieder flott zu kriegen, hätte darin bestanden, eine Kettenreaktion mit Hilfe einer verstärkten Nachfrage auf den Weg zu bringen. Dies wäre durch eine jähe Steigerung der Regierungsausgaben ohne Rücksicht auf eine mögliche Inflationsgefahr möglich gewesen. Solange die großen Bosse der Weltwirtschaft den Weg wiesen, indem sie die Geldmenge künstlich aufblähten und zuerst importierten, um dadurch eine größere Nachfrage für eigene Exporte zu schaffen, hätten alle ihren Vorteil daraus ziehen können. Aber nur wenige abenteuerlustige Köpfe und nur ein einziger angesehener Wirtschaftswissenschaftler, nämlich John Maynard Keynes, wagten dem zu widersprechen, was der gesunde Menschenverstand zu raten schien, und selbst sie zögerten.

Die Zentralbankchefs waren so wie heute dagegen absolut sicher, daß sie recht hatten. Sie gaben genau den gleichen Rat – den einzigen Rat, den Zentralbankiers immer geben: Kredite verringern, Ausgaben beschränken, die Nachfrage bremsen.

Die Macht der Zentralbankvorsitzenden ist so groß, weil sie auf einer breiten Grundlage beruht. Zunächst einmal werden sie auch heute von fast allen anerkannten Fachleuten unterstützt, ebenso wie dies auch in den 1930ern der Fall war. Daher ist es sinnlos, Alan Greenspan oder einen seiner Kollegen persönlich zu kritisieren. Die übereinstimmende Lehre, für die sie stehen und die sie anwenden und formulieren, ist innerhalb ihrer eigenen Prämissen so unanfechtbar wie das Dogma der unbefleckten Empfängnis.

Darüber hinaus erhält der orthodoxe Monetarismus Unterstützung von traditionell rechten wie von traditionell linken Parteien, ganz zu schweigen von der bürgerlichen Mitte, deren Ansichten mit der anerkannten fachlichen Meinung übereinstimmen.

Für die Wertpapierbesitzer, also die vernünftigen Sparer, ob nun reich oder nicht, aber besonders für die wirklich Reichen (die im Gegensatz zu den armen Menschen mit viel Geld spekulieren), ist der Kampf gegen die Inflation, oder, besser noch, das Erzielen einer Deflation selbstverständlich das einzige geheiligte Ziel. Daher hängen die politische Mitte und die gemäßigte Rechte dem monetaristischen Glauben an. Aber der orthodoxe Monetarismus wäre trotzdem politisch schwach, wenn er nicht auch die Unterstützung der passiven Linken für sich gewinnen könnte. Es handelt sich hierbei um die Linke, die sich große Sorgen um das Wohlergehen der einfachen Arbeiter macht, aber nicht bereit ist, ihretwillen innovative Maßnahmen auszuprobieren.

Diese Linke, die heutzutage in allen sozialdemokratischen Lagern die Mehrheit hat und deren Ansichten am deutlichsten von Tony Blair vertreten werden, erkennt die einzige Wahrheit ebenfalls im Credo der Zentralbanker, daß Inflation die grausamste Steuerlast überhaupt sei. Wenn die Preise zu steigen beginnen, gehen die Immobilienpreise ebenso wie alle anderen langfristigen Vermögenswerte nach oben. Dieser Anstieg ist aber in Erwartung einer zukünftigen Inflation überproportional. Immobilien und Vermögenswerte erhalten dadurch sogar einen höheren Wert als Absicherung gegen die Inflation. Daher werden diejenigen, die bereits Vermögenswerte besitzen, reicher, während jene, die keine haben, viel mehr Geld ausgeben müssen, wenn sie die Absicht haben, solche Vermögenswerte zu erwerben, beispielsweise Häuser, die sie beziehen wollen. Eine Inflation bietet Gewinnmöglichkeiten für schnell reagierende Menschen und läßt die Reichen noch reicher werden. Im Gegensatz dazu neigen die Gehälter und Löhne von gewöhnlichen Arbeitnehmern dazu, der Entwicklung hinterherzuhinken.

Die positiven Effekte, die die Inflation leichtfüßigen Spekulanten bietet, die es eigentlich gar nicht verdient haben, können die negativen Konsequenzen der Orientierungslosigkeit, die sie hervorruft, in gar keiner Weise ausgleichen. Wenn die Menschen das klare Gefühl für den relativen Wert von Dingen verlieren, treten Verzerrungen in der Wirtschaft auf den Plan, die die Leistungsfähigkeit einschränken. Wenn schließlich eine Hyperinflation einsetzt, geht die Produktion zurück, da die Leute stärker damit beschäftigt sind, ihr Geld auszugeben als arbeiten zu gehen.

Obwohl diese Nachteile der Inflation durchaus richtig sind, gibt es doch eine höhere Wahrheit. Wie jeder weiß, verursacht eine Vollbeschäftigung Inflation.

Umgekehrt führt eine mit Geld angefachte Nachfrage zur Vollbeschäftigung, solange die Ausgaben aufrechterhalten werden, wie beispielsweise bei der Defizitfinanzierung des Krieges im Jahr 1939. Stagflation, also Inflation in Verbindung mit Arbeitslosigkeit, entsteht nur dann, wenn die Investitionen wegfallen, weil potentielle Investoren eine bevorstehende

Drosselung der Nachfrage befürchten – die selbstverständlich nur die Inflation stoppen soll.

Menschen, die daran glauben, daß die von der Arbeitslosigkeit verursachten quälenden Selbstzweifel und die materielle Verarmung schlimmer sind als eine gewisse Verzerrung des realen Bruttosozialproduktes und als die Unannehmlichkeiten und Ärgernisse einer Inflation, sollten sich in der heutigen deflationären Ära gegen den orthodoxen Monetarismus aussprechen. Was die Ungerechtigkeiten der Inflation angeht, so können sicherlich Vermögenssteuern sowie die Besteuerung für übertrieben hohe Einkünfte für einen Ausgleich sorgen, wie dies auch während des Zweiten Weltkriegs in den Vereinigten Staaten geschah.

Eine andere Sichtweise geht davon aus, daß es keiner Erklärung für den außergewöhnlichen Einfluß der heutigen Zentralbankiers bedarf, weil nicht sie so mächtig sind, sondern »die Märkte«. Dies bezieht sich auf die globalen Finanzmärkte, die sich aus all jenen zusammensetzen, die Devisen, Aktien, Anleihen und Mengen an Schuldscheinen kaufen und verkaufen. Es wird oft gesagt, daß die Märkte sowieso für eine gewisse Strenge in Geldangelegenheiten sorgen, da sie diejenigen Länder abstrafen, die sich für eine weiche Geldpolitik entscheiden, indem sie die Währung des fraglichen Landes abwerten. In diesen deflationären Zeiten der chronischen Überkapazitäten steigen dann jedoch die nun billiger werdenden Exporte, während die teuren Importe zurückgehen, was an beiden Enden, sowohl in der Import-Substitution als auch im Exporthandel, die Beschäftigungsrate erhöht.

Eben dies geschah in Italien in den Jahren 1993 bis 1995, nachdem die Lira von Ausländern und Italienern zwangsweise abgewertet worden war, aus Besorgnis darüber, daß sich durch die politischen Tumulte des Landes die finanz- und geldpolitische Laxheit noch verstärken würde. Als die Lira fiel, genoß die italienische Wirtschaft einen vom Export ausgelösten Aufschwung, während Deutschland und andere

Länder der Europäischen Union, in denen eine vorbildliche geldpolitische Disziplin existierte, unter steigender Arbeitslosigkeit litten. Die Lira war nun sehr gefragt, um für die exportierten Ferraris und andere Güter zu bezahlen, und ein langsamer und stetiger Aufstieg setzte ein. Und das, obwohl nur äußerst mutige Investoren und Währungshändler Lire sowie in Lire gehandelte Anleihen und Aktien kauften und damit die durch den Handel entstandene Nachfrage nach Lire durch eine eigene Nachfrage nach Kapital noch vergrößerten.

Damals wurde die schwerwiegende Warnung ausgesprochen, daß sich aufgrund der steigenden Importkosten die Inflation in Italien bald beschleunigen würde. Das steht zwar so in den Lehrbüchern, allerdings haben Lehrbuchautoren nur sehr wenig Ahnung von Ferragamo-Schuhen.

Als nämlich die Kosten für das in Dollar gehandelte Straußenleder für die Schuhe der Luxusmarke stiegen, nahm der Importumfang der 400.000 Lire teuren Schuhe von 10.000 auf 15.000 Lire (0,0375 Prozent ihres Gesamtwerts) zu, und das war gerade das Ausmaß der durch den Import ausgelösten Inflation in Italien.

Sicherlich führt eine Abwertung der Währung durch den Geldmarkt in inflationären Zeiten, in denen die Produktionskapazität bereits vollständig ausgenutzt wird, nicht zu einem Anstieg der Exporte, während die steigenden Importpreise die Inflation noch anheizen. Doch dies ist für die jetzige Situation, in der chronische Deflation und Überkapazitäten dominieren, ziemlich unerheblich. Jeder weiß, daß Inflation dann entsteht, wenn zu viel Geld auf zu wenig Produkte trifft. Und jeder weiß auch, daß es mittlerweile ein Übermaß an Kapazitäten gibt und mehr Güter produziert werden könnten. Also könnte durchaus mehr Geld gedruckt werden, ohne eine übermäßige Inflation hervorzurufen.

Es gibt allerdings auch eine politische Erklärung für den Aufstieg der Zentralbankiers. In unseren heutigen postsozialistischen Zeiten hält die Rechte überall unerschütterlich an ihrer Loyalität gegenüber den Rentnern fest, die von Wertpapieren leben, die sich vor allem gegen eine Inflation zur Wehr setzen. Unterdessen ist die einfallslose Linke müde geworden, sich ständig über die Arbeitslosigkeit zu beklagen, da sie die Armen eigentlich eher langweilig findet. In den Vereinigten Staaten wurde der Präsidentschaftswahlkampf im Jahr 1996 schnell zu einem Wettlauf zwischen einem Kandidaten von der äußersten Rechten und einem Kandidaten von der gemäßigten Rechten. Letzterer, der demokratische Amtsinhaber Bill Clinton, konnte sich tatsächlich noch jenseits des Republikaners Bob Dole ganz rechts positionieren, als es um die öffentlichen Finanzen ging. Clinton pries die weitreichenden Kürzungen aller öffentlichen Ausgaben außer für das Militär, die der von Republikanern dominierte Kongreß erlassen hatte, als sein eigenes Verdienst an (das Bundesdefizit war zum ersten Mal seit zwei Jahrzehnten auf 1,7 Prozent des Bruttosozialprodukts gesunken). Dagegen schlug Bob Dole tatsächlich eine Steuersenkung vor und war bereit, ein steigendes Defizit in Kauf zu nehmen, um das Wachstum anzuregen.

In Europa ist der Engländer Tony Blair nur der bekannteste der heutigen angeblich linken Parteiführer, der aus seiner Verachtung für die Armen und andere Verlierer keinen Hehl macht. Ganz offen zeigt er seinen Wunsch, an der Tafel des finanziellen Erfolges zu sitzen, sowie seine Geringschätzung für die breite Masse der arbeitenden Bevölkerung mit ihren kleinen Häusern, den großen Hypotheken und den häßlichen kleinen Autos. Er ist sicher nicht der Mann, den verlockenden Aussagen des orthodoxen Monetarismus zu widerstehen. In Deutschland, Italien und Spanien unterliegen die ehemaligen sozialistischen und kommunistischen Parteien zwar nicht der Anziehungskraft der besseren Gesellschaft wie in Großbritannien, aber sie können dennoch nicht mehr tun, als verzweifelt auf eine Wahlniederlage zusteuern, solange sie nicht wesentliche Projekte der Vergangenheit über Bord werfen. Ihre Einfallslosigkeit ist so groß, daß sie nun sogar aufmerksam Tony Blairs Äußerungen über einen »dritten Weg« und eine »stakeholder society«, eine Gesellschaft von Interessensnehmern, lauschen. Dabei stammt das Gerede über Interessengruppen noch nicht einmal von ihm selber, sondern von Ryuzaburo Kaku, dem früheren Vorsitzenden der japanischen Firma Canon. Allein in Frankreich gibt es momentan eine erkennbar sozialistische Regierung, aber auch sie akzeptiert ohne Widerspruch den orthodoxen Monetarismus.

Ohne ein intellektuelles Gegengewicht zum orthodoxen Monetarismus kann auch ein linker Wahlsieg nur rechte Politik hervorbringen, die überdies noch von ehemaligen Sozialisten schlecht exekutiert wird, die weder Talent noch ein Händchen für Finanzen haben. Zumindest war es in Frankreich unter Mitterrand so und auch in Italien nach dem Sieg der ehemaligen kommunistischen Partei 1996, die sich in PDS umbenannte: »die linke demokratische Partei«. Das damalige führende Kabinettsmitglied, der junge und aufgeschlossene Walter Veltroni, der sich eher in Manhattans Madison Avenue zu Hause fühlt als in den Slums von Süditalien, kann als anschauliches Beispiel dafür dienen, wie die PDS all ihren Einfluß benutzte, um die Koalitionsregierung des früheren Managers und Wirtschaftswissenschaftlers Romano Prodi an der Macht zu halten. Ihr vorrangiges Interesse bestand weder in einer Senkung der Arbeitslosenquote, die in großen Teilen des Südens erschreckend hoch ist, noch in einer Modernisierung der verfallenden Schulen und des antiquierten Universitätswesens, geschweige denn in der Entwicklung eines angemessenen Gesundheitssystems für Italien oder gar in einer Hebung der Regierungsverwaltung auf europäisches Niveau. Statt dessen wollte man mit allen Mitteln erreichen, daß Italien die Richtlinien für die Europäische Währungsunion erfüllte, die Krönung des europäischen orthodoxen Monetarismus.

Es hätte auch anders laufen können. Die völlig vernünftige Idee, die verwirrende Währungsvielfalt Europas durch den Euro zu ersetzen, wurde geboren, ehe sich der Monetarismus zu einer extremistischen Religion entwickelte. Ursprünglich war auch nicht geplant gewesen, Deflation und Arbeitslosigkeit für immer hinzunehmen. Noch bevor das auf der Währungskonferenz von Bretton Woods vereinbarte System fester Wechselkurse 1971 von Nixons Entscheidung untergraben wurde, die Konvertibilität von Dollars in Gold abzuschaffen, hatte die Europäische Gemeinschaft bereits das langfristige Ziel verkündet, eine einheitliche europäische Währung einzuführen.

Solange es noch feste Wechselkurse gab, stellte die Vielfalt der europäischen Währungen mit Ausnahme einiger seltener Fälle von Ab- und Aufwertungen nur eine unbedeutende Unannehmlichkeit dar. Der Handel wurde weder von Währungsschwankungen gestört noch von der stillen Furcht vor möglichen Verschiebungen der Wechselkurse gehemmt. Das änderte sich allerdings im Jahr 1973 mit der Einführung der freien Wechselkurse. Von da an gab es Kursschwankungen, zum Vorteil der Devisenspekulation, einer damals neu entstandenen Branche, und auf Kosten aller anderen Unternehmen.

Der Plan einer einheitlichen europäischen Währung schwebte als ultimatives Ziel am Horizont. Doch bis es soweit war, führte man 1979 das Europäische Währungssystem (EWS) ein. Die Mitgliedsstaaten erklärten sich damit einverstanden, den Wert ihrer Währungen innerhalb bestimmter, enggefaßter Grenzen zu halten. Den Regeln des EWS zufolge muß ein Land aktiv werden, wenn Devisenhändler eine Währung derart steigen oder fallen lassen, daß die Abweichungen zu den Leitkursen zu groß werden. Dies geschieht hauptsächlich durch ein Anheben oder ein Absenken der Zinsen, um Kapitalströme anzuziehen oder abzuwehren, wie es gerade notwendig erscheint.

Die Zentralbanken haben ebenfalls versucht, durch »Offenmarktgeschäfte« die Spekulationen unter Kontrolle zu halten, das heißt, sie versuchten die Händler auszumanövrieren, indem sie sehr gefragte Währungen fallen ließen oder schwache Währungen durch Ankauf stützten. Manchmal taten sie dies sogar nach gemeinsamer Absprache, um Spekulanten den Boden zu entziehen. Bezeichnenderweise waren die Zentralbankiers nie besonders gut in diesem Spiel. Die Öffentlichkeit mag von ihnen annehmen, daß sie von Berufs wegen Genies auf diesem Gebiet seien, aber Spekulanten wissen es besser: Wenn die Spekulanten Mann gegen Mann mit den Hohepriestern des orthodoxen Monetarismus spielen, verlassen sie den Spieltisch regelmäßig mit riesigen Gewinnen, manchmal reichen die Gewinne einer einzigen Nacht sogar aus, um noch die Urenkel in Samt und Seide zu hüllen.

Das Jonglieren mit Zinsen und die Offenmarktpolitik konnten bestenfalls leichte Schwankungen korrigieren. Wenn eine Währung aufgrund von anhaltenden Export- oder Importtendenzen ins Rutschen geriet oder einen starken Aufwind erlebte, bestand die einzige Möglichkeit, die EWS-Beschränkungen nicht zu überschreiten, darin, Steuern und Ausgaben eines Landes im Ganzen zu verändern, anders ausgedrückt, die allgemeine Nachfrage der Wirtschaft anzuheben oder zu reduzieren. In den alten Tagen des Abkommens von Bretton Woods konnte man Währungsprobleme noch dadurch lösen, daß man Einschränkungen für den Kauf von Devisen erließ oder lockerte. Die nationale Wirtschaft wurde davon nicht weiter berührt. Doch solche »Devisenkontrollen« sind in der Europäischen Union schon lange abgeschafft worden – schließlich sind sie überhaupt nicht mit einem einheitlichen Markt in Einklang zu bringen –, deshalb gibt es mittlerweile keine zwischengeschalteten Hindernisse mehr zwischen den Währungen und den einzelnen Volkswirtschaften.

Obwohl das Europäische Währungssystem nur eine An-
näherung an feste Wechselkurse sein sollte, sah es trotzdem
bereits vor, daß die Währung und nicht die Wirtschaft die
Vorherrschaft besaß und alles beeinflußte, was sonst noch
dazugehörte: Nachfrage, Beschäftigung, Steuern, Sozialprogramme. Mit anderen Worten, das EWS kann nur funktionieren, wenn seine Priorität höher angesetzt wird als alle anderen politischen Prioritäten. Dadurch besitzt es eine größere
Bedeutung als die meisten Politikfelder und somit auch als der
Großteil der Demokratie. Das EWS kündigte damit bereits an,
was der Euro von seinen Mitgliedern verlangen würde.

Keinerlei demokratische Bedenken konnten den Vormarsch
des Euro stoppen. Bei einem Treffen in Hannover im Juni
1988 einigte sich der Ministerrat der Europäischen Union auf
die Richtlinien für die Verhandlungen der Experten, die zum
Vertrag von Maastricht führten. Dieser Vertrag wurde im
Februar 1992 unterzeichnet und legte die Kriterien für eine
Aufnahme in die Europäische Währungsunion fest.

1998 wurden die Statistiken des Jahres 1997 aus jedem Be-
werberland analysiert, um zu bestimmen, welche Länder in
die Europäische Währungsunion aufgenommen werden können. Außer Griechenland bestanden alle die Prüfung. Am
1.1.1999 mußten die erfolgreichen Bewerber die fixen Wechselkurse unwiderruflich übernehmen. Damit ist der Euro
praktisch bereits zu Europas einziger Währung geworden. Obwohl die Banknoten und Münzen der einzelnen Staaten nach
wie vor im Umlauf sind, unterscheiden sich die einzelnen
Währungen nur noch in Farbe und Aussehen, da sie aufgrund
der fixen Wechselkurse eigentlich beliebig austauschbar sind.
Im Januar 2002 werden die nationalen Währungen eingezogen
und können sechs Monate später auch nicht mehr als gesetzliche Zahlungsmittel verwendet werden. Sie werden durch
Euronoten und Euromünzen ersetzt.

Es liegt jedoch nicht am Euro an sich oder gar an der zwang-
haften, unflexiblen Festlegung seines Einführungstermins (der

Geschäftszyklus wird einfach außer acht gelassen), daß der Name »Maastricht« nicht länger an eine der nettesten europäischen Kleinstädte erinnert, sondern durchaus berechtigte Ängste hervorruft. Schließlich können alle Währungen, auch der Euro, auf sehr unterschiedliche Weise verwaltet werden.

Der Wert beispielsweise des englischen Pfunds ist seit den zwanziger Jahren schon sehr oft »verteidigt«, also künstlich in die Höhe getrieben worden. Dies geschah einerseits zur größeren Ehre des britischen Reiches oder Großbritanniens, andererseits aber auch zum großen Nutzen der Hauptstadt, die das Prestige einer starken Währung und/oder hohe Zinsen benötigte, um Anleger anzulocken. Den größten Nutzen hatten reiche Engländer, die dadurch noch vorteilhafter ihr Geld im Ausland anlegen konnten. Diese Aufwertung des englischen Pfunds ging jedoch auf Kosten der britischen Industrie, deren Exporte systematisch überteuert waren, während sich die konkurrierenden Importe entsprechend verbilligten. Aufgrund dieser Entwicklung blieben Tausende Londoner Herren mühelos glücklich und reich, einige hundert immens reiche Engländer erwarben für wenig Geld viele Hektar Land in Kanada und Australien und Immobilien, Wertpapiere und Aktien in Amerika, Europa und Japan sowie Villen an der Côte d'Azur. Finanziert wurde dieser Spaß von Millionen entlassener, unterbeschäftigter, unterbezahlter oder arbeitsloser englischer Industriearbeiter, den Geschäftsführern ihrer Firmen sowie allen anderen, die dumm genug waren, in die britische Industrie zu investieren.

In diese Richtung also ging »die Verteidigung des britischen Pfunds«, heftig applaudiert von einer Presse, die des Rechnens nicht mächtig war. Die Entwicklung setzte 1920 mit der katastrophalen Entscheidung ein, wieder zum Goldstandard zurückzukehren, und setzte sich bis zum Entschluß der Regierung Thatcher fort, der Europäischen Währungsunion auf einem »Prestigeniveau« beizutreten, bei dem Handelsdefizite und ein weiterer Verfall der britischen Industrie vorprogrammiert waren. Der französische Franc wurde in den neunziger Jahren auf die gleiche Weise und mit ebenso verheerenden Folgen für die französische Industrie verwaltet. Auch die deutsche Mark war sehr stark überbewertet, was dazu führte, daß die deutsche Industrie einerseits Richtung Osten in das ehemalige kommunistische Europa, andererseits nach Westen in die Vereinigten Staaten auswanderte. So sehen also die Erfolge des orthodoxen Monetarismus aus – die Arbeitslosen können wirklich stolz auf eine solche Währung sein!

Im Gegensatz dazu konnte der US-Dollar die längste Zeit ungebunden treiben, da die fixen Wechselkurse 1973 endgültig aufgehoben worden waren. Weit davon entfernt, den Dollar »zu verteidigen«, intervenierten die amerikanischen Regierungen danach mit Entschiedenheit und senkten seinen Kurs. Sie nutzten dabei ganz unverhüllt ihre geo-politische Macht über Deutschland und Japan, die Fürsprecher der harten Währung, die gleichzeitig auch die Verlierer des Zweiten Weltkrieges waren, und zwangen sie zur Aufwertung ihrer Währungen, was dann ein Absinken des Dollars zur Folge hatte. Natürlich versprachen Regierungsbeamte den murrenden Vertretern anderer Nationen, daß sie versuchen würden, die Dollarnotierung anzuheben, sofern er besonders stark unter Wert zu sinken drohte, aber sie garantierten niemals, dieses Versprechen auch halten zu wollen. Jedenfalls sorgte ein sowieso schon recht unausgeprägter und immer weiter nachlassender Hang zum Sparen für ein chronisches US-Außenhandelsdefizit. Das dämpfte die Beschwerden über die Währungspolitik.

Inmitten einer völlig gleichgültigen Öffentlichkeit schauten die späteren US-Regierungen trotz einiger gelegentlicher, höchst kompetenter Einwände seitens der Wall Street fröhlich zu, wie der Dollar fiel, schlitterte, stürzte, absank, zusammenbrach oder gar unterging, denn das bedeutete schließlich mehr Exporte und weniger Importe, mehr Arbeit, mehr Produktion, mehr Profit – natürlich alles in Dollars gerechnet, und nur in Dollars. Gelegentlich wurden amerikanische Touristen in der

Schweiz oder in Frankreich aus ihren Unterkünften geworfen oder erhielten keinen Tisch in einem Restaurant, weil die Hoteliers Angst davor hatten, Dollar-Reiseschecks am Hals zu haben, die in rasantem Tempo an Wert verloren. Solche Nachrichten riefen daheim in den Vereinigten Staaten eher Vergnügen hervor als Scham, und den armen Touristen wurde sofort geraten, es das nächste Mal mit Colorado oder Florida zu versuchen. Der orthodoxe Monetarismus manifestierte sich also in den Vereinigten Staaten weit weniger fanatisch, zudem war er dort niemals an die Dummheiten eines Währungsnationalismus gekoppelt.

IST DER EURO EINE EXTREM HARTE WÄHRUNG?

Es steht nicht der Euro an sich zur Debatte, sondern die Art und Weise, wie er verwaltet wird. Wird er wie das britische Pfund oder der französische Franc so hoch wie möglich gehalten? Oder wird man ihm erlauben, ab und an auch nachzugeben, wie dies beim US-Dollar der Fall ist? Nun, zwei Dinge werden dafür sorgen, daß der Euro für das Wohlbefinden von Europas nationalen Volkswirtschaften zu stark sein wird, in denen es 1998 für rund achtzehn Millionen Menschen keine Arbeitsplätze gab: erstens die besonderen Vorgaben von Maastricht für die Aufnahme in die Europäische Währungsunion und zweitens die Tatsache, daß die Währungspolitik nach Beginn der Union am 1. Januar 1999 ausschließlich von der Europäischen Zentralbank kontrolliert wird.

Die Konvergenzkriterien des Maastrichter Vertrags waren an sich schon gänzlich vom Geist des orthodoxen Monetarismus durchdrungen. Die Aufnahme in die Europäische Währungsunion verlangte für 1997, dem Jahr der statistischen »Überprüfung«, eine Menge von den Kandidaten: Das Haushaltsdefizit durfte 3 Prozent des Bruttosozialprodukts nicht überschreiten; die Inflationsrate sollte nur um 1,5 Prozent über jener der drei wohlerzogensten Teilnehmer liegen; der langfristige Normalzins (ein Maß dafür, wie der Markt die zukünftige Inflation einschätzt) durfte höchstens 2 Prozent über dem der drei tugendhaftesten Mitgliedsstaaten mit der niedrigsten Inflationsrate liegen; die Bewerber durften nicht von der Schande der Abwertungen in den Jahren nach 1995 befleckt sein; und schließlich, das am schwierigsten zu erfüllende Kriterium, die Staatsverschuldung durfte, bezogen auf das Bruttoinlandsprodukt, die Marke von 60 Prozent nicht übersteigen, es sei denn, die Quote war ausreichend rückläufig. Die letzte Bedingung konnten nur Frankreich und Dänemark ohne Mühe erfüllen. Holland lag 1996 bei 78 Prozent, Spanien bei 80 Prozent und Portugal bei 71 Prozent. Ihnen fiel es nicht schwer, bis 1997 die erlaubte Verschuldungsquote in Relation zum Bruttoinlandsprodukt zu erreichen, ganz zu schweigen von Deutschland mit 62 Prozent. Dafür benötigte man lediglich ein paar hohe Steuern, um einige Anleihebesitzer im In- und Ausland auszuzahlen. Das drückte zwar die Nachfrage, die Produktion und die Beschäftigung noch weiter in den Keller, aber die neuen Erwerbslosen waren wenigstens nicht allein. Belgien mit 130 Prozent Staatsverschuldung und Italien mit 123 Prozent (im Jahr 1996) hätten das Niveau der Staatsverschuldung, bezogen auf das Bruttoinlandsprodukt, bis 1997 nur mit unvorstellbar harten Maßnahmen auf 60 Prozent senken können.

Aber solche drastischen Schritte wurden am Ende überhaupt nicht benötigt. Die belgische und die italienische Staatsverschuldung wurde zwar nur unbedeutend abgebaut, aber das spielte keine Rolle. Ebensoschnell wie man das Konvergenzkriterium der Staatsverschuldung von nicht mehr als 60 Prozent beim Treffen des Ministerrats in den Vertrag aufgenommen hatte, wurde es bei einem späteren Treffen wieder aufgehoben. Darum traten 1998 sowohl Italien als auch Belgien gemeinsam mit den anderen Ländern der Europäischen Währungsunion bei, indem sie ihren deflationistischen Volkswirtschaften eine weitere Deflation hinzufügten, um ihr momentanes Defizit unter drei Prozent zu drücken. Das war ohne weiteres machbar, auch wenn man dafür eine noch höhere Arbeitslosigkeit in Kauf nehmen mußte.

Trotz eifriger französischer Bemühungen änderte jedoch kein Treffen des Ministerrates etwas am grundlegenden Prinzip der Europäischen Währungsunion. Die Gesamtheit der Währungspolitik, von Zinssätzen bis zu Kreditvorgaben, wird ausschließlich vom System europäischer Zentralbanken überwacht. Dies ist das Konklave der neugeschaffenen Europäischen Zentralbank (EZB), die sich aus den Zentralbanken der einzelnen Staaten zusammensetzt. Diese sitzen zu Füßen der EZB und führen jeden ihrer Befehle aus. Ihre erste Tat Anfang 1998 bestand darin, eine statistische Erhebung durchzuführen, um die Eignung eines jeden Landes für die Aufnahme in die EWU zu bestimmen. Wie man besonders betonte, wurden alle Länder mit Ausnahme von Griechenland zugelassen. Zu diesem Zeitpunkt sollten auch alle Zentralbanken, die noch nicht »unabhängig« genug waren, per Gesetz eine größere Autonomie zugestanden bekommen, um ihre völlige Unabhängigkeit von ihren Regierungen und Parlamenten sicherzustellen, ähnlich wie dies bei der Deutschen Bundesbank und bei der U.S. Federal Reserve Bank der Fall ist.

Keine Unabhängigkeit kann jedoch so perfekt sein wie die der Europäischen Zentralbank selbst. Sie wird *keinerlei* Anweisungen von den Mitgliedsstaaten oder von *irgendeiner* Behörde der Europäischen Union erhalten, ganz gleich, ob es sich nun um hohe Tiere der Kommission, frühere Machthaber des Ministerrates oder um das maßlos überbezahlte, aber mit jämmerlich wenig Macht ausgestattete Europäische Parlament handelt. Diese wirklich absolute Macht wird unwiderruflich in die Hände einer Institution gelegt, die von einem Zentralbankier geleitet wird, der wiederum von anderen Zentralbankiers gewählt und beraten wird, die selbst von den Vorgängern ihrer jeweiligen Zentralbanken angeworben und ausgebildet wurden. Die nicht gewählte Europäische Zentralbank hat vom offiziellen Beginn der Union am 1. Januar 1999 an die völlige und ausschließliche Kontrolle über die Währungspolitik aller Mitgliedsstaaten inne. Frei von allen demokratischen Störungen kann sie sich ungehindert und nach eigenem Belieben in allen Mitgliedsstaaten in alle geldpolitischen Angelegenheiten einmischen.

Theoretisch sollten die Deutsche Bundesbank und die Federal Reserve, die amerikanische Zentralbank, als Präzedenzfälle die demokratische Legitimation der Unabhängigkeit der Europäischen Zentralbank bezeugen. Wenn Amerikaner und Deutsche seit langem liebend gerne die uneingeschränkte Unabhängigkeit und undemokratische Macht ihrer Zentralbanken akzeptierten, warum sollten die Europäer gemeinsam sich weniger über eine solch undemokratische Unabhängigkeit der Europäischen Zentralbank freuen?

Tatsächlich gibt es jedoch keinen entsprechenden Präzedenzfall und keine demokratische Legitimation. Die Bundesbank und die Federal Reserve sind Einrichtungen demokratisch regierter Länder, deren Gesetzgebung sich im Grunde dazu entschließen könnte, ihre Unabhängigkeit zu beschneiden oder sie sogar ganz abzuschaffen. So müssen die Vorsitzenden der Deutschen Bundesbank und der amerikanischen Zentralbank trotz ihrer rechtlichen Unabhängigkeit dennoch dafür Sorge tragen, den herrschenden politischen Konsens zu berücksichtigen. Sie können also tun, was ihnen beliebt, solange sie nicht die allmächtigen demokratischen Gesetzgeber verärgern.

Im Gegensatz dazu ist die Europäische Zentralbank eine Institution der Europäischen Union, in der es keine allmächtige demokratische Gesetzgebung gibt. Was die nationalen Regierungen betrifft, die letztlich alle europäischen Institutionen kontrollieren und natürlich zuallererst ihre jeweiligen demokratischen Heimatländer repräsentieren, so werden sie sich höchstwahrscheinlich bei jedem Streit mit der Europäischen Zentralbank gegenseitig behindern, so daß diese ihre Einmischung überhaupt nicht zu fürchten braucht. Obwohl sie gemeinsam allmächtig sind, stehen die nationalen Regierungen trotzdem machtlos vor der Zentralbank.

Seit der Blütezeit der katholischen Kirche im Mittelalter hat keine Institution jemals derartige Vorrechte eingefordert oder solch eine unbegrenzte Macht innegehabt; und – mit allem gebührenden Respekt vor der Bedeutung der Religion – die Kontrolle des Geldes schaut ebenfalls auf eine lange Tradition zurück. Neben dem gewaltigen Druckmittel der Zinspolitik, die das gesamte Spektrum des wirtschaftlichen Lebens beeinflußt, und neben der Kontrolle von Krediten im allgemeinen ist die Europäische Zentralbank ermächtigt, über einige bestimmte Regeln zu wachen, zu denen drei hochheilige Verbote gehören:

– Keine Finanzierung des Staatsdefizits durch die Zentralbanken (zurück zu einer Ausgabenpolitik, bei der nur dann Geld ausgegeben wird, wenn der Staat auch welches einnimmt);
– Keine Kredite zu günstigen Bedingungen an öffentliche Körperschaften oder staatliche Unternehmen durch private oder öffentliche Finanzinstitute;
– Kein Mitgliedsland darf für ein anderes Mitglied eine Garantie für dessen öffentliche Schulden übernehmen.

Yves-Thibault de Silguy, ein enthusiastischer Befürworter der Europäischen Zentralbank, der damals Leiter der Europäischen Kommission für Wirtschaft, Finanzen und Geldangelegenheiten war, beantwortete die Frage nach der Unabhängigkeit der Europäischen Zentralbank zu seiner eigenen vollständigen Zufriedenheit:

»Manche Leute behaupten, daß die Unabhängigkeit des Europäischen Zentralbankensystems anti-demokratisch sei. Diese Kritik entbehrt jeglicher Grundlage. Die Europäische Zentralbank wird den gleichen Regeln der Transparenz und Auskunftspflicht unterworfen sein, denen die Zentralbanken in den meisten Industrienationen bereits unterliegen.«[1]

Wer möchte da behaupten, daß es den französisch-aristokratischen Eurokraten an Humor fehlt? Sogar die Zentralbank der USA ist derart undurchschaubar, daß ihr Vorsitzender das FBI beauftragt, undichte Stellen bei den streng geheimen Treffen zu überprüfen. Natürlich müssen bevorstehende Zinsänderungen oder ähnliches streng geheimgehalten werden, damit die Spekulanten nicht Wind davon bekommen. Aber alle Beratungen der Federal Reserve sind geheim, auch jene, die niemand aus unehrlichen Motiven ausnützen könnte. Da die amerikanische Zentralbank eine Menge Statistiken zur Verfügung stellt, ist sie trotzdem noch weitaus transparenter als jede Zentralbank in Europa. Deren Handhabung von Informationspolitik ist in etwa so liberal wie die des nordkoreanischen Politbüros.

Unter der Aufsicht der Europäischen Zentralbank wird der Euro vermutlich so verwaltet werden wie das britische Pfund in den zwanziger Jahren und nicht wie der US-Dollar nach 1974. Der Euro wird die allerhärteste der harten Währungen sein, was durch eine äußerst grausame und extrem hartnäckige Deflation sichergestellt wird. Was für ein trauriges Ende all jener Hoffnungen, die die Europäische Union einst weckte! Zunächst einmal wurde das gesamte europäische Projekt nicht in eine Konföderation verwandelt, was zumindest ein gewisses Maß an politischer Einheit beinhaltet hätte, sondern es wurde zur Währungsunion ausgebaut. Dann wurde die Währungsunion so konstruiert, daß sie eine unvorstellbar engstirnige Währungspolitik sicherstellte, in der alles einem Ziel geopfert wurde: die Inflation zu stoppen.

Im Jahr 1948 reagierten die Vereinigten Staaten auf die wirtschaftliche Schwäche Westeuropas in den Jahren direkt nach Ende des Zweiten Weltkriegs, indem sie den Marshall-Plan einführten. Milliarden von US-Dollars wurden gedruckt und ermöglichten den Europäern einen Wiederaufbau, weil sie nun Maschinen und Material untereinander sowie von den Vereinigten Staaten kaufen konnten. Dadurch stieg zwar die Inflation in den USA leicht, aber man stufte dies zu Recht als zu vernachlässigenden Nachteil einer ansonsten weitsichtigen Politik ein. 1998 reagierte das mittlerweile sehr wohlhabende Westeuropa auf die ökonomische Erschöpfung der früheren kommunistischen osteuropäischen Länder sowie von Rußland und Zentralasien in einem ganz anderen Stil. Eine Politik extremer Kreditverknappung wurde durchgesetzt, die jede gute Tat weitsichtiger Großzügigkeit von vornherein verhinderte, von einem Vorhaben, das dem Marshall-Plan auch nur annähernd gleichkäme, ganz zu schweigen.

Zum einen droht den Volkswirtschaften in Westeuropa ein Stillstand aufgrund eines chronischen Nachfragemangels, zum anderen fehlt es aber zur gleichen Zeit den Russen an allem außer an Atomwaffen: von chirurgischen Instrumenten in Krankenhäusern bis zu Heizlüftern in ihren Häusern. Die übrigen osteuropäischen Länder befinden sich in einer ähnlich schlechten Lage. Eine großzügige Verteilung des Euro in Richtung Osten würde sich auch sofort positiv auf den Westen auswirken: Millionen von Arbeitsplätzen würden in Westeuropa entstehen, Investitionen und Wachstum würden wieder in Gang gebracht werden, eine mutlose Jugend würde wieder neue Hoffnung schöpfen. Zweifelsohne stiege auch die Inflation leicht an. Man bräuchte dafür nur eine Europäische Zentralbank, die von einem Vorstand aus Industriellen und Gewerkschaftern geleitet würde, während Zentralbankiers der Zutritt verboten sein sollte. Diese Bank sollte von einem Buchhalter angeführt werden, dessen Aufgabe darin bestehen müßte, die Inflation in Grenzen zu halten, indem er ab und an die Euro-Notenpresse anhalten würde. So wie es momentan aussieht, ist aber jede wirkliche Hilfe für die anderen Europäer ausgeschlossen.

Der Turbo-Kapitalismus ist nicht eine Folge der Deflation. Seine beschleunigenden, die Gesellschaft spaltenden, strukturellen Veränderungen von Arbeit, Unternehmen, Industrien und Standorten resultieren vielmehr aus der Deregulierung und der Privatisierung, aus einer merkwürdigen Phase des technologischen Fortschritts und zu einem kleinen Teil auch aus der Globalisierung. Der Turbo-Kapitalismus überschneidet sich rein zufällig zeitlich mit der gegenwärtigen dritten Phase der Deflation im Kreislauf von Nachfrage und Technologie. Um den Zyklus an sich zu verändern, müßte viel stärker in den Welthandel eingegriffen und eine viel größere Leistungsschwäche in Kauf genommen werden. Man könnte den orthodoxen Monetarismus durch das Ziel der Vollbeschäftigung ersetzen, die dadurch verursachte Inflation in Kauf nehmen und eventuell entstehende Ungerechtigkeiten mit Hilfe von Steuern ausgleichen.

Heutzutage läßt sich die Wirtschaftspolitik von Demokraten oder Republikanern, Tories oder Labour, rechter oder linker Mitte überall ohne Unterschied austauschen. Auf dem Gebiet der Beschäftigungspolitik handelt es sich bei ihnen nur um unterschiedliche Bezeichnungen für einen orthodoxen Monetarismus. Das mag den Rechten sehr gut gefallen. Aber keine linksgerichtete Partei, und sei sie noch so gemäßigt, sollte sich damit zufriedengeben, einfach nur eine rechte Währungspolitik zu imitieren.

12

Einkaufen als Therapie

Für viele Menschen ist der Turbo-Kapitalismus nicht nur die bestimmte Phase einer Entwicklung, sondern auch ein Erfolgsrezept. In den USA hat sich der Turbo-Kapitalismus bisher am stärksten ausgebildet. Aber bedeutet dies auch, daß die amerikanische Wirtschaft die erfolgreichste ist? Das Jahr 1998 bescherte den Berichten zufolge der amerikanischen Wirtschaft sicherlich einen wunderbaren Aufschwung. Arbeitslosigkeit und Inflation waren so niedrig wie seit Jahrzehnten nicht mehr, und das Wachstum legte kräftig zu. Bei so vielen Lobpreisungen gab es kaum Bedenken über das rekordverdächtige Außenhandelsdefizit oder über das allgemeine Zahlungsbilanzdefizit, das auch Lizenzgebühren, Dividenden, Gelder, die im Urlaub im Ausland ausgegeben werden, und alle anderen Geldströme umfaßt. Diese Schulden konnten ohne Schwierigkeiten fundiert werden, weil andere Staaten bereitwillig US-Dollars als Devisenreserven akzeptierten. Die zusätzlichen Kredite erhöhten einfach die Gesamtschulden der amerikanischen Wirtschaft beim Rest der Welt. Solange andere Länder das vom amerikanischen Bundesfinanzministerium in zu hoher Auflage gedruckte Papier im Tausch für Güter und Dienste bereitwillig annehmen, dürfen die Defizite ruhig steigen. Natürlich müssen Zinsen für die Schulden gezahlt werden, aber auch diese sind durch das Drucken weiterer Dollars einfach zu fundieren, so daß die reichste Wirtschaft des Globus auch weiterhin die am stärksten verschuldete bleiben kann. Ihre Nettoschulden nähern sich stetig der magischen Zahl von einer Million Millionen Dollar.

Diese Kredite und Schulden reflektieren natürlich nur die Entwicklungen innerhalb der Volkswirtschaft. Im Jahr 1998 befanden sich der Konsum und die Investitionen auf einem Rekordniveau. Zwar stiegen die Haushaltseinkommen, doch die Ausgaben nahmen noch schneller zu, so daß die Haushaltsverschuldung insgesamt wuchs. Obwohl höhere Einkommen steigende Schulden auffangen können, reichte dies für eine größer werdende Zahl von Haushalten in den USA offenbar nicht aus. Denn Zahlungsrückstände bei Kreditkartenabbuchungen und Privatkonkurse erreichten 1998 ebenfalls ein Rekordhoch. Die widersprüchliche Situation einer zunehmenden Zahlungsunfähigkeit inmitten einer blühenden Wirtschaft bedarf einer Erklärung. Von Bedeutung ist hierbei die höchst asymmetrische Einkommensverteilung. In den Zeiten des Turbo-Kapitalismus ist der gesellschaftliche Reichtum so ungleich verteilt, daß mehr als die Hälfte der amerikanischen Haushalte daran nicht teilhaben. Für sie war es also keineswegs ein Paradox. Das läßt trotzdem noch eine Menge Fragen offen. Warum geben die Amerikaner so viel Geld aus, und warum machen diejenigen, die sich nicht soviel leisten können, trotzdem mit und verschulden sich bis zum Bankrott?

Amerikaner beteuern ihre Liebe für die Freiheit des einzelnen und erklären dies ausführlich mit ihrer Geschichte. Dennoch versklaven sie sich dem Dämon der Verschuldung, um alle möglichen überflüssigen Dinge anzuschaffen, von großen, starken Trucks, die als normale Wagen auf normalen Straßen verwendet werden, bis hin zu Porzellannippes, die in der abendlichen TV-Werbung angepriesen werden (»Sie erhalten sofort wertvolle Erbstücke zu nur fünf Raten à $ 19,99«). Um ihre Kaufsucht zu finanzieren, arbeiten Amerikaner mehr Stunden im Jahr als jede andere Industrienation auf der Erde, ausgenommen die Japaner. Doch was Urlaubstage angeht, stehen Japanern 25 Tage im Jahr zur Verfügung verglichen mit im amerikanischen Durchschnitt 23 Tagen, was immer noch recht armselig ist, schaut man sich die 42 Tage Freizeit der Deutschen oder die 38 Urlaubstage der Franzosen an, die diese übrigens völlig unzureichend finden. Es mag zwar zutreffen, daß einige Leute so viel Befriedigung aus ihrer Arbeit ziehen, daß sie leben, um zu arbeiten. Aber viele, die arbeiten, um zu leben, machen trotzdem gerne Überstunden oder suchen sich sogar einen zweiten Job, opfern also ihre persönliche Freiheit und ihr Familienleben, um mehr konsumieren zu können. Die Realität sieht so aus, daß viele Amerikaner nicht deswegen arbeiten, um einkaufen zu können: Vielmehr müssen sie arbeiten, um Zinsen und Schulden für das abzuzahlen, was sie sich bereits gekauft haben.

Die genügsamen und hart arbeitenden Chinesen sparen bis zu 40 Prozent ihres Einkommens und die Japaner 30 Prozent ihrer weitaus höheren Löhne und Gehälter. Vernünftige Festlandeuropäer sparen grob geschätzt 20 Prozent. (Bezeichnenderweise sparen die turbo-kapitalistischen Briten heutzutage nur noch 10 Prozent ihres Einkommens.) Amerikaner sparen nur wenig, und selbst dieser Prozentsatz nimmt weiter ab. Vor kurzem waren es gerade noch fünf Prozent ihres bezogenen Einkommens. Aber auch diese erstaunlich niedrige Zahl ist eigentlich ein asymmetrischer Durchschnittswert, zieht man die großen Summen in Betracht, die die Haushalte mit den höchsten Einkommen anhäufen. Die meisten Amerikaner sparen dagegen weniger als null und leihen sich hemmungslos aus allen möglichen Quellen Geld. Sie überziehen zu sehr hohen Zinssätzen ihre Kreditkartenkonten, nehmen Hypotheken auf ihre Häuser auf und riskieren damit, ihr Dach über dem Kopf zu verlieren, sie leihen sich von Banken und Kreditgesellschaften Geld bis an die obersten Kreditgrenzen. Von überall her beschaffen sie sich Geld – Riesensummen bei Hypothekenbanken und Kleinstbeträge bei Pfandleihern.

Obwohl die Amerikaner das Schuldenmachen eigentlich nicht erfunden haben, gibt es doch drei Dinge, die ihre Verschuldung einzigartig machen. Das ist erstens der pure Umfang ihrer gegenwärtigen Verschuldung. Mitte 1997 erreichten die Gesamtschulden aller amerikanischen Haushalte das einzigartige Niveau von 89 Pozent aller Haushaltseinkommen. Es ist kein Zufall, daß die Auslandsverschuldung der Vereinigten Staaten nunmehr die größte ist, die je ein Land in der Geschichte aufgehäuft hat, schließlich sind die nationalen Ersparnisse, verglichen mit den Haushalts- und Staatsschulden, geradezu verschwindend klein. Im Vergleich dazu wird die berüchtigt hohe Staatsverschuldung Italiens, die etwa 120 Prozent des nationalen Bruttosozialprodukts beträgt, von ebenso großen Ersparnissen der Italiener ausgeglichen, so daß Italien tatsächlich Geld an die übrige Welt verleihen kann.

Zweitens haben die amerikanischen Schulden nur wenig mit Armut zu tun, was eigentlich die traditionelle Ursache für persönliche oder familiäre Verschuldung ist. Die ärmsten 20 Prozent der amerikanischen Haushalte sind kaum verschuldet, denn niemand außer kleinen Kredithaien mit kräftigen Geldeintreibern gibt solchen Kreditnehmern überhaupt Geld. Der jüngste Anstieg an ungünstigen Kleinkrediten, bei denen die Zinsen besonders hoch sind und die bei Gebrauchtwagenverkäufen besonders häufig Verwendung finden, spiegelt größtenteils die Schulden der etwas wohlhabenderen 20 Prozent der amerikanischen Haushalte wider. Und diese sind nach historischen oder auch internationalen Maßstäben sicherlich nicht als arm zu bezeichnen. Die Mehrzahl der Kreditnehmer in Amerika ist nicht arm beziehungsweise wäre es nicht, wenn diese Menschen nicht so bedenkenlos Kredite aufnehmen würden.

Die dritte, ganz spezifische Eigenart der amerikanischen Verschuldung betrifft die besondere Verwendung der riesigen geborgten Geldbeträge. Indische Bauern machen Schulden, um ihre Familien ernähren zu können, wenn der Monsun ausgeblieben ist, oder um ihre Töchter zu verheiraten. Junge Paare auf der ganzen Welt leihen sich Geld, um ihren ersten Hausstand einzurichten. Ein Teil der amerikanischen Haushaltsschulden setzt sich zwar zu gleichen Teilen aus Hypotheken und Krediten für Studiengebühren zusammen, doch ein großer Prozentsatz wird auch für den Kauf teurer Autos, Designerkleidung, edler Uhren, technisch hochgerüsteter Unterhaltungsgeräte und aller möglichen anderen Sachen ausgegeben, die man kaum als lebensnotwendig bezeichnen würde. Ein teures Kleidungsstück mit Kreditkarte zu bezahlen, wofür dann 18 oder noch mehr Prozent Zinsen gezahlt werden müssen, ist im amerikanischen Alltag gang und gäbe. Es ist auch keineswegs ungewöhnlich, für den Kauf eines Luxuswagens das Eigenheim durch eine zweite Hypothek bis zum äußersten zu belasten, so daß im Ernstfall kein Sicherheitsspielraum mehr bleibt. Sogar Mercedes- oder BMW-Händler treffen nur selten auf Kunden, die bar zahlen.

Da die kleinen Ersparnisse riesigen Ausgaben gegenüberstehen, nähert sich die Auslandsverschuldung der USA der Summe von einer Trillion Dollar. Aus Furcht vor den ultimativen Folgen dieser Entwicklung haben sogar streng wertfrei argumentierende Wirtschaftswissenschaftler, die an Universitäten tätig sind, in letzter Zeit leise Bitten nach etwas mehr Genügsamkeit geäußert. Andere fordern ganz kühn, alle Arten calvinistischer Verbote wieder einzuführen. Kampagnen gegen Pornographie, Rauchen, Fett, FKK, Zucker, Sex, Drogen und Alkohol sind stark auf dem Vormarsch, während mehr und längere Gefängnisstrafen, vorgeschriebene lebenslange Freiheitsstrafen, Dutzende neuer Gesetze zur Todesstrafe, noch härtere Haftbedingungen und die Wiedereinführung von Fußfesseln für Strafgefangene zeigen, wie sich die wirtschaftlichen Unsicherheiten des heutigen Turbo-Kapitalismus auf die Gesellschaft auswirken.

Doch eine bestimmte calvinistische Regel wird überhaupt nicht propagiert. Eine feste Front der gesellschaftlich anerkannten Meinung unterstützt zwar lauthals sämtliche oben erwähnten Kampagnen, aber nicht einmal eine Splittergruppe hat bislang versucht, die amerikanische Gewohnheit des Kaufens auf Kredit zu verurteilen, obwohl dies doch die weitaus größte amerikanische Sucht darstellt. Daher ist die wichtigste calvinistische Tugend – Sparen, Kapitalanhäufung und Investition anstatt Konsum – auch die einzige, die vergessen bleibt. Die Interessen der professionellen Prediger, die eine Menge dieser Kampagnen anführen, spielen dabei ohne jeden Zweifel eine wichtige Rolle. Schließlich werden Leute, die darauf aus sind, sich mit den Spenden ihrer Anhänger Strandvillen, Schmuck und kostspielige Autos zu kaufen, verständlicherweise nur zögerlich den Materialismus verurteilen. Ein weiterer Faktor ist die tief verankerte amerikanische Verbindung von moralischem Verhalten und Gier, eine pervertierte Interpretation der einstigen calvinistischen Überzeugung, daß tugendhaftes Verhalten mit Reichtum aufgewogen wird.

Ein Heilmittel gegen die Einsamkeit

Aus Fairneß gegenüber den materialistischen Predigern und Moralisten muß erwähnt werden, daß ihr Versäumnis, die Konsumsucht in ihre elanvolle Kritik aller sonstigen Spielarten der Maßlosigkeit miteinzuschließen, wohlbegründet ist. Schließlich läßt sich an der Angewohnheit des Einkaufens nichts Anstößiges ausmachen. Es mag zwar ein Zeichen von Maßlosigkeit sein, die hierfür verantwortlichen Beweggründe leiten sich aber aus einem tiefen menschlichen Bedürfnis ab. Der *Homo americanus* ist so wie der *Homo sapiens* in Norwegen oder Italien quasi genetisch darauf programmiert, die emotionale Unterstützung einer vollständigen Familie zu genießen. Aber heute findet er sich gewöhnlich in einem Zustand emotionaler Einsamkeit wieder, an den sich die menschliche Rasse noch nicht gewöhnt hat.

In traditionellen menschlichen Gemeinschaften werden von der Geburt bis zum Tod selbst entfernte Verwandtschaftsbezie-

hungen entweder durch geographische Nähe natürlich aufrechterhalten oder von weiter entfernt lebenden Mitgliedern
der Familie aktiv gepflegt. Der jährliche Kalender besteht aus
einer Reihe von Geburtstagen, religiösen Feiertagen oder großen Festen wie Hochzeiten, Jubiläen oder Beerdigungen, die
stets Gelegenheiten für Familientreffen bieten. Durch viele
Umarmungen und Küsse für die jungen Familienmitglieder
und dem stillschweigenden Gelöbnis der älteren Angehörigen, sich gegenseitig Hilfe und Trost zu spenden, werden
Familienbande aufrechterhalten, repariert und gestärkt. So
wird immer wieder von neuem bestätigt, daß Onkel und
Tanten vielfache Eltern zweiten Grades sind und Cousins und
Cousinen eine zusätzliche Geschwisterschar verkörpern. Auch
Großonkel und Großtanten werden als eine Art Großeltern
angesehen, und sogar Cousins zweiten Grades benehmen sich
oftmals wie enge Blutsverwandte. Kurz gesagt, von ihnen allen
erwartet man materielle Hilfe und emotionale Unterstützung,
man erhält sie und revanchiert sich.

Verglichen mit diesem normalen menschlichen Verhalten
sind die meisten Amerikaner gefühlsmäßig ausgetrocknet und
haben so wenig familiäre Verbindungen wie die Afghanen
oder Sudanesen Geld. Natürlich heiraten immer noch viele
Amerikaner, aber dadurch, daß Ehen heutzutage, auch wenn
sie halten, sehr zerbrechlich sind, geben sie einem nicht nur
Zuversicht, sondern flößen vielfach auch zahllose Ängste ein
und können darum nur einen äußerst unbefriedigenden Ersatz
für eine vollständige und funktionierende Familie bieten.
Natürlich haben amerikanische Eltern auch Kinder, aber
jemanden zu umarmen, ist nicht das gleiche wie umarmt zu
werden. Außerdem führen gerade die Lebensbedingungen,
die für die Vereinsamung der Eltern verantwortlich sind, dazu,
daß die Kinder nicht bei ihnen wohnen. Ein Jugendlicher, der
mit zwanzig immer noch zu Hause wohnt, wird nicht als sor-
gendes Kind, sondern als Problem angesehen; oft ist es sogar
regelrecht peinlich.

Nun, diese mißliche Lage ist vermutlich nur von vorübergehender Dauer. In weiteren 2000 Jahren wird sich der *Homo sapiens* wohl an die heutigen Lebensumstände der meisten Amerikaner angepaßt haben. Zwischenzeitlich hat die große Mehrheit der Betroffenen mit großer Geschicklichkeit die verschiedensten Wege gefunden, den selbstmörderischen Aggressionen oder der tödlichen Melancholie zu entrinnen, die isolierte Hyänen und Paviane an den Tag legen. Die Amerikaner haben selber viel zur Zerrüttung ihrer Familien beigetragen. Sie verpassen Taufen, Hochzeiten oder Beerdigungen wegen Baseballspielen, Angelausflügen oder Golfverabredungen. Hingegen nehmen sie strapaziöse Reisen an ferne Orte auf sich, um einen winzigen Schritt auf der Karriereleiter höherzukommen. Sie fahren lieber in Freizeitparks oder machen Erholungsurlaub, anstatt Verwandte zu besuchen, sie vergessen zu telefonieren, schreiben keine Briefe und versäumen es, Geschenke zu überreichen. Mittlerweile haben aber viele Amerikaner einen Ersatz für die früheren Familienbande gefunden, der zwar lange nicht so gut wie das Original ist, dafür aber die unübertreffliche amerikanische Tugend besitzt, sofort verfügbar zu sein.

FAST FOOD FÜR DIE SEELE

Einen schnell erhältlichen, emotionalen Ausgleich für ein Leben, dem es ansonsten an Gefühl mangelt, liefern die Kapellen, Tempel, Ashrams, Freistätten und Klöster der pseudo-evangelischen, New Age-, pseudo-hinduistischen, pseudo-christlichen, pseudo-buddhistischen, pseudo-muslimischen, retro-luthero-katholischen, pseudo-wissenschaftlichen, pseudo-politischen und zahlloser anderer Sekten. Die Vereinigten Staaten sind voll davon. Jede bietet eine zurückhaltende oder reißerisch charismatische Imitation eines Vaters, der seine Kinder mit einer Mischung aus Strenge und väterlicher Liebe erzieht. Jede bemüht sich darum, die Nachbildung einer Familie zu bieten, und oft werden Umarmungen, Küsse oder zumindest Händchenhalten unter den anwesenden Anhängern ausdrücklich gefördert. Manche Sekten pflegen einen eher strengen Stil und betonen die strikte Einhaltung harter Regeln; einige wenige bieten sogar nur eine ideologische Heimat. Die meisten Sekten werben besonders damit, im Gegensatz zu den etablierten Religionen, die den Gehorsam gegenüber Gott in den Mittelpunkt rücken, gegenseitige Fürsorge und sogar Liebe zu pflegen. Fast alle betonen die emotionale Wärme der Versammlungen ihrer Anhänger im Gegensatz zu den kühlen Zeremonien der etablierten Kirchen.

Zusammengenommen übersteigen die Einnahmen der amerikanischen Sekten vermutlich die Umsätze der Computerindustrie. Viele nehmen einige Dutzend Millionen Dollar im Jahr ein, manche sogar bis zu 300 Millionen Dollar. Dem einzigen Kriterium nach zu urteilen, das für die meisten ihrer Anführer oder Besitzer zählt, sind die Sekten also sicher ein Riesenerfolg.

Aber auch ihre Anhänger profitieren in vielen Fällen. Neben dem Geld – obwohl einige Sekten eine Menge davon verlangen – geben sie auch ihren Verstand weitgehend ab, da jegliche kritische Fähigkeiten außer Kraft gesetzt werden müssen, um an die unwahrscheinlichen und manchmal außerordentlich bizarren Lehren der Sekten zu glauben. Dieses Opfer nimmt jedoch gewöhnlich weit weniger Zeit, Aufmerksamkeit und auch Geld in Anspruch als die Jahre voller Umarmungen, Küsse, Telefonate, Geschenke, Reisen, Besuche, Stunden des Zuhörens und Wartens und die Krankenpflege, die für den Zusammenhalt der natürlichen Familie erforderlich sind. Statt dessen müssen die meisten Sektenmitglieder nur eine kurze Strecke bis zur örtlichen Filiale oder dem Firmenhauptsitz der Sekte ihrer Wahl zurücklegen, ihr Auto parken und sich in eine künstliche Fertigfamilie einklinken, die durch ernsthafte Bekundungen liebevoller Besorgnis von den anderen Mitgliedern komplettiert wird.

Dieser große Erfolg bei der Anwerbung der einsamen Massen konnte von den etablierten Kirchen nicht ignoriert werden. Viele reagierten so, wie es kluge Konkurrenten immer tun. Sie befürworten nun auch das Händchenhalten und die Umarmungen, was mit einer mehr oder weniger unauffälligen Bedeutungsverschiebung einhergeht. Demnach werden Gehorsam und Liebe gegenüber Gott durch gegenseitige Liebesbotschaften ersetzt, für die nicht nur die Gemeindemitglieder selber, sondern mittlerweile auch Gott herangezogen wird. Dieses Fast food für die Seele kann man nun also teilweise auch bei den Tausende von Jahren alten Kirchen, zumindest aber bei freidenkerischen Kirchen, erhalten und ebenso bei unzähligen Sekten, die weitaus zeitgemäßer als IBM vorgehen.

Dagegen bewältigen andere Amerikaner ihre traurige Situation auf eine viel gefährlichere Weise, indem sie die fehlende emotionale Stabilität einer sorgenden Familie durch das private Universum häufigen oder gelegentlichen Alkohol- oder Drogenkonsums ersetzen. Dieser Ersatz ist allen Legenden zum Trotz auch sehr erfolgreich. Emotional isolierte Amerikaner trinken, inhalieren oder injizieren diese Rauschmittel, während sie erfolgreich ihre Karrieren verfolgen und das Überbleibsel einer Familie aufrechterhalten, die nur noch aus dem Kern besteht. Die Kosten hierfür sind nicht der Rede wert. Sogar sehr ausgefallene illegale Substanzen hinterlassen kaum eine Beule in der Brieftasche vieler Drogenabhängiger. Einige von ihnen sind Multimillionäre, viele auch nur wohlhabend. Der abgebrannte Drogensüchtige auf dem Weg zu einem Tod in Armut in der dunklen Gosse ist eigentlich nur noch ein Mythos. Denn wenn der Hauptteil der Kunden tatsächlich aus Obdachlosen, Arbeitsunfähigen oder Kleinkriminellen bestehen würde, dann müßten sich die kolumbianischen

Drogenbosse mit Mietwohnungen und Fahrrädern zufrieden-geben statt mit den prächtigen Herrenhäusern und Privatjets, die sie wirklich besitzen.

Das Problem von Sekten und psychoaktivierenden Substan-zen liegt darin, daß beide nur zeitweilig eine Erleichterung vom ständigen Gefühlsdefizit bieten können, unter dem ver-einsamte Angehörige einer ursprünglich in Sippen lebenden Gattung leiden. Außerdem lehnen viele Amerikaner diese bei-den Möglichkeiten aus Veranlagung oder aus Verstandes- oder Vernunftgründen ab. Doch nicht alle chemisch hergestellten Heilmittel sind illegal oder zerstören die Denkfähigkeit. Neue-sten Statistiken über Fettleibigkeit zufolge findet die Hälfte der Amerikaner ihr emotionales Fast food im Fast food selber oder, besser gesagt, in allem Eßbaren, ob nun Schnellimbiß oder Restaurant, Fertiggerichte oder Süßwaren. Die Amerika-ner werden allgemein in großen Teilen der Welt um ihre poli-tischen, wirtschaftlichen und militärischen Erfolge beneidet, aber allein ihre Figur zeigt oft deutlich, daß sich viele von ihnen als hoffnungslose Versager empfinden.

Und natürlich gibt es noch die Arbeit und die damit ver-bundene Zufriedenheit, die fast jeden Mangel an Gefühlen zu überwinden hilft beziehungsweise einen zusätzlichen Vorwand bietet, noch mehr zu arbeiten. Die Gesellschaft begegnet die-sem Verhalten zwar mit größerer Nachsicht als im Fall von Sekten, Drogen oder Freßsucht, doch Arbeit an sich ist prinzi-piell ein merkwürdiges Heilmittel für gefährdete Familien-beziehungen. Schließlich ist sie selber die größte Zerstörerin familiärer Beziehungen. Dennoch ist Arbeit ein wirksamer Ersatz, aber nur für eine Minderheit, deren Arbeit dauerhaft aufregend oder äußerst sinnvoll ist. Dazu zählen Autorennfah-rer und Wissenschaftler, die von ihren Forschungen gefesselt sind, Industriemagnaten auf Erfolgskurs und wahrhaft hin-gebungsvolle Krankenschwestern in Sterbehäusern. Übrigens kann auch das Spiel ein Heilmittel sein, schließlich können Einsame auch allein zum Bowling gehen.[1]

Jede der erwähnten Arzneien gegen die Einsamkeit ist bis zu einem gewissen Grad wirksam, doch das am häufigsten angewandte Mittel zur Hebung der Stimmung bildet der Strom von Geschenken. Es ist immer sehr nett, Geschenke zu bekommen, aber bei den Geschenken, die ich meine, handelt es sich eigentlich nicht um wirkliche *Gaben*, denn sie kommen nicht von anderen. Amerikaner kaufen sich am liebsten selber Geschenke in Läden und in Kaufhäusern oder antworten auf Werbeanzeigen, Warenkataloge, Werbebriefe und Verkaufsanrufe oder bestellen Dinge, die in den Einkaufskanälen des Fernsehens und seit kurzem auch im Internet zu sehen sind. Dabei geben sie unglaubliche Summen aus, die sich auf mehrere Billionen Dollar belaufen. Eine Käuferin, die von einem Reporter des *Wall Street Journal* über Werbetrends befragt wurde,[2] hatte dreizehn Weihnachtsgeschenke eingekauft: zwei für ihren Freund und elf für sich selber. Ihr Kommentar lautete: »Ich habe sie mir alle verdient«.

Da ein so außergewöhnlich hoher Anteil der amerikanischen Käufe aus derartigen »persönlichen« Gaben besteht – einige davon werden natürlich auch an andere verschenkt –, scheinen die angebotenen Konsumgüter immer weniger bestimmten Zwecken dienen. Vieles von dem, was Amerikaner heutzutage kaufen, sind hochgezüchtete Weiterentwicklungen von Gegenständen, bei denen die ursprünglichen Funktionszwecke durch Verzierungen, Flitterkram, Firlefanz oder einfach durch extravagantes Design in den Hintergrund treten. Es gibt ganze Gruppen von einst praktischen Dingen, von Koffern bis hin zu Schreibgeräten, die mittlerweile zu sogenannten »Vorstandsspielzeugen« mutiert sind. Es geht hier nicht um einen puritanischen Wutausbruch angesichts der Freude anderer Menschen an schönen Dingen. Vielmehr haben die seltsamen Vorlieben der amerikanischen Konsumenten weitreichende wirtschaftliche Konsequenzen, weil sie den amerikanischen Export von Konsumgütern lähmen. Käufer auf der ganzen Welt, die kein Bedürfnis verspüren, sich etwas Gutes zu tun, weigern sich, die »Geschenkversion« des Produkts zu kaufen, das sie haben möchten. Äußerst bemerkenswert ist beispielsweise, daß die amerikanische Autoindustrie heute kaum noch schlichte Autos produziert, die einfach nur als Transportmittel dienen. Statt dessen bringt sie schwergewichtige Luxuspassagierwagen auf den Markt, riesige »Familienvans«, Zweisitzer mit absichtlich reduzierter Funktionalität (sie kosten mehr und haben weniger Platz), Cabrios und Sportwagen sowie unzählige, sehr verschwenderisch ausgestattete Limousinen.

Einkaufen und das Aussenhandelsdefizit

Jeder hat großen Spaß mit diesen Dingen, aber ausländische Autokäufer lehnen die Ergebnisse trotzdem ab wegen des Benzinverbrauchs, der mangelnden Wirtschaftlichkeit und des ignorierten Umweltschutzes oder weil sie ihnen einfach nicht gefallen. Das Ergebnis zeigt sich deutlich in den amerikanischen Handelszahlen. Statt zu einer günstigen Außenhandelsbilanz beizutragen, ist die Automobilindustrie als weitaus größter US-amerikanischer Industriezweig ein so schwacher Exportfaktor, daß dieser Sektor für den größten Anteil des anhaltenden amerikanischen Handelsdefizits verantwortlich zeichnet. Zwischen Januar und Juli 1997 importierten die Vereinigten Staaten Autos im Wert von 65,3 Milliarden Dollar und exportierten Autos im Wert von 31,8 Millarden Dollar. Daraus ergibt sich ein Defizit von 33,5 Milliarden, also fast 30 Prozent des damaligen Gesamthandelsdefizits von 108,4 Milliarden Dollar.

Das gleiche gilt auch für andere Konsumgüter, und zwar in einem derart hohen Maß, daß die Vereinigten Staaten heute hauptsächlich Investitionsgüter exportieren, Passagierflugzeuge,

Präzisionsmaschinen und Maschinen zur Energieerzeugung sowie chemische Produkte. Diese Branchen sind noch nicht vom bizarren Hang der amerikanischen Konsumenten infiziert, sich dauernd selber Geschenke zu kaufen.

Der größere wirtschaftliche Zusammenhang enthüllt die schwerwiegenderen Konsequenzen. In der blühenden US-Wirtschaft des Jahres 1996, als das Bruttoinlandsprodukt auf 6,9 Trillionen Dollar stieg, erreichten die persönlichen Ausgaben für Güter und zunehmend auch für Dienstleistungen das Niveau von 4.700 Milliarden Dollar, nach globalen Maßstäben mit 68 Prozent ein außergewöhnlich hoher Anteil. Natürlich ist die Inanspruchnahme mancher Dienstleistungen vollkommen unfreiwillig, bei Notfällen etwa, bei medizinischer Fürsorge für chronisch kranke Patienten oder Todkranke ebenso wie bei juristischen Dienstleistungen, die zu viele Amerikaner in Anspruch nehmen müssen, um sich vor Gericht zu verteidigen. Keine dieser Ausgaben spiegelt verborgene seelische Bedürfnisse wider. Andererseits gibt es jedoch einige sehr persönliche Dienstleistungen, die man sich in erster Linie als Geschenk für sich selber leistet (Haarpflege, Massage, Maniküre etc.). Zwischen diesen zwei Arten gibt es noch zwei andere Kategorien: Dienstleistungen für Senioren und den Tourismus.

Amerikaner geben mehr und mehr Geld für Altenheime aus, für betreute Wohnstifte und ähnlich beschönigend bezeichnete Einrichtungen zur Altenverwahrung. Üblicherweise wird das zunehmende Wahrnehmen dieser Dienstleistungen gern mit einem simplen demographischen Phänomen erklärt. Das ist es tatsächlich auch, allerdings durch die Folgen stark abgewandelt, die der Zusammenbruch der Familie mit sich bringt, obwohl die Familien, um die es geht, sich selber als völlig normal und komplett einstufen, ja sogar als bewundernswerte Familienmodelle. Mittlerweile hat es sich eingebürgert, daß der Satz vom »Zusammenbruch der Familie« sich stets auf die »unvollständigen« Familien der Unterschicht bezieht, wo alleinerziehende Mütter für Kinder und Enkelkinder sorgen müssen, wobei sie kaum öffentliche Unterstützung erhalten, und selbst diese wird seit kurzer Zeit immer häufiger vollständig gestrichen. Auf der anderen Seite gelten wohlhabende Ehepaare, die in geräumigen Vorortvillen leben, aber ihre eigenen Eltern bei Fremden in Pflege geben, trotzdem noch als »heile Familie«. Die Tatsache, daß viele ältere Menschen es in Wirklichkeit vorziehen, nicht bei ihren Kindern zu wohnen und ihre Enkel nur bei gelegentlichen Besuchen zu sehen, zeigt nur, wie sehr der Zusammenbruch der Familie innerlich schon als Normalität empfunden wird. Eine Perversion der nationalen Buchführung zeigt sich übrigens darin, daß das amerikanische Bruttosozialprodukt deswegen so hoch ist, weil die Altenpflege zu einer registrierbaren wirtschaftlichen Transaktion geworden ist. Das Bruttosozialprodukt Spaniens beispielsweise ist im Gegensatz dazu kleiner, weil die Großeltern bei ihren Kindern und Enkeln leben. Dadurch entstehen zwar keine statistisch auswertbaren Zahlen, aber es bildet sich eine starke Grundlage für die emotionale Sicherheit aller Beteiligten.

Was die Ausgaben für den Tourismus angeht, so verhalten sich hier die Amerikaner verglichen mit den Europäern, die zusätzlich zu ihren vielen Verwandtschaftsbesuchen auch stärker dazu neigen, Reisen in exotische Länder zu unternehmen, ganz gleich, wie hoch das jeweilige Nettoeinkommen auch sein mag, bemerkenswert zurückhaltend. Diese interessante Ausnahme beruht auf dem Umstand, daß das Verreisen nur selten eine völlig individuelle Angelegenheit ist. Es ist sehr ungewöhnlich für Paare, ob nun mit Kind oder ohne, nicht zusammen zu verreisen. Darum eignet sich diese Art des Geldausgebens nicht besonders dafür, sich selber etwas zu leisten, und kann somit nicht als Heilmittel gegen emotionale Einsamkeit genutzt werden.

Der übermäßige private Konsum von Gütern und Dienstleistungen schlägt sich auf die Regierungsausgaben und -investitionen (1,2 Billionen Dollar im Jahr 1996) und auf die Privatinvestitionen (1 Billion Dollar 1996, ein sehr gutes Jahr) nieder. Und das trotz der bescheidenen, aber nützlichen Beiträge der restlichen Welt in Form eines 144 Milliarden großen Außenhandelsdefizits an Gütern und Dienstleistungen, natürlich auf Kredit, so daß die Vereinigten Staaten im Jahr 1996 den Auslandsschulden durch Mehrkonsum wieder einmal etwas hinzufügen konnten.

Das niedrige Niveau der Regierungsausgaben und -investitionen offenbart das Paradox einer sehr reichen Nation mit sehr armen Bundes-, Staats- und Kommunalbehörden. Diese kann es sich nicht leisten, all ihren Bürgern eine Gesundheitsfürsorge anzubieten, wie es andere entwickelte Nationen in irgendeiner Form tun, oder die ärmere Bevölkerung zu unterstützen, wie es eigentlich in jedem anderen reichen Land die Norm ist. Das niedrige Niveau der Privatinvestitionen trägt wenigstens zu einem bei: dem vieldiskutierten und lamentierten Mangel an »Arbeitsproduktivität« – das Verhältnis von erzeugter Gütermenge zu der dafür nötigen Beschäftigungsmenge –, die mit einem Prozent im Jahr nur sehr langsam steigt.

Die oft lautstark vorgebrachten Forderungen nach größerer »Flexibilität« der Amerikaner und damit des amerikanischen Arbeitsmarkts – gemeint ist die Bereitschaft der Amerikaner, von Ort zu Ort zu ziehen, ihr Handwerk oder sogar ihren Beruf zu wechseln und niedrigere Gehälter zu akzeptieren, um ihre Arbeit zu behalten – beziehen sich natürlich nur auf die ökonomische Leistungsfähigkeit. Niemand gibt vor, daß die persönlichen und sozialen Konsequenzen einer derartigen Mobilität und Anpassungsfähigkeit an sich wünschenswert sind.

Wenn man jedoch die hier beschriebenen Konsequenzen Schritt für Schritt nachvollzieht – beginnend mit einem Wirtschaftssystem, das Leistungsfähigkeit dadurch erzielt, daß es ständig strukturelle Veränderungen einführt, über die dadurch hervorgerufene Zerstörung des Familienlebens und die daraus folgenden psychologischen Folgen bis zu den Konsumgewohnheiten, die dadurch ausgelöst werden, und schließlich den Auswirkungen dieser Gewohnheiten auf das Wirtschaftssystem durch niedrige Ersparnisse und übersteigerte Verbrauchervorlieben –, könnte man folgern, daß sich eine etwas unbeweglichere, aber stabilere Wirtschaft vielleicht als noch produktiver erweisen würde. Die Arbeitskosten wären zwar höher, aber das wäre auch die Sparquote, weil weniger mobile und dadurch stärker abgesicherte Angestellte viel eher dazu in der Lage wären, mittel- und langfristig zu planen. Sie könnten schützende Familienbeziehungen aufrechterhalten, was wiederum die emotional motivierten Ausgaben für Konsumgüter senken würde. Höhere Ersparnisse erhöhen die Kapitalversorgung, was wiederum die Arbeitsproduktivität steigern würde, so daß die höheren Lohnkosten am Ende wieder ausgeglichen wären.

In Zeiten, in denen der dynamische Turbo-Kapitalismus der deregulierten und globalisierten US-Wirtschaft so sehr bejubelt wird wie dies heute geschieht, ist es lehrreich, sich ins Gedächtnis zu rufen, daß die amerikanische Wirtschaft Ende der siebziger Jahre tatsächlich unbeweglicher und viel stabiler *war*. Denn damals wurden viele Industrien – von Fluglinien und Erdgasunternehmen bis zu den Spar- und Darlehenskassen – stark gelenkt und dadurch stabilisiert. Gleiches gilt auch für die Arbeiterschaft. Die Ausgaben für den Konsum verschlangen einen kleineren Teil der Einkommen, so daß die Sparquote höher war. Auch das Wachstum war trotz der Leistungsschwäche, die mit einer Regulierung einherging, höher. Es gab zwar weniger Gelegenheiten für Finanzjongleure, gewaltige Reichtümer anzuhäufen, aber die meisten Angestellten waren verhältnismäßig gut bezahlt und wirtschaftlich abgesichert, weil stabile Industrien sichere Arbeitsplätze zur Folge haben. Und den in dieser Zeit geringeren Einkäufen zur Lustbefriedigung nach zu urteilen waren die Amerikaner damals vielleicht auch glücklicher.

13

Das große Dilemma

In Venedig floriert der Tourismus wie nie zuvor, da nun auch die Osteuropäer dorthin reisen können. Junge Venezianer jedoch, die sich ihren Lebensunterhalt in dieser romantischen Stadt verdienen wollen, stoßen auf fast unüberwindliche Widerstände. Die Motorboote, die als Taxis dienen, werfen zwar ein gutes Einkommen ab, aber dafür benötigt man eine Art Lizenz von der Stadtverwaltung, die allerdings schon seit Jahren keine neuen Genehmigungen mehr ausgegeben hat. Die einzige Chance, an eine Lizenz zu kommen, besteht darin, diese einem derzeitigen Inhaber abzukaufen. Der gängige Preis beträgt 300.000 Dollar. Fast jeder erwachsene Venezianer ist ein geschulter Ruderer, viele können eine Gondel steuern und verfügen sogar über die erforderlichen Gesangskünste, aber *Gondolieri* brauchen ebenfalls eine Genehmigung, die mittlerweile über umgerechnet 200.000 Dollar kostet.

Touristen kaufen Millionen von Postkarten und große Mengen an Souvenirs, zu denen Figuren aus mundgeblasenem Muranoglas ebenso gehören wie kleine Plastikfrösche. Aber ein junger Mensch kann sich nicht einfach einen Raum mieten und mit einem Vorrat an Postkarten und Fröschen loslegen und hoffen, sich damit eine Existenz aufzubauen. Schließlich braucht man für jedes Geschäft eine Genehmigung, die, sofern überhaupt erhältlich, ungefähr eine halbe Million Dollar kosten dürfte. Apotheken haben ein eigenes Lizenzvergabesystem. Da sie teure Medikamente an eine immer älter werdende Bevölkerung verkaufen, die diese reichlich konsumiert, können ihre Lizenzen sogar in verarmten Kleinstädten eine

Million Dollar kosten, von den Preisen in Städten wie Venedig ganz zu schweigen. Postkarten und Frösche könnten auch an Straßenständen an die vorbeischlendernden Passanten verkauft werden, aber auch dafür braucht man eine Genehmigung. Die letzte wurde vor sehr langer Zeit vergeben, und nun wird sie als wahrer Familienschatz von Vater an den Sohn weitergereicht.

Erstaunlicherweise braucht man in Venedig wie überhaupt in Italien sogar für den Verkauf von Zeitungen und Zeitschriften eine ganz bestimmte und nur unter starken Auflagen gültige Erlaubnis. Darum gibt es Zeitungen weder in den Einkaufsläden und Supermärkten noch in den kleinen Lebensmittelgeschäften an der Ecke zu kaufen, sondern in jenen wenigen Läden, die nur Zeitungen und Zeitschriften und vielleicht noch Pornovideos im Sortiment haben. Das beraubt die jungen Venezianer und auch alle anderen jungen Italiener eines leicht zugänglichen Anfangsgeschäfts für ihre berufliche Karriere. Außerdem beeinträchtigt es in hohem Maße die Lese- und Schreibfähigkeit der Nation, weil man nur an ausgesuchten Orten überhaupt Zeitungen kaufen kann und die Zirkulation der Blätter verglichen mit der Bevölkerungszahl und dem Lebensstandard sehr niedrig ist.

Junge Amerikaner können sich als Aushilfskellner durchschlagen, während sie auf bessere Möglichkeiten warten, wobei sie fest auf die Trinkgelder zählen, mit denen sie die geringen oder gar nicht bezahlten Löhne ausgleichen. Aber in Italien, wo starke Gewerkschaften allen Kellnern recht gute Gehälter und großzügige Sozialleistungen sichern, gibt es strenge Vorschriften über die Beschäftigung von Teilzeitarbeitskräften. Arbeitsstellen, wo man nur für Trinkgelder arbeitet, sind ohnehin strengstens untersagt. Venedigs Cafés und Restaurants, die alle ihre eigenen Lizenzen besitzen, können daher den Jugendlichen keine Übergangsjobs anbieten und müssen zu Stoßzeiten auf die Geduld ihrer Gäste zählen. Darum bleibt venezianischen Arbeitssuchenden ohne Berufsausbildung nur

das Hotelgewerbe. Weil jedoch Hotelgenehmigungen ebenfalls nur sehr restriktiv vergeben werden, führte der starke
Anstieg des Tourismus in den letzten Jahren eher zu einer
Erhöhung der Zimmerpreise als zur Umwandlung leerstehen-
der Paläste in Hotels. Dadurch gingen jungen Venezianern
wiederum Arbeitsmöglichkeiten verloren.

Dies alles wäre ganz anders im Turbo-Kapitalismus amerikanischer Spielart, wo der Wettbewerb weder durch Gesetze,
Vorschriften und teure Lizenzen noch durch Gewerkschaftstarife oder lokale Traditionen beschränkt wird. Die Zahl der
Vaporetti, der Taxi-Boote, der Gondeln, Geschäfte, Straßenstände, Cafés, Restaurants und Hotels würde stark zunehmen
und somit jene Vermehrung von Arbeitsplätzen im Dienstleistungsbereich auslösen, die so typisch für Volkswirtschaften
ist, die eine turbo-kapitalistische Entwicklung durchlaufen,
und die der Schlüssel für eine niedrigere Arbeitslosenquote
ist. Junge Venezianer würden auf dem Arbeitsmarkt weitaus
mehr freie Stellen vorfinden. Andere hätten wiederum die
Möglichkeit, sich ihren eigenen Arbeitsplatz zu schaffen, ja
sogar noch mehr, indem sie neue Gewerbeunternehmen in
verschiedenen Bereichen – von einfachen Straßenständen bis
hin zu Hotels – aufbauen, die nicht länger irgendwelchen Einschränkungen unterworfen sind. Sowohl für arbeitsuchende
junge Leute als auch für Unternehmer aller Altersstufen
würde die Ankunft des Turbo-Kapitalismus in Italien auf eine
befreiende Revolution hinauslaufen.

Auch die Touristen würden davon stark profitieren. Sie
hätten eine weitaus größere Wahl zwischen Taxi-Booten,
Gondeln, Geschäften, Straßenständen, Cafés, Restaurants und
Hotels, was einen härteren Konkurrenzkampf zur Folge hätte.
Dadurch würden Venedigs berüchtigt hohe Preise sinken,
vielleicht sogar drastisch fallen. Aber die Gesamteinnahmen
durch den Tourismus würden mit ziemlicher Sicherheit dennoch beträchtlich ansteigen, da die vielen Touristen, die heute
nach einem Tagesausflug auf das billigere Festland flüchten,

wahrscheinlicher in Venedig übernachten würden (was dies einer Stadt antun würde, die bereits unter dem Gewicht des Massentourismus zu versinken droht, steht auf einem anderen Blatt). Denn auch das ist charakteristisch für eine turbo-kapitalistische Umwälzung in allen möglichen Wirtschaftsbe-reichen, von Fluggesellschaften bis hin zu Telefondiensten: Deregulierung entfesselt den Wettbewerb, dieser senkt die Preise und erhöht die Nachfrage, so daß die Gesamtverkäufe auf ein viel höheres Niveau steigen als vorher. Das geschieht zum großen Nutzen der Verbraucher, die sich danach sehnen, billiger und immer mehr zu konsumieren. Aber nur Konsu-menten im Ruhestand sind nicht gleichzeitig auch Produzenten. Und für einen Konsumenten, der gleichzeitig auch Produzent ist, läuft diese Entwicklung darauf hinaus, daß er schneller laufen muß, um wenigstens auf der gleichen Stelle zu bleiben.

Schließlich bestehen Revolutionen nicht nur aus Gewinnen. Für die Privilegierten des *ancien régime* können sie reine Ver-luste bedeuten, selbst wenn sie keine Aristokraten sind, sondern nur einfache Leute aus der Mittelschicht, die im Dienst-leistungsbereich ihren Lebensunterhalt verdienen. Die Eigen-tümer und Betreiber der existierenden Taxi-Boote, Gondeln, Geschäfte, Straßenstände, Cafés, Restaurants und Hotels, die durch die Lizenzbeschränkungen vor Wettbewerb geschützt werden, würden ihre Einnahmen stark zurückgehen sehen – es sei denn, sie wären bereit und in der Lage, niedrigere Preise durch Mehrverkäufe auszugleichen oder auch dadurch, daß sie länger in ihren Booten, Ständen, Cafés und ähnlichem arbeiten.

Nicht nur Eigentümer würden dabei unter den Verlierern sein, sondern in den meisten Fällen auch die Angestellten. Da die Gewerkschaftstarife abgeschafft und alle Zugangs-beschränkungen aufgehoben wären, würde sich auch der Arbeitsmarkt anderen Wettbewerbern öffnen. Die Arbeitgeber wären dadurch gezwungen, ihre Kosten zu senken, um mit den neuen Konkurrenten mithalten zu können. Und dies würde mit Hilfe von billigeren Arbeitskräften oder durch die Einstellung von Teilzeitkräften und Saisonarbeitern anstelle von Vollzeitangestellten geschehen. Ähnliches passierte in der amerikanischen Wirtschaft nach der Deregulierung. Sie führte zu einem gewaltigen Anstieg der Anzahl von Zeitarbeitsfirmen, die Angestellte mit befristeten Arbeitsverträgen, von ausgebildeten Buchhaltern bis zu Reinigungskräften, in allen Berufssparten vermitteln. In Venedig würde sich eine Verschiebung fort von sicheren Arbeitsplätzen sogar noch deutlicher bemerkbar machen, weil die Tourismusindustrie noch stärker saisonal abhängig ist als die meisten anderen Branchen. Und in der Gastronomie wie auch im Hotelgewerbe kann man auch mit Teilzeitkräften und einem kleinen Kern erfahrener Vollzeitangestellter die volle Leistung erbringen.

Für Arbeitnehmer, die keine besondere Ausbildung haben, die also die wirtschaftliche Leiter nicht dadurch emporsteigen können, daß sie Venedig und die Fremdenverkehrsbranche verlassen (das dreißig Kilometer entfernte Treviso, die Heimat von Benetton und hundert anderer erfolgreicher Exportfirmen, bietet viele Möglichkeiten), hätte dies stagnierende oder sinkende Löhne zur Folge. Doch das Einkommen der privaten Haushalte könnte auch unter turbo-kapitalistischen Bedingungen noch steigen, da es mehr Arbeitsangebote für Eltern und Kinder im arbeitsfähigen Alter geben würde, mehr Möglichkeiten für Zweitjobs und für Überstunden. Das ist der Kompromiß, den viele Amerikaner seit den siebziger Jahren akzeptieren mußten: mehr Geld für mehr Arbeitsstunden zu einem geringeren Stundenlohn. Dies ist natürlich auf Kosten des Familienlebens gegangen.

Sämtliche Auswirkungen des Turbo-Kapitalismus auf Löhne und Gehälter, Arbeitsstunden und Arbeitslosenzahlen zeigen sich ganz deutlich im untenstehenden tabellarischen Vergleich mit Zahlen von Ende 1997, besonders bei den sogenannten »Produktionsarbeitern« in der Fertigungsindustrie. Aber diese Zahlen verweisen in Wirklichkeit auf einen breiteren Trend,

der die untere Hälfte der gesamten Arbeiterschaft jedes Wirt-
schaftssektors, von hochspezialisierten Arbeitern in der Industrie bis hin zu Teilzeitverkäufern, betrifft:

**Anzahl der Arbeitsstunden, Löhne und Arbeitslosenquote
in fünf Ländern, Stand 1997**

	am wenigsten turbo-kapitalistisch			am meisten turbo-kapitalistisch	
	Frankreich	*Deutsch-land*	*Italien*	*England*	*USA*
durchschnittliche Wochenarbeitszeit	31,7	29,0	35,0	35,6	37,9
durchschnittlicher Stundenlohn (in US-Dollar)	19,34	31,87	18,08	14,19	17,74
Nationale Arbeitslosenquote (in Prozent)	13,0	12,0	12,0	5,0	4,9

Quelle: US Department of Labor, Bureau of Labor Statistics; DRI/McGraw-Hill, zitiert in:
The International Herald Tribune (Ausgabe Tokyo), 13.11.1997, S. 5.

In der allseits bewunderten, seit langem florierenden amerika-
nischen Wirtschaft können sich vier Millionen Menschen als
Millionäre bezeichnen, und nicht weniger als 170 Menschen
haben ein Nettoeinkommen, das weit über 1.000 Millionen
Dollar liegt. Doch den sechzig Millionen Arbeitnehmern an
der Basis ist es nicht so gut ergangen, wie man sehen kann. In
echten Dollars, also nach Abzug der Inflationsrate, war der
Stundenlohn Anfang der siebziger Jahre, als die Wirtschaft der
Vereinigten Staaten noch stark reguliert war, höher als heute.
Und über 17 Millionen Beschäftigte, die 40 Stunden in der Woche und 50 Wochen im Jahr arbeiten, leben tatsächlich unterhalb der offiziellen Armutsgrenze.

Das ist natürlich nur ein Zeichen für eine wechselseitige
Abhängigkeit und kein Beweis für eine kausale Verbindung

zwischen der Bereicherung weniger und der Verarmung vieler. Es mag deshalb vielleicht ein bloßer Zufall sein, der eine Ursache oder auch mehrere, völlig andersgeartete für diese Entwicklung verdeckt. Die Globalisierung kann nicht der alleinige Grund für das Sinken der Stundenlöhne sein, da der Außenhandel keine ausreichende Erklärung bietet für einen Großteil der Entwicklungen, die sich in den Volkswirtschaften der Industrienationen mit ihrem großen öffentlichen Dienst und ihrem Übergewicht an Dienstleistungen vollziehen, die nur unwesentlich einer Billiglohnkonkurrenz aus dem Ausland ausgesetzt sind.

Enthusiastische Anhänger eines freien Marktes, die nicht zuzugeben bereit sind, daß eine Deregulierung der Wirtschaft kein Honigschlecken ist, offerieren eine andere Erklärung. Sie sagen, daß der vom Zufall bestimmte technologische Fortschritt daran schuld sei, indem er ungefähr zeitgleich den Computer bescherte sowie viele andere neue Chancen, die Arbeit von Menschen zu automatisieren. Diese Theorie schiebt die Verantwortung ganz bequem der »Technologie« zu, die als transzendentale Kraft außerhalb jeder menschlichen Kontrolle geschildert wird. Dabei tauchen neue Technologien *niemals* einfach so auf, und ihre Einführung setzt immer auch eine aufnahmebereite Umgebung voraus. In diesem Fall war es die sehr menschliche Politik der Deregulierung, die den Weg für viele Innovationen bereitete, beispielweise in der Telekommunikationsbranche, die einst überall in staatlicher Hand war oder unter staatlicher Kontrolle stand. Die Firmen in diesem Segment sind nun in fast allen Ländern private Unternehmen, dadurch auch stärker wettbewerbsorientiert und natürlich zunehmend instabil.

Dynamik und Unsicherheit

Es gibt eine Folge des Turbo-Kapitalismus, für die er allein die Verantwortung trägt: Ich meine die größere Instabilität von Firmen und Arbeitsplätzen. Sie wird durch den beschleunigten Strukturwandel hervorgerufen, der durch den Wegfall staatlicher Kontrolle möglich wird. Dieser Wandel fördert den technologischen Fortschritt und begünstigt die Globalisierung. Jeden Tag fusionieren große und kleine Unternehmen, um Großkonzerne zu werden und Überschneidungen zu beseitigen. Die Belegschaft des Hauptsitzes wird »konsolidiert«, sich geographisch überschneidende Geschäftszweige von Banken oder Verkaufsstellen werden geschlossen und Überschußkapazitäten durch zusammengelegte Produktionsanlagen, Warenhäuser und Verteilerketten beseitigt. All dies erhöht die Leistungsfähigkeit und den Wohlstand. Aber es gibt kein Maß dafür, was Menschen *fühlen*, deren Arbeitsplatz jederzeit auf der Kippe steht, auch wenn insgesamt gesehen mehr Stellen vorhanden sind. Ganz offensichtlich stellt die persönliche ökonomische Unsicherheit die Kehrseite des Turbo-Kapitalismus dar. Während die meisten jungen Venezianer von einer turbokapitalistischen Revolution profitieren würden, verlören ihre Eltern damit ihre wirtschaftliche Sicherheit, die derzeit noch durch vielfältige Hindernisse gegen alle Arten von Konkurrenz geschützt ist.

Ladeninhaber würden sich einem ganz besonderen Problem gegenübersehen. Derzeit sind die Öffnungszeiten in Venedig wie überhaupt in großen Teilen Europas vorgeschrieben. Es gibt eine Mittagspause für alle Läden von 13 Uhr bis mindestens 15 Uhr, und samstags wird um 16 Uhr geschlossen. Außerdem gibt es noch einen halben Wochentag, an dem ebenfalls nicht geöffnet ist. Sonntags ist ohnehin alles geschlossen, und unter der Woche sind die Geschäfte nur bis spätestens 20 Uhr geöffnet. Das ist für Käufer, die selbst berufstätig sind, sehr unpraktisch. In Deutschland wurden die

Öffnungszeiten sogar erst im Jahr 1996 auf 20 Uhr ausgedehnt, davor hatten die Geschäfte nur bis 18 Uhr 30 geöffnet. Aber diese Ladenöffnungszeiten, die mittelalterliche Gilderegeln weiterführen, gestatten es verheirateten Paaren, ein Geschäft zu besitzen und zu führen und dennoch ein normales Familienleben aufrechtzuerhalten. Und sie schützen kleinere Läden wirkungsvoll vor der Konkurrenz der Supermärkte und Handelsketten, die bei nur 60 Verkaufsstunden in der Woche nicht leistungsfähig operieren können.

Darüber hinaus benötigen Supermärkte und Einkaufszentren jeder Art in einigen Ländern, auch in Deutschland, besondere Genehmigungen, die in großen Städten nur selten und in den meisten kleineren Orten nie erteilt werden. Das dient dazu, jenen Zerstörungsprozeß zu verhindern, der Hunderte Einkaufsstraßen in Amerika in Form einer einzigen, gigantischen Kette von Discount-Supermärkten, nämlich Wal-Mart, heimsuchte. Deren phänomenale Niedrigpreise sind die Freude der Käufer und der Untergang traditioneller Ladenbesitzer. Unter turbo-kapitalistischer Herrschaft würden solche Beschränkungen abgeschafft. Großhandelsketten könnten ihre Kunden billiger zu allen Tageszeiten bedienen, während traditionelle Geschäfte in Familienbesitz vom Markt verschwinden würden. Die einzigen kleinen Läden, die in den Vereinigten Staaten in der Stadt und auf dem Land gleichermaßen überlebt haben, sind – abgesehen von Spezialgeschäften oder Gaststätten – Geschäfte mit Dingen für den Alltagsgebrauch, die größtenteils zu »Seven-Eleven« oder einer anderen Großhandelskette gehören und deren Belegschaft aus schlechtbezahlten Angestellten besteht, die in Schichten arbeiten müssen.

Zu gegebener Zeit würden professionell geführte Konzerne mit sehr viel Kapital und insgesamt niedrigeren Kosten die meisten venezianischen Gewerbe übernehmen, und zwar nicht nur die Einzelhandelsgeschäfte. Einige wenige Gesellschaften würden die Boote übernehmen, die heute noch von ihrem Besitzer betrieben werden. Restaurantketten würden viele der von Familien geführten Cafés und Restaurants ersetzen, und wie an anderen Reisezielen auf der ganzen Welt auch würden multinationale Unternehmensgruppen die meisten Hotels betreiben, und nicht nur die Fünf-Sterne-Häuser, die sie bereits besitzen.

Natürlich würde sich auch die Einkommensverteilung ändern und zwangsläufig noch ungleicher werden als in den Vereinigten Staaten, wo fünf Prozent aller Familien an der Spitze der Pyramide ihren Anteil am gesamten Familieneinkommen unbarmherzig steigerten: von einem Anteil von 15–16 Prozent in den siebziger Jahren über 17–18 Prozent Anfang der achtziger bis zu 21,4 Prozent im Jahr 1996. Eine äußerst bemerkenswerte Verschiebung, die den fünf Millionen Familien der Spitzenverdiener etwa so viel Einkommen zukommen läßt wie den unteren 50 Millionen.[1]

Auch in Venedig würde ein turbo-kapitalistischer Wandel es gestatten, daß unternehmerische Finanzakrobaten aufsehenerregende Reichtümer anhäufen, während die Spitzenmanager der neuen Großunternehmen zumindest gut bezahlt würden. Gleichzeitig wäre die gegenwärtige Mittelschicht unabhängiger Betreiber, Besitzer und Geschäftsinhaber gezwungen, für andere Leute zu arbeiten und zu einem Gehalt, das diese festlegen, während die meisten, heute gewerkschaftlich organisierten Angestellten ebenfalls mit sinkenden Einkommen auskommen müßten. Und das, obwohl es mehr Arbeitsplätze für jene geben würde, die derzeit keine Arbeit haben.

Die venezianische Gesellschaft würde sich in vielerlei Art und Weise verändern. Junge Menschen wären weit weniger von ihren Eltern abhängig und könnten sich aufgrund der neuen Arbeitschancen besser ihren Lebensunterhalt selbst verdienen oder ein eigenes Geschäft eröffnen. Die vielen jungen Leute, die heute aus finanziellen Gründen gezwungen sind, bis Ende Zwanzig oder noch länger zu Hause zu wohnen, hätten dann die Mittel, aus dem Elternhaus auszuziehen und allein zu wohnen, vielleicht auch zu heiraten und früher eine Familie zu gründen, als dies momentan der Fall ist. Dadurch würde sich die Geburtenrate erhöhen, die derzeit ungefähr die niedrigste der Welt ist. Venedig würde nicht mehr so unbeweglich wirken wie jetzt. Es wäre nicht länger beherrscht von denen, die bereits im Besitz von Genehmigungen und sicheren Arbeitsplätzen sind, und somit aufgeschlossener für alle möglichen Veränderungen. Das Machtverhältnis zwischen Alt und Jung würde sich zugunsten letzterer Gruppe verschieben und die Gesellschaft, die derzeit noch sehr gesetzt ist, vitaler werden.

Weniger erfreulich wäre dabei allerdings die starke Vergrößerung der gesellschaftlichen Distanz zwischen Arbeitgebern und Arbeitnehmern, die manchmal sogar zu einem interkontinentalen Verhältnis werden kann, sofern es sich beim neuen Arbeitgeber um einen multinationalen Konzern handelt. Selbst in Unternehmen, die in venezianischer Hand blieben, würden distanzierte Regelungen auf rein vertraglicher Basis die familiären Beziehungen zwischen Arbeitgebern und Arbeitnehmern ersetzen, die es heute noch gibt und die die gesamte Spannbreite von warmer Freundschaft und einem tiefen Gefühl gegenseitiger Verantwortung bis zu einem unerfreulichen Abhängigkeitsgefühl umfassen. Damit würden die venezianischen Tourismusunternehmen natürlich eine Veränderung durchlaufen, die schon vor fast zwei Jahrzehnten im übrigen Westeuropa begonnen hat, als familiäre Handwerksbetriebe Fabriken weichen mußten.

Die plötzliche Entlassung langjähriger Angestellter aus Kostengründen stellt beispielsweise heute für viele Arbeitgeber ein schlimmes Trauma dar. Es ist rechtlich sehr schwierig durchzusetzen, wenn nicht gar völlig unmöglich, und aufgrund hoher Abfindungen äußerst kostspielig. Durch den Turbo-Kapitalismus würde es wie in den Vereinigten Staaten zu einer bloßen Routine werden. Gleiches gilt natürlich auch für die Einstellung neuer Angestellter, die durch dieselben restriktiven Zwänge behindert wird, die jene schützen, die bereits Arbeit haben.

Glücklicherweise fehlt Venedig eine traditionell stigmatisierte Unterschicht, die als Folge von fehlenden Arbeitsplätzen entsteht, was zur Auflösung der Familien führt und eine Generation ungebildeter, arbeitsloser Jugendlicher produziert, Kandidaten für Drogen, Waffengewalt und Jugendhaftanstalten. Daher könnten die größeren sozialen Unterschiede, die der Turbo-Kapitalismus bringt, noch keine amerikanischen – oder auch englischen – Dimensionen annehmen. Es gäbe also keinen Grund, mit dem Bau von Gefängnissen zu beginnen, um Männer und Jugendliche der Unterschicht einzusperren, die als weniger wertvoll angesehen werden als die Bäume des Amazonas oder als vom Aussterben bedrohte afrikanische Tierarten.

Eine turbo-kapitalistische Revolution würde weit mehr verändern, als nur die Leistungsfähigkeit des freien Marktes nach Venedig zu bringen. Wie es sich für eine echte Revolution ziemt, würden radikale Veränderungen das venezianische Leben umgestalten und mehr wirtschaftliche Möglichkeiten, größere wirtschaftliche Unsicherheit, größeren Verdienst und eine größere Kluft zwischen Arm und Reich hervorrufen. Wie viele Venezianer würden all dies trotz des lähmenden Konservativismus dem heutigen Venedig vorziehen? Zugegeben, wenn es überhaupt eine Wahl geben würde, dann fiele sie aufgrund der Altersstruktur der heutigen Bevölkerung, die das Ergebnis von Italiens außergewöhnlich niedriger Geburtenrate und außergewöhnlich hoher Lebenserwartung ist, recht einseitig aus. In beiden Bereichen liegen die Venezianer weit über dem nationalen Durchschnitt. Die überwiegende Menge der Alten wird sich darum vermutlich selbstsüchtig dafür entscheiden, den Jüngeren, so auch ihren eigenen Kindern und Enkelkindern, eine Erweiterung ihrer wirtschaftlichen Möglichkeiten zu verweigern. Aber natürlich gibt es keine Wahl, es gibt nur die Flutwelle des Turbo-Kapitalismus, der heute nur schwach entgegengetreten wird, weil plausible alternative Zukunftsvisionen fehlen, wie die Volkswirtschaften anders funktionieren könnten.

Was für Venedig gilt, gilt in noch viel größerem Ausmaß auch für die ganze Welt. Es gibt viele Länder, dazu zählt auch Italien, in denen man immer noch im Begriff ist, staatliche Industrien und Dienstleistungen zu privatisieren und in denen der Turbo-Kapitalismus auf Landesebene weiter voranschreitet. Global gesehen werden nach wie vor zahllose Beschränkungen des internationalen Handels aufgehoben. Dadurch breitet sich der Turbo-Kapitalismus noch schneller aus. Seine Logik sieht vor, daß nichts der wirtschaftlichen Leistungsfähigkeit im Wege stehen sollte, weder blockierende staatliche Gesetze noch traditionelle Gewohnheiten, weder tiefverwurzelte Interessen noch Solidarität mit den weniger Glücklichen, weder willkürliche Privilegien noch der normale menschliche Wunsch nach Stabilität. Denn nichts darf den Wettbewerb behindern, der allein eine größere Leistungsfähigkeit durchsetzen kann, indem er die weniger effizienten Individuen, Firmen, Industrien, Standorte oder Länder verarmen läßt – und dies manchmal alles zur gleichen Zeit.

Ein Resultat kann man mit bloßem Auge erkennen. In amerikanischen Städten verändert sich das Stadtbild permanent. Alte Gebäude werden abgerissen, um Raum für eine effizientere Nutzung des Baugrundes zu schaffen. Unrentable Büroräume und Läden werden durch erfolgreiche Neueinsteiger ersetzt, ebenso kommen und gehen Restaurants und Cafés. Es gibt keine einschränkenden Genehmigungsverfahren, die in Europa und Japan immer noch weithin gang und gäbe sind und den alten Handel schützen, indem sie neue Geschäfte unterbinden. Bauvorhaben werden ganz unkompliziert genehmigt. Fast alle staatlichen Einrichtungen müssen sich nun auch den Kräften des Marktes stellen, und nur wenige Gebäude werden noch durch architektonische Vorschriften geschützt. All diese Faktoren tragen ihren Teil dazu bei, daß große wie kleine amerikanische Städte sich bereitwillig an die sich verändernden wirtschaftlichen Zwänge anpassen. Insgesamt gesehen macht sie das zu weitaus produktiveren Orten für Arbeit und geschäftliche Tätigkeiten als europäische Städte. Dafür sind sie aber auch weniger eine echte Heimat für ihre Bewohner. Der Turbo-Kapitalismus läßt keinen Raum für Gefühlsbindungen an alte Gebäude, alte Buchläden, alte Treffpunkte oder ähnliches. Es nimmt daher kaum Wunder, daß sich Amerikaner so sehr zu Städten wie Paris, Rom und Kyoto hingezogen fühlen, die weitaus weniger anpassungs- und leistungsfähig sind als New York, Chicago oder Los Angeles, dafür aber auch weitaus aufgeschlossener für das Leben der Menschen. Pariser, Römer und sogar Kyotos bekanntermaßen sehr traditionalistische Einwohner leben auch nicht gerade in uneingeschränkter Ruhe. Aber bei ihnen hat man stets das Gefühl, daß aufgrund ihres Zugehörigkeitsgefühls zu ihren Heimatstädten ihr persönliches Glück weitaus weniger von der Höhe ihrer verfügbaren Einkommen abhängt.

Unter turbo-kapitalistischer Herrschaft muß sich jeder einzelne an die ständigen Veränderungen anpassen oder unter den Folgen leiden. Am besten sollte man seine Möglichkeiten zweimal am Tag überprüfen, um zu entscheiden, ob man im gleichen Bereich, Beruf oder Arbeitsplatz bleibt oder ob man umgehend eine Alternative ergreift, die vielleicht an einem anderen Ort, in einem anderen Land oder auf einem anderen Kontinent eine größere Belohnung verspricht. So viel Unruhe mag sich nach einem unrealistischen Negieren normaler menschlicher Neigungen anhören. Aber für die Mitarbeiter der Investitionsbanken in der Wall Street, die sich im Zentrum der turbo-kapitalistischen Veränderungen befinden, ist ein solches instabiles Berufsleben bereits alltägliche Realität geworden. Fast täglich betreiben sie sogenanntes »networking«, um einen besseren Arbeitsplatz zu finden, ohne sich von einem unnötigen Gefühl der Loyalität gegenüber ihrem momentanen Arbeitgeber stören zu lassen. Allerdings bewer-

ten auch die Arbeitgeber das Kosten-Nutzen-Verhältnis einer
weiteren Beschäftigung ihrer Angestellten ständig aufs neue.
Die Investitionsbanken der Wall Street zahlen unglaublich gut,
Millionengehälter für mittlere Angestellte um die Vierzig sind
nichts Ungewöhnliches. Sogar untere Bankangestellte werden
gut genug bezahlt, um den reichsten Kokainmarkt der Welt
unterstützen zu können. Aber sie bieten keine sicheren Jobs
für die Angestellten, keinen Hort für eine lebenslange Karriere, kein beruhigendes Gefühl gegenseitiger Verpflichtung.
Sie liefern nur Beschäftigung in ihrer reinsten Form, reduziert
auf die bloße käufliche Substanz und ohne weitere persönliche
Befriedigung außer Geld.

DIE ZERSTÖRUNG DER GLAUBWÜRDIGKEIT

Die menschlichen Konsequenzen des Turbo-Kapitalismus sind
sowohl befreiend als auch zutiefst verstörend. Der Verlust der
individuellen Glaubwürdigkeit, den Friedrich Nietzsche schon
am Ende des 19. Jahrhunderts prophezeite, ist nun mit voller
Kraft über uns gekommen.

Es beginnt mit der unterbewußten Einverleibung einer
verlogenen Sprache – von »Vielen Dank, daß Sie mit der ...
Fluggesellschaft geflogen sind« bis zu dem heute fast schon
üblichen »Ich liebe Euch alle« in öffentlichen Ansprachen –
und endet mit dem Verlust der eigenen echten Menschlich-
keit. Nachdem man den ganzen Tag lang im Büro gelogen hat,
um Waren, Dienstleistungen oder sich selbst zu verkaufen,
geht das Lügen am Feierabend weiter, um bei gesellschaftlichen Zusammenkünften neue nützliche Geschäftskontakte zu
schaffen. Zu Hause macht man dann aus reiner Gewohnheit
weiter, bis man endlich den Punkt erreicht hat, an dem man
auch sich selbst belügt.

Diesen Prozeß der Entmenschlichung kann man am besten an der Person des modernen Fernsehpolitikers beobachten, der im Rampenlicht von seinen intimsten Sorgen erzählt, um dem Wahlvolk zu suggerieren, auch er habe echte Gefühle. Wären sie aber echt, dann würden sie ihm Stillschweigen abverlangen. Statt echter Gefühle bieten diese Politiker nur theatralische Imitationen, dies jedoch mit aller Ernsthaftigkeit, denn das ist alles, was sie haben.

Die vielbeachtete Fusion von Politik und Massenunterhaltung ist ein wichtiger Aspekt unserer turbo-kapitalistischen Zeiten. Das Symbol für diesen Zusammenschluß wird gern in der Person Ronald Reagans gesehen, ein Schauspieler, der Präsident der Vereinigten Staaten wurde, ohne jeden Zweifel seine beste Rolle. Aber dieses Beispiel ist irreführend, da Bühnenauftritte professioneller Politiker sehr viel häufiger sind als ein Berufsschauspieler, der mit Erfolg in die Politik wechselt.

Es trifft natürlich zu, daß Führer, die um öffentliche Unterstützung werben, schon immer versucht haben, ihre Staatskunst mit theatralischem Talent auszuschmücken. Schon in der Antike wurden politische Reden deklamiert und nicht nur gesprochen. Doch es gibt einen grundlegenden Unterschied zwischen den Schauspielkünsten von Lincoln oder Churchill und denen von Tony Blair oder Bill Clinton. Erstere behaupteten ihre Führungsposition nicht nur durch große Gesten und Worte, sondern auch durch Taten. Die beiden anderen benutzen die Auftritte in der Öffentlichkeit als *Ersatz dessen*, was sie in Wirklichkeit nicht zustande bringen können. Clinton überlistet den Kongreß und dessen Budgetkürzungen, indem er selbst Kürzungen in der Sozialhilfe vorschlägt. Zugleich demonstriert er die ganze Zeit über eifrig Einfühlungsvermögen mit den Armen und sucht bei seinen Besuchen in innerstädtischen Sozialwohnungen und Schulen nach Gelegenheiten, diese Menschen anzufassen und zu umarmen. Auch Blair führt den hartherzigen Politikstil der Ära Thatcher gegenüber den Verlierern des Turbo-Kapitalismus fort, obwohl er keine Gelegenheit ausläßt, sein tiefes Mitgefühl für die weniger Glücklichen zum Ausdruck zu bringen.[2]

Es ist nicht ganz gerecht, wenn man politische Führer aus Kriegszeiten, die täglich Gelegenheit hatten, große Taten zu vollbringen, mit ihren Nachfolgern in Friedenszeiten, in denen Etats zusammengestrichen werden, vergleicht. Letztere können nur sehr wenig Greifbares zustande bringen. Nichtsdestotrotz drängt sich die Schlußfolgerung förmlich auf, daß mittlerweile die eigentliche Materie durch ein bloßes Abbild ersetzt wurde. Vor zwanzig Jahren bekamen zum Beispiel die verdienten Besucher, die einen Präsidenten oder Premierminister zu einer kurzen Unterhaltung trafen, hinterher ein Erinnerungsfoto von der Begegnung mit diesem prominenten Mann, das ordnungsgemäß signiert oder sogar mit einer Widmung versehen war. Heute werden sehr viele Besucher nach Plan innerhalb von 120 Sekunden hinein- und wieder hinausgeführt, nur damit sie sich mit dem Präsidenten ablichten lassen können. Hinterher erhalten sie ein maschinell signiertes Foto zur Erinnerung an eine Unterhaltung, die niemals wirklich stattfand.

Die turbo-kapitalistischen Wettbewerbszwänge führen natürlich nicht zwangsläufig zu diesem speziellen Fall der Zerstörung der persönlichen Glaubwürdigkeit. Aber es hätte kaum zu einer weitverbreiteten Praxis werden können, wenn die Betroffenen nicht aufgrund kommerzieller Manipulationen bereits vollständig daran gewöhnt wären, verlogene Bilder anstelle wesentlicher Inhalte hinzunehmen oder als Inhalt zu akzeptieren. In einigen Branchen ist dies mittlerweile zur normalen Verfahrensweise geworden, beispielsweise bei der Vermarktung von Parfümflaschen mit dem Namen berühmter Modedesigner, als impliziere die Fähigkeit, elegante Kleidung zu entwerfen, auch eine Qualifikation für das Mischen von Düften. Ein anderes Beispiel sind einfache T-Shirts, die eigentlich nicht mehr als zwei Dollar kosten, aber für zehn oder zwanzig Dollar verkauft werden, nur weil sie den Namenszug eines Haute-Couture-Designers tragen, und überhaupt die Vermarktung von Produkten durch eine für das Produkt völlig irrelevante Verbindung mit einem berühmten Namen. Da sie durch diese Realitätsverschiebungen bereits indoktriniert sind, beschweren sich die von weither angereisten Hauptpersonen der 120-Sekunden-Treffen im Weißen Haus auch nicht. Im Gegenteil, sie stellen das schön gerahmte Bild vor bewundernden Besuchern zur Schau. Nicht wenige ertappen sich später selbst dabei, wie sie sich weitläufig über die Themen ihrer Unterhaltung mit dem Präsidenten auslassen, bis das Foto manchmal sogar an einen ganzen Tag oder sogar an ein Wochenende voller vertraulicher Gespräche mit dem amerikanischen Staatsoberhaupt zu erinnern scheint. Nach einer Weile werden viele ganz zwangsläufig selber an diese fotografische Lüge glauben.

Der Verlust der persönlichen Glaubwürdigkeit geschieht bis zu einem gewissen Grad freiwillig. Für viele Menschen ist der vorsätzliche Rückzug von der Realität in eine Traumwelt, in der sie viele verschiedene Rollen spielen, tatsächlich die beste Wahl, die ihnen bleibt. Und für Industriemagnaten, Konzernbosse, führende Politiker und andere Karrieristen ist es das beste Mittel zum Erfolg. Würden sie an höhere Zwecke oder auch einfach nur an echte eigene Wünsche denken, und nicht daran, andere Leute zu beeindrucken, würde das ihre öffentliche Darbietung ruinieren.[5]

Die Zerstörung der Glaubwürdigkeit geht weit über das Leben des einzelnen hinaus und sucht diverse Berufsfelder heim. Der Turbo-Kapitalismus erobert nicht nur Märkte und wirtschaftliche Beziehungen, sondern dehnt den Zugriff des Markts auf jeden Bereich menschlicher Aktivität aus. In diesem Prozeß werden beispielsweise die *Inhalte* von Medizin, Kunst, Literatur und Sport völlig verzerrt, indem die persönliche Befriedigung sowie die uneigennützigen Motive und ethischen Grenzen, die ursprünglich einmal vorhanden waren, durch Geld ersetzt werden, und zwar durch große Summen

Geldes, die allerdings nicht unbedingt den Protagonisten selber zugute kommen.

Über die weitreichende, turbo-kapitalistische Eroberung der Medizin in den Vereinigten Staaten muß nicht viel gesagt werden. Wenn es um das Verschreiben von Therapien für die einzelnen Patientengruppen geht, sind heutzutage die Buchhalter wichtiger als die Ärzte. So streben Chirurgen während ihrer beruflichen Laufbahn nach einem Diplom in Betriebswirtschaft, anstatt sich auf ihrem Fachgebiet weiterzubilden. Und das aus gutem Grund: Während die Topmanager der Gesundheitsfürsorge und der Krankenhauskonzerne Aktienbezugsrechte erhalten, die Millionen Dollar wert sind, ist das Durchschnittseinkommen der Angehörigen der medizinischen Berufe gleichgeblieben oder gesunken.

Man hört oft, daß sich das Resultat der turbo-kapitalistischen Entwicklung in der Medizin in einem schwindenden Vertrauen niederschlägt, das immer weitere Kreise zieht. Denn nichts hat sich in der Medizin geändert, seit sich der Arztberuf in der Antike herausbildete. Patienten, die ihre Rechnungen aus eigener Tasche bezahlen und von denen bekannt ist, daß sie wohlhabend sind, können niemals mit Sicherheit wissen, ob die Therapie, der Test oder die Operation, die angeordnet wurde, tatsächlich der Verbesserung ihrer eigenen Gesundheit dient oder nur das Einkommen des Arztes vergrößern soll. Dies trifft zwar mehr oder weniger auch auf andere Länder zu, dennoch bürgerte sich die Praxis, systematisch »zweite Meinungen« einzuholen, bevor man kostspielige (oder gefährliche) Behandlungsmethoden akzeptiert, nicht zufällig in den USA, dem Land der geschäftstüchtigen Ärzte, zuerst ein. Heute ist dieses vernünftige Verhalten weitverbreitet und weist deutlich auf ein abnehmendes Vertrauen in die Kompetenz oder die Ehrlichkeit der Ärzte hin.

Neu am Turbo-Kapitalismus ist außerdem noch ein anderes Beispiel seiner vielen strukturellen Veränderungen, nämlich die massenhafte Umwandlung von medizinischen Einrichtun-

gen in gewinnorientierte Unternehmen. Die Universitätsklini-
ken in den USA sind deswegen in großen Schwierigkeiten. Sie
bieten ihren Patienten die fortschrittlichste und damit oft auch
die teuerste Pflege, und zwar, wenn es für notwendig erachtet
wird, über die Erstattungshöchstgrenzen der Krankenversiche-
rungen hinaus. Außerdem kann ein großer Teil der dort vorgenommenen Forschungen nicht eingepackt und verkauft werden. Öffentliche Krankenhäuser auf der ganzen Welt stehen in
Zeiten der Deflation und der Etatkürzungen unter Druck,
so auch Amerikas städtische Krankenhäuser, in denen die
Notaufnahmen mittlerweile für obdachlose oder verwirrte
Patienten den Hausarzt ersetzen müssen. Gemeinnützige, auf
Gegenseitigkeit beruhende Versicherungsunternehmen wie
Blue Cross/Blue Shield in den Vereinigten Staaten befinden
sich ebenfalls auf dem Rückzug. Denn die starke Zunahme
höchst kostspieliger Behandlungsmethoden und Untersuchungen läuft ihrem ursprünglichen Konzept zuwider, die Medizin
den Ärzten zu überlassen und deren Gebühren einfach nach
bestimmten Festsätzen zu bezahlen.

An die Stelle der unterschiedlichen Wohlfahrtseinrichtun-
gen sind nun medizinische Unternehmen getreten, die sich
bei der Wall Street und bei Investoren allergrößter Wertschät-
zung erfreuen. Daher findet man im amerikanischen Gesund-
heitswesen mittlerweile gewinnorientierte Krankenhäuser, die
jene Patienten systematisch zu aufwendig behandeln, die
automatisch über die staatlichen Einrichtungen Medicare (für
Senioren) und Medicaid (für die Armen) versichert sind,[4] und
auch Organisationen zur Gesundheitspflege, die ihre Klienten
systematisch unterdurchschnittlich behandeln, weil sie nur
eine jährliche Pauschale bezahlen. Wenn ein Arzt eine Behandlung, eine Untersuchung oder eine Operation für überflüssig hält, weiß der Patient nie, ob dies auf seine unerwartet
gute Gesundheit zurückzuführen ist oder auf den unbarmher-
zigen Druck des Medizinkonzerns, Geld zu sparen. Dadurch
haben die Patienten kein Vertrauen mehr in ihre Ärzte. Und

diese können auch in sich selber nicht mehr ausreichend Vertrauen haben, auch tatsächlich im besten Interesse des Patienten zu handeln. Denn wenn sie die Kostengrenzen überschreiten und sie in Verdacht geraten, zu sorgfältig auf die Gesundheit ihrer Patienten zu achten, verlieren sie ihren Arbeitsplatz. Vertrauen ist ein großes Wort, aber in diesem Fall kann es gar nicht groß genug sein, denn in Wirklichkeit geht es um das gesamte menschliche Verhältnis zwischen Arzt und Patient, das durch die dazwischen geschalteten finanziellen Berechnungen auf verhängnisvolle Weise untergraben wird.

Der Sport vereinte schon immer Unterhaltung, Wettbewerb und das Streben nach persönlicher Anerkennung in sich, und einige Sportarten waren schon seit langer Zeit auch eine Quelle für Einkünfte und Gewinne. Empörte Kommentare darüber, daß bei angeblichen Amateurwettkämpfen Geld den Besitzer wechselte, gab es schon bei den panhellenischen Spielen von Olympia, Delphi, Korinth und Argos, die 776 v. Chr. begannen und bereits im fünften Jahrhundert v. Chr. kommerzialisiert wurden. Auch Pausanias, der aus Kleinasien stammende griechische Schriftsteller, berichtet amüsiert über einen Box-Bestechungsskandal aus dem ersten nachchristlichen Jahrhundert.

Bereits lange vor der Ankunft des Turbo-Kapitalismus waren der Fußball in Europa und in großen Teilen der Welt, Eishockey in Kanada, Baseball, American Football und Basketball in den Vereinigten Staaten und eine ganz besondere Version des Baseballs in Japan einerseits beliebte Hobbies und andererseits ein Riesengeschäft. Aber heute erlaubt man keiner Sportart, wie ausgefallen und spezialisiert sie auch sein mag, ob Mannschafts- oder Einzelsport, ob Sport für Profis oder für kleine Kinder, die ein zahlendes Publikum und/oder Sponsoren anziehen kann und deren Übertragungsrechte sich an Fernsehanstalten verkaufen lassen, einfach nur Sport zu bleiben. Nein, man muß ein Spektakel daraus machen, das höchste Einnahmen garantiert.

Das Ausmaß, wie turbo-kapitalistische Praktiken eine Sportart grundlegend negativ verändert haben, läßt sich am Beispiel von Marathon- und anderen Langstreckenrennen zeigen. Eigentlich müßte gerade dieser Sport einer Kommerzialisierung am stärksten widerstehen. Schließlich finden Marathonläufe nicht in einem geschlossenen Stadion statt, die Öffentlichkeit kann also weder ausgeschlossen noch dazu gezwungen werden, Eintrittskarten zu kaufen. Sponsoring kommt natürlich für alle Sportarten in Betracht, aber bei Langstreckenläufen gibt es außer der Zielgeraden keinen optisch interessanten Punkt, den die Kamera bei der Fernsehübertragung ins Visier nehmen könnte.

Trotzdem wurde aufgrund kommerzieller Interessen die wichtigste Regel des Sports an sich abgeschafft: Der Beste und nicht einer der Verlierer muß als erster durchs Ziel kommen. Das Problem beim Langstreckenlauf sind kenianische Athleten aus den Hochebenen dieses Landes, die aufgrund ihres heimatlichen Geländes und ihrer Traditionen überaus begabte Langstreckenläufer sind. Seit Kip Keino 1968 die Goldmedaille bei den Olympischen Spielen in Mexico City gewann, haben Läufer aus dem Hochland von Kenia die Hindernisse der Armut überwunden (ein Flugticket ist dort soviel wert wie das Vermögen eines reichen Mannes), um in der ganzen Welt an Langstreckenläufen teilzunehmen, bei denen es Preisgelder zu gewinnen gibt. Einige tausend Dollar können für einen Menschen in Kenia schon äußerst nützlich sein. In der Saison 1997–1998 gewannen Läufer aus Kenia sechs der acht Rennen des Professional Road Racing Circuit, einer Veranstaltungsreihe von kommerziellen Laufwettbewerben in den Vereinigten Staaten.

Im Jahr 1997 gewannen sie Marathonrennen in New York, Boston und Honolulu sowie weitere Langstreckenrennen auf der ganzen Welt, von Mexiko bis Marokko.

Zwar sind die Kenianer glänzende Läufer, aber dafür haben sie ansonsten schwerwiegende Defizite: Sie sind wortkarg, einige können nur sehr schlecht Englisch, wiederum andere beantworten Fragen gerade einmal mit dem Allernötigsten. Es häufen sich Beschwerden von Fernsehjournalisten, daß es keine »Geschichten« mehr geben würde, weil sie nicht wüßten, »wer die Kenianer sind«, und weil sie nicht »mit ihnen kommunizieren« könnten. Selbstverständlich kann nicht das Rennen selbst im Mittelpunkt der Berichterstattung über ein Langstreckenrennen stehen. Man benötigt eine menschlich anrührende Geschichte, ein Interview mit einem verschwitzten Läufer.

Das Resultat war katastrophal: Die Medienberichterstattung wurde eingeschränkt. Dies mißfiel wiederum den Sponsoren aus den Konzernen, die das Preisgeld zur Verfügung stellen. Die Organisatoren der Rennen befanden sich darum in einer Zwickmühle: Entweder mußte die Grundregel des Sports daran glauben, oder es drohte der Verlust der finanziellen Beiträge aus der Wirtschaft. Angesichts der heutigen Werteordnung war das Ergebnis unausweichlich:

– 1997 waren sechs Kenianer unter den ersten acht des Boulder–Boulder-Rennens. Ab 1998 dürfen nur noch drei Kenianer am Wettbewerb teilnehmen; jeder Amerikaner, der unter den ersten fünf ist, erhält das doppelte Preisgeld.
– Beim George-Sheehan-Rennen in New Jersey wurden fünfköpfige Teams eingeführt, eigens zum Zweck, um kenianische Läufer auszuschließen, da diese sich keine fünf Flugtickets leisten können, um einen Preis zu gewinnen.
– Die Organisatoren des Pittsburgh Marathon fanden eine noch einfachere Lösung: Sie vergeben das Preisgeld mittlerweile nur noch an Amerikaner.
– Viele Veranstalter haben sich nun dem USA Circuit angeschlossen, der für Kenianer nicht interessant ist, da nur an amerikanische Bürger Preisgelder bezahlt werden.
– Das Harvard Pilgrim-Rennen in Cape Cod zahlt einen besonderen Bonus an amerikanische Läufer – 1997 erhielt der beste Amerikaner 4.000 Dollar für den elften Platz.

– Die Organisatoren des Gate River-Rennens in Jacksonville,
Florida, das von der Firma Gate Petroleum unterstützt wurde, waren die Vorreiter: Nach einigen kenianischen Siegen
hörten sie 1994 auf, Preisgelder an ausländische Teilnehmer
zu vergeben.

Doug Alred, der Direktor des Gate River-Rennens, erzählte
einem Journalisten, daß sich die neuen Regeln gelohnt hätten,
als Todd Williams, der amerikanische Gewinner des Rennens
von 1998, alles viel besser machte als seine kenianischen Vorgänger. Er war zwar zugegebenermaßen langsamer, aber in
einem Fernsehinterview verkündete Alred stolz, daß Todd
Williams hinterher gesagt habe: »Ich liebe Jacksonville, und
ich liebe Gate«.⁵ So also definiert sich sportliches Benehmen
für Mr. Alred und für Gate Petroleum.

Es ist daher kaum überraschend, daß der äußerst gewinn-
bringende American Football im Lauf der Zeit so sehr defor-
miert wurde, daß die Spiele im Einklang mit der Fernseh-
werbung sogar stillschweigend ungefähr alle zwölf Minuten
unterbrochen werden. Pflichtschuldigst tun alle so, als »pau-
siere« das Spiel rein zufällig, und das auch noch in jedem
Spiel. Football ist nichts weiter als ein Riesengeschäft, und die
Vorspiegelung falscher Tatsachen gehört nun einmal zur Vermarktung dazu. Bemerkenswerter ist allerdings, daß sogar die
ökonomische Belanglosigkeit von Langstreckenrennen nicht
ausreichte, um sie vor den zerstörerischen Folgen turbo-kapitalistischer Zwänge zu bewahren.

Die weitaus größere Bedeutung dieser schäbigen Preisgabe
alter Werte zeigt sich in einer ganz anderen, neuen Mentalität.
Zwei Dinge werden einfach hingenommen: zum einen die
Tatsache, daß wesentliche Inhalte durch banale Geldschneide-
rei ersetzt werden, und zweitens die Aufwertung dieser Profit-
gier zu einem übergeordneten Wert, mit dem sich Entscheidungen legitimieren lassen. Der Ausschluß der kenianischen
Läufer bekommt deswegen seine Gültigkeit, weil dadurch wei-

ter Sponsorengelder von Wirtschaftskonzernen fließen. Anders gesagt, auch bei einer Tätigkeit, die nicht primär etwas mit Wirtschaft zu tun hat, haben finanzielle Überlegungen Vorrang vor allem anderen. Natürlich gilt dieses Prinzip auch für weitaus bedeutendere Dinge als den Langstreckenlauf.

Rembrandt war ein eifriger, wenn auch erfolgloser Geschäftsmann, und auch lange vor ihm versuchten Künstler bereits, mit ihren Werken soviel Geld wie möglich zu verdienen. Aber erst heute respektiert man einen Künstler nur dann, wenn er seine Kunst auch gut verkaufen kann. Ist er dazu aber nicht in der Lage, wird dies als ausreichender Beweis seines künstlerischen Versagens gewertet. Natürlich reagieren die Künstler entsprechend: Anstatt Kunstwerke zum Verkauf anzubieten, die sie aus einer inneren schöpferischen Eingebung heraus anfertigten, orientieren sie sich von vornherein mit ihrer Kunst an dem, was sich Galeristen zufolge gut verkaufen läßt. Das ist grundsätzlich nichts Neues. Der Unterschied liegt jedoch im Ausmaß: Wie sehr ist der künstlerische Inhalt der Kunstwerke schon verdrängt worden? Der Schiffbruch der derzeit produzierten Kunst deutet darauf hin, daß der Grad der Verdrängung stark zugenommen hat. Aber die Malerei und die bildenden Künste sind vielleicht ein zu flüchtiges Thema, um überzeugende Schlußfolgerungen zu ziehen. Es gibt ein weitaus besseres Beispiel: die Literatur.

Die Verlagsbranche war früher für ihre Leistungsschwäche berüchtigt. Die Gewinne der meisten Verlage waren so niedrig, daß sie im Gegensatz zu anderen Unternehmen kein Kapital ansammeln konnten, indem sie Anteile an branchenfremde Investoren verkauften. Die Wall Street und auch die Londoner Börse verachteten die Branche. Statt dessen wurde das Kapital von sehr geduldigen Familien zur Verfügung gestellt, die niedrige Erträge aus ihren Investitionen in Kauf nahmen, sowie von reichen Menschen, die ihr Geld in anderen Bereichen verdienten und sich nach der Reputation eines Verlegers sehnten. Als Folge davon waren die meisten Verlage mit deutlich zu wenig Kapital ausgestattet, was sich in schäbigen Möbeln, durchgelaufenen Teppichen und heruntergekommenen, überfüllten Räumen zeigte. Der Cash-flow war geradezu katastrophal, denn die Ausgaben für die Buchproduktion werden früh fällig, während die Buchhändler erst recht spät bezahlen. Der Nettogewinn war nur gering, und Bankrott wurde dadurch vermieden, daß man den Angestellten ein viel zu geringes Gehalt bezahlte. Schlechtbezahlte Geschäftsführer bewiesen eine bemerkenswerte Unfähigkeit für das Geschäftliche, konnten unnütze Ausgaben nicht einschränken, beherrschten weder die Gesetze sparsamer Personalpolitik noch die des Marketing. Die noch schlechter bezahlten Lektoren waren sogar noch weniger geschäftstüchtig. Den größten – ökonomischen – Schaden richtete ihre Eigenart an, darauf zu bestehen, das zu veröffentlichen, was sie »wichtige« Werke nannten, Bücher, die sie als wichtig für den kulturellen Fortschritt bezeichneten, auch wenn sich nur einige wenige Exemplare verkauften.

Während einige dieser exzentrischen Lektoren überlebten, hat sich doch ein großer Teil der Branche unter dem Einfluß turbo-kapitalistischer Entwicklungen verändert. Sie ist nun zu einer leistungsfähigen Industrie geworden, die von gigantischen Konglomeraten beherrscht wird, deren Kapitalerträge von der Wall Street als akzeptabel betrachtet werden. Allerdings hat dafür der Inhalt Schaden genommen: Die Verlagsbranche ist in kultureller Hinsicht heruntergekommen. Wir reden hier nicht von der Unergründlichkeit der Kunst; vielmehr gibt es Tatsachen, die man tatsächlich beobachten kann.

Vor der turbo-kapitalistischen Revolution wurden die Bestände nicht verkaufter Bücher gewöhnlich einige Jahre lang gelagert (die sogenannte Backlist). Man verkaufte davon etwa zehn oder zwanzig Bücher pro Jahr an anspruchsvolle Leser oder an Literaturwissenschaftler, die sie dringend benötigten. Heute aber ist es so, daß man Bücher nach einer kurzen Phase, in der sie zum vollen Preis angeboten werden, schnell »verramscht«, d. h. sie werden in großen Mengen zu Tiefstpreisen verschleudert. Was übrigbleibt, wird eingestampft. Dadurch läßt sich viel Geld sparen. Aber andererseits wird damit die Kultur (und der Müll) vernichtet, die die Backlist der Verlage früher verkörperte. Heutzutage erscheinen Bücher und sind auf der Stelle vergriffen. Wenn ein leidenschaftlich interessierter *Fan* den immer noch unbekannten Dichter lesen möchte, muß er sich das Buch aus der Bibliothek holen und es kopieren. Wenn ein Forscher ein mehrbändiges Werk benötigt, das zum Kopieren zu umfangreich ist, hat er eben Pech gehabt.

GRENZENLOSES WACHSTUM

Die Befürworter des Turbo-Kapitalismus sind sich seines größten Mangels schmerzhaft bewußt: Während er seine Zerrüttungen gleichmäßig auf alle verteilt, kommen seine Vorteile nur unverhältnismäßig wenigen Menschen zugute. Der gelenkte Kapitalismus in seinen verschiedenen Ausprägungen funktionierte in dieser Hinsicht ganz anders. Er einte die Gesellschaften, indem er die armen und nicht begüterten Mitglieder der Gesellschaft in die Mittelschicht hob und nur die Einkommen an der obersten Spitze drückte. Nur eine kleine Handvoll der vielen, die dem amerikanischen Beispiel folgen und die zahlreichen Beschränkungen des gelenkten Kapitalismus niederreißen wollen, sind sich der Folgen bewußt, die auftreten, wenn die Nationen durch eine Rückkehr zur Ungleichheit vorindustrieller Zeiten gespalten werden. Solche Befürchtungen bekümmern die wahren Gläubigen nicht, da sie davon überzeugt sind, daß der Turbo-Kapitalismus auch eine Lösung für die Ungleichheit parat hält: schnelleres Wirtschaftswachstum, das durch noch mehr Technologie, Deregulierung und Globalisierung ewig in Gang gehalten werden soll.

Welche Technologien die Zukunft bringen wird, läßt sich nicht mit Sicherheit vorhersagen. Fortschritte hängen von unvorhersehbaren wissenschaftlichen Durchbrüchen ab, während sich ihre wirtschaftlichen Konsequenzen ebenso schlecht prophezeien lassen. Als Elektromotoren auftauchten und für den Antrieb der verschiedensten Maschinen in den Fabriken eingesetzt wurden, ersetzten sie viel menschliche Arbeitskraft und die Dampfmaschine. Zugleich entstand mit Hilfe von Elektromotoren aber auch eine große Vielfalt neuer Produkte, von Straßenbahnen bis hin zu Ventilatoren, für deren Herstellung wiederum zahlreiche Menschen benötigt wurden. Indem sie darüber hinaus die Produktivität der Arbeit, die mit ihnen verrichtet wurde, steil ansteigen ließen, schufen elektrische Motoren neuen Reichtum, der wiederum dazu verwendet wurde, Küchen und Haushalte durch die Ausstattung mit Haushaltsgeräten zu modernisieren, die ebenfalls zum Teil elektrisch angetrieben wurden.

Sobald sich die Folgen und die daraus resultierenden Gegenfolgen erschöpft hatten, erwiesen sich Elektromotoren als wichtige Triebfeder zur Schaffung neuer Arbeitsplätze. Dagegen war die Informationstechnologie bis jetzt nur ein Zerstörer von Arbeitsplätzen. Es läßt sich also unmöglich vorhersagen, wie sich die Dinge in der Zukunft entwickeln werden, sobald Folgen und Gegenfolgen aufeinanderprallen. Und über noch unbekannte Technologien kann man schon überhaupt keine Prognosen aufstellen.

Es ist allerdings nicht nötig, sich derart zurückhaltend über die Zukunft der Idee vom Wachstum als Allheilmittel zu äußern. Auch bei weit geringeren Wachstumsraten als früher – etwa 2,5 Prozent pro Jahr im Gegensatz zu 4 Prozent in den fünfziger und sechziger Jahren – ist die Wirtschaft der Vereinigten Staaten seit 1978 durch permanente Steigerungen stark gewachsen. Dennoch ist es ganz offensichtlich, daß Wachstum unter turbo-kapitalistischen Bedingungen gesellschaftliche Ungerechtigkeiten vergrößert und nicht verkleinert. Natürlich lautet das Rezept auf *schnelleres* Wachstum. Dabei ist nicht geklärt, wie sich ein schnelleres Wachstum aufrechterhalten läßt, und auch nicht, weshalb es die Ungleichheit reduzieren und nicht noch weiter verstärken sollte. Die Hauptursache des Problems war schließlich in dem strukturellen Wandel begründet, den der Turbo-Kapitalismus mit sich brachte. Bei schnellerem Wachstum vollzieht sich dieser Wandel noch schneller und verstärkt dann vermutlich das Ungleichgewicht noch stärker.

Es ist völlig unlogisch, davon auszugehen, daß ein Prozeß, der ein bestimmtes Ergebnis zeitigte, in diesem Fall die wachsende Ungleichheit, nun plötzlich das Gegenteil bringen wird, sofern er schneller ablaufen würde. Natürlich kann so etwas durchaus vorkommen. Es *gibt* paradoxe Entwicklungen, deren Folgen einen Höhepunkt erreichen und dann wieder umkippen. Wie wir gesehen haben, ist die Logik des Konflikts tatsächlich immer in sich widersprüchlich, so daß sich die Gegenparteien am Ende doch wieder treffen, nachdem der Höhepunkt des Konflikts überschritten ist. Es ist jedoch nicht nur simple Logik, die sich gegen die Empfehlung eines von den Befürwortern des Turbo-Kapitalismus vertretenen schnelleren Wachstums wendet, sondern vielmehr die Besonderheit dieses Falls: Die gesellschaftliche Ungleichheit nimmt unter dem Turbo-Kapitalismus weiter zu. Denn sowohl das Entstehen neuer Möglichkeiten als auch die Beseitigung traditioneller Berufe und anderer Einnahmequellen werden beschleunigt. Folglich wird Behendigkeit belohnt und Gleichmut bestraft. Schnelleres Wachstum würde diese Dynamik noch weiter beschleunigen und unbewegliche Arbeiter sogar noch mehr als bisher hinter sich zurücklassen, während die Finanzjongleure in noch größerem Ausmaß begünstigt würden. Sie sind schließlich am besten dazu in der Lage, flüchtige Gelegenheiten zu ergreifen.

Solange keine andere Lösung in Sicht ist, muß akzeptiert werden, daß es *keine* anderen Rezepte für die gestiegenen und weiter ansteigenden Ungerechtigkeiten bei der Einkommens- und Wohlstandsverteilung gibt als politische Instrumente, nämlich den Einsatz der Staatsmacht, um den Turbo-Kapitalismus an sich oder seine Folgen durch eine Umverteilung der Einkommen zu modifizieren. Ersteres wurde schon früher versucht, durch staatliche Einflußnahme und Planung oder, ganz offen, durch Verstaatlichung. Auch Umverteilung wird in den hochstehenden Industrienationen momentan schon durch progressiv gestaffelte Einkommenssteuern in Angriff genommen. Heute herrscht allerdings ein Klima vor, in dem der Gedanke, der Staat solle den Markt zähmen, anstatt seine Dynamik noch mehr zu entfesseln, nicht mehr ausgesprochen, ja, eigentlich nicht einmal mehr gedacht werden darf. Und was eine nachträgliche Umverteilung betrifft, so ist für Wirtschaftsliberale allein die bloße Idee bereits vollkommen absurd: Einkommen werden von einzelnen Menschen verdient, und Reichtümer werden von einzelnen Menschen angehäuft. In ihren Augen hat der Staat also ebensowenig das Recht, einem Menschen sein Einkommen oder seinen Reichtum zu nehmen wie sein Leben.

Für Konservative besteht die Hauptmotivation, in die Politik zu gehen, darin, das zu verhindern, was ihnen als Mißbrauch der Politik zum Zweck der Umverteilung gilt. Die Linke jeder Couleur und Ausrichtung hat zwar gegen Umverteilung keinerlei Einwände, und doch wird sie weitgehend durch das Argument gelähmt, daß eine Einkommensumverteilung den Anreiz schwächt, mehr zu arbeiten, um mehr zu verdienen. Gleichzeitig dämpft sie den Antrieb, Wohlstand überhaupt anzuhäufen, was ja im Grunde genau das Grundprinzip für ein solches Verhalten darstellt.

Als die Weltwirtschaftskrise der dreißiger Jahre die Menschen jener Länder heimsuchte, die fortschrittlich genug waren, am internationalen Handel teilzunehmen, waren alle Geschäftsleute, Bankiers und Wirtschaftswissenschaftler einer Meinung, daß das einzig mögliche Gegenmittel eine Kürzung der Staatsausgaben sei. Wir wissen heute, daß genau das Gegenteil richtig gewesen wäre. Viel hätte erreicht werden können, wenn man einfach Geld gedruckt hätte, um öffentliche Projekte zu finanzieren und die Menschen damit wieder in Lohn und Brot zu bringen. Die größere Nachfrage, die dadurch entstanden wäre, hätte wiederum Dritten zu einem Arbeitsplatz verholfen. Wenn alle großen Länder dies gemeinsam durchgeführt und die wechselseitigen Importquoten mehr oder weniger gleichzeitig gesteigert hätten, wäre die gesamte Weltwirtschaft wieder nach oben gebracht worden. Solche Kooperationen hätten den Ländern die Chance einer Defizitfinanzierung gegeben, ohne ihre Devisenreserven erschöpfend anzugreifen und ohne Importbeschränkungen einzuführen.

Doch auch ohne eine solche abgestimmte harmonische Politik wäre es besser gewesen, Importbeschränkungen einzuführen als die fürchterlichen Arbeitslosenzahlen zu tolerieren, die in den USA, England und Deutschland während der schlimmsten Jahre sogar bis auf 30 Prozent anstiegen. Dies hätte den Lebensstandard »aller« gesenkt, am Ende aber den Lebensstandard von weitaus mehr Menschen wieder aussteigen lassen, da damals ein großer Teil der Arbeiterschaft wegen der zusätzlichen Nachfrage der Import-Substitutions-Industrien höhere Löhne erhalten hätte.

Tatsächlich wurde der Welthandel aber durch eine starke Zunahme von Devisenkontrollen, Importgenehmigungen, Quoten, kompletter Importverbote und hoher Zölle vernichtet. Dadurch verschärfte sich die schlechte Situation zusätzlich, denn die Beschäftigung in den Exportindustrien aller Länder nahm ab. Aufgrund ihrer Leistungsschwäche hätten gerade die Import-Substitutions-Industrien sogar noch mehr Menschen Arbeit geben können, um jene Produkte herzustellen, die zuvor importiert wurden, hätte der Monetarismus damals nicht die Nachfrage abgewürgt und die Deflation noch künstlich vergrößert.

Am Ende löste der Zweite Weltkrieg das Problem, gerichtig war, weil die Massenarbeitslosigkeit in Deut und Japan viel zum Ausbruch des Krieges beigetrager Die Not der Kriegszeiten zwang die Regierungen dazu, eine Maßnahme zu ergreifen, vor der die orthodoxe Wirtschaftsdoktrin all die Jahre strengstens gewarnt hatte, nämlich Geld zu drucken und damit Leuten Arbeit zu verschaffen. Doch bevor die militärischen Zwänge wirksam wurden, konnten damals angesehene Politiker nichts anderes tun, als der anerkannten professionellen Meinung beizupflichten. Also überließ man es einigen wenigen radikalen Außenseitern, die herrschende wirtschaftswissenschaftliche Meinung herauszufordern – Oswald Mosley, der aus der Labour Party austrat und 1932 die Union of Fascists gründete, in Großbritannien ohne Erfolg und Hitler in Deutschland nur zu erfolgreich.

Heute sind die Demokraten und Republikaner in den Vereinigten Staaten, Tories und Labour in Großbritannien, Gaullisten und Sozialisten in Frankreich, Christdemokraten und Sozialdemokraten in Deutschland, Linke und Rechte in Italien und viele andere Politiker der etablierten politischen Parteien in Westeuropa gleichermaßen unfähig, mit den Herausforderungen des Turbo-Kapitalismus fertig zu werden. Sie haben weder eine einzige Antwort auf das drängende Gefühl wirtschaftlicher Unsicherheit, das so viele ihrer Wähler quält, noch auf das Problem, daß die strukturelle Arbeitslosigkeit in den westeuropäischen Ländern mittlerweile weitverbreitet ist und damit die schlimmsten Befürchtungen schreckliche Realität geworden sind. Statt dessen können sie nur vergeblich Versprechungen für ein stärkeres Wachstum machen, das durch die Zauberkraft einer noch dynamischeren Wirtschaft in Gang gesetzt werden soll. Während konservative Parteien sich selbst widersprechen und sowohl unveränderliche »Familienwerte« als auch einen dynamischeren wirtschaftlichen Wandel verkünden, haben linke Parteien nur aufpolierte Sozialprogramme und einen dynamischeren wirtschaftlichen Wandel anzubieten.

Bezeichnenderweise haben in letzter Zeit sowohl die Demokraten in den Vereinigten Staaten als auch New Labour in
England Sozialausgaben gekürzt *und* »Familienwerte« gepre-
digt. Anders gesagt, alle beabsichtigen, den Turbo-Kapitalismus mit noch mehr Turbo-Kapitalismus zu heilen, obwohl die
meisten Menschen sich eher als gewöhnliche Kämpfer und
nicht als wirtschaftliche Seiltänzer sehen und darum sicheren
Arbeitsplätzen den Vorzug vor einem eventuellen höheren
Einkommen durch dynamisches Wirtschaftswachstum geben.
Völlig zu Recht vermuten sie, daß *ihre* Einkommen, wenn
überhaupt, in einem solchen Fall nur ganz geringfügig steigen
würden.

Obgleich alle politischen Parteien gleichermaßen hilflos
scheinen, sind doch die linken Parteien am schlimmsten in
der Bredouille. Denn das Standardprodukt der politischen
Linken ist genau das, was die Mehrheit der Wähler in Amerika, Europa und Japan ausdrücklich ablehnt. Menschen, die
Arbeit haben und Geld verdienen, vielleicht auch viel Geld
verdienen, aber um ihre wirtschaftliche Zukunft bangen, keh-
ren politischen Parteien den Rücken zu, die dieses unsichere
Einkommen noch stärker besteuern möchten, um jenen zu
helfen, die nicht arbeiten, und um die riesigen Verwaltungs-
apparate zu füttern, die diese Verteilung organisieren.

Aus diesem Grund wurde der Demokrat Bill Clinton zum
führenden Protagonisten einer »Wohlfahrtsreform«, einer Kürzung der staatlichen Unterstützung von Müttern mit minderjährigen Kindern, während Tony Blair von New Labour in den
ersten Tagen als englischer Premierminister einen Vorschlag
für Einschränkungen bei den Zahlungen für Langzeitarbeitslose präsentierte und Italiens Mitte-Links-Bündnis L'Ulivo
(Ölbaum) Kürzungen der staatlichen Renten als entscheidenden Dreh- und Angelpunkt auf seine Agenda setzte. Andere linksgerichtete Parteien segelten im gleichen Kielwasser.
Nur die französischen Sozialisten unter Jospin fielen durch
den Vorschlag auf, die Arbeitslosigkeit durch staatliche Aus-

gaben abzufedern, und das taten sie auch, allerdings mit spür-
bar nachlassender Überzeugung.

Ein gewaltiger Teil des politischen Spektrums ist somit zum
einen durch die konservativen Widersprüche und zum anderen durch die linke Lähmung nicht mehr abgedeckt. Wenn
keine neue politische Ökonomie auf den Plan tritt und die
neuen Kräfte des Turbo-Kapitalismus bändigt, könnte der
Populismus zur Bewegung der Zukunft werden. Seine regionalen Ausprägungen sind von Land zu Land unterschiedlich,
der Kern ist aber immer derselbe. Es ist ein Aufstand der
ungebildeteren Bevölkerungsschichten gegen die Herrschaft,
die Meinungen und die Werte der gesellschaftlichen Eliten
und gegen den herrschenden Konsens dieser Eliten, wie Regierung und Wirtschaft zu verwalten sind. Die Vereinigten
Staaten haben ihre eigene Version des Populismus in Gestalt
von Kandidaten von Drittparteien erlebt – Perot 1992 oder
Buchanan 1996. In Frankreich hat die Front National (FN) beträchtlichen Zulauf, auch wenn ihr Gründer Le Pen im April
1998 zu einer dreimonatigen Haftstrafe verurteilt wurde.

Der Populismus in all seinen verschiedenen Ausprägungen
gibt den Massen von Büroangestellten, kleinen Ladenbesitzern, Industriearbeitern und Regierungsangestellten, die sich
momentan von Rationalisierung und Arbeitslosigkeit bedroht
sehen, das Versprechen einer größeren wirtschaftlichen Sicherheit für den einzelnen, ohne näher darauf einzugehen, wie
diese Großtat vollbracht werden könnte. In einigen Ländern,
besonders in Frankreich und in Australien, weist der Populismus durch seine rassistischen Schmähungen, Forderungen
nach Immigrations-Stopps und seine autoritäre Haltung mehr
als nur einen faschistischen Farbstrich auf. Er ist eigentlich so
etwas wie eine aufpolierte Version des Faschismus, obwohl
wir vermutlich vom wilden Militarismus des Originals ver-
schont bleiben werden, da es in den Kleinfamilien von heute
nur sehr wenig entbehrliche Jugendliche gibt. Vater und Mut-
ter sehen sich nicht mehr einem Tisch voller Kinder gegen-

über, von denen nur einige wenige Arbeit auf dem Bauernhof oder im Handwerksbetrieb der Familie finden. Darum würden sie einen Kriegsdienst ihrer Söhne und den Gedanken, daß sie möglicherweise nicht überleben und nicht nach Hause zurückkehren werden, schwerlich ohne weiteres hinnehmen. Da das emotionale Kapital von Familien durchschnittlich in ein einziges männliches Kind investiert wird (in den Vereinigten Staaten und in Rußland) oder in weniger als eines (Westeuropa, Japan), sind Populisten und Rechte im allgemeinen ebensowenig wie Liberale oder Linke dazu bereit, Kriegsverluste hinzunehmen. Daher ist der militärische Populismus derzeit zwar keine Gefahr, seine gemäßigtere Variante stellt aber durchaus ein bedrohliches Potential dar, und sei es auch nur aus dem Grund, daß die gegenwärtige Wirtschaftskrise nicht so schnell enden wird.

DAS GROSSE DILEMMA

Wenn man den Turbo-Kapitalismus gewähren läßt, wie dies in den Vereinigten Staaten und Großbritannien geschehen ist, führt dies zu einem sich verschärfenden Lohngefälle. Im Gegenzug erhält man ein nicht ganz so schnelles wirtschaftliches Wachstum. Wenn man nun eine Ausbreitung des Turbo-Kapitalismus verhindert, indem Arbeitsrecht und Handelsbeschränkungen aufrechterhalten oder wie in Frankreich sogar die verstaatlichten Unternehmen gestützt werden, belastet man dadurch die Arbeitgeber weit über Gebühr und unterdrückt jede unternehmerische Initiative. Der technologische Fortschritt wird verlangsamt, was wiederum in noch langsameres Wachstum und beträchtliche strukturelle Arbeitslosigkeit mündet. Aber gestattet man dem Turbo-Kapitalismus, sich widerstandslos auszubreiten, werden die Gesellschaften in eine kleine Oberschicht von Gewinnern, in eine große Schicht unterschiedlich wohlhabender oder verarmter Verlierer und in einen Teil aufrührerischer, gesetzesbrecherischer Rebellen zerfallen. Nicht nur das gesellschaftliche Zusammengehörigkeitsgefühl wird unterminiert, sondern auch Familienbande – Menschen, die immer schneller rennen müssen, um Schritt zu halten, sind zu beschäftigt, um solche Beziehungen zu pflegen. Dem daraus resultierenden gesellschaftlichen Zusammenbruch muß dann mit harten Gesetzen und drakonischen Strafen begegnet werden, um unzufriedene Verlierer aus dem Verkehr zu ziehen. Aber ein Widerstand gegen die turbo-kapitalistischen Veränderungen und seine destruktive Effizienz kann in einer wettbewerbsorientierten Weltwirtschaft nur eine steigende relative Verarmung der Nation als Ganzes zur Folge haben. Und das trübt die Aussichten für alle jungen Leute.

Erlaubt man dem Turbo-Kapitalismus, alle Institutionen – von Krankenhäusern über Verlage bis hin zu Sportverbänden – in gewinnmaximierende Unternehmen umzuwandeln, führt dies zu einer grundlegenden Umwälzung oder Verzerrung ihres eigentlichen Wesens. Gleichzeitig wird ihre Wirtschaftlichkeit gesteigert. Der Widerstand gegen einen solchen Prozeß führt zur Verarmung und in letzter Konsequenz dazu, daß man Einrichtungen dieser Art schleift. Denn eine Gesellschaft, die selber schon längst von volkswirtschaftlichen Prinzipien erobert wurde, kann sie nicht mehr am Leben erhalten. Und genau darin besteht schließlich das turbo-kapitalistische Umkehrprinzip: Die Volkswirtschaft dient nicht der Gesellschaft, sondern vielmehr die Gesellschaft der Volkswirtschaft. Wenn alles Kapital zügig jenen zugeteilt wird, die damit den höchsten Umsatz erzielen, bleibt nichts mehr für Institutionen übrig, die aus moralischer Verpflichtung oder mit moralischen Vorwänden, aus beruflichem Ethos oder mit vorgetäuschter Berufung, aus hohen Idealen oder aus reiner Gewohnheit etwas tun, das keinen Profit abwirft.

Das ist das große Dilemma unserer Zeit. Bis heute haben fast alle Regierungen in Westeuropa keine bessere Idee gehabt, als den Turbo-Kapitalismus schrankenlos gewähren zu lassen, denn sie hegten die Hoffnung, daß schnelleres Wachstum seine Defizite schon kompensieren würde. Daß er statt dessen die Zersplitterung ihrer Gesellschaften in Silicon Valleys hier, also Täler des Fortschritts, und in Täler der Verzweiflung, in rückständige Gebiete, dort beschleunigt, ist eine logische Konsequenz, die aber von der Mehrheitspolitik ignoriert wird.

Den untergegangenen kommunistischen Wirtschaftssystemen, dem jede Initiative lähmenden bürokratischen Sozialismus und dem grotesken Versagen der nationalistischen Volkswirtschaften ist der Turbo-Kapitalismus in materieller Hinsicht natürlich hoch überlegen und unter moralischem Gesichtspunkt trotz seiner zerstörerischen Wirkungen auf Gesellschaft, Familie und Kultur keineswegs unterlegen. Aber seine Herrschaft über jeden Aspekt des Lebens hinzunehmen, so daß er zusätzlich zu allen Bereichen des Geschäftslebens auch in Felder wie Kunst und Sport vordringt, kann nicht die höchste Errungenschaft menschlicher Existenz sein. Auch der Turbo-Kapitalismus wird vergehen.

Die globale Ausbreitung des Turbo-Kapitalismus

Der Turbo-Kapitalismus breitet sich zwar mittlerweile auf jedem Kontinent aus, hat aber die Welt noch lange nicht vollständig erobert.

In Nord- und Südamerika sind ihm wegen der bewußt altkommunistischen Politik von Fidel Castro Kuba sowie wegen der dort herrschenden hoffnungslos chaotischen Verhältnisse Haiti verschlossen geblieben. Immer noch wichtige Beschränkungen für Handel, Investitionen und Binnenwettbewerb gibt es darüber hinaus in Brasilien, Kolumbien, Mexiko, Venezuela und in den weniger entwickelten Volkswirtschaften der Dominikanischen Republik sowie von Honduras, Nicaragua, Guyana und Surinam. Jedes dieser Länder hat sich in unterschiedlichem Umfang immer noch bestimmte Merkmale bewahrt, die die besondere lateinamerikanische Form des Dirigismus charakterisieren, beispielsweise verstaatlichte Schlüsselindustrien, die Steuerung vieler anderer Industriezweige durch Behörden sowie damit einhergehende Restriktionen im Import- und Investitionssektor.

Paradoxerweise wird der Dirigismus mittlerweile in Argentinien und Chile am entschiedensten beseitigt. Dabei wurde diese Wirtschaftspolitik in den Nachkriegsjahren einst vom argentinischen Präsidenten Juan Perón und seiner Frau Evita erfunden und dann von Chile perfekt imitiert. Bolivien, Peru und Ecuador folgen zur Zeit diesem Beispiel. Sie alle gelten nun als freie Marktwirtschaften. Costa Rica und Panama haben ohnehin noch nie eine dirigistische Wirtschaftspolitik betrieben.

In Europa gibt es kaum noch Länder, in denen der Turbo-Kapitalismus nicht Fuß gefaßt hat. In Weißrußland weigert sich der derzeit herrschende Staatspräsident, die unumgänglichen ersten Schritte einer Privatisierung einzuleiten, und in Bosnien, Mazedonien und Serbien, dem früheren Jugoslawien, wie auch in Armenien, Aserbaidschan und in Georgien sind dafür die chaotischen Nachwirkungen der ethnischen Auseinandersetzungen – Banditentum, die Clans der Kriegsherren und die damit einhergehenden Verwüstungen – verantwortlich zu machen. Doch trotz seiner ansonsten ziemlich stetig voranschreitenden Ausbreitung im übrigen Europa gibt es mit Ausnahme von Tschechien, Estland, Ungarn, Lettland und Polen nach wie vor viele Schranken gegen ausländische Investitionen, Importe und gegen einen Binnenmarktwettbewerb in den früheren Ländern des Ostblocks. Wie ein sehr weitsichtiger Ökonom bemerkte, hatte sich die russische Föderation durch eine erstaunlich rasche Transformation bereits 1994 zu einer Marktwirtschaft entwickelt.[1] Trotzdem wird es noch viele Jahre dauern, bis die restlichen Hindernisse für normale Geschäftsbeziehungen beseitigt sein werden. In den anderen früheren kommunistischen Staaten wie Bulgarien, Litauen, Moldawien, Rumänien, der Slowakei und der Ukraine schreitet die Liberalisierung entsprechend den spezifischen Umständen der jeweiligen Länder unterschiedlich schnell voran.

In Frankreich leistet derzeit die Politik der sozialistisch-kommunistischen Koalitionsregierung heftigen Widerstand gegen ein Ausbreiten des Turbo-Kapitalismus. Sie verlangsamte oder stoppte die Privatisierung staatlicher Betriebe wie etwa des Raumfahrtunternehmens Aérospatiale oder der Renault-Werke. Es gibt auch keinerlei Anzeichen dafür, daß die sorgfältig ausgearbeitete Arbeitsgesetzgebung – Kernstück ist die neu geregelte 35-Stunden Woche – zurückgenommen wird.

In Italien läuft der Widerstand viel dezenter ab. Privatisierungen der in staatlicher Hand befindlichen Öl- und Gasfirma ENI, des Telefonmonopolisten Stet, des Strommonopolisten ENEL und der gebührenpflichtigen Autobahnen *Autostrade* sind zwar in Planung, allerdings ist dabei an eine Form sogenannter »staatlicher Unternehmen« gedacht, die immer noch von der Regierung kontrolliert werden, auch nachdem 51 Prozent der Anteile an private Investoren verkauft worden sind. Eine Aufhebung der staatlichen Kontrolle findet bereits statt, betrifft vorerst aber vornehmlich die Ladenbesitzer, die ihre wertvollen Genehmigungen verlieren werden (nur wenige von ihnen gaben der herrschenden Mitte-Links-Regierung ihre Stimme), und nicht die Schlüsselindustrien oder den Arbeitsmarkt. Diese beiden werden weiterhin staatlich gelenkt sein. Tatsächlich wurde auch in Italien im Jahr 1998 die 35-Stunden-Woche gesetzlich verankert. Dabei wurde ein Konfrontationskurs zum vorherrschenden europäischen Konsens eingeschlagen, demzufolge die Arbeitslosigkeit nur durch mehr »Flexibilität« reduziert werden kann, d.h. durch niedrigere Gehälter und/oder längere Arbeitszeiten und/oder Schichtarbeit sowie durch die nicht zu ertragende amerikanische Tugend einer uneingeschränkten Mobilität.

Während in Frankreich der gelenkte Kapitalismus immer noch mit grimmiger Entschiedenheit verteidigt wird, spricht man in Italien von radikaler Innovation, womit zum Beispiel die Umwandlung des chronisch armen Mezzogiorno in das »Florida Europas« gemeint ist. Im amerikanischen Florida arbeiten jedoch während der Hochsaison viele Angestellte in der Tourismusbranche 70 oder noch mehr Stunden pro Woche. Nur wenige Motels, Restaurants, Freizeitparks, Tankstellen und Souvenirgeschäfte würden Arbeitnehmer beschäftigen, die nur fünf Stunden am Tag – oder fünf Siebenstundentage pro Woche mit zwei freien Tagen – arbeiten dürfen.

In Deutschland drängen die großen Unternehmen nachdrücklich auf eine Liberalisierung aller Bereiche, ganz besonders aber auf die Lockerung arbeitsrechtlicher Vorschriften, die die »soziale Marktwirtschaft«, die deutsche Variante des staatlich gelenkten Kapitalismus, ausmachen. Die Gewerkschaften wehren sich gegen diese Entwicklung, werden aber regelmäßig durch die Verlegung der Industriefertigung ins Ausland düpiert. Die Führung des größten deutschen Industrieunternehmens Daimler-Benz fusionierte eigens mit Chrysler, um von den Vorteilen des Turbo-Kapitalismus Nutzen zu ziehen. Diese Vorteile reichen von der Entlohnung leitender Angestellter nach amerikanischer Art (das kleinere Unternehmen Chrysler zahlte seinen Spitzenführungskräften weitaus mehr) bis hin zu »flexiblen« Arbeitskräften.

In Spanien sind die vielen Hindernisse gegen einen freien Wettbewerb, die ein Erbteil des Franco-Regimes waren, noch nicht vollständig abgeschafft, aber der Prozeß ist schon weit fortgeschritten. Die lange regierenden Sozialisten unter Felipe Gonzales trugen ihren Teil dazu bei, indem sie viele korporative Bestandteile des Franco-Systems beseitigten. Die strengen Gesetze zum Schutz des Arbeitsplatzes, die von den Gewerkschaften, dem Sprachrohr vieler sozialistischer Wähler, energisch verteidigt wurden, blieben bisher unangetastet. Die konservative Regierung unter Regierungschef José María López (Partido Populas), die seit 1996 an der Macht ist, zeigt keine derartigen Hemmungen.

In Skandinavien kann es sich das aufgrund seiner Ölvorkommen in der Nordsee wohlhabende Norwegen leisten, dem turbo-kapitalistischen Wandel Widerstand entgegenzusetzen, und zwar mit ziemlicher Entschiedenheit.

Schweden ist währenddessen im Begriff, sein einst vielbewundertes Modell des gelenkten Kapitalismus zu modifizieren. Privatisierungen sind dafür kaum nötig, da die Verstaatlichung von Unternehmen für das schwedische System nicht wichtig war. Aus diesem Grund wird auch keine nennenswerte Deregulierung einsetzen. Vielmehr ist Schwedens sozialdemokratische Regierung dabei, die Spannweite der

Wohlfahrtsprogramme zu beschneiden, die im Lauf von Jahrzehnten von wechselnden sozialdemokratischen Regierungen aufgebaut wurden. Dadurch sollen frühere Steuererhöhungen wieder rückgängig gemacht werden.

Anderswo in Europa ist die Liberalisierung derzeit im Begriff, jene Volkswirtschaften vollständig zu öffnen, die auf dem turbo-kapitalistischen Weg schon weit fortgeschritten sind. Aber von Finnland bis Portugal, von Holland bis Griechenland existieren in allen Bereichen noch immer erhebliche Einschränkungen, die vom Verkauf (Öffnungszeiten) bis zu den Bankgeschäften reichen, so daß nur die Schweiz und Großbritannien als richtig freie Ökonomien neben den Vereinigten Staaten und Neuseeland – Australien holt zur Zeit auf – gelten können. Außerdem gehören zu dieser Gruppe noch die Stadtstaaten Hongkong, Singapur und Bahrain.

Im asiatischen Raum wird die Ausbreitung des Turbo-Kapitalismus nur in Nordkorea durch eine entsprechende Regierungspolitik völlig unterbunden. Er wird aber auch in einer Reihe von anderen Ländern durch vorsätzliche politische Maßnahmen und durch die herrschenden politischen Bedingungen sehr stark blockiert, so im ständig unter inneren Konflikten leidenden Kambodscha, in Burma und in Sri Lanka, Ländern, in denen es zuviel Gewalt gibt, um für größere Investitionen beziehungsweise für alles andere, was über einen reinen Handelsaustausch hinausgeht, attraktiv zu sein, sowie im halbkommunistischen Vietnam, wo Privatisierung und Deregulierung anfangs energisch in Angriff genommen wurden, sich aber in der Zwischenzeit wieder drastisch verlangsamt haben. Dazu kommen die fünf ehemaligen zentralasiatischen Sowjetrepubliken: das riesige Kasachstan mit seinen reichen Ölvorkommen, das vom Krieg gebeutelte Tadschikistan, das dünn besiedelte, aufgrund von Erdgasvorkommen wohlhabende Turkmenistan und Usbekistan, in dem mehr Menschen wohnen als in den anderen eben erwähnten Staaten zusammen, das aber nur wenig Bodenschätze besitzt. Dabei hilft es auch nicht, daß in keinem dieser fünf Länder eine demokratische Partei ans Ruder kam und die Parlamente somit kaum mehr als rein formale Versammlungen sind. In keinem dieser Staaten gibt es eine freie Presse, und die Staatsoberhäupter regieren mehr oder weniger offen wie Diktatoren.

Zwei weitere schwarze Löcher für den Turbo-Kapitalismus könnten nicht unterschiedlicher sein: zum einen Afghanistan, das in seinen eigenen nicht abreißenden ethnischen und religiösen Kriegen und Stammeskonflikten gefangen ist, die sich als weit zerstörerischer erwiesen haben als die sowjetische Invasion, und zum anderen das abgelegene Königreich Bhutan im Himalaya, dessen buddhistische Herrscherfamilie ganz bewußt nichts ins Land läßt, was die altmodische, heitere Isolation ihres Landes stören könnte. Und das gilt für den Massentourismus ebenso wie für ausländische Unternehmer mit Modernisierungsplänen. Der Iran hat sich zumindest für Investitionen von Rückkehrern geöffnet, bleibt aber für Unternehmer und Geschäftsleute auf der ganzen Welt eine Tabuzone. Nur Unternehmen wie die staatliche französische Ölgesellschaft Total haben noch weniger Skrupel als ihre amerikanischen Konkurrenten, mit fanatischen und erwiesenermaßen grausamen Herrschern zusammenzuarbeiten.

Der Turbo-Kapitalismus breitet sich auf den Inseln und Halbinseln in Südostasien stetig aus. Indonesien, Südkorea, Malaysia, die Philippinen und Taiwan waren äußeren Einflüssen gegenüber schon immer etwas aufgeschlossener. Gleiches gilt für Japan, das aber einen Spezialfall darstellt. In all diesen Ländern führte die dramatische Schuldenkrise im Jahr 1997 dazu, daß mehr Schranken denn je beseitigt wurden, die sich gegen ausländische Investitionen und Binnenwettbewerb gerichtet hatten. Besonders bemerkenswert ist in diesem Zusammenhang die Neigung der Ostasiaten zu inoffiziellen Einigungen, bei denen Firmenanteile oder sogar ganze Industrien stillschweigend in die Hände favorisierter Unternehmen, Familien oder von Privatpersonen übergehen.

Im übrigen Asien existieren derzeit noch größere politische Hindernisse. Allerdings werden nur sehr wenige Schranken neu errichtet, während die alten langsam durchlöchert werden. Dies gilt sowohl für die beiden Giganten China und Indien als auch für Bangladesch, die Mongolei, Nepal und für Pakistan. Die Chinesen mögen zwar geborene Händler und Geschäftsleute sein, aber ein Großteil der Wirtschaft befindet sich immer noch in staatlicher Hand. Ausländische Investoren sind nach wie vor dazu gezwungen, Joint-ventures mit örtlichen Firmen einzugehen, wenn sie ein größeres Unternehmen, beispielsweise Fabriken zur Montage von Autoteilen, errichten möchten.

Eine solche Vereinbarung sieht vor, daß Ausländer ihre wertvolle Technologie mit den Partnern vor Ort teilen und dafür Zugang zum chinesischen Markt erhalten, wobei sie jedoch nicht die Mehrheit an dem gemeinschaftlich betriebenen Unternehmen besitzen dürfen. Das politische System ist zwar immer noch kommunistisch genug, um diese Bedingungen tatsächlich durchzusetzen, doch die einheimischen Partner sind bereits in den Regularien des Kapitalismus so versiert, daß sie Verkäufe und Profite in die eigene Tasche fließen lassen, während die Kosten allzu gerecht verteilt werden. Als Folge davon hat im Jahr 1998 jeder ausländische Neuinvestor in der chinesischen Autoindustrie Verlust gemacht. Die Aufsichtsratsmitglieder werben zwar stolz mit den chinesischen Montageanlagen und dem wegweisenden Schritt in den überaus vielversprechenden chinesischen Markt der Zukunft (bis jetzt ist der brasilianische Markt übrigens immer noch weitaus größer), ihre Buchhalter schlagen dagegen bei den Zahlen die Hände zusammen. Sogar Volkswagen/Audi, die anscheinend erfolgreichste westliche Marke in China (200.000 verkaufte Autos im Geschäftsjahr 1997), mußte feststellen, daß der Audi-Partner vor Ort namens First Auto Works darauf bestand, ohne Beteiligung von Volkswagen Audi-Modelle in der Fabrik des gemeinschaftlichen Unternehmens in Changchun herzustellen. Diese kamen dann als Modelle der chinesischen Marke Red Flag auf den Markt. Die Audi-Gewinne werden aufgrund der Gemeinschaftskonstruktion geteilt, aber 100 Prozent des Gewinns aus den Verkäufen der Red Flag-Audis gehen an First Auto Works. Peugeot produzierte 1992 mit einem Partner aus Guangzhou bereits 20.000 Autos pro Jahr, entdeckte aber, daß seine 22 Prozent Anteile nur Verluste brachten, und stellte die Investition 1997 wieder ein. Chrysler produziert seine Jeep Cherokees immer noch in China (ein häufig erwähnter, sehr früher »Durchbruch«), weigert sich jedoch, Zahlen bekanntzugeben. Im Licht dieser Entwicklungen können die großen japanischen Automobilkonzerne geradezu dankbar sein, daß die chinesische Regierung, Einzelteilfertigungen ausgenommen, sie nicht ins Land lassen wollte (dem kleinen Unternehmen Daihatsu gestatteten sie den Bau eines Werks). Das Verbot gehörte zu einer anti-japanischen Kampagne, die tatkräftig gefördert wurde, um einen übergreifenden chinesischen Nationalismus anzuheizen.

Die Beschreibung der Situation trifft allerdings nicht auf die vielen Investitionen in China zu, die von Auslandschinesen stammen. Denn diese kommen ohne Probleme mit den vorgeschriebenen Gemeinschaftsunternehmen zurecht. Zuerst stimmen sie allen Bedingungen zu, die ihnen von dem staatlichen Unternehmen, das für eine Kooperation in Frage kommt, und von den lokalen und regionalen Behörden oder dem dafür zuständigen Ministerium der Zentralregierung diktiert werden. Danach treffen sie eigene Absprachen mit den einzelnen Funktionären, die die erwähnten staatlichen Einrichtungen repräsentieren sollen. Anstatt 50 Prozent des Gewinns in die Schatzkammer der staatlichen Behörde einzuzahlen, händigen sie 10 Prozent direkt an die höchsten Funktionäre aus, laden sie zu üppigen Abendessen ein, bei denen auch das *Dessert* nicht fehlt (ein in ganz China gebräuchlicher Ausdruck für reizende Begleiterinnen, die nach dem letzten Gang hereinkommen), und behalten 90 Prozent für sich. Natürlich neigen

Funktionäre in niedrigeren Positionen, die weder mit Geld noch mit Vergnügungen verwöhnt werden, manchmal dazu, diese Vorgänge zu verraten. Aber die sich daraus ergebenden Unannehmlichkeiten werden sogleich mit noch mehr Geld wieder bereinigt. Die neuen Funktionäre, die aufgrund ihrer allseits bekannten Unbestechlichkeit die alten ersetzen sollen, widerstehen so gut wie nie den Bestechungsversuchen, wenn man ihnen eine Summe anbietet, die zwanzigmal höher als ihr Jahreseinkommen ist.

In Indien liegen die Dinge ganz anders. Im Gegensatz zu den korrupten Überresten des Kommunismus in China hat sich in Indien die innerhalb einiger Segmente der gebildeten Eliten verbreitete sozialdemokratische Ideologie zusammen mit dem hinduistischen Populismus ihrer Gegner als weitaus stärkeres Bollwerk gegen den Turbo-Kapitalismus erwiesen. Schon seit Jahren haben wechselnde indische Premierminister aus unterschiedlichen Parteien die Absicht verkündet, die indische Wirtschaft, eine der am stärksten gelenkten Volkswirtschaften der Welt, zu liberalisieren, um ortsansässige Unternehmen zu fördern und ausländische Investitionen ins Land zu locken. Und ebenso lang sind viele Versuche fehlgeschlagen, sie beim Wort zu nehmen, nachdem sie auf den unnachgiebigen Widerstand der Bürokraten, Lokalpolitiker und der öffentlichen Meinung gestoßen waren. Bangalore hat sich zum Zentrum einer expandierenden Software- und Computerindustrie entwickelt und arbeitet mit Firmen in der ganzen Welt zusammen, in Tamil Nadu gibt es derzeit große exportorientierte Textilunternehmen, und darüber hinaus gibt es noch andere Inseln der Globalisierung. Aber dies sind alles nur Ausnahmen.

Größere Projekte, die Infrastruktur zu verbessern, was durch ausländische Investoren finanziert werden könnte, werden mit nationalistischen Argumenten hintertrieben. Kleinere Auslandsinvestitionen in Schnellimbisse und in Geschäfte, die Konsumgüter anbieten, werden mit der Begründung verhindert, daß sie die Lebendigkeit der traditionellen Märkte von Imbißverkäufern und kleinen Gewerbetreibenden zerstören. Selbst lokale Betriebe, die die neuen Möglichkeiten nützen möchten, die sich durch den Wegfall der staatlichen Deregulierung ergeben, sehen sich Bürokraten gegenüber, die beim Entdecken ständig neuer Verwaltungshindernisse höchst erfinderisch sind. Der Widerstand richtet sich nicht so sehr gegen die Unternehmen oder ausländische Investitionen an sich, sondern vielmehr gegen *moderne* Privatunternehmen jeder Art. Die meisten Inder gehen nämlich davon aus, daß die Privatisierung von öffentlichen Industrien und Dienstleistungen und das Ersetzen der traditionellen Händler durch moderne Geschäfte dazu führt, daß die neue Weltklassequalität auch mit Weltklassepreisen einhergeht, die sich die meisten Inder nicht leisten können. Gleiches gilt auch für Bangladesch und für Pakistan. Es ist sicherlich paradox, daß in diesen Ländern der heftige Widerstand gegen neue Ungleichheiten von einer ergebenen Hinnahme alter Ungerechtigkeiten flankiert wird, und doch ist dies eine unumstößliche Tatsache.

Im Mittleren Osten sind nur Irak, Syrien und Jemen, allesamt Diktaturen, immer noch verbotenes Terrain für den Turbo-Kapitalismus, aber auch in allen anderen Ländern gibt es sehr weitreichende Hindernisse für ausländische Investitionen oder für Handel oder für einen Wettbewerb im Binnenmarkt, die ein Ausbreiten des Turbo-Kapitalismus fast unmöglich machen. Diese Hindernisse sind von Land zu Land verschieden.

In Israel macht zum Beispiel die Privatisierung der staatlichen Banken und Industrien nur langsame Fortschritte, obwohl die Wirtschaft dort ansonsten neuen Entwicklungen gegenüber sehr offen ist. Dann gibt es wiederum ungeschriebene Gesetze, aufgrund derer die zahlreichen geschäftlichen Unternehmungen, die sich im Besitz von ungefähr 5.000 hohen Mitgliedern des saudiarabischen Königshauses befinden, vor den Härten eines offenen Wettbewerbs geschützt werden.

So hindert laut Gesetz einen Investor aus dem In- oder Ausland nichts daran, ein neues Unternehmen, egal welcher Art, in Saudi-Arabien zu gründen, solange dort keine verbotenen Güter wie Alkohol, unzensierte Videos oder Bücher verkauft werden. Doch in der Praxis wäre niemand so naiv, mit einem Unternehmen, das einem einflußreichen Prinzen gehört, in Konkurrenz treten zu wollen. Allerdings wird die Sache dann kompliziert, wenn das geschäftliche Interesse des Prinzen ein gutgehütetes Geheimnis ist oder wenn es rückwirkend eingesetzt wird. Ein ortsansässiger Geschäftsmann, der sich durch einen leistungsfähigeren Neuankömmling bedroht sieht, kann sich zur Wehr setzen, indem er Geschäftsanteile einem einflußreichen Mann überschreibt, der die Konkurrenz ausschalten kann. Das gleiche gilt auch für die Vereinigten Arabischen Emirate und für Quatar. Anders ist es nur in Dubai und Bahrain, den einzig wirklich freien Märkten in Arabien.

In Ägypten wiederum herrschen ganz andere Verhältnisse. Dort gibt es zwar kein Herrscherhaus voller erpresserischer Prinzen, aber trotzdem wurde dem Turbo-Kapitalismus durch die verstaatlichten Unternehmen weitgehend der Zutritt verwehrt, ein Erbstück von Gamal Abdel Nassers »Arabischem Sozialismus«. Außerdem existiert dort ein einschüchterndes Instrument in Form einer der ältesten Bürokratien der Welt, die alle Bereiche der Gesellschaft durchdringt. Bereits vor 3.000 Jahren produzierte sie Unmengen beschriebener Papyrusrollen (die griechische und römische Geschichtsschreibung wäre ohne diese Dokumente, die von Fischsoßenvorräten über Besuchen bei Gefolgsleuten bis hin zu Steuerbeschwerden reichen, nur sehr spärlich ausgefallen). Man braucht für alles eine Genehmigung, für Import, Export, Produktion und Handel, doch die Beamten, die diese Genehmigungen ausstellen, genehmigen sich lange Denkpausen, bevor sie antworten und den Antrag genehmigen. Sie wissen, daß nur eine Ablehnung sie vor einer Anschuldigung wegen Nachlässigkeit oder Bestechlichkeit schützen wird. Aus diesem Grund bevorzugen sie kleine Bestechungsgelder, um die Anträge zu genehmigen, anstatt großer Summen, um sie tatsächlich passieren zu lassen.

Auf dem afrikanischen Kontinent bieten nur Marokko, Tunesien und die Länder ganz im Süden – dazu gehören auch Botswana, Lesotho, Namibia und Swasiland – günstige Bedingungen für den Turbo-Kapitalismus. Dort stehen ihm die meisten Türen offen. In diesen Ländern können die örtlichen und die ausländischen Unternehmen fast mit der gleichen gesetzlichen Freiheit und mit fast ebenso großer planerischer Sicherheit rechnen wie in Europa. Überdies gibt es zusätzliche Vorteile, die sich aus dem großen Mangel an Kapital und dem großen Überfluß an Arbeitskräften ergeben: Auch niedrige Löhne werden demütig akzeptiert.

Gleiches trifft zwar auf fast alle afrikanischen Länder zu – außer auf Libyen, wo es zwar viel Öl, aber kaum Einwohner (knapp fünf Millionen) gibt –, doch ist es dort nur von geringem Nutzen. Denn die Vorteile, die der Markt in diesen Staaten zu bieten hätte – die billigsten Arbeitskräfte der Welt und eine Fülle an Bodenschätzen –, werden durch die jeweiligen Regierungen wieder zunichte gemacht. Sie sind geradezu süchtig nach willkürlichen Verboten, Konfiszierungen, unmöglichen Vorschriften und unsystematisch gehandhabtem Wucher. Das Gute, das die Kolonialmächte in ihren besten Augenblicken taten, wird schnell wieder durch die Übel ausgeglichen, die aus den von ihnen hinterlassenen staatlichen Strukturen resultieren. Seit ihrer Unabhängigkeit haben sich manche afrikanische Regenten als blutrünstige Monster oder als Meisterdiebe oder als beides in einer Person erwiesen. Einige wenige waren fromme Gestalten von uneigennütziger Güte. Die meisten unterschieden sich aber nicht sehr von ihren Kollegen auf der ganzen Welt. Sie versuchten, so gut wie möglich zu regieren – zumindest einen Teil der Zeit – und sich dabei natürlich auch persönlich zu bereichern, aber auch nicht mehr als politische Führer anderswo. Doch jeder einzelne unter ihnen, einschließlich der Monster und der Heiligen, wurde durch die Organisationsstrukturen des Landes an einer effizienten Arbeit gehindert. Diese Strukturen wurden in Europa unter der Prämisse entwickelt, daß die Verwaltung des Staates in den Händen eines einigermaßen leistungsfähigen, im großen und ganzen ehrlichen und im allgemeinen loyalen Personals liegen würde. In Wirklichkeit herrscht aber ein Überfluß an Verwaltungsbeamten, die den behördlich verlangten Papierkram nur gegen sofortige Bargeldzahlung bearbeiten, an Soldaten, die nichts weiter verteidigen außer ihr Recht auf Essen ohne Arbeit, an Polizisten, die nachts als Straßenräuber tätig sind, sowie an Zoll- und Steuerbeamten, die mehr Bestechungsgelder für sich persönlich als Einnahmen für die öffentlichen Kassen eintreiben. Insoweit sich überhaupt eine bestimmte politische Linie innerhalb dieser verzerrenden Mechanismen erkennen läßt, scheint diese eher in Richtung Dirigismus zu weisen. Herrscher, die den Staat quasi besitzen, ziehen es selbstverständlich vor, daß sich die Infrastruktur und die Industrien in staatlicher Hand befinden.

Im Rahmen dieses allgemeinen Überblicks variieren die tatsächlichen Bedingungen je nach Ort und Zeit. Beispielsweise verfolgen Benin, Gabun und das böse verwüstete Uganda unter ihren gegenwärtigen Präsidenten eine Politik des freien Marktes, während in Ghana, Kamerun, der Elfenbeinküste, Kenia, Senegal und Simbabwe eine von Land zu Land unterschiedliche dirigistische Wirtschaftspolitik betrieben wird. Trotzdem herrschen in diesen Ländern ansonsten leidlich gute Bedingungen für viele nationale und sogar internationale Unternehmen. In Algerien, Angola, Burundi, Kongo-Brazzaville, Demokratische Republik Kongo (dem früheren Zaire), Liberia, Mosambik, Ruanda, Sierra Leone, Sudan und Somalia sind im Gegensatz dazu wegen der Verheerungen im Zuge vergangener oder immer noch anhaltender gewalttätiger Konflikte praktisch keine größeren Unternehmungen möglich. Davon nicht betroffen sind nur die Industrien, die Naturprodukte herstellen und über eigene Sicherheitskräfte verfügen.

Dazwischen gibt es eine lange Liste afrikanischer Länder von der Zentralafrikanischen Republik bis zu Sambia, die weder innerhalb noch außerhalb der Weltwirtschaft stehen. Wirtschaftliche Aktivitäten sind dort durchaus möglich, aber nur jene mit den größten Gewinnspannen können Hindernisse wie eine kollabierende Infrastruktur und erpresserische Regierungen überwinden. Im großen und ganzen könnten politische Veränderungen die meisten Blockaden gegen den Turbo-Kapitalismus im ehemaligen kommunistischen Europa, in Lateinamerika und in Asien rasch beseitigen; in Afrika jedoch müßten sich zuerst die von den Vorfahren überlieferten Sitten ändern.

Ausgewählte Länder: 1985 und 1998

Ehemalige staatskapitalistische (»kommunistische«) Länder, die gerade privatisiert werden

China   Polen
Rumänien   Russische Föderation
Slowenien   Tschechische Republik*
Ungarn   Ukraine**

* Privatisierungsprozeß abgeschlossen
**Privatisierungsprozeß gerade erst begonnen

Bestehende staatskapitalistische (»kommunistische«) Volkswirtschaften

Kuba   Nordkorea
Vietnam   Weißrußland

Gelenkte Volkswirtschaften, die derzeit privatisiert/ dereguliert werden

Argentinien   Australien
Chile   Frankreich
Indien   Italien
Japan   Mexiko
Peru   Spanien
Südkorea   Türkei

Völlig »turbo-kapitalistische« Volkswirtschaften

Großbritannien   Hongkong
Neuseeland   Singapur
Taiwan   USA

China	1985	1998

Wirtschaftliche Rolle des Staates, regionaler und/oder kommunaler Behörden

Anteil an der Industrie	fast vollständig	sehr umfangreich
Privatisierung eingeleitet?	sehr langsam/ nur teilweise*	fortschreitend
Anteil am Dienstleistungssektor	vollständig	fast vollständig
Privatisierung eingeleitet?	nein	langsam/teilweise
Anteil am Agrarland	in Auflösung	Reste
Privatisierung eingeleitet?	ja	fast vollzogen

Hindernisse für den internationalen Handel

Zölle	entfällt**	sehr hoch***
Genehmigungen erforderlich?	entfällt**	ja, sehr restriktiv
Einfuhrquoten	entfällt**	ja, sehr restriktiv
»Schikanen« (inoffizielle Beschränkungen, die nichts mit Zöllen zu tun haben)	entfällt**	ja***
Investitionsbeschränkungen	sehr viele	viele
Beschränkungen für den Import von Dienstleistungen	entfällt**	sehr viele

Hindernisse für den internationalen Wettbewerb

Zahl der Staatsbanken	vollständig	fast vollständig
Zahl der Privatbanken	keine	sehr gering
Privatisierung der Banken eingeleitet?	nein	angekündigt
Beschränkungen für das Bankwesen	entfällt	ja
Börsenaktivität	keine	im Entstehen
zentrale Planwirtschaft	ja	nein
Grad der Regulierung durch:		
Bürokratische Kontrolle	vollständig	hoch***
Genehmigungen	hoch	hoch***

* Privates Kapital (das fast vollständig aus dem Ausland stammt) ist nur bei Joint-ventures unter der Kontrolle staatlicher, regionaler oder kommunaler Behörden erlaubt.
** Außenhandel und ausländische Finanzierung wurden fast völlig von staatlichen oder regionalen Institutionen initiiert.
*** Ausnahmen bilden die ausgewiesenen »Freihandelszonen«.
1998 Heritage Foundation/Wall Street Journal, Index of Economic Freedom (Index für wirtschaftliche Freiheit), Bewertung anhand verschiedener Kriterien (darunter Steuerniveau, Preiskontrolle, Inflation usw.) auf einer Skala von 5 bis 0 (0=100 Prozent frei). Bewertung: 3,75.

Tschechische Republik	1985	1998
Wirtschaftliche Rolle des Staates, *regionaler und/oder kommunaler Behörden*		
Anteil an der Industrie	vollständig	nein
Privatisierung eingeleitet?	nein	vollzogen
Anteil am Dienstleistungssektor	vollständig	sehr gering
Privatisierung eingeleitet?	nein	ja
Anteil am Agrarland	vollständig	nein
Privatisierung eingeleitet?	entfällt	vollzogen
Hindernisse für den internationalen Handel		
Zölle	entfällt*	sehr niedrig
Genehmigungen erforderlich?	entfällt*	nein
Einfuhrquoten	entfällt*	keine
»Schikanen« (inoffizielle Beschränkungen, die nichts mit Zöllen zu tun haben)	entfällt*	keine
Investitionsbeschränkungen	entfällt*	sehr wenige
Beschränkungen für den Import von Dienstleistungen	entfällt*	nein
Hindernisse für den internationalen *Wettbewerb*		
Zahl der Staatsbanken	vollständig	keine
Zahl der Privatbanken	keine	vorhanden
Privatisierung der Banken eingeleitet?	entfällt*	vollzogen
Beschränkungen für das Bankwesen	entfällt*	sehr wenige
Börsenaktivität	keine	im Entstehen
zentrale Planwirtschaft	ja	nein
Grad der Regulierung durch:		
Bürokratische Kontrolle	vollständig	sehr niedrig
Genehmigungen	entfällt*	sehr niedrig

* vollständige staatliche Lenkung der gesamten legalen Wirtschaft.
1998 Heritage Foundation/Wall Street Journal, Index of Economic Freedom (Index für wirtschaftliche Freiheit), Bewertung anhand verschiedener Kriterien (darunter Steuerniveau, Preiskontrolle, Inflation usw.) auf einer Skala von 5 bis 0 (0=100 Prozent frei). Bewertung: 2,20.

Ungarn	1985	1998
Wirtschaftliche Rolle des Staates, regionaler und/oder kommunaler Behörden		
Anteil an der Industrie	fast vollständig	erheblich
Privatisierung eingeleitet?	nein	ja
Anteil am Dienstleistungssektor	fast vollständig	erheblich
Privatisierung eingeleitet?	nein	ja
Anteil am Agrarland	vollständig	nein
Privatisierung eingeleitet?	entfällt	vollzogen
Hindernisse für den internationalen Handel		
Zölle	entfällt*	mittel bis hoch
Genehmigungen erforderlich?	entfällt*	nein
Einfuhrquoten	entfällt*	einige
»Schikanen« (inoffizielle Beschränkungen, die nichts mit Zöllen zu tun haben)	entfällt*	wenige
Investitionsbeschränkungen	entfällt*	sehr wenige
Beschränkungen für den Import von Dienstleistungen	entfällt*	nein
Hindernisse für den internationalen Wettbewerb		
Zahl der Staatsbanken	vollständig	einige
Zahl der Privatbanken	keine	vorhanden
Privatisierung der Banken eingeleitet?	entfällt*	ja
Beschränkungen für das Bankwesen	entfällt*	wenige
Börsenaktivität	keine	im Entstehen
zentrale Planwirtschaft	ja	nein
Grad der Regulierung durch:		
Bürokratische Kontrolle	vollständig	niedrig
Genehmigungen	entfällt*	niedrig

* vollständige Lenkung der gesamten legalen Wirtschaft.
1998 Heritage Foundation/Wall Street Journal, Index of Economic Freedom (Index für wirtschaftliche Freiheit), Bewertung anhand verschiedener Kriterien (darunter Steuerniveau, Preiskontrolle, Inflation usw.) auf einer Skala von 5 bis 0 (0=100 Prozent frei). Bewertung: 2,90.

Polen	1985	1998
Wirtschaftliche Rolle des Staates, *regionaler und/oder kommunaler Behörden*		
Anteil an der Industrie	vollständig	erheblich
Privatisierung eingeleitet?	nein	ja
Anteil am Dienstleistungssektor	vollständig	erheblich
Privatisierung eingeleitet?	nein	ja
Anteil am Agrarland	sehr gering	nein
Privatisierung eingeleitet?	entfällt	entfällt
Hindernisse für den internationalen Handel		
Zölle	entfällt*	mittel bis hoch
Genehmigungen erforderlich?	entfällt*	nein
Einfuhrquoten	entfällt*	nein
»Schikanen« (inoffizielle Beschränkungen, die nichts mit Zöllen zu tun haben)	entfällt*	keine
Investitionsbeschränkungen	entfällt*	sehr wenige
Beschränkungen für den Import von Dienstleistungen	entfällt*	einige
Hindernisse für den internationalen Wettbewerb		
Zahl der Staatsbanken	vollständig	einige
Zahl der Privatbanken	keine	vorhanden
Privatisierung der Banken eingeleitet?	entfällt*	ja
Beschränkungen für das Bankwesen	entfällt*	sehr wenige
Börsenaktivität	keine	im Entstehen
zentrale Planwirtschaft	ja	nein
Grad der Regulierung durch:		
Bürokratische Kontrolle	vollständig	niedrig
Genehmigungen	entfällt*	sehr niedrig

* Ein Großteil der legalen Wirtschaft wird staatlich gelenkt.
1998 Heritage Foundation/Wall Street Journal, Index of Economic Freedom (Index für wirtschaftliche Freiheit), Bewertung anhand verschiedener Kriterien (darunter Steuerniveau, Preiskontrolle, Inflation usw.) auf einer Skala von 5 bis 0 (0=100 Prozent frei). Bewertung: 2,95.

Rumänien	1985	1998
Wirtschaftliche Rolle des Staates, regionaler und/oder kommunaler Behörden		
Anteil an der Industrie	vollständig	sehr groß
Privatisierung eingeleitet?	nein	langsam
Anteil am Dienstleistungssektor	vollständig	erheblich
Privatisierung eingeleitet?	nein	langsam
Anteil am Agrarland	fast vollständig	erheblich
Privatisierung eingeleitet?	nein	ja
Hindernisse für den internationalen Handel		
Zölle	entfällt*	niedrig bis mittel
Genehmigungen erforderlich?	entfällt*	einige
Einfuhrquoten	entfällt*	nein
»Schikanen« (inoffizielle Beschränkungen, die nichts mit Zöllen zu tun haben)	entfällt*	einige
Investitionsbeschränkungen	entfällt*	sehr wenige
Beschränkungen für den Import von Dienstleistungen	entfällt*	einige
Hindernisse für den internationalen Wettbewerb		
Zahl der Staatsbanken	vollständig	sehr erheblich
Zahl der Privatbanken	keine	rasch ansteigend
Privatisierung der Banken eingeleitet?	entfällt*	langsam
Beschränkungen für das Bankwesen	entfällt*	einige
Börsenaktivität	keine	nur inoffiziell
zentrale Planwirtschaft	ja	nein
Grad der Regulierung durch:		
Bürokratische Kontrolle	vollständig	mittel
Genehmigungen	entfällt*	niedrig

* staatliche Lenkung der gesamten legalen Wirtschaft mit Ausnahme einiger Handwerksberufe.
1998 Heritage Foundation/Wall Street Journal, Index of Economic Freedom (Index für wirtschaftliche Freiheit), Bewertung anhand verschiedener Kriterien (darunter Steuerniveau, Preiskontrolle, Inflation usw.) auf einer Skala von 5 bis 0 (0=100 Prozent frei). Bewertung: 3,30.

Russische Föderation	1985	1998
Wirtschaftliche Rolle des Staates, regionaler und/oder kommunaler Behörden		
Anteil an der Industrie	vollständig	erheblich
Privatisierung eingeleitet?	nein	langsam
Anteil am Dienstleistungssektor	vollständig	erheblich
Privatisierung eingeleitet?	nein	langsam
Anteil am Agrarland	fast vollständig	erheblich
Privatisierung eingeleitet?	nein	langsam
Hindernisse für den internationalen Handel		
Zölle	entfällt*	mittel bis hoch
Genehmigungen erforderlich?	entfällt*	nein
Einfuhrquoten	entfällt*	nein
»Schikanen« (inoffizielle Beschränkungen, die nichts mit Zöllen zu tun haben)	entfällt*	ja
Investitionsbeschränkungen	entfällt*	wenige
Beschränkungen für den Import von Dienstleistungen	entfällt*	einige
Hindernisse für den internationalen Wettbewerb		
Zahl der Staatsbanken	vollständig	wenige
Zahl der Privatbanken	keine	erheblich
Privatisierung der Banken eingeleitet?	entfällt*	langsam
Beschränkungen für das Bankwesen	entfällt*	einige
Börsenaktivität	keine	im Entstehen
zentrale Planwirtschaft	ja	nein
Grad der Regulierung durch:		
Bürokratische Kontrolle	vollständig	niedrig
Genehmigungen	entfällt*	niedrig

* vollständige staatliche Lenkung der gesamten legalen Wirtschaft.
1998 Heritage Foundation/Wall Street Journal, Index of Economic Freedom (Index für wirtschaftliche Freiheit), Bewertung anhand verschiedener Kriterien (darunter Steuerniveau, Preiskontrolle, Inflation usw.) auf einer Skala von 5 bis 0 (0=100 Prozent frei). Bewertung: 3,45.

Slowenien	1985	1998
Wirtschaftliche Rolle des Staates, regionaler und/oder kommunaler Behörden		
Anteil an der Industrie	fast vollständig**	Reste
Privatisierung eingeleitet?	nein	ja
Anteil am Dienstleistungssektor	fast vollständig**	erheblich
Privatisierung eingeleitet?	nein	ja
Anteil am Agrarland	nein	nein
Privatisierung eingeleitet?	nein	entfällt
Hindernisse für den internationalen Handel		
Zölle	hoch	mittel bis hoch
Genehmigungen erforderlich?	ja	einige
Einfuhrquoten	einige	einige
»Schikanen« (inoffizielle Beschränkungen, die nichts mit Zöllen zu tun haben)	ja	nein
Investitionsbeschränkungen	ja	viele bleiben bestehen
Beschränkungen für den Import von Dienstleistungen	ja	einige
Hindernisse für den internationalen Wettbewerb		
Zahl der Staatsbanken	vollständig	Reste
Zahl der Privatbanken	keine	vorhanden
Privatisierung der Banken eingeleitet?	nein	fast vollzogen
Beschränkungen für das Bankwesen	entfällt*	wenige
Börsenaktivität	keine	nur inoffiziell
zentrale Planwirtschaft	nein	nein
Grad der Regulierung durch:		
Bürokratische Kontrolle	hoch	niedrig
Genehmigungen	hoch	niedrig

* als Teil Jugoslawiens.
** unter dem spezifisch jugoslawischen System der sogenannten »Arbeiterselbstverwaltung«.
1998 Heritage Foundation/Wall Street Journal, Index of Economic Freedom (Index für wirtschaftliche Freiheit), Bewertung anhand verschiedener Kriterien (darunter Steuerniveau, Preiskontrolle, Inflation usw.) auf einer Skala von 5 bis 0 (0=100 Prozent frei). Bewertung: 3,10.

Ukraine	1985	1998

Wirtschaftliche Rolle des Staates, regionaler und/oder kommunaler Behörden

	1985	1998
Anteil an der Industrie	vollständig	sehr umfangreich
Privatisierung eingeleitet?	nein	langsam
Anteil am Dienstleistungssektor	vollständig	sehr groß
Privatisierung eingeleitet?	nein	sehr langsam
Anteil am Agrarland	vollständig	Reste
Privatisierung eingeleitet?	entfällt	ja

Hindernisse für den internationalen Handel

	1985	1998
Zölle	entfällt*	hoch
Genehmigungen erforderlich?	entfällt*	nein
Einfuhrquoten	entfällt*	nein
»Schikanen« (inoffizielle Beschränkungen, die nichts mit Zöllen zu tun haben)	entfällt*	einige
Investitionsbeschränkungen	entfällt*	wenige
Beschränkungen für den Import von Dienstleistungen	entfällt*	ja

Hindernisse für den internationalen Wettbewerb

	1985	1998
Zahl der Staatsbanken	vollständig	umfangreich
Zahl der Privatbanken	keine	zunehmend
Privatisierung der Banken eingeleitet?	entfällt*	langsam
Beschränkungen für das Bankwesen	entfällt*	einige
Börsenaktivität	keine	nur inoffiziell
zentrale Planwirtschaft	ja	nein
Grad der Regulierung durch:		
Bürokratische Kontrolle	vollständig	mittel bis hoch
Genehmigungen	entfällt*	mittel bis hoch

* vollständige staatliche Lenkung der gesamten legalen Wirtschaft.
1998 Heritage Foundation/Wall Street Journal, Index of Economic Freedom (Index für wirtschaftliche Freiheit), Bewertung anhand verschiedener Kriterien (darunter Steuerniveau, Preiskontrolle, Inflation usw.) auf einer Skala von 5 bis 0 (0=100 Prozent frei). Bewertung: 3,80.

Weißrußland	1985	1998
Wirtschaftliche Rolle des Staates, regionaler und/oder kommunaler Behörden		
Anteil an der Industrie	vollständig	fast vollständig
Privatisierung eingeleitet?	nein	sehr langsam
Anteil am Dienstleistungssektor	vollständig	umfangreich
Privatisierung eingeleitet?	nein	sehr langsam
Anteil am Agrarland	vollständig	umfangreich
Privatisierung eingeleitet?	entfällt	ja
Hindernisse für den internationalen Handel		
Zölle	entfällt*	hoch
Genehmigungen erforderlich?	entfällt*	Gebühren
Einfuhrquoten	entfällt*	ja
»Schikanen« (inoffizielle Beschränkungen, die nichts mit Zöllen zu tun haben)	entfällt*	einige
Investitionsbeschränkungen	entfällt*	schwankend
Beschränkungen für den Import von Dienstleistungen	entfällt*	ja
Hindernisse für den internationalen Wettbewerb		
Zahl der Staatsbanken	vollständig	keine
Zahl der Privatbanken	keine	vorhanden
Privatisierung der Banken eingeleitet?	entfällt*	vollzogen
Beschränkungen für das Bankwesen	entfällt*	einige
Börsenaktivität	keine	keine
zentrale Planwirtschaft	ja	nein
Grad der Regulierung durch:		
Bürokratische Kontrolle	vollständig	hoch
Genehmigungen	entfällt*	mittel

* vollständige staatliche Lenkung der gesamten legalen Wirtschaft.
1998 Heritage Foundation/Wall Street Journal, Index of Economic Freedom (Index für wirtschaftliche Freiheit), Bewertung anhand verschiedener Kriterien (darunter Steuerniveau, Preiskontrolle, Inflation usw.) auf einer Skala von 5 bis 0 (0=100 Prozent frei). Bewertung: 4,05.

Kuba	1985	1998
Wirtschaftliche Rolle des Staates, regionaler und/oder kommunaler Behörden		
Anteil an der Industrie	vollständig	vollständig
Privatisierung eingeleitet?	nein	nein
Anteil am Dienstleistungssektor	vollständig	fast vollständig
Privatisierung eingeleitet?	nein	sehr begrenzt/ sehr langsam
Anteil am Agrarland	vollständig	vollständig
Privatisierung eingeleitet?	nein	nein
Hindernisse für den internationalen Handel		
Zölle	entfällt	entfällt
Genehmigungen erforderlich?	entfällt	entfällt
Einfuhrquoten	entfällt	entfällt
»Schikanen« (inoffizielle Beschränkungen, die nichts mit Zöllen zu tun haben)	entfällt	ja*
Investitionsbeschränkungen	absolut	einige Investitionen erlaubt
Beschränkungen für den Import von Dienstleistungen	absolut	absolut
Hindernisse für den internationalen Wettbewerb		
Zahl der Staatsbanken	vollständig	vollständig
Zahl der Privatbanken	keine	keine
Privatisierung der Banken eingeleitet?	nein	nein
Beschränkungen für das Bankwesen	entfällt	entfällt
Börsenaktivität	keine	keine
zentrale Planwirtschaft	ja	ja
Grad der Regulierung durch:		
Bürokratische Kontrolle	vollständig	vollständig
Genehmigungen	entfällt	entfällt

* auf Geschenke aus dem Ausland
1998 Heritage Foundation/Wall Street Journal, Index of Economic Freedom (Index für wirtschaftliche Freiheit), Bewertung anhand verschiedener Kriterien (darunter Steuerniveau, Preiskontrolle, Inflation usw.) auf einer Skala von 5 bis 0 (0=100 Prozent frei). Bewertung: 5,00.

Nordkorea (Demokratische Volksrepublik Korea)	1985	1998
Wirtschaftliche Rolle des Staates, *regionaler und/oder kommunaler Behörden*		
Anteil an der Industrie	vollständig	vollständig
Privatisierung eingeleitet?	nein	nein
Anteil am Dienstleistungssektor	vollständig	vollständig
Privatisierung eingeleitet?	nein	nein
Anteil am Agrarland	vollständig	vollständig
Privatisierung eingeleitet?	nein	nein
Hindernisse für den internationalen Handel		
Zölle	entfällt*	entfällt*
Genehmigungen erforderlich?	entfällt*	entfällt*
Einfuhrquoten	entfällt*	entfällt*
»Schikanen« (inoffizielle Beschränkungen, die nichts mit Zöllen zu tun haben)	entfällt*	entfällt*
Investitionsbeschränkungen	entfällt*	fast vollständig**
Beschränkungen für den Import von Dienstleistungen	entfällt*	vollständig
Hindernisse für den internationalen *Wettbewerb*		
Zahl der Staatsbanken	vollständig	vollständig
Zahl der Privatbanken	keine	keine
Privatisierung der Banken eingeleitet?	nein	nein
Beschränkungen für das Bankwesen	entfällt*	entfällt*
Börsenaktivität	keine	keine
zentrale Planwirtschaft	ja	ja
Grad der Regulierung durch:		
Bürokratische Kontrolle	vollständig	vollständig
Genehmigungen	entfällt*	entfällt*

* abgesehen von einem sehr eingeschränkten Grenzverkehr ist die Wirtschaft völlig staatlich gelenkt.

** Nordkorea hat ausländische Investoren aufgefordert, in eine Freihandelszone und bestimmte Projekte zu investieren, was bisher aber noch keine Wirkung gezeigt hat.

1998 Heritage Foundation/Wall Street Journal, Index of Economic Freedom (Index für wirtschaftliche Freiheit), Bewertung anhand verschiedener Kriterien (darunter Steuerniveau, Preiskontrolle, Inflation usw.) auf einer Skala von 5 bis 0 (0=100 Prozent frei). Bewertung: 5,00.

Vietnam	1985	1998
Wirtschaftliche Rolle des Staates, regionaler und/oder kommunaler Behörden		
Anteil an der Industrie	vollständig	fast vollständig*
Privatisierung eingeleitet?	nein	sehr langsam
Anteil am Dienstleistungssektor	vollständig	fast vollständig*
Privatisierung eingeleitet?	nein	sehr langsam
Anteil am Agrarland	ja	ja
Privatisierung eingeleitet?	nein	sehr langsam
Hindernisse für den internationalen Handel		
Zölle	entfällt**	sehr hoch
Genehmigungen erforderlich?	entfällt**	ja
Einfuhrquoten	entfällt**	ja
»Schikanen« (inoffizielle Beschränkungen, die nichts mit Zöllen zu tun haben)	entfällt**	ja
Investitionsbeschränkungen	entfällt**	viele*
Beschränkungen für den Import von Dienstleistungen	entfällt**	viele
Hindernisse für den internationalen Wettbewerb		
Zahl der Staatsbanken	vollständig	fast vollständig
Zahl der Privatbanken	keine	vorhanden
Privatisierung der Banken eingeleitet?	nein	nein
Beschränkungen für das Bankwesen	entfällt**	ja
Börsenaktivität	keine	keine
zentrale Planwirtschaft	ja	ja
Grad der Regulierung durch:		
Bürokratische Kontrolle	vollständig	sehr hoch
Genehmigungen	entfällt**	sehr hoch

* Joint-ventures mit ausländischen Investoren (bis zu 50 Prozent Besitzanteile) nehmen zu; die lokale Privatwirtschaft ist größtenteils auf das Handwerk und den Einzelhandel begrenzt.
** Staatliche Lenkung der gesamten legalen Wirtschaft.
1998 Heritage Foundation/Wall Street Journal, Index of Economic Freedom (Index für wirtschaftliche Freiheit), Bewertung anhand verschiedener Kriterien (darunter Steuerniveau, Preiskontrolle, Inflation usw.) auf einer Skala von 5 bis 0 (0=100 Prozent frei). Bewertung: 4,70.

Argentinien	1985	1998
Wirtschaftliche Rolle des Staates, *regionaler und/oder kommunaler Behörden*		
Anteil an der Industrie	umfangreich	Reste
Privatisierung eingeleitet?	nein	ja
Anteil am Dienstleistungssektor	umfangreich	Reste
Privatisierung eingeleitet?	nein	ja
Anteil am Agrarland	nein	nein
Privatisierung eingeleitet?	entfällt	entfällt
Hindernisse für den internationalen Handel		
Zölle	hoch	mittel bis hoch
Genehmigungen erforderlich?	ja	nein
Einfuhrquoten	einige	wenige
»Schikanen« (inoffizielle Beschränkungen, die nichts mit Zöllen zu tun haben)	viele	sehr wenige
Investitionsbeschränkungen	viele	wenige
Beschränkungen für den Import von Dienstleistungen	viele	wenige
Hindernisse für den internationalen Wettbewerb		
Zahl der Staatsbanken	umfangreich	Reste
Zahl der Privatbanken	vorhanden	vorhanden
Privatisierung der Banken eingeleitet?	nein	ja
Beschränkungen für das Bankwesen	einige	einige
Börsenaktivität	begrenzt	im Entstehen
zentrale Planwirtschaft	nein	nein
Grad der Regulierung durch:		
Bürokratische Kontrolle	hoch	niedrig
Genehmigungen	hoch	niedrig

1998 Heritage Foundation/Wall Street Journal, Index of Economic Freedom (Index für wirtschaftliche Freiheit), Bewertung anhand verschiedener Kriterien (darunter Steuerniveau, Preiskontrolle, Inflation usw.) auf einer Skala von 5 bis 0 (0=100 Prozent frei). Bewertung: 2,60.

Australien	1985	1998
Wirtschaftliche Rolle des Staates, *regionaler und/oder kommunaler Behörden*		
Anteil an der Industrie	Reste	nein
Privatisierung eingeleitet?	ja	fortschreitend
Anteil am Dienstleistungssektor	umfangreich	erheblich
Privatisierung eingeleitet?	nein	ja
Anteil am Agrarland	nein	nein
Privatisierung eingeleitet?	entfällt	entfällt
Hindernisse für den internationalen Handel		
Zölle	hoch	niedrig
Genehmigungen erforderlich?	ja	nein
Einfuhrquoten	ja	ja
»Schikanen« (inoffizielle Beschränkungen, die nichts mit Zöllen zu tun haben)	nein	nein
Investitionsbeschränkungen	viele	keine
Beschränkungen für den Import von Dienstleistungen	viele	sehr wenige
Hindernisse für den internationalen *Wettbewerb*		
Zahl der Staatsbanken	keine	keine
Zahl der Privatbanken	vorhanden	vorhanden
Privatisierung der Banken eingeleitet?	entfällt	entfällt
Beschränkungen für das Bankwesen	einige	wenige
Börsenaktivität	entwickelt sich	voll ausgebildet
zentrale Planwirtschaft	nein	nein
Grad der Regulierung durch:		
Bürokratische Kontrolle	hoch	sehr niedrig
Genehmigungen	niedrig	sehr niedrig

1998 Heritage Foundation/Wall Street Journal, Index of Economic Freedom (Index für wirtschaftliche Freiheit), Bewertung anhand verschiedener Kriterien (darunter Steuerniveau, Preiskontrolle, Inflation usw.) auf einer Skala von 5 bis 0 (0=100 Prozent frei). Bewertung: 2,05.

Chile	1985	1998

Wirtschaftliche Rolle des Staates,
regionaler und/oder kommunaler Behörden

	1985	1998
Anteil an der Industrie	erheblich	nein
Privatisierung eingeleitet?	ja	vollzogen
Anteil am Dienstleistungssektor	erheblich	Reste
Privatisierung eingeleitet?	nein	fast vollzogen
Anteil am Agrarland	nein	nein
Privatisierung eingeleitet?	entfällt	entfällt

Hindernisse für den internationalen Handel

	1985	1998
Zölle	mittel bis hoch	mittel bis niedrig
Genehmigungen erforderlich?	nein	nein
Einfuhrquoten	keine	keine
»Schikanen« (inoffizielle Beschränkungen, die nichts mit Zöllen zu tun haben)	einige	keine
Investitionsbeschränkungen	viele	einige
Beschränkungen für den Import von Dienstleistungen	viele	wenige

Hindernisse für den internationalen Wettbewerb

	1985	1998
Zahl der Staatsbanken	umfangreich	erheblich
Zahl der Privatbanken	vorhanden	vorhanden
Privatisierung der Banken eingeleitet?	nein	nein
Beschränkungen für das Bankwesen	einige	einige
Börsenaktivität	gering/eingeschränkt	im Entstehen
zentrale Planwirtschaft	nein	nein
Grad der Regulierung durch:		
Bürokratische Kontrolle	mittel bis hoch	nur in bestimmten Bereichen hoch
Genehmigungen	mittel bis niedrig	niedrig

1998 Heritage Foundation/Wall Street Journal, Index of Economic Freedom (Index für wirtschaftliche Freiheit), Bewertung anhand verschiedener Kriterien (darunter Steuerniveau, Preiskontrolle, Inflation usw.) auf einer Skala von 5 bis 0 (0=100 Prozent frei). Bewertung: 2,15.

Frankreich	1985	1998

Wirtschaftliche Rolle des Staates,
regionaler und/oder kommunaler Behörden

Anteil an der Industrie	umfangreich	umfangreich
Privatisierung eingeleitet?	ja	langsam
Anteil am Dienstleistungssektor	umfangreich	umfangreich
Privatisierung eingeleitet?	nein	sehr langsam
Anteil am Agrarland	nein	nein
Privatisierung eingeleitet?	entfällt	entfällt

Hindernisse für den internationalen Handel

Zölle	niedrig	3,6% (EU Durchschnitt)
Genehmigungen erforderlich?	einige	wenige
Einfuhrquoten	einige (EU)	einige (EU)
»Schikanen« (inoffizielle Beschränkungen, die nichts mit Zöllen zu tun haben)	einige *	einige
Investitionsbeschränkungen	einige	einige
Beschränkungen für den Import von Dienstleistungen	einige	einige

Hindernisse für den internationalen
Wettbewerb

Zahl der Staatsbanken	erheblich	immer noch erheblich
Zahl der Privatbanken	vorhanden	vorhanden
Privatisierung der Banken eingeleitet?	nein	unterbrochen
Beschränkungen für das Bankwesen	ja	ja
Börsenaktivität	voll ausgebildet	voll ausgebildet
zentrale Planwirtschaft	nein	nein
Grad der Regulierung durch:		
Bürokratische Kontrolle	hoch	hoch
Genehmigungen	hoch	mittel bis hoch

1998 Heritage Foundation/Wall Street Journal, Index of Economic Freedom (Index für wirtschaftliche Freiheit), Bewertung anhand verschiedener Kriterien (darunter Steuerniveau, Preiskontrolle, Inflation usw.) auf einer Skala von 5 bis 0 (0=100 Prozent frei). Bewertung: 2,50.

Indien	1985	1998
Wirtschaftliche Rolle des Staates, regionaler und/oder kommunaler Behörden		
Anteil an der Industrie	umfangreich	erheblich
Privatisierung eingeleitet?	nein	ja
Anteil am Dienstleistungssektor	umfangreich	erheblich
Privatisierung eingeleitet?	nein	ja
Anteil am Agrarland	nein	nein
Privatisierung eingeleitet?	entfällt	entfällt
Hindernisse für den internationalen Handel		
Zölle	sehr hoch	sehr hoch
Genehmigungen erforderlich?	ja	ja
Einfuhrquoten	ja	ja
»Schikanen« (inoffizielle Beschränkungen, die nichts mit Zöllen zu tun haben)	ja	einige
Investitionsbeschränkungen	viele	wenige
Beschränkungen für den Import von Dienstleistungen	viele	viele
Hindernisse für den internationalen Wettbewerb		
Zahl der Staatsbanken	sehr umfang- reich	sehr umfang- reich
Zahl der Privatbanken	sehr gering	gering
Privatisierung der Banken eingeleitet?	nein	nein*
Beschränkungen für das Bankwesen	ja	ja
Börsenaktivität	begrenzt	im Entstehen
zentrale Planwirtschaft	ja	nein
Grad der Regulierung durch:		
Bürokratische Kontrolle	sehr hoch	mittel bis hoch
Genehmigungen	sehr hoch	sehr hoch

* Einige ausländische Banken dürfen allerdings Niederlassungen unterhalten.
1998 Heritage Foundation/Wall Street Journal, Index of Economic Freedom (Index für wirtschaftliche Freiheit), Bewertung anhand verschiedener Kriterien (darunter Steuerniveau, Preiskontrolle, Inflation usw.) auf einer Skala von 5 bis 0 (0=100 Prozent frei). Bewertung: 3,70.

Italien	1985	1998
Wirtschaftliche Rolle des Staates, regionaler und/oder kommunaler Behörden		
Anteil an der Industrie	umfangreich	erheblich
Privatisierung eingeleitet?	ja	ja
Anteil am Dienstleistungssektor	umfangreich	erheblich
Privatisierung eingeleitet?	nein	ja
Anteil am Agrarland	nein	nein
Privatisierung eingeleitet?	entfällt	entfällt
Hindernisse für den internationalen Handel		
Zölle	niedrig	3,6% (EU Durchschnitt)
Genehmigungen erforderlich?	nein	nein
Einfuhrquoten	einige (EU)	einige (EU)
»Schikanen« (inoffizielle Beschränkungen, die nichts mit Zöllen zu tun haben)	wenige	wenige
Investitionsbeschränkungen	einige	einige
Beschränkungen für den Import von Dienstleistungen	einige	einige
Hindernisse für den internationalen Wettbewerb		
Zahl der Staatsbanken	erheblich	erheblich
Zahl der Privatbanken	vorhanden	vorhanden
Privatisierung der Banken eingeleitet?	nein	ja
Beschränkungen für das Bankwesen	einige	einige
Börsenaktivität	entwickelt sich	voll ausgebildet
zentrale Planwirtschaft	nein	nein
Grad der Regulierung durch:		
Bürokratische Kontrolle	hoch	schwindend
Genehmigungen	hoch	hoch

1998 Heritage Foundation/Wall Street Journal, Index of Economic Freedom (Index für wirtschaftliche Freiheit), Bewertung anhand verschiedener Kriterien (darunter Steuerniveau, Preiskontrolle, Inflation usw.) auf einer Skala von 5 bis 0 (0=100 Prozent frei). Bewertung: 2,50.

Japan	1985	1998

Wirtschaftliche Rolle des Staates,
regionaler und/oder kommunaler Behörden

Anteil an der Industrie	nein	nein
Privatisierung eingeleitet?	entfällt	entfällt
Anteil am Dienstleistungssektor	erheblich	Reste
Privatisierung eingeleitet?	ja	ja
Anteil am Agrarland	nein	nein
Privatisierung eingeleitet?	entfällt	entfällt

Hindernisse für den internationalen Handel

Zölle	niedrig	sehr niedrig
Genehmigungen erforderlich?	nein	nein
Einfuhrquoten	Verbote	Verbote
»Schikanen« (inoffizielle Beschränkungen, die nichts mit Zöllen zu tun haben)	sehr viele	ja
Investitionsbeschränkungen	sehr viele	viele
Beschränkungen für den Import von Dienstleistungen	sehr viele	viele

Hindernisse für den internationalen Wettbewerb

Zahl der Staatsbanken	vorhanden*	vorhanden*
Zahl der Privatbanken	vorhanden	vorhanden
Privatisierung der Banken eingeleitet?	nein	nein
Beschränkungen für das Bankwesen	ja	weniger
Börsenaktivität	voll ausgebildet	voll ausgebildet
zentrale Planwirtschaft	nein	nein
Grad der Regulierung durch:		
Bürokratische Kontrolle	sehr hoch**	schwindend
Genehmigungen	sehr hoch**	mittel bis niedrig

* die Japanische Postbank, die weltweit größte Bank für private Sparguthaben.
** Größtenteils durch eine inoffizielle »administrative Lenkung« seitens der Ministerien, die zwar keine gesetzliche Pflicht ist, aber dennoch befolgt wird.
1998 Heritage Foundation/Wall Street Journal, Index of Economic Freedom (Index für wirtschaftliche Freiheit), Bewertung anhand verschiedener Kriterien (darunter Steuerniveau, Preiskontrolle, Inflation usw.) auf einer Skala von 5 bis 0 (0=100 Prozent frei). Bewertung: 2,05.

Südkorea (Republik Korea)	1985	1998

Wirtschaftliche Rolle des Staates, regionaler und/oder kommunaler Behörden

	1985	1998
Anteil an der Industrie	erheblich*	erheblich*
Privatisierung eingeleitet?	ja	ja
Anteil am Dienstleistungssektor	erheblich*	erheblich*
Privatisierung eingeleitet?	ja	ja
Anteil am Agrarland	nein	nein
Privatisierung eingeleitet?	entfällt	entfällt

Hindernisse für den internationalen Handel

Zölle	hoch	mittel bis niedrig
Genehmigungen erforderlich?	nein	nein
Einfuhrquoten	einige	einige
»Schikanen« (inoffizielle Beschränkungen, die nichts mit Zöllen zu tun haben)	ja	ja
Investitionsbeschränkungen	viele	schwindend
Beschränkungen für den Import von Dienstleistungen	viele	einige

Hindernisse für den internationalen Wettbewerb

Zahl der Staatsbanken	erheblich	keine
Zahl der Privatbanken	vorhanden	vorhanden
Privatisierung der Banken eingeleitet?	nein	vollzogen
Beschränkungen für das Bankwesen	ja	wenige
Börsenaktivität	begrenzt	im Entstehen
zentrale Planwirtschaft	nein	nein
Grad der Regulierung durch:		
Bürokratische Kontrolle	sehr hoch	hoch
Genehmigungen	sehr hoch	hoch

* Nominell private Unternehmen befinden sich aufgrund direkter und indirekter bürokratischer oder politischer Eingriffe wie zum Beispiel Enteignung de facto in Staatsbesitz.
1998 Heritage Foundation/Wall Street Journal, Index of Economic Freedom (Index für wirtschaftliche Freiheit), Bewertung anhand verschiedener Kriterien (darunter Steuerniveau, Preiskontrolle, Inflation usw.) auf einer Skala von 5 bis 0 (0=100 Prozent frei). Bewertung: 2,30.

Mexiko	1985	1998

Wirtschaftliche Rolle des Staates,
regionaler und/oder kommunaler Behörden

Anteil an der Industrie	umfangreich	erheblich
Privatisierung eingeleitet?	nein	ja
Anteil am Dienstleistungssektor	erheblich	Reste
Privatisierung eingeleitet?	nein	ja
Anteil am Agrarland	Gemeinbesitz	Gemeinbesitz
Privatisierung eingeleitet?	entfällt	ja

Hindernisse für den internationalen Handel

Zölle	sehr hoch	mittel bis niedrig
Genehmigungen erforderlich?	ja	ja
Einfuhrquoten	keine	keine
»Schikanen« (inoffizielle Beschränkungen, die nichts mit Zöllen zu tun haben)	viele	wenige
Investitionsbeschränkungen	viele	einige für Nicht-NAFTA-Mitglieder
Beschränkungen für den Import von Dienstleistungen	viele	einige

Hindernisse für den internationalen
Wettbewerb

Zahl der Staatsbanken	umfangreich	Reste
Zahl der Privatbanken	vorhanden	vorhanden
Privatisierung der Banken eingeleitet?	nein	ja
Beschränkungen für das Bankwesen	einige	wenige
Börsenaktivität	begrenzt	im Entstehen
zentrale Planwirtschaft	nein	nein
Grad der Regulierung durch:		
Bürokratische Kontrolle	mittel bis hoch	niedrig
Genehmigungen	sehr hoch	hoch

1998 Heritage Foundation/Wall Street Journal, Index of Economic Freedom (Index für wirtschaftliche Freiheit), Bewertung anhand verschiedener Kriterien (darunter Steuerniveau, Preiskontrolle, Inflation usw.) auf einer Skala von 5 bis 0 (0=100 Prozent frei). Bewertung: 3,25.

Peru	1985	1998
Wirtschaftliche Rolle des Staates, *regionaler und/oder kommunaler Behörden*		
Anteil an der Industrie	umfangreich	Reste
Privatisierung eingeleitet?	nein	ja
Anteil am Dienstleistungssektor	umfangreich	immer noch erheblich
Privatisierung eingeleitet?	nein	ja
Anteil am Agrarland	nein	nein
Privatisierung eingeleitet?	entfällt	entfällt
Hindernisse für den internationalen Handel		
Zölle	sehr hoch	mittel bis hoch
Genehmigungen erforderlich?	ja	nein
Einfuhrquoten	ja	nein
»Schikanen« (inoffizielle Beschränkungen, die nichts mit Zöllen zu tun haben)	ja	nein
Investitionsbeschränkungen	einige	sehr wenige
Beschränkungen für den Import von Dienstleistungen	viele	sehr wenige
Hindernisse für den internationalen Wettbewerb		
Zahl der Staatsbanken	umfangreich	keine
Zahl der Privatbanken	vorhanden	vorhanden
Privatisierung der Banken eingeleitet?	nein	vollzogen
Beschränkungen für das Bankwesen	viele	sehr wenige
Börsenaktivität	nur inoffiziell	im Entstehen
zentrale Planwirtschaft	nein	nein
Grad der Regulierung durch:		
Bürokratische Kontrolle	niedrig	sehr niedrig
Genehmigungen	sehr hoch	mittel bis hoch

1998 Heritage Foundation/Wall Street Journal, Index of Economic Freedom (Index für wirtschaftliche Freiheit), Bewertung anhand verschiedener Kriterien (darunter Steuerniveau, Preiskontrolle, Inflation usw.) auf einer Skala von 5 bis 0 (0=100 Prozent frei). Bewertung: 2,80.

Spanien	1985	1998
Wirtschaftliche Rolle des Staates, regionaler und/oder kommunaler Behörden		
Anteil an der Industrie	umfangreich	erheblich
Privatisierung eingeleitet?	ja	ja
Anteil am Dienstleistungssektor	erheblich	erheblich
Privatisierung eingeleitet?	nein	ja
Anteil am Agrarland	nein	nein
Privatisierung eingeleitet?	entfällt	entfällt
Hindernisse für den internationalen Handel		
Zölle	niedrig	3,6% (EU-Durchschnitt)
Genehmigungen erforderlich?	nein	nein
Einfuhrquoten	einige (EU)	einige (EU)
»Schikanen« (inoffizielle Beschränkungen, die nichts mit Zöllen zu tun haben)	viele	einige
Investitionsbeschränkungen	viele	wenige
Beschränkungen für den Import von Dienstleistungen	einige	wenige
Hindernisse für den internationalen Wettbewerb		
Zahl der Staatsbanken	erheblich	Reste
Zahl der Privatbanken	vorhanden	vorhanden
Privatisierung der Banken eingeleitet?	nein	ja
Beschränkungen für das Bankwesen	einige	einige
Börsenaktivität	entwickelt	voll ausgebildet
zentrale Planwirtschaft	nein	nein
Grad der Regulierung durch:		
Bürokratische Kontrolle	hoch	schwindend
Genehmigungen	hoch	hoch

1998 Heritage Foundation/Wall Street Journal, Index of Economic Freedom (Index für wirtschaftliche Freiheit), Bewertung anhand verschiedener Kriterien (darunter Steuerniveau, Preiskontrolle, Inflation usw.) auf einer Skala von 5 bis 0 (0=100 Prozent frei). Bewertung: 2,50.

Türkei	1985	1998
Wirtschaftliche Rolle des Staates, regionaler und/oder kommunaler Behörden		
Anteil an der Industrie	umfangreich	umfangreich
Privatisierung eingeleitet?	nein	ja
Anteil am Dienstleistungssektor	umfangreich	umfangreich
Privatisierung eingeleitet?	nein	ja
Anteil am Agrarland	nein	nein
Privatisierung eingeleitet?	entfällt	entfällt
Hindernisse für den internationalen Handel		
Zölle	mittel bis hoch	nähern sich dem EU-Durchschnitt von 3,6% an
Genehmigungen erforderlich?	ja	einige
Einfuhrquoten	nein	nein
»Schikanen« (inoffizielle Beschränkungen, die nichts mit Zöllen zu tun haben)	nein	wenige
Investitionsbeschränkungen	ja	wenige
Beschränkungen für den Import von Dienstleistungen	ja	wenige
Hindernisse für den internationalen Wettbewerb		
Zahl der Staatsbanken	umfangreich	immer noch erheblich
Zahl der Privatbanken	vorhanden	vorhanden
Privatisierung der Banken eingeleitet?	nein	sehr langsam
Beschränkungen für das Bankwesen	einige	wenige
Börsenaktivität	begrenzt	im Entstehen
zentrale Planwirtschaft	nein	nein
Grad der Regulierung durch:		
Bürokratische Kontrolle	mittel bis hoch	schwindend
Genehmigungen	niedrig	niedrig

1998 Heritage Foundation/Wall Street Journal, Index of Economic Freedom (Index für wirtschaftliche Freiheit), Bewertung anhand verschiedener Kriterien (darunter Steuerniveau, Preiskontrolle, Inflation usw.) auf einer Skala von 5 bis 0 (0=100 Prozent frei). Bewertung: 2,80.

Hongkong (Sonderverwaltungsregion der VR China)	1985	1998
Wirtschaftliche Rolle des Staates, regionaler und/oder kommunaler Behörden		
Anteil an der Industrie	nein	nein
Privatisierung eingeleitet?	entfällt	entfällt
Anteil am Dienstleistungssektor	nein	nein
Privatisierung eingeleitet?	entfällt	entfällt
Anteil am Agrarland	königliche Ländereien (städtisch)	staatliche (städtische) Ländereien
Privatisierung eingeleitet?	sehr langsam	nein
Hindernisse für den internationalen Handel		
Zölle	nur auf wenige Güter	nur auf wenige Güter
Genehmigungen erforderlich?	nein	nein
Einfuhrquoten	nein	nein
»Schikanen« (inoffizielle Beschränkungen, die nichts mit Zöllen zu tun haben)	keine	keine
Investitionsbeschränkungen	keine	für alle Medien
Beschränkungen für den Import von Dienstleistungen	keine	keine
Hindernisse für den internationalen Wettbewerb		
Zahl der Staatsbanken	keine	keine
Zahl der Privatbanken	vorhanden	vorhanden
Privatisierung der Banken eingeleitet?	entfällt	entfällt
Beschränkungen für das Bankwesen	keine	keine
Börsenaktivität	voll ausgebildet	voll ausgebildet
zentrale Planwirtschaft	nein	nein
Grad der Regulierung durch:		
Bürokratische Kontrolle	fast keine	Einfluß der VR China*
Genehmigungen	keine	keine

* De facto erzwungene Verkäufe staatlicher britischer Unternehmen an chinesische Unternehmen.
1998 Heritage Foundation/Wall Street Journal, Index of Economic Freedom (Index für wirtschaftliche Freiheit), Bewertung anhand verschiedener Kriterien (darunter Steuerniveau, Preiskontrolle, Inflation usw.) auf einer Skala von 5 bis 0 (0=100 Prozent frei). Bewertung: 1,25.

Neuseeland	1985	1998
Wirtschaftliche Rolle des Staates, regionaler und/oder kommunaler Behörden		
Anteil an der Industrie	umfangreich	nein
Privatisierung eingeleitet?	begonnen	ja
Anteil am Dienstleistungssektor	umfangreich	etwas
Privatisierung eingeleitet?	nein	ja
Anteil am Agrarland	nein	nein
Privatisierung eingeleitet?	entfällt	entfällt
Hindernisse für den internationalen Handel		
Zölle	hoch	sehr niedrig
Genehmigungen erforderlich?	ja	nein
Einfuhrquoten	ja	sehr wenige
»Schikanen« (inoffizielle Beschränkungen, die nichts mit Zöllen zu tun haben)	ja	nein
Investitionsbeschränkungen	viele	wenige
Beschränkungen für den Import von Dienstleistungen	viele	sehr wenige
Hindernisse für den internationalen Wettbewerb		
Zahl der Staatsbanken	keine	keine
Zahl der Privatbanken	vorhanden	vorhanden
Privatisierung der Banken eingeleitet?	entfällt	entfällt
Beschränkungen für das Bankwesen	einige	fast keine
Börsenaktivität	begrenzt	im Entstehen
zentrale Planwirtschaft	nein	nein
Grad der Regulierung durch:		
Bürokratische Kontrolle	hoch	sehr niedrig
Genehmigungen	niedrig	sehr niedrig

1998 Heritage Foundation/Wall Street Journal, Index of Economic Freedom (Index für wirtschaftliche Freiheit), Bewertung anhand verschiedener Kriterien (darunter Steuerniveau, Preiskontrolle, Inflation usw.) auf einer Skala von 5 bis 0 (0=100 Prozent frei). Bewertung: 1,75.

Singapur	1985	1998

Wirtschaftliche Rolle des Staates,
regionaler und/oder kommunaler Behörden

Anteil an der Industrie	etwas	etwas
Privatisierung eingeleitet?	nein	nein
Anteil am Dienstleistungssektor	erheblich	erheblich
Privatisierung eingeleitet?	entfällt	entfällt
Anteil am Agrarland	nein	nein
Privatisierung eingeleitet?	entfällt	entfällt

Hindernisse für den internationalen Handel

Zölle	niedrig	sehr niedrig
Genehmigungen erforderlich?	nein	nein
Einfuhrquoten	keine	keine
»Schikanen« (inoffizielle Beschränkungen, die nichts mit Zöllen zu tun haben)	keine	keine
Investitionsbeschränkungen	keine	keine
Beschränkungen für den Import von Dienstleistungen	keine	keine

Hindernisse für den internationalen
Wettbewerb

Zahl der Staatsbanken	keine	keine
Zahl der Privatbanken	vorhanden	vorhanden
Privatisierung der Banken eingeleitet?	entfällt	entfällt
Beschränkungen für das Bankwesen	sehr wenige	sehr wenige
Börsenaktivität	entwickelt	voll ausgebaut
zentrale Planwirtschaft	nein	nein
Grad der Regulierung durch:		
Bürokratische Kontrolle	niedrig	sehr niedrig
Genehmigungen	keine	keine

1998 Heritage Foundation/Wall Street Journal, Index of Economic Freedom (Index für wirtschaftliche Freiheit), Bewertung anhand verschiedener Kriterien (darunter Steuerniveau, Preiskontrolle, Inflation usw.) auf einer Skala von 5 bis 0 (0=100 Prozent frei). Bewertung: 1,30.

Taiwan (Republik China)	1985	1998
Wirtschaftliche Rolle des Staates, regionaler und/oder kommunaler Behörden		
Anteil an der Industrie	erheblich	Reste
Privatisierung eingeleitet?	ja	ja
Anteil am Dienstleistungssektor	erheblich	Reste
Privatisierung eingeleitet?	nein	ja
Anteil am Agrarland	nein	nein
Privatisierung eingeleitet?	entfällt	entfällt
Hindernisse für den internationalen Handel		
Zölle	hoch	niedrig, außer bei Agrarprodukten
Genehmigungen erforderlich?	einige	keine
Einfuhrquoten	einige	keine
»Schikanen« (inoffizielle Beschränkungen, die nichts mit Zöllen zu tun haben)	ja	ja
Investitionsbeschränkungen	viele	viele
Beschränkungen für den Import von Dienstleistungen	viele	einige
Hindernisse für den internationalen Wettbewerb		
Zahl der Staatsbanken	erheblich	Reste
Zahl der Privatbanken	vorhanden	vorhanden
Privatisierung der Banken eingeleitet?	langsam	ja
Beschränkungen für das Bankwesen	ja	ja
Börsenaktivität	begrenzt	im Entstehen
zentrale Planwirtschaft	nein	nein
Grad der Regulierung durch:		
Bürokratische Kontrolle	hoch	niedrig
Genehmigungen	hoch	niedrig

1998 Heritage Foundation/Wall Street Journal, Index of Economic Freedom (Index für wirtschaftliche Freiheit), Bewertung anhand verschiedener Kriterien (darunter Steuerniveau, Preiskontrolle, Inflation usw.) auf einer Skala von 5 bis 0 (0=100 Prozent frei). Bewertung: 1,95.

Großbritannien	1985	1998

Wirtschaftliche Rolle des Staates,
regionaler und/oder kommunaler Behörden

Anteil an der Industrie	Reste	nein
Privatisierung eingeleitet?	ja	ja
Anteil am Dienstleistungssektor	umfangreich	Reste
Privatisierung eingeleitet?	ja	ja
Anteil am Agrarland	nein	nein
Privatisierung eingeleitet?	entfällt	entfällt

Hindernisse für den internationalen Handel

Zölle	niedrig	3,6% (EU-Durchschnitt)
Genehmigungen erforderlich?	nein	nein
Einfuhrquoten	einige (EU)	einige (EU)
»Schikanen« (inoffizielle Beschränkungen, die nichts mit Zöllen zu tun haben)	nein	nein
Investitionsbeschränkungen	wenige	sehr wenige
Beschränkungen für den Import von Dienstleistungen	wenige	sehr wenige

Hindernisse für den internationalen
Wettbewerb

Zahl der Staatsbanken	keine	keine
Zahl der Privatbanken	vorhanden	vorhanden
Privatisierung der Banken eingeleitet?	entfällt	entfällt
Beschränkungen für das Bankwesen	wenige	fast keine
Börsenaktivität	voll ausgebildet	voll ausgebildet
zentrale Planwirtschaft	nein	nein
Grad der Regulierung durch:		
Bürokratische Kontrolle	nur in der Land-wirtschaft	nur in der Land-wirtschaft
Genehmigungen	sehr niedrig	sehr niedrig

1998 Heritage Foundation/Wall Street Journal, Index of Economic Freedom (Index für wirtschaftliche Freiheit), Bewertung anhand verschiedener Kriterien (darunter Steuerniveau, Preiskontrolle, Inflation usw.) auf einer Skala von 5 bis 0 (0=100 Prozent frei). Bewertung: 1,95.

USA	1985	1998

Wirtschaftliche Rolle des Staates,
regionaler und/oder kommunaler Behörden

Anteil an der Industrie	sehr begrenzt**	sehr begrenzt**
Privatisierung eingeleitet?	ja	ja
Anteil am Dienstleistungssektor	sehr begrenzt**	sehr begrenzt**
Privatisierung eingeleitet?	nein	ja
Anteil am Agrarland	nein	nein
Privatisierung eingeleitet?	entfällt	entfällt

Hindernisse für den internationalen Handel

Zölle	niedrig	sehr niedrig
Genehmigungen erforderlich?	nein	nein
Einfuhrquoten	ja	ja
»Schikanen« (inoffizielle Beschränkungen, die nichts mit Zöllen zu tun haben)	einige**	einige**
Investitionsbeschränkungen	einige	wenige
Beschränkungen für den Import von Dienstleistungen	einige	wenige

Hindernisse für den internationalen
Wettbewerb

Zahl der Staatsbanken	keine	keine
Zahl der Privatbanken	vorhanden	vorhanden
Privatisierung der Banken eingeleitet?	entfällt	entfällt
Beschränkungen für das Bankwesen	viele	wenige
Börsenaktivität	voll ausgebildet	voll ausgebildet
zentrale Planwirtschaft	nein	nein
Grad der Regulierung durch:		
Bürokratische Kontrolle	abgeschafft	keine
Genehmigungen	sehr niedrig	sehr niedrig

* Einige Atomwaffen- und andere Rüstungsproduzenten, die von privaten Subunternehmern betrieben werden.

** Die Eisenbahngesellschaft Amtrak ist de facto staatlich.

*** In den USA existieren sehr strenge Gesundheitsvorschriften für Lebensmittelimporte, außerdem wenden die USA Strafen gegen Preis-Dumping rigoros an.

1998 Heritage Foundation/Wall Street Journal, Index of Economic Freedom (Index für wirtschaftliche Freiheit), Bewertung anhand verschiedener Kriterien (darunter Steuerniveau, Preiskontrolle, Inflation usw.) auf einer Skala von 5 bis 0 (0=100 Prozent frei). Bewertung: 1,90.

Definitionen und Quellen für die Tabellen des Anhangs

Definitionen

Wirtschaftliche Rolle staatlicher, regionaler und/oder kommunaler Behörden

Staatsbesitz: *umfangreich* = > 50%; *erheblich* = > 25%; *etwas* = > 10%; *Reste* = < 10% und/oder wird gerade privatisiert.

Dienstleistungen: = öffentlicher Dienst/Infrastruktur, d.h. Elektrizitätswerke, die Telekommunikation, der Luft-, Schienen- und Straßenverkehr, die Schiffahrt und die Massenmedien.

Agrarland in Staatsbesitz: Landwirtschaftliche Kollektive werden als kommunaler Besitz gerechnet.

Hindernisse für den internationalen Handel

Zölle: *sehr hoch* = > 20%; *hoch* = > 10%; *niedrig* = > 5%; *sehr niedrig*.

Genehmigungen: Erfordernis einer Einfuhrerlaubnis für bestimmte Warensendungen.

Einfuhrquoten: regelmäßig festgesetzte Mengenbegrenzungen, je nach Art und/oder Herkunft der Ware, darunter auch Einfuhrverbote für bestimmte Waren oder Waren aus bestimmten Herkunftsländern (= Nullquoten).

»Schikanen« (inoffizielle Beschränkungen): unangemessene Inspektionsvorschriften und/oder Klassifizierungsvorschriften und/oder Gesundheits-/Sicherheitsvorschriften, die zur Verhinderung von Importen benutzt werden; »Local Content-Bestimmungen«, beispielsweise bei importierten Fahrzeugen; willkürliche Preise bei ad-valorem-Kalkulationen; diskriminierende Besteuerung von Importwaren; die Bestechung von Zollbeamten; Anti-Dumping-Gebühren.

Investitionsbeschränkungen: Beschränkungen für ausländische Investoren in bestimmten Wirtschaftssektoren; Zwang zum Technologietransfer; Verpflichtung ausländischer Firmen, mit heimischen Unternehmen Joint-ventures einzugehen.

Beschränkungen für den Import von Dienstleistungen: für Versicherungen; Finanzdienstleistungen; Warentransport; Rechtshilfe; Buchhaltung; die Arbeit von Ingenieuren, Architekten oder Arbeitern, wenn sie von ausländischen Firmen oder Bürgern angeboten wird.

Hindernisse für den internationalen Wettbewerb

Beschränkungen für das Bankwesen: Kapitalbeteiligungen; Immobilienanlagen; der Wertpapierhandel oder der Verkauf von Versicherungspolicen sind eingeschränkt oder verboten.

Genehmigungen: für die Gründung eines Geschäftes und/oder für bestimmte Aktivitäten.

HINWEISE ZU DEN QUELLEN

US Department of Commerce (Hg.), *National Trade Data Bank* und *Country Commercial Guide* (nach einzelnen Ländern geordnet).

Office of the US Trade Representative (Hg.), *Report on Foreign Trade Barriers.*

Bryan T. Johnson, Kim R. Holmes und Melanie Kirkpatrick (Hg.), *The Heritage Foundation / Wall Street Journal 1998 Index of Economic Freedom*, Washington DC / New York 1998. Die Gesamtbewertung basiert auf einem Punktesystem, bei dem Punkte von 1 (sehr niedrig) bis 5 (sehr hoch) für die folgenden Kategorien vergeben wurden:

- Handelspolitik, darunter auch inoffizielle Hindernisse wie Bestechung usw.
- Steuerniveau, ohne Bezug zur Art der Ausgaben
- staatliche Eingriffe in die Wirtschaft
- Geld- und Währungspolitik (Inflation de facto als Steuer)
- Kapitalströme und die Handhabung ausländischer Investitionen (Beschränkungen)
- Bankwesen (Staatsbanken/Beschränkungen für Tätigkeit der Banken)
- Lohn- und Preiskontrolle, beispielsweise auch gesetzliche Mindestlöhne (wenn vorhanden)
- Eigentumsrechte (Schutz dieser Rechte)
- Regulierung (staatliche Regulierung und inoffizielle Einmischung)
- Schwarzmarkt (besonders in Hinblick auf den Raub geistigen Eigentums)

Anmerkungen

1 Gewinner und Verlierer

[1] Gemessen am Aktienkurs Ende 1996 zuzüglich der reinvestierten Dividenden der Jahre 1994 bis 1996 abzüglich des Aktienkurses Ende 1993, siehe Jennifer Reingold: »Executive Pay« (annual survey), in: *Business Week*, 21. April 1997.

[2] Bureau of Labor Statistics, Employment Cost Index, vierteljährliche Veröffentlichungen, 1995, 1996, 1997. Zu Alan Greenspan vgl. Robert D. Hershey, Jr.: »Pay report is noninflationary, relieving markets (for a while)«, in: *New York Times*, 29. Januar 1997, S. D1.

[3] Zur Jahresmitte 1997. US Department of Justice, Bureau of Justice Statistics, *Correction Statistics.*

[4] US-Department of Justice, Federal Bureau of Investigation, *Uniform Crime Reports, 1995 Summary*, 13. Oktober 1996.

[5] Timothy Egan: »As Idaho prospers, prisons fill up while spending on the poor lags«, in: *New York Times*, 16. April 1998, S. 1 u. A16.

2 Was ist Turbo-Kapitalismus?

[1] US Department of Labor, Bureau of Labor Statistics: *Employment, Hours and Earnings, United States, 1909 1990*, Bd.1, S. 3–4; ders., 1990–1995; ders., BLS, Daten aus dem Internet.

[2] Ebenda, Bureau of Labor Statistics, Daten aus dem Internet.

[3] Ebenda, Bureau of Labor Statistics, Daten aus dem Internet.

[4] *New York Times*, 11. Februar 1994.

3 Erfolge und Mißerfolge in der Weltwirtschaft

[1] *Aviation Week & Space Technology*, 14. August 1995, S. 21.

[2] US Department of Justice, Bureau of Justice Statistics. Die Zahlen für 1995 stammen vom 31. Dezember 1994; die Zahlen für 1997 sind Schätzungen, die zur Jahresmitte erfolgten.

[3] Konstruktionsbüros in sowjetischer Zeit (unter der Leitung der Luftfahrt-pioniere A. N. Tupolew und A. S. Jakowlew), deren Entwürfe von verschiedenen Werken ausgeführt wurden. Sie sind mittlerweile Privatunternehmen.

[4] Van Miert protestierte gegen die Fusion von Boeing und McDonnell-Douglas und verlangte Zusicherungen, daß Boeing zukünftig keine exklusiven Lieferverträge mehr mit amerikanischen Fluggesellschaften unterzeichnen werde – diese schlossen nämlich Airbus aus.

[5] Lawrence Zuckerman: »Boeing to raise output and then cut jobs«, in: *New York Times*, 17. Dezember 1997, S. D2.

[6] Tim Smart: »Boeing's big stall«, in: *Washington Post*, 18. Januar 1998, S. H1–H12.

[7] Louis Uchitelle: »More downsized workers are returning as rentals«, in: *New York Times*, 8. Dezember 1996, S. 1.

[8] Blaine Harden: »New York richest get richer, poorest poorer«, in: *Washington Post*, 19. Dezember 1997, S. A3. In diesem Artikel sind Daten des Center on Budget and Policy Priorities angeführt.

[9] Wie zum Beispiel Milton Friedman, der mit dem Nobelpreis für Wirtschaftswissenschaften ausgezeichnet wurde und ein unermüdlicher Kämpfer für liberalere Drogengesetze ist.

[10] *Espresso*, 25. Juni 1998, S. 56, Tabelle.

[11] Philip Johnston: »Straw to change cast at board of film censors«, in: *Daily Telegraph*, 9. Dezember 1997, S. 13.

[12] Aus »Industrial society and its future«, in: *Washington Post*, 2. August 1995.

4 Die Microsoft-Illusion

[1] Norman Matloff: »Now hiring! If you're young«, in: *New York Times*, 26. Januar 1998, S. A23.

[2] Michael S. Teitelbaum: »Too many engineers, too few jobs«, in: *New York Times*, 19. März 1996, S. A23.

[3] Ebenda. Teitelbaum beruft sich auf eine Untersuchung der National Science Foundation und des Bureau of Census.

5 Die Rückkehr der Armut

[1] Siehe Anhang; Heritage Foundation Indices.

[2] Ebenda.

[3] Angaben für Dezember 1996 und Dezember 1997. US Department of La-

bor, Bureau of Labor Statistics: *Employment, Hours and Earnings, United States, 1909-1990,* Bd.1, S. 3-4; www.Table: hourly and weekly wages.
4 Jennifer Reingold: »Executive Pay« (annual survey), in: *Business Week,* 21. April 1997. Für jene, die es nicht bis ganz an die Spitze schafften, gab es Trostpreise in Form von kumulierten Aktienoptionen, deren damaliger Wert ganz beträchtlich war. Henry Silverman von HFS belegte in der Rangliste des Jahres 1996 von *Business Week* mit bescheidenen 23 Millionen Dollar nur Platz Nummer 17, aber wenn es hart auf hart kommen sollte, kann er zum Begleichen seiner Rechnungen immer noch auf seine Aktienoptionen im Wert von 544 Millionen Dollar zurückgreifen. Michael Eisner von Walt Disney schaffte es 1996 nicht einmal unter die ersten 20 (Disney hatte ein schlechtes Jahr), doch seine Aktienoptionen hatten einen Wert von 364 Millionen Dollar, auch das dürfte ausreichen, um über die Runden zu kommen. Andrew Grove von Intel, der zweite in der Liste der Spitzenverdiener, verfügt über Optionen im Wert von 72 Millionen Dollar, also deutlich weniger als Nummer 15 auf der Liste, John Welch von General Electric mit Optionen in Höhe von 107 Millionen Dollar. Und ähnlich setzt sich die Aufzählung weiter fort.
5 Peter Reuter u.a.: *Money from Crime: A Study of the Economics of Drug-Dealing in Washington D.C.,* RAND report R-3894-RF, Santa Monica 1990, S. 92. Die Studie basiert auf Gerichtsakten des Jahres 1987.

6 Das Zeitalter der Arbeitslosigkeit
1 Durch eine sinkende Nachfrage, wenn Arbeitsbeschaffungsmaßnahmen durch Steuererhöhungen finanziert werden, oder durch steigende Zinsen, wenn die Maßnahmen zu einem Anstieg der Staatsschulden führen.
2 Ausnahmen sind extraktive statt produktive Bereiche (wie zum Beispiel der Fang von Seefischen) und Fälle von auf bestimmte Orte begrenzter Produktion (Trüffelsuche zum Beispiel), vor allem wenn in den Herstellungsgebieten schwere Umweltschäden aufgetreten sind (wie beispielsweise bei Kaviar).
3 Im Jahr 1992 verdienten 18 Prozent der berufstätigen Amerikaner nicht genug, um eine vierköpfige Familie über der Armutsgrenze zu halten, selbst wenn sie 40 Stunden in der Woche und 50 Wochen im Jahr arbeiteten, siehe US Bureau of the Census: »Workers with low earnings, 1964-1990«, Serie P-60, Nummer 178, Washington D.C. 1992, S. 3 f.
4 Zwischen dem Import von Fertiggütern aus Entwicklungsländern und dem Verlust von Arbeitsplätzen in der Industrie besteht ein eindeutiger Zusammenhang. In Belgien ist der Anteil der in der Industrie Beschäftigten an

der Gesamtmenge der Berufstätigen zwischen 1970 und 1990 am stärksten innerhalb von Westeuropa zurückgegangen (minus 14 Prozent), gleichzeitig ist der Anteil der importierten Güter aus Entwicklungsländern am Bruttoinlandsprodukt in Belgien höher als in anderen westeuropäischen Ländern. Japan importiert am wenigsten und verzeichnet den geringsten Verlust (zwei Prozent) bei der Zahl der in der Industrie Beschäftigten.

[5] INSEE-Daten, zitiert bei Sophie Gherardi: »Mines d'emplois«, in: *Le Monde*, 25. November 1997 (Wirtschaftsteil S. 1).

[6] Keizai Koho Center: *Japan 1990: An International Comparison*, Tokio 1990, Tabelle 3–18, S. 30.

[7] Keizai Koho Center: *Japan 1992: An International Comparison*, Tokio 1992, Tabelle 9–7, S. 76.

[8] Auch heute noch verstehen viele Japaner nicht, warum Europäer nur eine Religion haben, sie selbst haben vielleicht eine shintoistische Hochzeit und ein buddhistisches Begräbnis und feiern außerdem gern das christliche Weihnachtsfest.

[9] Die *Eta* sind rituell Ausgestoßene, die Parias Japans. Sie sind zumeist Nachkommen von Schlächtern, Gerbern und Arbeitern, die Leder weiterverarbeiteten, kurz gesagt von Berufsgruppen, die im überwiegend buddhistischen Japan tabuisiert waren. Die *Eta* sind immer noch von der Mehrzahl der angesehenen Berufe ausgeschlossen und werden selten als Ehepartner akzeptiert.

[10] Ruben Castaneda: »Teen who left NY center admits killing DC clerk«, in: *Washington Post*, 14. Juli 1994, S. B1.

7 Theorie und Praxis der Geo-Ökonomie

[1] Edward Luttwak: »From geopolitics to geo-economics«, in: *The National Interest*, Sommer 1990.

[2] Kenneth Flamm: *Targeting the Computer: Government Support and International Competition*, Washington D.C. 1987.

[3] Abschnitt 301 des Handelsgesetzes von 1974 (codifiziert in 19 U.S.C. SS 2411–2416) war vereinbar mit den GATT-Artikeln XXII und XXIII.

[4] Einen systematischen Überblick bietet mein Buch *Strategy: The Logic of War and Peace*, Cambridge, Mass. 1987.

8 Die Debatte über die Industriepolitik

[1] Chalmers Johnson: *MITI and the Japanese Miracle: The Growth of Industrial Policy 1925–1975*, Stanford 1982.

9 Der Turbo-Kapitalismus in Rußland

[1] Anders Åslund: *How Russia Became a Market Economy*, Washington, D.C. 1995.

[2] Anders Åslund in einem Gespräch mit dem Autor, 25. Juni 1998.

[3] Nichtsdestoweniger hat Michael Camdessus, der Chef des Internationalen Währungsfonds (IWF), im August 1998 den Geldhahn zugedreht, und der neue russische Ministerpräsident Jewgenij Primakow, wird sich um neue Kredite kümmern müssen.

10 Die Ideologie des Freihandels

[1] George Armitage-Smith: *The Free Trade Movement and Its Results*, London 1898, S. 53; Douglas A. Irwin: *Against the Tide: An Intellectual History of Free Trade*, Princeton 1996, S. 128.

[2] Alfred Marshall: »Some Aspects of Competition« (1890).

[3] *The Collected Writings of John Maynard Keynes*, London 1971–1989, Bd. XVII, S. 451.

[4] Keynes, *Collected Writings*, Bd. XX, S. 387.

[5] Irwin, *Against the Tide*, S. 196, Hervorhebung vom Autor.

11 Die Religion des Geldes

[1] »Vers la monnaie unique«, in: *Commentaire*, Bd. 19, Nr. 74, S. 279, Übersetzung vom Autor.

12 Einkaufen als Therapie

[1] Robert Putnam: »Bowling alone«, in: *Journal of Democracy*, Bd. 6 (1995), Nr. 1, S. 65–78.

[2] Cynthia Crossen: »»Merry Christmas to moi‹ shoppers say«, in: *Wall Street Journal*, 11.12.1997, S. B1.

13 Das große Dilemma

[1] US Bureau of the Census: *Share of Aggregate Income Received by Each Fifth and Top 5% of Families: Processed* (1996: 101 Millionen Familien laut der Definition der Volkszählung).

[2] Seine prompte Reaktion auf die Nachricht vom Tod Prinzessin Dianas, wobei ihm Tränen in den Augen standen, rief, als sie im Fernsehen ausgestrahlt wurde, auf der ganzen Welt die Bewunderung professioneller Schauspieler hervor.

[3] Ein erfolgreicher Mitarbeiter einer Investitionsbank begleitete den Autor auf einer Reise in die Regenwälder von Bolivien. Nach seiner Rückkehr nach New York kündigte er umgehend. Ohne den Trubel in seinem Büro und ohne Handy, E-mail und Faxgerät hatte er sich frei gefühlt und war dadurch gezwungen, seine eigene Existenz zu überdenken.

[4] Nur wenige amerikanische Privatpatienten sind zugleich reich genug, um bei einer Versicherungsgesellschaft versichert zu sein, die viele Leistungen übernimmt, als auch naiv genug, die Behandlung in einem durchschnittlichen gewinnorientierten Krankenhaus zu akzeptieren, das über keinerlei Forschungsabteilungen verfügt.

[5] Marc Bloom: »Kenyan runners in the US find bitter taste of success«, in: *New York Times*, 16.4.1998, S. 1, D27.

Anhang: Die globale Ausbreitung des Turbo-Kapitalismus

[1] Ander Åslund: *How Russia Became a Market Economy*, Washington D.C. 1995.

Literaturverzeichnis

Armitage-Smith, George: The Free Trade Movement and its Results, London 1898

Åslund, Ander: How Russia became a Market Economy, Washington 1995

Attali, Jacques: Millenium. Gewinner und Verlierer in der kommenden Weltordnung. Düsseldorf 1992

Bourdieu, Pierre: La Misère du monde, Paris 1993

Cobden, Richard: The Political Writings. Hg. v. Sir L. Mallet u.a., 2 Bde., London 1903

Cotta, Alain: Le Capitalisme dans tous ses États, Paris 1991

Cross, C.: The Fascists in Britain, London 1961

Dawson, W.H.: Richard Cobden and Foreign Policy, London 1926

Ehrlicher, Werner/ Becker, Wolf. D.(Hg.): Die Monetarismus-Kontroverse, Berlin 1978

Flamm, Kenneth: Targeting the Computer: Government Support and International Competition, Washington D.C. 1987

Friedman, Milton: Price Theory, New York 1986

Friedman, Milton/ Friedman, Rose: Die Tyrannei des Status quo. München 1985

Holland, S.: The Economics of John Stuart Mill, 2 Bde., Toronto 1985

Irwin, Douglas A.: Against the Tide: An Intellectual History of Free Trade, Princeton 1996

Johnson, Chalmers: MITI and the Japanese Miracle: The Growth of Industrial Policy 1925-1975, Stanford 1982

Keizai Koho Center: Japan 1990. An International Comparison, Tokio 1990

Keizai Koho Center: Japan 1992. An International Comparison, Tokio 1992

Keynes, John Maynard: The Collected Writings of J.M. Keynes. London 1971-1989

Keynes, John Maynard: Ein Traktat über Währungsreform. 2. Aufl., Berlin 1997

Keynes, John Maynard: Allgemeine Theorie der Beschäftigung, des Zinses und des Geldes, Berlin 1994

Keynes, John Maynard: Vom Gelde. (A Treatise on Money), Berlin 1983

Luttwak, Edward: Strategy: The Logic of War and Peace, Cambridge Mass. 1987

Luttwak, Edward: Weltwirtschaftskrieg - Export als Waffe, Berlin 1994

Lübtow, Ulrich von/ Harlandt, Hans/ Kaynes, John Maynard.: Die Geschichte vom Geld, 1996

Marshall, Alfred: Some Aspects of Competition, London 1890

Marshall, Alfred: Money, Credit and Economy, London 1923

Marshall, Alfred: Principles of Economics. Kommentiert von F.H. Hahn u.a. (Faks. d. Ausg. 1890), 1989 (=Klassiker der Nationalökonomie)

Mill, John Stuart: Essays on Some Unsettled Questions of Political Economy, (Nachdruck 1948) 1844

Mill, John Stuart:, Utilitarism. Hg. A. Ryan, Harmondsworth 1987

Mill, John Stuart: Der Utilitarismus, Hg. D. Birnbacher, Stuttgart 1976

OCDE, Ètude sur l'emploi. Fiscalité, emploi, chomage, 1995

Pausanias: Graecia descripto, 3 Bde., Hg. H. Hitzig und H. Blümer, Leipzig 1903

Phelps, Edmund S.: Économie politique, Paris 1990

Pigon, A.G. (Hg.): Memoirs of Alfred Marshall, New York 1956

Recktenwald, H.C.: Adam Smith (in: Klassiker des ökonomischen Denkens, Hg. J. Starbatty Bd. 1), München 1989

Reich, Robert B.: Die neue Weltwirtschaft. Das Ende der nationalen Ökonomie, Berlin 1993

Reuter, Peter u.a.: Money from Crime: A Study of the Economics of Drug-Dealing in Washington D.C., RAND-report R 3894-RF, Santa Monica 1990

Rifkin, Jeremy: Das Ende der Arbeit und ihre Zukunft, Frankfurt/M. 1995

Semmel, B.:John Stuart Mill and the Pursuit of Virtue, New Haven 1984

Smith, Adam, Glasgow Edition of the Works and Correspondance of Adam Smith, Hg. R.H. Campbell u.a., Glasgow 1976 ff.

Smith, Adam: Eine Untersuchung über das Wesen und die Ursachen des Reichtums der Nationen, 3 Bde., Berlin 1975-84

US Department of Justice, Federal Bureau of Investigation, Uniform Crime Reports, 1995

US Department of Labor, Bureau of Labor Statistics, Employment, Hours and Earnings, United States, 1909-1990, Bd. 1, ders., 1990-1995

US Bureau of the Census: Workers with low earnings, 1994-1990, Serie P-60, Nr. 178, Washington D.C. 1992

US Bureau of the Census: Share of Aggregate Income Received by Each Fifth and Top Fifth of Families: Processed, 1996

Veltzke, H.H.: Theorie und Politik des Monetarismus, 1987

* Für die deutsche Ausgabe. Zeitschriftenartikel sind nicht berücksichtigt und finden sich in den Anmerkungen.

Register

Personenregister

Alred, Doug 371
Arman, John 169
Armitage-Smith, George 437, 439
Åslund, Ander 289, 437, 438
Augustine, Norman 169

Birkett, Lord 135, 136
Blair, Tony 135,138, 164, 183, 312, 316, 317, 363, 380
Bloom, Marc 438
Brazier, Julian 136
Buffett, Warren 51, 52
Buccleuch, Herzog von 294
Bush, George 127, 263

Carli, Guido 305
Castaneda, Ruben 136
Castro, Fidel 285
Chambers, John 169
Churchill, Sir Winston 363
Clinton, Bill 116, 129, 131, 141, 142, 164, 239, 247, 310, 316, 363, 380
Cobden, Richard 301, 439
Colbert, Jean-Baptiste 252
Condit, Philip M. 110, 111
Cross, Lawrence 439
Crossen, Cynthia437

Diana, Princess of Wales 438
Disney, Walt E. 435

Dole, Bob 316
Drew, Lewis 169
Duisenberg, Willem 308, 309

Egan,Timothy 433
Eisenhower, Dwight 48
Eisner, Michael 435

Flamm, Kenneth 436, 439
Ford, Henry 147, 148
Friedman, Milton 434, 439
Franco, F. Bahamonde, Francisco 388
Gaidar, Yegor 265, 267
Gates, Bill 21, 27, 31, 32, 49, 51
Gherardi, Sophie 436
Gogol, Nicolaj V. 277
Gonzales, Felipe 388
Gorbatschow, Michail S. 229, 264, 265
Grass, Günter 130
Greenspan, Alan 22, 308, 309, 312, 433
Grove, Andrew 169, 435
Giuliani, Rudolph 55

Harden, Blaine 434
Harewood, Earl of 135, 136
Hilbert, Stephen 169
Hitler, Adolf 307, 311, 379

Jelzin, Boris N. 264, 265, 278, 289
Johnson, Chalmers 260, 432, 437, 439
Jospin, Lionel 380

Kaczynski, Theodor H. 138,
Kaku, Ryuzaburo 317
Keino, Kip 369
Keynes, John Maynard 302, 311, 437, 439
Kues, Nikolaus von 208

Le Pen, Jean-Marie 381
Lincoln, Abraham 363
Ludwig XIV. 252
López, José María Aznar 388
Major, John 134, 135
Marshall, Alfred 301, 437, 440
Marshall, George Catlett (Marshall-Plan) 328, 329
Martyn, Henry 294, 295, 296
Matloff, Norman 434
Mill, John Stuart 301, 439, 440
Mitterrand, Francois 317
Mosley, Oswald 379
Napoleon I. 258
Nasser, Gamal Abdel 395
Nemzow, Brois 278
Nietzsche, Friedrich 362
Norman, Montagu 311

Ovshinsky, Stanford R. 216

Pausanias (2. Jahrh. n. Chr.) 368, 440
Perón, Juan 385
Perón, Evita 385
Perot, Ross 381
Peter der Große, Pjotr. I. Aleksejewitsch 252
Pfeiffer, Eckhard 169

Prodi, Romano 317
Primakow, Jewgenij 437

Reagan, Ronald 103, 363
Reed, John 169
Reich, Robert 116, 440
Reingold, Jennifer 433, 435
Reuter, Peter 435, 440
Robbins, Lord 302

Schacht, Hjalmar 311
Schwab, Charles 144
Silverman, Henry 169, 435
Silguy, Yves-Thibault de 327
Simpson, O.J. 125
Smart, Tim 434
Smith, Adam 71, 294, 297, 440
Soros, George 49, 57
Stonecipher, Harry C. 111, 112
Straw, Jack 135–138

Taft, William 53
Tschernomyrdin, Viktor 278
Teitelbaum, Michael S. 434
Thatcher, Margaret 26, 134, 135, 321, 363

Van Miert, Karel 107, 434
Veltroni, Walter 317
Volcker, Paul 305

Waitt, Theodore 169
Welch, John 169, 435,
Williams, Sterling 169
Williams, Todd 371

Zuckerman, Lawrence 434

Ägypten 395
Ärzte 117, 366, 367
Afghanistan 390
Afrika 15, 83, 176, 216, 226, 255,
    359, 396, 398, 399
Aktien 34–36, 75, 105, 106, 109,
    113, 139, 142, 194, 196–199, 314,
    315, 321
Algerien 397
Angebot/Nachfrage 71, 72, 84–87,
    165, 175, 178, 265, 279, 299, 300
Angestellte 13, 28, 35, 39, 41, 63,
    64, 72, 75, 88–102, 111–114, 117,
    124, 142, 145, 151, 152, 165–172,
    186–191, 194, 195, 202, 203, 209,
    265, 287, 347, 351, 352, 356–358,
    362, 373, 381, 387, 388
Angola 397
Arbeitsgesetzgebung 386
Arbeitslosigkeit 18, 38, 65, 99, 102,
    116–119, 137, 145, 163–166, 172,
    174, 178–181, 183–189, 193, 204,
    247, 265, 298, 302, 304, 310–318,
    325, 331, 379–382, 387, 435
Arbeitsmarkt 99, 102, 116–119, 179,
    189, 195, 307, 350, 351, 387
Arbeitszeit 190, 194
Argentinien 27–29, 60, 62, 80, 311,
    385, 399, 412
Armenien 386
Armut 17, 28, 70, 126, 127,
    159–164, 172, 200, 334, 340, 369,
    434
Asien 30, 34, 90, 101, 123, 391, 398
Auslandsinvestitionen 393
Außenhandelsbilanz 290, 343
Australien 15, 311, 321, 381, 389,
    399, 413

Autoindustrie 70, 115, 213, 343, 391
Aserbaidschan 386

Bahrain 389, 395
Bangladesch 117, 391, 394
Banken 15, 21, 28, 34–38, 46, 61,
    67, 71, 82, 88–91, 95, 96, 101,
    119, 186, 188, 191, 192, 195–199,
    231, 248, 276, 319, 325–328, 333,
    355, 361, 362, 394, 400–430
Belgien 137, 324, 435, 436
Benin 397
Bhutan 390
Binnenmarkt (-wettbewerb) 215,
    298, 300, 386, 394
Boeing 76, 105–113, 116, 117,
    121–124, 139, 144, 234, 235, 241,
    247, 298, 234
Börse 35, 36, 105, 110, 113, 142,
    143, 146, 167, 195, 196, 199, 210,
    286, 372
Bolivien 127, 280, 385, 438
Bosnien-Herzegowina 386
Brasilien 44, 60, 62, 226, 385
Bretton Woods 318, 319
Bulgarien 386
Bürokratie 30, 81, 200, 201, 223,
    226, 253, 255, 257, 309, 395
Burundi 397

Calvinismus 47, 48, 154
Chile 60, 62, 385, 399, 414
China 15, ,37, 117, 121, 176
Chrysler 34, 77, 216, 388, 392
CIA 290
Club of Rome 175–177
Computerindustrie 78, 204,
    217–219, 250, 339, 393

Dänemark 324
Daimler-Benz 388
Deflation 18, 102, 174, 178,
    306–308, 311–315, 318, 325, 328,
    330, 367, 378
Demokratie 33, 127, 195, 201, 276,
    287, 307, 320
Deregulierung 18, 19, 24, 26, 29,
    35, 41, 60, 65, 73, 74, 78, 107,
    118, 140, 152, 156, 165, 166, 298,
    330, 351–354, 374, 388, 389, 394
Devisen 17, 23, 35, 69, 213, 255,
    273, 274, 280, 283, 291, 314, 318,
    319, 331, 378
Deutschland 26, 49, 65, 79,
    180–183, 228, 229, 261, 269, 271,
    298, 308, 311, 316, 322, 324, 355,
    356, 378, 379, 387
Dienstboten 151
Dienstleistung 11, 16, 23, 69, 83, 88,
    89, 96–98, 102, 117–120, 123,
    141, 145, 146, 151, 152, 165,
    184–192, 205, 208, 219, 225, 230,
    238, 247, 262, 288, 290, 295,
    344–346, 350, 351, 354, 360, 362,
    394, 400–431
Dirigismus 80–82, 385, 397
Diplomatie 210, 211, 220–223, 227,
    237, 241, 245
Drogen 29, 49, 51, 53, 56, 57,
    129–131, 159, 163, 170–172, 183,
    280, 281, 335, 340, 341, 359
Dubai 395

Eastern Airlines 72
Ecuador 385
Einzelhandel 35, 64, 78, 96, 97, 145,
    147, 151, 185, 188, 192, 202, 233,
    266, 356, 411
Eisenbahn 15, 67, 71, 73, 97, 187,
    429

Elektrizitätswerke 187, 287, 430
Elfenbeinküste 397
Einkommenssteuern 44, 46, 153,
    377
Eta 203, 436
Euro 318–323, 328, 329, 397,
Europäische Währungsunion 317,
    320, 323
Export 27, 31, 37, 69, 83, 107, 176,
    195, 197, 200, 204, 213–216, 219,
    223f., 230, 232, 236, 240, 242,245,
    247, 251, 255f., 268, 273, 283, 285,
    290, 298–300, 311, 314f., 319, 321f.,
    342, 343, 351, 378, 393,395, 440

Familie 24, 36, 39, 51, 52, 58, 68,
    79, 85, 88–90, 94, 103, 104, 114,
    120, 125, 126, 129, 133, 135–138,
    153–155, 164, 165, 171, 181–184,
    190, 202, 303, 310, 333, 336–349,
    352, 356–359, 372, 379–384, 390,
    435, 439, 440
Fast food 338, 340, 341
Fernsehen 53, 134, 141, 240, 242,
    438
Finanzmärkte 123, 289–292, 305,
    314
Frankreich 14, 19, 26, 29–31, 66, 81,
    179–183, 187–196, 222, 228, 232,
    233, 252, 261, 272, 273, 286, 298,
    308, 317, 323, 324, 353, 379, 381,
    386, 387, 399, 415
Freihandel 26, 140, 201, 226, 231,
    236, 239, 243, 244, 248, 294–302,
    400, 410, 457
Fusionen 112, 252, 355, 263, 383,
    434

Gabun 397
GATT 213, 237, 238, 436
Gaswerke 279

Gefängnis(strafen) 46, 55–59, 106, 128, 129, 133, 135, 138, 207, 254, 276, 335, 359

General Electric 105, 169, 217, 218, 435

General Motors 34, 76, 77, 139, 142–147, 216, 257

Geo-Ökonomie 121, 210–213, 216, 220–233, 245, 436

Gesundheit 46, 130, 131, 366–368

Geschenke 344, 409

Gewerkschaften 22, 23, 28, 63–66, 78, 95, 96, 105, 106, 123, 168, 180, 183, 249, 298, 302, 307, 349–351, 357, 388

Gewinner (des Turbo-K.) 28, 40, 47–54, 58, 61, 117, 139, 225, 257, 296, 308, 383, 433, 439

Ghana 397

Globalisierung 25, 35, 60, 82–84, 88, 89, 101, 106, 107, 117, 118, 123, 165, 199, 249, 250, 291, 298, 330, 354, 355, 374, 393

Griechenland 26, 320, 325, 389

Großbritannien 15, 26–28, 31, 46, 81, 101–103, 134, 138, 152, 161–163, 168, 180, 187, 228, 261, 263, 294, 302, 316, 321, 379, 382, 389, 399, 428

Guatemala 12, 13

Guyana 385

Haiti 385

Handelsschranken 27, 82, 201, 215, 223, 230, 238, 296–300

Haushaltsdefizit 240, 284, 285, 290, 309, 323

High-Tech-Industrie 58, 67, 146, 204, 230

Honduras 385

Hyperinflation 304–307, 313

IBM 32, 76, 93, 217, 218, 234, 247, 257, 340

Import(-beschränkungen) 67, 70, 83, 88, 117, 146, 152, 185, 200, 203, 204, 213–215, 219–221, 224, 230, 231, 238, 240, 245, 247, 251, 254–256, 273, 274, 290, 295, 300–302, 311–315, 319–322, 343, 378, 385, 386, 395, 400–431, 435, 436

Indonesien 36, 38, 44, 215, 240, 282, 390,

Industriepolitik 210, 232, 249–262, 437

Inflation 18, 22, 96, 97, 102, 156, 157, 166–168, 175, 177, 202, 265, 268, 284, 288, 304–316, 324, 329–331, 353, 400–430

Informationstechnologie 145, 148–150, 221, 375

Infrastruktur 69, 80, 203, 225, 232, 393, 397, 398, 430

Ingenieure 69, 70, 108, 109, 116, 149–152, 245, 252, 431

Internet 33, 130, 140, 193, 342, 433

Investitionsbeschränkungen 26, 63, 400–431

Investment(banken) 28, 140, 151, 283, 291

Iran 390

Irak 394

Israel 394

Italien 15, 32, 45, 70, 133, 134, 162, 179–181, 186, 187, 190, 211, 233, 254, 269–273, 286, 295, 305, 309, 314–317, 324, 334, 336, 349, 350, 353, 359, 360, 379, 380, 387, 399, 417

Japan 16–19, 26, 29, 30, 37, 40, 61, 63–65, 68, 70, 81, 86, 88, 89, 107,

445

117, 122, 161–166, 179, 180, 187,
    195–209, 214, 217, 222–229, 233,
    234, 236, 240, 247, 250, 252, 253,
    259, 261, 269–273, 281, 282, 286,
    297, 307, 321, 322, 360, 368, 379,
    380, 382, 390, 399, 418, 436, 439
Joint-ventures 123, 218, 278, 291,
    400, 411, 431
Jugend(arbeitslosigkeit) 179, 183,
    184, 349, 359

Kambodscha 389
Kamerun 397
Kapital *
Kenia 369, 397
Kolumbien 280, 385
Kommunismus 64, 393
Kongo 397
Konservative 164, 377, 379, 388
Konsum 24, 147, 163, 332, 336, 345,
    347
Konzerne 40–44, 61, 63, 168, 223,
    233, 234, 249–251, 255, 256, 266,
    270, 272, 292
Korea 16, 44, 81, 88, 101, 198, 203,
    236, 246, 410, 418
Korruption 46, 208, 254 f., 267, 284,
Kredite 24, 36, 37, 70, 75, 82, 87,
    119, 196–199, 217, 219, 250, 265,
    287, 312, 327, 331, 332, 334, 437
Krieg 57, 159, 161, 211, 213, 216,
    220–228, 231, 241–248, 252, 279,
    306, 389
Kriminalität 55, 58, 129, 170–172,
    183, 184, 280, 284
Kuba 385, 399, 409
Kultur 59, 291, 374, 384

Ladenöffnungszeiten 356
Ladenbesitzer 12, 28, 85, 86, 90,
    202, 207, 277, 356, 381, 387

Landwirtschaft 16, 35, 64, 66,
    69–71, 97, 165, 166, 175, 176,
    184, 185, 203, 224, 236, 266, 274,
    287, 295, 430
Lesotho 396
Liberia 226, 397
Liberalismus 135, 303
Libyen 396
Linke Parteien 379
Litauen 386
Löhne 22, 26, 28, 95, 96, 102, 117,
    118, 165, 168, 178–180, 183, 189,
    195, 265, 286, 298, 304–310, 313,
    333, 349, 352–354, 378, 396, 432

Maastricht (Vertrag von) 320, 323
Ma Bell 16, 72
Madagaskar 51, 252
Mafia /Mafyia 267, 268, 275–282
Malaysia 36, 38, 215, 236, 240, 283,
    292, 390
Marktwirtschaft (soziale) 388
Marokko 369, 396
Mazedonien 386
Medizinische Versorgung 65
Merkantilismus 229–231
Mexiko 44, 236, 369, 385, 399, 420
Microsoft 21, 31–34, 139, 142, 143,
    146–149, 257, 434
Mindestlohn 78, 145, 183, 189
Mittelschicht 117, 125, 127, 131,
    135, 151, 158, 170, 351, 357, 374
Mittlerer Osten 394
Moldawien 386
Monetarismus 304–306, 309, 312,
    314–319, 322, 323, 330, 378, 439
Mongolei 391
Monopole 15, 16, 28, 31, 32, 34, 39,
    47, 67, 76, 79, 106, 141, 252, 277,
    278, 280, 282, 287
Mosambik 397

Nahverkehr 15, 97
Namibia 396
National Airlines 72
Nationalismus 323, 292
Nepal 391
Networking 361
Neuseeland 15, 27, 389, 399, 425
Nicaragua 385
Nordkorea 328, 389, 399, 414
Norwegen 336, 388

Outsourcing 99, 117, 122

Pacific Bell 113, 114, 141
Pakistan 391, 394
Peugeot 392
Peru 180, 385, 399, 421
Philippinen 215, 390
Planwirtschaft 11, 12, 80–82,
    264–266, 271, 283, 400–429
Polen 386, 399, 403
Politiker 36, 39, 44, 60, 71, 118,
    129, 134, 138, 139, 141, 160, 200,
    201, 228, 233, 245, 247–250, 256,
    301, 305, 307, 363, 365, 379, 393
Populismus 381, 382, 393
Pornographie 130, 134, 136, 137,
    335
Portugal 162, 324, 384
Presse 200, 201, 229, 242, 321, 390
Privatisierung 18, 19, 26, 29, 34, 60,
    63, 80, 133, 185, 187, 266, 267,
    269, 284, 287, 298, 330, 386,
    387–389, 394, 399–429
Produktivität 13 18, 19, 28, 68, 94,
    101, 117, 123, 184, 205, 206, 296,
    346, 347, 375
Prohibition 127

Rationalisierung 22, 281
Rauchen 53, 56, 130, 335

Rechtsanwälte 40–43, 64, 87, 94,
    151
Religion 25, 47, 48, 59, 131, 294,
    303, 318, 327, 436, 437
Rumänien 386, 399, 404
Rußland 12, 13, 264–272, 277–287,
    290, 291, 329, 382, 437

Saudi-Arabien 216, 247, 395
Schiffahrt 430
Schutzzoll(-politik) 299, 301
Schwarzarbeit 381, 274
Schwarzmarkt 81, 264, 270, 271,
    275, 432
Schwarze (Afro-Amerikaner) 57,
    170
Schweden 65, 388
Schweiz 232, 323, 389
Sekten 338–341
Sematech 263
Senegal 397
Sex 130, 137, 138, 271, 335
Skandinavien 162, 388
Sierra Leone 397
Singapur 253, 389, 399, 426
Slowakei 386
Slowenien 399, 406
Somalia 397
Sozialhilfe 58, 153, 154, 164, 170,
    182, 183, 194, 207, 363
Sowjetunion (UdSSR) 69, 70, 101,
    210, 229, 237, 248, 264, 271–275
Spanien 15, 65, 162, 179, 231, 316,
    324, 345, 388, 399, 422
Sparen 103, 132, 147, 322, 333, 336,
    367, 374
Sport 365, 368, 369, 384
Staatliche Unternehmen 327
Stagflation 313
Steuern 45f., 61, 103, 150, 155, 192f.,
    207, 213, 230, 239, 240, 262, 268,

269, 288, 289, 300, 304, 319, 320, 324, 330
Sudan 397
Surinam 385
Syrien 394

Taiwan 81, 236, 246, 253, 390, 399, 427
Tarife 16, 67, 71, 141, 204, 213, 250, 351
Technologien*
Telefongesellschaften 98, 101, 140–142
Textilunternehmen 393
Thailand 36–38, 215, 236, 240, 283
Todesstrafe 128, 129, 133, 135, 335
Total (Ölgesellschaft) 390
Tourismus 344, 345, 348, 350
Tunesien 396
Türkei 226, 399, 423
Turkmenistan 389

Uganda 397
Ukraine 286, 399, 407
Ungelernte Arbeiter 23, 95, 125, 171
Ungleichheit 30, 103, 158, 160, 163, 173, 297, 303, 374, 376, 394
Unterschicht 23, 125, 126, 163–165, 170–173, 344, 359
Urlaub(sregelungen) 50, 65, 66, 118, 190, 191, 195, 332, 333
Usbekistan 273, 389

Venedig 268, 349, 350–352, 355–360
Venezuela 385
Vereinigte Staaten (USA, Nordamerika)*
Verlage 372, 374, 383
Verlierer (des Turbo-K.) 29, 48, 53–62, 220, 221, 225, 316, 383, 433, 439

Verschuldung 24, 25, 240, 324, 332–334
Vollbeschäftigung 65, 66, 195, 199, 204, 209, 313, 330
Volkswagen 391

Wachstum*
Wall Street 23, 60, 93, 95, 109–112, 126, 196, 292, 305, 309, 322, 361, 362, 367, 372, 373
Wasserwerke 71
Wechselkurse 318, 320, 322
Weltwirtschaft 68, 84, 105, 140, 177, 184, 319, 220, 243, 311, 378, 383, 398, 433, 440
Weltwirtschaftskrise 306, 310, 377
Wohlstand 17, 24, 27, 48, 60, 63, 70, 81, 103, 104, 118, 146, 161, 199, 228, 239, 296, 297, 303, 355, 377

Zensur 135
Zölle 27, 67, 203, 207, 212–215, 221, 224, 227, 230, 233, 207, 300–302, 378, 400–430
Zweiter Weltkrieg 17, 63, 152, 156, 259, 270, 314, 322, 328

* wegen der Häufigkeit sind diese Begriffe nicht aufgeführt